湘潭大学法学院　法治湖南建设与区域社会治理2011协同创新中心　主办

湘江法律评论

主编◎程波

第十一卷

湘潭大學出版社

《湘江法律评论》编委会

卷首语

1996年《湘江法律评论》创刊之际，主编胡旭晟先生力主"她"的基本定位是学术性。"她"将由此而坚守学术的立场，学术的规范，于此前提下，"她"还将努力承继"湘江"之务实精神与批判精神，并以之为风格和标识。如今，已出十卷的《湘江法律评论》仍将秉承近代湘学传统，一如1919年创刊的《湘江评论》，"在学术方面，主张彻底研究，不受一切传说和迷信的束缚，要寻着什么是真理。"重倡"学理的研究、社会的批评"，搭建"针砭社会弊病，批评学界缺失；以针砭促觉醒，以批评促改进"的法学研究新平台！以期为我国法学研究之繁荣、法治建设之完善，略尽绵薄之力。

与自身定位和风格追求相适应，今后的《湘江法律评论》仍将保持"她"对研习法律的热情，既对法律理论中的重要问题进行专题研究，又对法律实践中的纠纷解决机制予以强烈关注。既努力办出自己的特色，又从比较的视角，参照境外、国外法律期刊的发展理念与实践，使这份期刊的学术品格既立基于本土，又回应世界潮流。古代罗马法学家彭波尼曾如是说，将法紧紧规整在一起并逐渐完善之，这是法学家的使命。我相信，这也是今后《湘江法律评论》所背负的重要使命。

读者眼前这期《湘江法律评论》(第11卷)，收录了20篇论文和译文，分为五个栏目。

本期第一个栏目为“纠纷解决”。近年来,调解的纠纷解决是湘潭大学法学院众多师生参与的研究方向。本栏目第一篇论文《“仲调结合”之实践创新及其法理正当性》的作者是张立平教授和张舒琳同学。该文分析了我国民商事纠纷化解中的“仲调结合”实践,指出“仲调结合”既与仲裁的自治性、灵活性特点相适应,又与“仲调结合法制化”命题相契合,具有法理正当性。这一论文对中国法学界关注我国调解在仲裁中的深度扩张,提升仲裁的纠纷解决功能和效率,为仲裁服务向农村地区的拓展打开了通道,具有重要的参考价值。第二篇论文是关于《〈中华人民共和国人民调解法〉的五大不足》的思考,作者李喜莲副教授从现行人民调解制度在受理范围、调解员的选任资格、调解协议的性质、诉调对接、司法确认等关键性问题上存在误区出发,反思人民调解制度改革的成败,进而主张只有在立法上,明确人民调解制度的受案范围;选择可行的人民调解员“专业化”路径;明晰人民调解协议的社会约束性;对诉调对接和司法确认制度重新进行定位,才能突破人民调解制度发展的瓶颈。这一论文对人民调解制度研究是非常有重要意义的拓展。第三篇论文是邓春梅副教授撰写的《对人民调解协议司法确认制度的一种冷思考》,该论文基于人民调解协议司法确认制度符合世界潮流,有实现矛盾化解机制多元互补的正当性认知,不断提醒在中国提出法制化方针的背景下,人民调解协议司法确认制度的正当性问题非但没有不证自明,反而亟需深入探讨。这篇论文给我们启示还在于,没有任何反思精神和自主性的思考,那根本算不上是进行法学研究。

第二个栏目是“非洲法”研究。包括两篇论文和三篇译文,涉及非洲各方面的法律制度。《东非共同体的法律职能与中非法律合作》一文的作者——洪永红教授,是我国著名的研究非洲法律学者。

该文重点介绍了东非共同体的五个成员国所享有立法和司法职能，在此基础上，探讨了中国与东非共同体的法律合作基本原则与途径。博士研究生张小虎撰写的《私法的世俗化，抑或公法的伊斯兰化？——〈埃及民法典〉第226条的存废之争》，通过分析埃及最高法院的相关案例和宪法第2条修正案，指出在世俗法与宗教法并存的"二元化"国家里，受西方法律文化影响较深的"私法"与受传统伊斯兰文化影响较深的"公法"之间的矛盾，是埃及等伊斯兰世界法律冲突的根源与实质。第三篇论文"撒哈拉以南非洲国家的ADR"是一篇译稿，作者Amadou Dieng是达喀尔仲裁、调停、调解中心常务秘书，由中国海洋大学法政学院教授、湘潭大学非洲法律与社会研究中心副主任朱伟东译出。该文开篇说道：毫无疑问，"A"DR是关于争端解决的（Dispute Resolution）。"A"可代表从"友好的"（amicable）或"适当的"（appropriate）到"可选择的"（alternative，包括或排除仲裁）系列短语。以"A"开头的单词不是一个区别的问题，关键问题是在撒哈拉以南非洲商业争议是如何解决的。争议是通过诉讼、仲裁或调解解决的吗？此类程序如何运作？它们是正式的还是非正式的？历史与传统已决定了目前的状况，未来会带来哪些变化？沿着这样的写作思路，Amadou Dieng指出，撒哈拉以南非洲国家独立后，一些国家为了实现法律的统一化，对传统争议解决方式没有给予应有的重视。随着传统的友好争议解决方式的价值被人们逐渐认可，撒哈拉以南非洲国家和地区也开始通过立法认可友好争议解决方式，并采取相应措施鼓励这种争议解决方式的发展。考虑到近年来ADR制度在中国的勃兴，这一译文的理论价值自然无需多言。第四篇是《非洲宪法改革与宪政——对当前的挑战和发展前景的思考》，这篇论文由博士生郭炯翻译，作者Charles Manga Fombad是南非比勒陀利亚大学法学院公法学系主任、教授。

该论文分析了20世纪90年代非洲宪法改革,在肯定非洲宪法为现代宪法发展作出一定的贡献的同时,作者指出,尽管不那么完美,非洲宪法还是经受住了曾经一党独裁统治的冲击,并制止了独大型政党的滥权。在论文的结尾,Charles Manga Fombad语重心长地说:"非洲未来将要面对的政治、经济和社会上的难题,若是不能坚定地捍卫宪政及其原则,简直不能想象其后果。一旦一个国家建立起宪政制度,则能很好地避免无政府状态和独裁统治。"这一论文对于我们认识宪政在避免无政府状态和遏制独裁统治的作用以及未来宪政的发展趋势,具有重要价值。这一单元最后一篇是由周晓晨博士和研究生唐奕、易玉姣翻译的《南非〈消费者权益保护法〉(节选)》,该法典信息量极其丰富,对于增加中国法学界关于消费者权益保护的认识以及提升相关问题意识,具有基础性意义。

第三个栏目是"体育法"。与非洲法一样,体育法是湘潭大学法学院颇有特色的研究方向。本栏目首先刊登的是周青山博士的论文《体育法学的研究路径和学科体系》。该论文指出体育法学尚处于发展期,研究路径与学科知识体系构建存在着重大差别,但也互相影响。这篇论文关于体育法是行业法,体育法学是行业法学的提法,似乎是回应域外什么是体育法的争论。然而面对这一问题,欧洲各国的回答不尽相同,这一点可从本栏发表的两篇译稿可以看出。这两篇论文分别是英国牛津大学三一学院院长,泽西与格恩西上诉法院(Court of Appeal of Jersey and Guernsey)法官,体育仲裁院(CAS)仲裁员麦克尔·比洛甫(Michael Beloff)著、夏骄阳翻译的《是否存在体育法》和英国华威大学(University of Warwick)法学院讲师肯·福斯特(Ken Foster)著、肖浩翻译的《有全球体育法吗?》(均由湘潭大学法学院教授博士生导师郭树理担任译校)。在《是否存在体育法》一文的作者看来,是否存在一个统一的实体法作为体育法，或体育法是否仅仅只是那些早已被认为是一个个单独的法律部门如合同法、侵权法、知识产权法、行政法等法律中的相关法条的集合，这是一个一直有争议的问题。针对支持者们给这个学科取了一个生造的拉丁名字Lex Sportiva，麦克尔·比洛甫指出，这"并非极为重要"或者"一点也不重要"，这一回答对某些人来讲可能有点遗憾，也可能是两种观点皆有一定的道理。在《有全球体育法吗?》一文的作者看来，"国际体育法"和"全球体育法"之间的区别在于，国际体育法可以被国内法院适用，相对而言，全球体育法意味着一种对于国内法享有豁免权的主张。虽然"体育法"(Lex Sportiva)这个概念随着体育法的全球化而发生的变化，但肯·福斯特坚持认为，"体育法"应该对等于"全球体育法"，它是一个要求国内法律体系和国际体育法不干涉的主张，它所反对的恰是用一个法律规则来调整国际体育运动。这两篇域外体育法争鸣的学术论文纵横捭阖，信息量极其丰富，尤其是"全球化的"体育法思路，值得中国体育法学界的借鉴。

接下来的第四个栏目是"法学专论"，共收入七篇论文。第一篇是欧爱民教授的《中国特色社会主义的宪法学解读——以"国号"的分析为视角》，作者从宪法学的角度深刻阐述我国国号的科学内涵，主张将"国号"打造成为全体中国人民的共同价值追求与集体共识，对培养高度的文化自觉和文化自信，不失为一条全新的道路。第二篇论文是《近代中国罗马法教育的开创:从陈允、应时的〈罗马法〉说起》，作者程波教授根据其知见的应时《德诗汉译》一书的自序文字，再以社会关系网络的建立为视角，讲述了陈允、应时等带有"随机性和偶然性"而"走入法律之途"的学术个案。这一学术史的考察，对于中国罗马法研究者建立自己的学术传统，确立自己在学术史中的坐标点，具有意义。第三篇是研究生董慧的《论文学素养对法律职业伦理养成的促进作用》一文,作者认为,文学素养和法律职业伦理两者之间有着共同的主题,它们都关注着诸如文字表达能力此类的基本功,与社会生活息息相关,关心着人,关注着平等、自由、公平、正义、善恶等人类的永恒主题。第四篇是万志鹏副教授的《我国大陆与台湾地区刑事管辖权冲突及其处理原则——兼论我国大陆刑法的空间效力》,论文从我国大陆刑法关于空间效力的规定出发,认证了台湾地区并不属于"法律有特别规定的"情况,主张对于两岸刑事管辖权冲突的解决办法,只能是在坚持国家主权原则的前提下,奉行尊重现实、保障人权以及有利于惩治跨区跨境犯罪等原则。第五篇是王霞副教授和研究生许允鹏撰写的《英国受控外国公司税收新规及对我国的立法启示》,该论文认为英国下议院于2012年通过了新的受控外国公司规则,规定了一系列新的征税条款以及豁免条款,体现了长远的税收战略眼光并为我国提供了有益的启示。第六篇是刘友华副教授的《苏俄民法对新中国民法之影响研究》,作者从苏俄民法强调国家干预与公私法划分的基础上,提出新中国成立以来的历次民事立法,深受苏俄民法在立法模式、具体制度与观念等方面的影响。作者还期待这种研究,可以表明植根于经济基础与政治结构之上的法律文化的融合是法律移植的生命所在。就此而言,这一论文自然有其参考价值。第七篇是王国征教授撰写的《我国诉前证据保全制度的再完善》一文,作者针对《民事诉讼法》增加规定了诉前证据保全制度,提出我国诉前证据保全制度需要进一步法典化和系统化;主张诉前证据保全应由证据所在地的人民法院或者对案件实体问题有管辖权的人民法院管辖。采取查封、扣押证据保全方法时,应将申请人提供担保作为诉前证据保全成立的要件;采取其他证据保全方法时,申请人是否提供担保,应由法院自由裁量。在国内的一般民事纠纷中,不应承认采取诉前证据保全措施的人民法院因采取诉前证据保全措施而取得对案件实体问题的管辖权；但在海事纠纷和涉外民事纠纷中，应当承认采取查封、扣押诉前证据保全措施的人民法院享有案件实体问题的管辖权。这样的法学作品，对于拓展中国民诉法学界关于诉前保全制度的认识，具有积极的意义。

第五个栏目是“法律实务”。本期刊载的论文是《诉讼费用制度对民事调解影响的实证研究报告》，该报告的作者是湖南省高级人民法院研究室副主任邓志伟和湖南省高级人民法院法官肖芳，他们从调解案件减半交纳案件受理费以及法院确定诉讼费用负担时做法不一的实际出发，提出法院应引导当事人合理评估诉讼预期与诉讼成本，促进当事人对诉讼费用的负担协商一致。

以上简要概述了在《湘江法律评论》（第 11 卷）发表的论文的基本情况，全凭编者个人有限的认知，勾勒其要点，挂一漏万之处在所难免。编辑本期刊物，绝大多数实际工作，都仰仗于作者和译者的辛勤工作，周青山博士做了组织协调工作，黄琼编辑亦为本书的出版做了大量的校对工作。此卷早应出版印行，但因我的惰怠，延宕至今，非常抱歉。好在《湘江法律评论》得到了湘潭大学法学院·知识产权学院、“法治湖南建设与区域社会治理”湘潭大学法学院 2011 协同创新中心以及湘潭大学出版社的大力支持，从而保障了本期《湘江法律评论》的顺利出版。在此，一并表示感谢。

《湘江法律评论》编委会是一个富有热情和责任感的团体，我们期待法学界、高等教育界的专家学者同仁对《湘江法律评论》给予关注和大力支持。

《湘江法律评论》主编　程　波

2014 年 10 月 8 日

目录

湘江法律评论(第十一卷)

纠纷调解

非洲法

体育法

法学专论

法律实务

Contents

湘江法律评论(第十一卷)

Dispute Resolution

African Law

Sports Law

Special Column of Jurisprudence

Legal Practice

“仲调结合”之实践创新及其法理正当性[*]

张立平　张舒琳[**]

Study on Legal Legitimacy of the Combination of Arbitration and Mediation Practical Innovation

Zhang Liping　Zhang Shulin

摘　要：在我国的民商事纠纷仲裁实践中，“仲调结合”已发展出仲裁委员会及其调解中心、仲裁庭等在内的多元组织形式，仲裁调解贯穿仲裁程序及裁决执行、仲裁调解与仲裁外纠纷解决机制相结合、仲裁调解与当事人和解相衔接等机制。这些实践创新具有法理正当性，是我国对外贸易仲裁重视调解传统的逻辑发展，与仲裁的自治性、灵活性特点相适应，且与“仲调结合法制化”命题相契合。由于调解所具有的整体事实观，以及通过当事人合意而在法律实施上所具有的合理性，在纠纷解决和权利保护上有着其自身的特有优势。调解在仲裁中的广泛和深入扩张，较大地提升了仲裁的纠纷解决

* **基金项目**：本文为国家社科基金项目“新农村多元化纠纷解决机制研究”（08BFX065）、湖南省教育厅重点项目“和谐社会与农村纠纷解决机制研究”（08A077）、湘潭大学人文社会科学研究基地重点项目“法制现代化视野下的“三调联动”机制实证研究”（10fx06001）之阶段性成果；“法治湖南建设与区域社会治理”协同创新中心平台建设成果，湖南省社科基金重点委托项目“法治湖南框架下调解理论创新与规则之治研究”（项目号：12WTB30）。

** **作者简介**：张立平（1963—），男，湖南湘乡人，湘潭大学法学院·知识产权学院教授。张舒琳（1991—），女，湘潭大学法学院·知识产权学院民商法专业（知识产权方向）在读硕士研究生。

功能和效率，并有利于为仲裁服务向农村地区的拓展打开通道。

关键词：仲调结合　实践创新　法理正当性

Abstract: The arbitration practice in resolving civil and commercial disputes in China has developed mechanism of mediation through arbitration, enforcement of arbitration decision, combination of mediation in arbitration and other dispute resolution, and combination of mediation in arbitration and private settlement by arbitration committee and the subordinate mediation center, diversified dispute resolution organizations. Those mechanisms are of legality and are logical development of mediation tradition of Chinese arbitration, and adaptive with the characters of autonomy and flexibility of Arbitration. Because of the perspective of whole facts dealing function, and the comprehensiveness of law enforcement through agreement of the parties, mediation in arbitration has strong advantages in dispute resolution and right protection. Utilizing Mediation in arbitration can enhance the ability of arbitration to resolve dispute and enables arbitration to the countryside.

Keywords: Combination of Arbitration and Mediation　Innovation in Practice　Legality

"仲裁与调解相结合"（以下简称"仲调结合"）的民商事纠纷解决方式因为在实践中被证明行之有效而得到广泛运用和发展，① 其内涵和功能已一定程度上超出《仲裁法》之规定。但目前对于这些实践创新尚缺乏理论上应有的关照和回应，理论和实践的差距不利于为仲调结合提供立法升华和制度保障，也不利于及时抑制和防范某些弊端。本文仅就我国"仲调结合"机制的产生与发展，及其在市场经济条件下的实践创新作一扼要的梳理和描述，并就这些实践创新是否具有法理正当性做些尚为粗浅的探讨，抛砖

① "仲裁与调解相结合"是一种复合型的纠纷解决方式，有广义与狭义之分。在国际民商事仲裁中，广义的"仲裁与调解相结合"泛指仲裁与调解的各种结合形式，包括"先调解后仲裁"、"影子调解"、"仲裁中调解"、"调解失败每方当事人提供一个最后仲裁方案"、"调解与仲裁共存"、"仲裁后调解"等。其狭义是指当事人为了解决争议，先启动仲裁程序，在仲裁程序进行过程中，由仲裁员对案件进行调解，调解不成或调解成功后再恢复进行仲裁程序。狭义的仲裁与调解相结合也称"仲裁中调解"，其英文原文为 Arb - Med。在这种程序中，由同一人士担任仲裁员和调解员，如果是机构仲裁，则管理仲裁程序的机构和管理调解程序的机构是同一个机构。（参见王生长：《仲裁与调解相结合的理论与实务》，法律出版社 2001 年版，第 78 - 80 页。）本文所指的仲裁与调解相结合是从广义而言，并包括我国仲裁"新实践"中发展出的执行中调解、仲调对接等新的形式。

引玉。

一、我国"仲调结合"的历史回顾与实践创新

（一）我国"仲调结合"历史的简要回顾

"仲调结合"在中国贸促会20世纪50年代开始的仲裁实践中即受到重视。中国贸促会成立之初设立仲裁部时，贸促会第一任主席南汉宸提出我国仲裁制度要学习苏联，但同时也要重视我党在老区处理民事纠纷的经验，借鉴马锡五审判方式重视调解的做法，对于对外贸易纠纷也可用调解的方式解决。并且说如果能通过调解友好解决，即使没有裁决书，仲裁机构也是有成绩的。

1953年，仲裁部通过调解成功解决了中国粮油出口公司向芬兰公司出口的大米生虫产生的货物买卖合同纠纷。对外开放之后，我国对外贸易仲裁中调解进一步受到重视，在范围上由对外贸易纠纷扩展到中外合资经营企业纠纷等，方式上由中国贸促会仲裁部调解扩展到当事人双方所在国仲裁机构的联合调解。这些成功实践引起了国际仲裁界的关注和赞赏，被很多国家学习借鉴。1977年中国纺织品进出口公司与美国帕兰斯棉花合作社在棉花交易中发生240万美元的棉花迟装费争议，长期不能解决。1979年之后美国仲裁协会行政负责人斯特劳和美国仲裁协会的国际贸易仲裁委员会主席霍茨曼访华，对调解提出了质疑，认为如果强调调解，又如何强调依法解决纠纷。当时西方国家认为调解和仲裁应机械地分开，而中国则认为可以有机地结合在一起，西方国家不理解调解与仲裁结合的法理基础是什么。时任贸促会副主任兼仲裁委员会副主任任建新向美国客人介绍了中国民间长期发展的调解实践和仲裁调解的经验。他说明调解不是不讲法律，而是在法律允许的前提下进行调解；调解必须当事人自愿；调解不能久调不决；调解是在法律规定的范围内进行。他还建议将此纠纷由中美两个仲裁机构双方各指定一名调解员联合调解。这一建议得到美国仲裁协会和双方当事人的同意，该纠纷也得以很快地调解解决。美国驻华联络处还为此专门举行了庆功酒会。

受中国仲裁调解的影响，1980年联合国国际贸易法委员会制定了贸易法委员会调解规则。联合国大会于1980年12月4日通过的35/32决议中"建议在商事关系上产生争端而当事各方寻求通过调解解决争端时使用联合国国际贸易法委员会调解规则"。1982年，国际仲裁协会在汉堡召开四年一度的国际仲裁大会，美国仲裁协会的霍茨曼主动要求在大会上发言，介绍与

中国贸促会通过联合调解解决纠纷的经过和结果，引起世界各国仲裁机构代表的广泛重视。① 以后贸促会调解中心与瑞典斯德哥尔摩商会仲裁院、伦敦国际仲裁院、阿根廷调解中心、德国汉堡调解中心、美国仲裁协会调解中心、意大利仲裁协会等先后分别签署了调解合作协议或联合调解协议。② 由于仲裁调解在我国对外贸易仲裁中的成功经验，1995 年施行的《仲裁法》明确肯定了民商事仲裁中“仲调结合”的纠纷解决方式，该法第 51 条规定：“仲裁庭在作出裁决前，可以先行调解。当事人自愿调解的，仲裁庭应当调解。调解不成的，应当及时作出裁决。”“调解达成协议的，仲裁庭应当制作调解书或者根据协议的结果制作裁决书。调解书与裁决书具有同等法律效力。”立法的肯定为我国“仲调结合”的进一步发展和实践创新提供了法律依据和制度基础。

(二) 市场经济条件下“仲调结合”的实践创新

随着我国对外开放的深入和社会主义市场经济体制的建立，民商事纠纷大量增加，多样化和复杂化的纠纷涌现，对民商事纠纷的仲裁解决提出了新的要求。为尽可能地保证各种民商事纠纷的公正、公平、合理、高效解决，许多仲裁机构都努力寻求各种有效的纠纷解决手段，促进了我国“仲调结合”的实践创新。广州、北京、湘潭等地的仲裁机构还为此相继制定了专门的《仲裁委员会调解规则》。“仲调结合”的形式不仅多样化，而且贯穿仲裁程序始终及其裁决的执行，并与仲裁外调解、当事人和解等手段相衔接。由于这些实践创新的广泛性和复杂性，予以全面而精准的描述和概括未免为时尚早，也不大符合理论认知的自身规律，而且亦非本文所能及。因此选取具有代表性的样本作简要的梳理和分析，在当下可为便宜之计。本文选取的样本是湘潭仲裁委的“仲调结合”实践，其“仲调结合”机制系在参酌广州、北京等地有益经验的基础上形成，其形式的多样化较为典型和全面，故权且以此为例。

湘潭仲裁委员会自 2000 年开始即对“仲调结合”进行有益探索，如稀释裁决的比重，注重当事人的“自行和解”、“先行调解”等。湘潭仲裁委员会于 2002 年成立了“湘潭仲裁委员会调解中心”，制定并多次修订了专

① 参见董有淦：《仲裁与调解相结合的创举》，载《中国对外贸易商务月刊》2002 年第 5 期。

② 上引董有淦文。

门的《湘潭仲裁委员会调解中心调解规则》和《湘潭仲裁委员会调解规则》，并制定其他配套制度。2013 年 5 月，湘潭仲裁委员会在《湘潭仲裁委员会调解规则》和《湘潭仲裁委员会仲裁规则》中对“仲调结合”机制作了规定。① 通过一系列规定，逐步构建了以仲裁委员会及其调解中心、仲裁庭和仲裁部（秘书处）等在内的多元组织形式，调解贯穿仲裁过程和裁决的执行，衔接仲裁外纠纷解决机制及当事人和解等多种机制。其主要内容包括：

1. 无仲裁程序启动依据的调解中心调解

没有仲裁协议或者仲裁协议无效的民商事纠纷，湘潭仲裁委员会下设调解组织可以根据当事人的申请作为调解案件受理。湘潭仲裁委员会工作人员在为当事人提供法律咨询时，如该当事人有调解意愿，经征求其他当事人的意见也愿意调解的，可以先调解。

湘潭仲裁委员会通过仲裁调解扩大了《仲裁法》对于我国民商事仲裁主管纠纷的范围，因而也就较大地扩张了“仲调结合”机制在纠纷解决上的范围和功能，使得那些不属于《仲裁法》第 2 条所规定的“平等主体的公民、法人和其他组织之间发生的合同纠纷和其他财产权益纠纷”，亦即不能作为仲裁案件受理的不少“侵权赔偿纠纷以及其他涉及当事人可处分权利的争议”，以及无《仲裁协议》、仲裁条款受理依据或依据无效的民商事纠纷，均可通过不同形式的仲裁调解、当事人和解以及仲裁确认的方式予以处理。同时，即使当事人没有主动提出申请，调解组织和仲裁工作人员亦可根据当事人的意愿主动先行调解。

2. 仲裁立案后组庭前的仲裁员或调解员调解

湘潭仲裁委员会《调解规则》规定仲裁员应当询问当事人是否同意在组庭前进行调解。当事人同意调解的应该调解。湘潭仲裁委员会还规定争议标的额在人民币一万元以下的纠纷，只要当事人不拒绝调解的，应当先行调解。无论哪类纠纷，只要在此一阶段存在调解的可能，及时调解解决就都是需要和应当允许的。这一机制正是适应了对于已经进入仲裁程序的纠纷，尤

---

① 除 2013 年 5 月，再次修订《湘潭仲裁委员会调解规则》由湘潭仲裁委员会直接提供外，以上所述有关湘潭仲裁委员会“仲调结合”的规范性文件及资料，均载 http://www.xtac.org/index.asp. 访问时间：2014 年 5 月 8 日。为避免不必要的繁琐，在后文引用前述有关规定中的条款和内容时，亦不作重复注释。

其是那些不经事实和法律审理即可调解解决的纠纷，予以及时解决的需要。

3. 开庭前的仲裁庭调解

湘潭仲裁委员会《调解规则》规定了开庭前的调解，即某些在立案后组庭前未能调解解决的纠纷，可以进行调解。进入庭前准备阶段后，有利于调解解决的因素可能增加，比如当事人已经选定仲裁员，并进行了证据交换，对案件事实和有关法律有新的了解和认知，对可能出现的不利裁决结果有了一定的评估和把握；仲裁庭对如何化解纠纷也有了较为清晰或某些初步的考量；申请人已表示愿意变更、放弃部分仲裁请求，被申请人已表示愿意满足对方主要请求，出现双方互谅和解的可能性。如果当事人一方或双方明确表示愿意调解的纠纷，那么仲裁庭应当及时激发、把握和提供调解解决的契机和途径。

4. 庭审中的仲裁庭调解

湘潭仲裁委员会《调解规则》规定仲裁庭在开庭审理的任何阶段，当事人均有调解意愿或同意调解的，应当当庭进行调解；当事人均要求或者同意给予适当时间考虑调解方案的，可以休庭。

一般而言，经过开庭审理，无论双方当事人及其代理人以及仲裁人员，对于案件事实和是非责任都有了较为清晰的认识和评估，有的纠纷在案件事实和法律处理上已经十分清楚，进行调解的阻力已大大减弱，仲裁员进行调解的策略、方式和手段运用也更为妥当准确，因此这一阶段势必出现更多的纠纷得到调解解决的可能，只要把握得当，很多纠纷即可不经裁决而得以顺利解决。因此，仲裁庭审中调解机制的设置其重要性自不待言。

5. 裁决前的仲裁庭调解

湘潭仲裁委员会《调解规则》规定为帮助当事人权衡“调”与“裁”的利弊得失，促成和解，仲裁庭可以将拟裁决的内容告知一方或双方当事人，并要求其在仲裁庭规定的期限内对是否继续调解予以回复。并且调解期限可以适当延长。

某些纠纷由于各种因素的影响，即使已经经过开庭审理，当事人亦未必能对是否选择调解解决和接受何种解决方案作出妥当的判断；但是一旦仲裁庭作出裁决，当事人又可能悔之晚矣。因此开庭审理后和裁决正式作出前，仍然存在调解解决的可能。

但当事人是否选择或接受调解的某种方案，又依赖于对最终后果的清晰认知。在这种情形下，通过仲裁庭在案件处理信息上的必要传递，“将拟裁决的内容告知一方或双方当事人”，并对其是否接受调解予以限期回复，以便当事人作出正确的选择，保证调解的有效进行和裁决的及时作出，也就不失为一种合理的机制安排，有利于最大限度地推进纠纷的和谐解决。

6. 裁决书生效后及执行中的仲裁委员会调解

湘潭仲裁委员会《调解规则》第32条规定：“裁决书送达后，当事人对执行裁决书有和解愿望的，本委可以根据当事人的请求就执行的事项、标的额、方式、期限进行调解。当事人约定由本委转账支付执行款为和解条件的，本委可以提供必要的帮助。”

民事权利的可处分性，决定了民事纠纷在任何阶段，只要在不违背国家法律的禁止性和自愿原则的前提下，都可以通过当事人处分权的行使，使纠纷得到协商性解决。即使对于已经生效的仲裁裁决，无论在执行前或执行中，只要当事人有和解的意愿，就应允许当事人自行和解或及时通过调解的方式，促成当事人达成执行中的和解协议。当然，在这一阶段，由于仲裁程序已经终结，在实践中也就只能由仲裁委员会指派有关调解组织或仲裁部（秘书处）人员进行。同时，当事人达成和解协议的，亦应依照民事诉讼法有关执行和解的规定处理，而不能以仲裁调解方式结案。

7. 仲裁与仲裁外调解或当事人和解的对接联动机制

湘潭仲裁委员会《调解规则》规定当事人在湘潭仲裁委员会之外达成和解或调解协议后请求仲裁委员会制作仲裁法律文书予以确认的，可以进行仲裁确认。立案受理后至裁决前，当事人自行和解或者在律师主持下达成和解协议的，可以请求湘潭仲裁委员会或仲裁庭根据其和解协议制作仲裁法律文书。在仲裁过程中，当事人的自行和解，不属于仲裁机构自身的调解所致，在本质上不能归属于仲裁调解，其和解协议不具有法律上的强制性。为保证仲裁的纠纷解决效率，也就需要一定形式的对接，实现和解协议内容在法律效力上的程序性转换。这一机制有利于较大地增强“仲调结合”的功能，实现“一调终局”或“一和终局”的最佳效果。

由以上分析可见，“仲调结合”实践创新导致仲裁纠纷解决功能的扩张，这种扩张较大地超越了《仲裁法》的有关规定，这种超越不仅体现在通过调解较大地扩张了《仲裁法》所规定的案件主管范围，更体现在仲裁调解组织形式的多样化，仲裁调解对于整个仲裁程序的穿透以及与仲裁外纠纷解决机制、当事人和解的衔接等方面。

对于“仲调结合”在我国对外贸易仲裁中的简要历史回顾，以及湘潭仲裁委员会"仲调结合"的扼要描述和分析，可以反映出"仲调结合"在我国的实践创新具有历史和现实的合理性与正当性。从历史的角度看，它是我国对外贸易仲裁重视调解传统，于市场经济条件下在民商事仲裁中的逻辑发展；从现实的角度看，则与我国民商事仲裁所处的特定环境，需要通过适当方式谋求一席之地以展现自身优势密切相关。并且，由于这些实践创新通过制定《调解规则》、《仲裁规则》及其他配套性规范而进行，契合了"仲调结合法制化"的命题，也适应了仲裁的自治性、灵活性特点，因而尽管其较大地超越了《仲裁法》原定的纠纷解决功能，却能得到仲裁实务上的肯认、传播和发展。

"仲调结合"的这些实践创新固然具有历史和现实的合理性与正当性，也似乎与法制化的命题相契合，但从法治背景下的仲裁制度而言，仅此还不足以证明"仲调结合"在理论上的正当性。"仲调结合"的正当性问题还与仲裁中的程序正当性，纠纷解决中的权利保护等诸多方面有关，如调解员是否可以继续充任仲裁员，仲裁员是否可以直接调解案件，较多的调解是否会导致仲裁程序运作的失控，是否与当事人的权利保护相冲突等。故其不仅在国际民商事仲裁中素有争议，在我国的民商事仲裁中也存在诸多分歧，需要予以进一步的理论回应实为必要。

二、国际民商事仲裁中"仲调结合"正当性的概说与评析

（一）"仲调结合"正当性肯定说

对于"仲调结合"的民商事纠纷解决方式，虽然在国际民商事仲裁中也有较多使用，但对其是否具有法理正当性仍多有争论。肯定论的观点，多从不同视角论证其对于纠纷解决的积极效果和可行性。

肯定说的第一个理由是财富论，其认为调解人调解不成充任仲裁员有利于减少不必要的费用和加快争议的最终解决。① 财富论认为不能过分夸大调解员因调解不成继续充当仲裁员的负面性，生硬地区别调解人与仲裁员的作用可能不切实际，会拖延争议的最终解决和增加不必要的费用。因为调解失败后，由另一人来审理案件因对于案情不了解而得重新熟悉。因此可以允许当事人约定，在调解失败后，调解人可以继续参与争议的解决，但他必须以

① 参见［英］施米托夫：《国际贸易法文选》，赵秀文译，中国大百科全书出版社1993年版，第665－666页。

仲裁员的身份出现。赫曼博士在讨论联合国国际贸易法委员会仲裁规则时指出，当事人可以通过协议的方式对不允许调解人继续充当仲裁员的规定予以修正。“如果调解的尝试早期失败，或者调解人对争议标的的了解，与其被视为可能的不利条件，不如说是一种财富时，这样的修正是可以接受的。”

第二个理由是效益论，其认为单纯的仲裁要花费太多的时间和精力，而“仲调结合”则有利于节省纠纷解决的成本，产生良好的效益。①

第三个理由是职责论，其认为仲裁员调解案件是属于其职责范围内的事情，并不会造成其职责和角色相混淆，相反会更方便当事人，更有利于纠纷的解决。②

第四个理由是信任论，其认为“仲调结合”是当事人的选择，是基于当事人对仲裁员的信任，也是对当事人意愿的尊重。③

第五个理由是渐进论，其认为在仲裁中进行调解时，仲裁员形成自己的观点需要一个渐进的过程，并非在当事人完成陈述后的瞬间便立即对争议作出决定。因此仲裁员在调解过程中与当事人会见，谈论自己对有关问题的看法，有助于当事人发现自己在该案中的弱点，促进相互了解，纠正误解和疏忽，从而有利于纠纷的解决。④

第六个理由是二重获得合意论，其认为不仅调解，而且仲裁都存在着“合意”上的困难，即纠纷处理的开始和最终解决方案的达成，均须获得当事人的合意。⑤ 对立消除型的调解可以分为判断型、交涉型、治疗型、教化型，但因种种困难往往在四种调解模式之间出现反复流动的不安定态势，而表现出“合意的贫困化”，可能出现合意向“同意”变质、合意的“好意”

---

① 参见 The Rt. Hon. Sir Michael Kerr, *Reflections on 50 Years' Involvement in Dispute Resolution*, 64 Arbitrtion (August 1998), p. 175.

② 参见 Pieter Sanders, *The 1996 Alexander Lecture*, *Cross – Border Arbitration – A View on the Future*, 62 Arbitration (August 1996), p. 173.

③ 参见王生长:《SCC 规则和 CIETAC 规则的比较》，载《中国国际经济贸易仲裁委员会中国涉外年刊》1992 年版，第 59 – 60 页。

④ 参见 Michael E. Schneider, *Combining Arbitration with Conciliation*, ICCA Congress Series no. 8, ibid, p. 76.

⑤ 周成泓:《仲裁与调解相结合纠纷解决制度之正当性探析》，载《贵州警官职业学院学报》2005 年版第 3 期。

化及合意向“恣意”的变质等现象。① 仲裁无疑同样会存在着“合意”的困难，因为一是当事人对纠纷的解决持有不同利益，二是对仲裁主体的适格性、公正性可能存在怀疑。因此为获得合意，不得不在仲裁合意的取得和方案的承认这两个环节上都缓和对合意内容的要求，最终仅以获得较弱的合意为目标。② 强调当事人的主体性，并非就是可以唯我独尊，要互相尊重，互为主体；强调合意性，并非就是要简单的“你好”、“我好”，而是要求大同，存小异；强调交涉性，也不是指单纯的利益交易，而是一种“在法律的阴影之下的交涉”。③ 由于调解具有较多的灵活性，而仲裁具有一定的法律强制力和类似法院判决的效力，二者又均存在合意取得上的困难，通过调解的结合增加仲裁的灵活性，以最大可能地获取当事人的合意为目标也就势在必行。仲裁与调解相结合是现代替代性纠纷解决方式（ADR）的一种，其目的在于扬仲裁与调解之长，避二者之短，通过尊重当事人的自律性，充分发挥当事人自发的秩序形成能力，赋予当事人灵活地调整程序和实体规范的可能④，以增强仲裁的灵活性。

（二）“仲调结合”正当性否定说

否定“仲调结合”的观点则尽力从不同角度揭示其可能产生的负面作用。否定说的第一个理由是侵害论，其认为“仲调结合”是对程序正义的侵害。仲裁员担任调解员和一方当事人私下会见所获取的信息，使得对方当事人没有机会进行辩论，如果将此信息用于以后的仲裁，在程序上即构成不能容忍的重大违规。⑤

第二个理由是混淆论，其认为“仲调结合”混淆了仲裁程序和调解程序的区别。这是两个完全不同的程序，调解员的职能和仲裁员的职能有着本质不同，前者是帮助他人作出决定，后者则是由第三人独立作出有拘束力的

---

① ［日］棚濑孝雄：《纠纷的解决与审判制度》，王亚新译，中国政法大学出版社1994版，第52－73页。

② ［日］棚濑孝雄：《纠纷的解决与审判制度》，王亚新译，中国政法大学出版社1994版，第102－110页。

③ 季卫东：《法治秩序的建构》，法律出版社1999年版，第385页。

④ 周成泓：《仲裁与调解相结合纠纷解决制度之正当性探析》，载《贵州警官职业学院学报》2005年第3期。

⑤ 参见 Street Laurence，*The Language Dispute Resolution*（1992）66 *Australia Law Journal*，194，p. 197.

决定，二者职能的混淆会损害调解的效力和仲裁决定的独立性。①

第三个理由是失控论，其认为调解难以控制程序的有效进行和保证其公正性。在调解程序中，当事人及其代理人都可以自由发言，这种无序和自由会让调解员难以控制程序；由于未经宣誓，调解员所获信息的质量也难以保证；仲裁员在仲裁程序中可能使用其在调解阶段获得的材料，也会妨碍当事人畅所欲言，从而对调解不利。②

第四个理由是危险论，其认为"仲调结合"难免产生实际上的偏袒。若仲裁员调解失败转而充任仲裁员，将会受到当事人的言辞而非证据的影响，考虑只有一方当事人知道而另一方当事人不知道的情况。更为严重的是，如果仲裁员在调解过程中接收了当事人提供的材料或者探知到当事人出价的底线，在裁决时也难免会有实际上的偏袒。③

（三）对"仲调结合"正当性争论的对象、焦点与不足

综观上述观点，其争论的对象主要是仲裁员与调解员合一的正当性，所涉及的情形一是由仲裁员直接主持调解，即仲裁员直接充当调解员；二是调解员在调解不成时，继续充当仲裁员对案件进行仲裁。争论的焦点有三：一是"仲调结合"是否会混淆仲裁员和调解员的不同角色；二是会否违背仲裁的程序和实体公正原则；三是能否提高纠纷解决的效益。④ 这些争论对于"仲调结合"实践创新有直接的理论针对性，也一定程度上阐释了无仲裁程序启动依据的调解中心调解、仲裁立案后组庭前的仲裁员或调解员调解，以及裁决执行中的仲裁部（秘书处）人员调解的机制的正当性。调解组织、仲裁部（秘书处）的调解人员可能本身就是仲裁员，当纠纷调解不成时，原调解员可能在仲裁程序中继续担任仲裁员。仲裁部（秘书处）调解已经裁决的案件，也可能出现原仲裁员继续充当调解员的情形。但这些争论在理论的逻辑上不关涉仲裁与仲裁外调解或当事人和解的对接联动，因为这些"仲调结合"的方式只是对其他调解主体调解结果或当事人和解在仲裁上的

---

① 参见 Goldberg, *Green and Sander*, *Dispute Resolution*, pp. 246－267.

② 参见 David C. Elliott, Med－Arb: *Fraught with Danger or Ripe with Opportunity*? 62 Arbitration (August 1996), p. 177.

③ 参见 Roger Pitchforth, *National Report－New Zealand*, Speech Delivered at the Nagoya Symposiun, ibid, pp. 411－432.

④ 周成泓：《仲裁与调解相结合纠纷解决制度之正当性探析》，载《贵州警官职业学院学报》2005 年第 3 期。

效力转换，一般不会涉及仲裁员与调解员合一的问题。因此，这些争论虽然具有理论上的深刻性和具体性，对于我国“仲调结合”正当性具有重要的理论价值，但它们尚不能涵括我国“仲调结合”的各个方面。

在上述的争论中，本文比较同意肯定论的观点，因为否定论对于调解员继续充任仲裁员的担忧是可以根据当事人的自愿选择以及仲裁调解的程序化规制而得到缓解的。① “仲调结合”的发展本身就证明这些担忧并不是主要的问题。现代社会中调解员、仲裁员的选任空间很大，完全可以实现调解员和仲裁员由不同人员分别担任，即可缓解角色混淆问题。而且在当事人同意的情况下，调解员继续担任仲裁员也是当事人的自愿选择，这种选择本身就是建立在当事人对于这些可能出现的风险的理性考量之上。即使仲裁员同时也是调解员，其可能出现的问题也不是那么紧要，一方面二者的合一本身就存在如肯定论者所言的诸多益处，另一方面仲裁员自身对其行为也会基于职业的伦理，以及仲裁规则的约束而加以理性的注意和考量。如果事情真如否定论者所担忧的那么紧要，程序和实体的正义经常地因为角色的同一而受到损害，这些实践创新可能也早被当事人所拒绝。

即使如此，国际民商事仲裁中的这些争论并不能涵括我国“仲调结合”的各个方面，而且也不能充分照应调解在仲裁中的广泛和深入扩张是否与法治背景下的当事人权利保护存在背离。因此，对于我国“仲调结合”的实践创新，尚需在前述所论的基础上，从理论上解决以下两个层面的问题：一是调解作为纠纷解决方式在仲裁中广泛扩张的正当性，二是调解向仲裁深入扩张的正当性，才能为我国仲调结合的新实践在正当性上提供较为全面的理论支持。

三、调解在仲裁中广泛和深度扩张的正当性

（一）调解作为一种纠纷解决机制的权利保护功能

“仲调结合”实践创新的核心内容是调解在仲裁机制中的扩张，这种扩张不仅存在于仲裁中，也是调解在各种民事纠纷解决机制中日益受到重视的表现。我国当前在各地兴起的“三调联动”或“四调联动”机制等，不仅

---

① 如2013年《调解规则》第26规定：“组庭前调解不成的案件，主持调解的仲裁员不得担任审理本案的仲裁庭成员，但双方当事人共同选定其为独任或首席仲裁员的除外。”

包括各种调解机制内部联动，也包括各种调解机制与其他纠纷解决机制之间的联动。诉调对接、仲调对接便是这种联动机制的组成部分。① 调解的广泛扩张，在客观上主要是来自于民事纠纷的日益多样化、复杂化和数量剧增所带来的纠纷解决压力。但理论上如何解释调解扩张的正当性，则是一个较为复杂的问题。肯定论者比较一致的观点认为：一是从程序方面而言，当事人对自己的权利具有处分性，调解正是在尊重当事人私权处分性前提下的一种纠纷解决方式；二是从效益方面而言，纠纷的调解解决压缩了不必要的纠纷解决过程，从而节省了当事人和国家、社会的纠纷解决成本；三是从文化方面而言，“和谐”是人类社会的美好追求，而纠纷的调解解决能“案结事了”，使原本由于纠纷造成的震荡复归于平静；四是从历史方面而言，我国有重视调解的悠久传统，通过调解解决纠纷也行之有效；五是从国际实践而言，西方发达国家 ADR 兴起，调解这种纠纷解决方式也日益受到重视。②

上述观点从不同的视角为调解的扩张提供了独到的阐释说明，但对于调解在诉讼、仲裁中的扩张，其阐释说明并不充分。现代法治是以权利为本位的法治，任何纠纷解决机制的确立和建构，其正当性都不能无视权利保护这一最为宏观而又具体的标尺。因此论证调解扩张的正当性不应只是停留在“传统”、“和谐”、“经济”、“案结事了”、“域外 ADR”等与权利保护缺乏直接关联的层面，而必须对调解是否亦如裁决之类纠纷解决方式一样，具备权利保护的功能，甚至还有某些特有优势。只有如此，才能更加有力和根本地消除调解在现代法治背景下作为一种纠纷解决方式的种种话语冲突和理论质疑。

因此，我们尚需从以下方面对于调解作为一种纠纷解决方式是否能够实现权利保护予以较为具体的阐释和说明：一是较之于裁决，调解是否难以保

---

① 如湘潭仲裁委员会、湘潭市司法局制定了《仲裁调解与人民调解对接联动具体实施办法》，而该办法又是根据中共湘潭市委办公室、市人民政府办公室印发的《湘潭市社会矛盾纠纷调解对接联动工作实施办法》（潭办发［2007］15 号）和市中级人民法院、市人民政府法制办公室、市司法局、湘潭仲裁委员会联名印发的《关于仲裁调解与人民调解、司法调解、行政调解对接联动的办法》（潭仲发［2007］6 号）。这些文件所反映的内容和相互关系，典型地显示了调解在纠纷解决中的广泛扩张状态。

② 这些观点存在于诸多相关的论文或著作，此处只是对这些关于调解正当性理论观点的一个大致概括，因这些观点的不集中性及大体周知，为概述得尽量简要，故不作具体注明。

护当事人的权利。换言之，即是否就如一些观点所指，调解难免就是“和稀泥”；是否容易发生久调不决、强制、欺骗；是否导致将当事人程序和实体权利视同儿戏。二是调解在诉讼、仲裁等纠纷解决机制中的广泛运用，是否就会造成这些机制的萎缩，妨碍其发展，甚至造成实体法的虚置，破坏规则之治，① 进而损害法治的目标。这两个问题在本质上是同一问题的不同方面，因为运作中的“和稀泥”、“久调不决”、“强制”、“欺骗”以及调解的大量运用所造成的程序萎缩、实体法虚置等，最终还是会损害当事人在实体和程序上的权利。所以调解作为一种纠纷解决方式，对于权利保护的正面价值是否大于负面价值，如果答案是肯定的，则应当给予其在法治背景下如同裁决一样的正当位席，进而其在诉讼、仲裁等不同纠纷解决机制中的广泛扩张，也就无可置疑。

西方法治国家一直将调解视为一种与规则之治背道而驰的纠纷解决方式，但是近几十年来一反常态将调解广泛运用，这说明调解与法律秩序的贯彻和实现之间并不存在严重的紧张关系。质疑论者的种种担忧，可能主要还是基于一种对于法治目标的强烈关怀而所作的未必准确的逻辑推导。如果调解果真对规范性秩序具有较大的破坏性或相悖性，现代西方法治国家就不可能接受，遑论在强调“王权”、“王法”绝对权威的中国古代。而调解在中国古代实际就是与“依法裁决”相对应——起着相互补充作用的——国家法律规则和秩序得以有效实施和实现的另一方式。

在国家法律规定的前提下，纠纷的解决无论采取第三方裁决，还是第三人促成当事人谈判达成协议，甚至纯粹地由当事人理性沟通而达成和解等任何手段，都不可能离开法律的既定规范。调解解决和自行和解中的当事人一样会遵守法律规则。既然纠纷已经处于既定规范的阴影之下，那么当事人显然会援用规范维护自身在规范中已经被赋予的利益或避免不利于己的法律后果。我们不难发现裁决只不过是通过裁决主体第三方的意志使一定的国家法律规范得到实施，而调解或和解则是通过当事人自身的意志来实现法律规范。

调解与裁决在国家法律规范的贯彻和实施上，又有着其各自的利弊，采用的是两种不同的纠纷解决思维模式。裁决所采取的是一种“法条主义”

---

① 田平安、吕辉：《“调解优先”质疑论》，载《河南大学学报（社会科学版）》2013 年第 1 期。

的思维进路，其优势是在国家法律规范的贯彻和实施上具有严格性，但也存在明显的弊端，即对于纠纷事实的认定具有基于既定法律规范上的“要件事实”的切片性，在法律的理解和适用上则因第三方意志性和强制性容易导致的不准确性和不全面性。这也是民事纠纷在裁决解决时何以当事人往往具有较多的抵触情绪和难以执行的根本原因所在。而调解则是一种“整体性”思维，这种“整体性思维”正是由其纠纷解决上的“合意主义”进路所决定的。这种“整体性思维”不仅体现在对于纠纷事实的整体性了解和认知上，也体现在协议的达成中通过当事人合意形式而对于国家法律规范的贯彻实施上。在“合意主义”下，民事纠纷解决的思维，一般来说不仅必然要表现为纠纷事实上的整体考察，也必然地要表现为对于法律理解和援用上的交往理性，否则所谓的“合意”是很难达成的。在纠纷的调解解决中，调解主体为寻求合法而又较为合理的纠纷解决方案，一方面需要对于纠纷事实全面的了解，如纠纷发生的原因、纠纷演变的历史过程、当事人的性格和情感、纠纷所涉及的某些社会连带关系以及纠纷发生和发展过程中的某些具体细节等；另一方面，当事人势必要援用这些规范以维护自己的合法权益，而且在最终厘定纠纷解决方案时，当事人势必要经过理性的考量和同意。这就必然使得调解中法律的适用比裁决更为精当和合理。同时，在法律规范欠缺的纠纷解决中，当事人也必然要尽可能地通过交往理性，将纠纷的解决建立在符合一定的道德、习惯、民情和公序良俗且较为合理的基础之上。纠纷处理都要在权利义务、是非责任分明的情况下进行。一定的让步或给予都不可能是糊涂的和无原则的，给予者或者被给予者，让步者或者受益者之间，应当也必须彼此内心清楚，知恩知歉。由于调解使得当事人之间的权利义务关系的处理不仅要合法而且合理，较之于裁决在很多情况下更为精当和全面，并且通过交往理性获得当事人对自身权利义务、是非责任的内心认知和认同，故而调解才具有纠纷解决上的和谐性和彻底性①。

因此，调解作为一种纠纷解决机制也有权利保护的功能，而且在很多情况下相较于诉讼和仲裁来说其在权利保护上反而有自身独特的优势。

（二）调解在仲裁中广泛扩张的正当性

当然，调解贯彻法律方面也存在自身的某些弊端，例如在当事人对相关

① 参见张立平：《为什么调解优先——以纠纷解决的思维模式为视角》，载《法商研究》2014 年第 4 期。

法律规范无知而发生是非和责任的认知错误误导当事人，或者调解人员欺骗、诱导当事人，或者久调不决等不合法、不公正或无效率的情形。但是这些弊端是可以通过一定救济机制得以缓解和矫正的。在现代法治背景下，实际上无论调解还是裁决，对于纠纷的解决和当事人法律权利的保护，是各有利弊相得益彰的。

第一，调解恰好可以弥补裁决在纠纷解决功能上的某些不足和负面作用。就民事纠纷的解决而言，裁决的功用主要在于处理那些难以通过当事人合意解决的纠纷。在难以通过合意解决的情况下，必须及时地通过裁决强制解决，这是及时维护当事人权利，高效解决纠纷的需要。同时，裁决的存在对于促进当事人达成合意也会起着客观的后盾作用。裁决前的调解中采取的“裁前告知”之所以奏效，正是后盾作用的外在显露。但是由于裁决在纠纷解决思维上的“切片性”和机械性，不仅大多数的民事纠纷通过裁决的方式解决并非最佳选择，而且有些纠纷由于事实认定和法律关系上的复杂性，也不适宜通过裁决的方式解决。在湘潭仲裁委员会有关调解人员的经验介绍中，即有此类较为典型的事例：

湘潭仲裁委受理了本地某大型企业申请的产品质量纠纷案，被申请人是北京某公司。案件的双方当事人在对产品主设备的质量问题进行诉讼的同时对配件的质量问题进行仲裁。申请人认为主设备和部分已交货的配件根本不合格；被申请人则提出法院对主设备都没有认定质量问题，仲裁庭无权作出配件质量不合格的裁决，双方僵持不下。

该案的仲裁员提出了“仲裁既不能与判决结果相对抗，又不要被判决结果所左右”的主张，并建议将产品质量问题委托省质量技术监督局鉴定。通过质量鉴定，双方距离马上拉近，都表示愿意接受仲裁庭调解。仲裁员处处为双方着想，促进双方沟通，最终不仅使申请仲裁的争议达成了统一的调解协议，同时双方还在仲裁庭商议对已向省高院上诉的主设备质量争议撤诉，将撤诉和解的协议一并写入仲裁调解文书。① 这个案例充分说明调解在仲裁中的运用能够增加仲裁过程的灵活性，充分尊重当事人的意愿，从而实现仲裁和调解的互补，甚至化解一些疑难的纠纷。

第二，仲裁中调解的负面价值也是较小的和可控的。所谓“和稀泥”

---

① 朱培立：《灵活的调解技巧和谐的双赢结局乃仲裁之最佳追求》，http: www. docin. com/p. 188529614. html. 访问时间：2014 年 5 月 12 日。

的现象虽然存在，但多数情形下只不过是基于旁观者视角的理性误差。调解往往是以一方或双方当事人在某些权利上作出让步，达成妥协而告终，这就难免使人产生一种"和稀泥"的感觉。但这种观感其实是一种错觉，其原因是先入为主地认为纠纷解决应该局限于严格依制定法裁决的范围之内。调解是通过斡旋、说服、劝解和教育使当事人之间达成合意来解决纠纷的，其本质是充分尊重当事人在纠纷解决上的自主性。既然是当事人在自主的前提下解决纠纷，当事人是否作出某种让步也是自主的理性选择。当事人的自主理性选择往往有着宽广的价值考量，而不是局限于在法定权利义务之中。当事人可能考量了该纠纷产生的历史、现状与未来；也可能考量了纠纷发生的各种直接与间接的原因、纠纷解决的方式与结果所牵涉的各种社会连带关系，以及这些关系与自身的利益直接或间接的影响。当事人在纠纷解决中的决定总是要基于自身利益的权衡和考量的。一些情况下，一方当事人作出了较多的让步似乎使权益未得到切实的维护，但实际上对于该当事人而言却可能是最为恰当的结果。例如当事人经过充分估计在裁决后很难执行的案件，在另一方当事人愿意尽力给付的前提下，与其花费更多的成本继续争执，便不如在调解中接受较为现实的方案；再如在长期商业交往的当事人之间，权利方如在做出种种考虑后放弃一定的权利，则可能意味着更多的商业机会和未来利益；又如涉及熟人关系的纠纷中，若一方当事人在纠纷解决中过于强调法定权利，而面临的可能是人际关系的恶化，不如表现出一定程度的"宽宏大量"。正因为当事人自己的选择才是最符合其利益的选择，调解较之于裁决，才往往更为接近纠纷本身的事理，更能实现"法与情理"之间的内在统一，实现法律效果与社会效果的统一，从而实现"案结事了"。因此，对于所谓的"和稀泥"的现象不必过度解读。

第三，"强制"① 或"欺骗"调解的现象虽然在一定程度上存在，但得逞的可能性却不大。当事人基于利益的切身性，对于调解人员提出的有损其利益的建议有着本能的警惕，调解人员进行"强制"或"欺骗"，并非是一件轻而易举的事情。另外现代社会的纠纷解决中经常有律师或法律工作者的

---

① 在调解的启动中，一些国家规定有"强制调解"的方式，即调解的启动并非根据一方或双方当事人的自愿，而是由一定机构根据纠纷是否具有可能调解解决的性质和特点，以决定该纠纷强制性地进入调解程序。本文所指的"强制"，是调解进行中的强制，即在调解过程中采取违背当事人自愿达成实体性合意的手段进行调解。

参与，即使当事人没有聘请法律专业人员担任代理人，也可能在作出决定前咨询某些法律专业人士。而且现代社会公民的文化素质和法律意识已得到较大的提高，被欺骗的可能性进一步降低。最后调解同样可以程序化，通过程序的规制也可以控制这些现象的发生。

第四，调解在仲裁中的大量运用并不会造成仲裁机制的萎缩、民事实体法的虚置、破坏规则之治等。首先民商事纠纷的解决是以当事人是否满意为最根本的标准，而不是以发展出更为繁杂的程序为目标。当事人满意是纠纷解决取得“案结事了”，实现法律效果与社会效果统一的基础，离开当事人满意这一标准，其他效果便无从置谈。第二，调解并不意味着不需要程序的规制，在法治背景下，也只有法制化的调解才能获得自身的生命力。调解在仲裁中的大量运用，势必发展出相应的程序规则。调解组织的构成，调解的启动、进行、中止、结束和效力，调解机制之间、调解机制与仲裁机制之间的衔接等，都需要相应的规范，这些规范同样是仲裁法制建设的有机组成部分。第三，调解对于纠纷的解决仍然是以民事实体法的运用为基础的。调解在思维进路上的整体性和纠纷解决上的辩证性，恰恰可以使得民事实体法得到更为精当和合理的运用。在商品经济日益发展，利益主体日益多样化、社会关系日益复杂化的社会环境下，调解的有效进行和健康发展，更是要依赖于民事实体法的不断发展和完善。

总之，较之于裁决，调解通过说服、斡旋、劝解、教育等方式，通过交往理性，促成当事人达成基于自主意志的合意，对于认识纠纷事实和贯彻实施国家法律往往更为精当和全面，因而在纠纷解决和权利保护上有着自身的特有优势。如此看来，调解在具有裁决功能的纠纷解决机制中的广泛扩张，也就具有无可置疑的法理正当性。调解和裁决在纠纷的解决中可以相互弥补，相得益彰，更好地实现纠纷的公正、高效与和谐解决。

（三）调解在仲裁中深度扩张的正当性

既然调解在权利保护上具有其他纠纷解决方式不具有的特有优势，而负面价值可通过“仲调结合”法制化得到有效的控制，也就不仅为调解向仲裁机制广泛扩张提供了正当性，也为调解向仲裁的深度扩张提供了理论前提。

所谓深度扩张，也就是调解不仅可以在仲裁审理过程中得以运用，也可以在仲裁立案前、立案后组庭前、审理后裁决前，以至于裁决生效后的履行和执行中大量运用；不仅可以通过组织形式的多样化和运作过程的程序化设置，贯穿于仲裁机制自身的运作之中，也可以通过如仲裁确认机制与仲裁外其他纠纷解决机制相衔接。而且由于仲裁的民间性、自治性，在程序设置上的灵活性，纠纷解决的特定范围和商业惯例、行业标准的适用等，在其与调解的结合上有着更大的空间。从仲裁所处的人文和经济环境而言，也需要调解在民商事仲裁中的深度扩张，才能充分发挥其纠纷解决的功能和优势，并为仲裁服务于向农村地区的拓展打开一丝通道。“仲调结合”的实践创新，亦彰显出此种效果和需要。如湘潭仲裁委员会仲裁案件受理情况（见下表）的统计即反映了这种效果和需要。

湘潭仲裁委员会 1996—2010 年受理案件情况统计表

年份	受理案件数（件）	其中		受案标的（万元）	已结案件分类					全国仲裁机构排序
		涉外件数	涉及国家和地区		案件总数（件）	调解（件）	自动履行（件）	法院撤销（件）	不予执行（件）	
1996	1			27.3		1	1			
1997	5			10.8			5			
1998	4			60		2	4			
1999	5	1	台	27.4		3	3			
2000	7			190.3		3	5			
2001	31	1	港	3062		10	27		2	66
2002	103			1124.5		86	9.3	1	1	45
2003	111			20591		71	90			57
2004	220			6683.1		133	209			46
2005	255	1	澳大利亚	8235		202	237			50
2006	302			9320	291	256	242	1		54
2007	652			17200	629	578	589			22
2008	666			24500	486	446	439	1		23
2009	681			36000	515	433	495		20	24
2010	692			56856	510	383	490	1		
历年合计	3735	3		1838877	2431	2607	2845.3	4	23	

从上表可以看出，自 1999 年至 2001 年，该委仲裁案件受理数量极少，

最低时全年仅1件；而且攀升非常缓慢，1996年至2000年连续5年共计才受理22件，受案标的在2000年仅达到190.3万元。2001年爬升较快，亦仅31件，受案标的为3062万元。其标的额之所以显著提升，主要也是因为受理了1件涉港民商事纠纷。2002年迅速提高到103件，以后无论受案数和标的额都爬升较快。2010年达到692件，标的额由2002年的1124.5万元，达到56856万元。而这一发展轨迹，与2000年开始探索“仲调结合”，2002年成立专门的调解中心，以及有关规则的相继制定显然是同步吻合的。

虽然，目前对来自于乡镇的民商事纠纷尚为少见，但个别乡镇工程承包纠纷、医疗纠纷案件的受理，也已开始显示这些实践创新对于我国民商事仲裁向农村地区伸展的价值所在。①

总之，我国仲裁机构设置于直辖市和省、自治区人民政府所在地的市，以及其他设区的市，社会对于民商事仲裁制度了解和认知的匮乏，以及地区经济、城乡经济发展的不平衡状态，都制约着仲裁法律服务的拓展，妨碍其纠纷解决功能的有效和全面发挥，而调解这一具有悠久历史传统，为社会大众所熟知的纠纷解决方式在仲裁中的广泛和深度运用，也就不失为破解此种困境的有效形式。

结　语

“仲调结合”将调解的纠纷解决方式向仲裁机制中扩张，实际上是我国对外贸易仲裁重视调解传统的逻辑发展。实践创新中较为合理而细致的规定，也彰显了仲调结合法制化的命题，符合仲裁自治性、灵活性的特点和民商事纠纷解决的规律。这些实践创新之所以可能，其根本的原因还在于调解作为一种纠纷解决方式，较之于裁决的方式更能体现当事人在纠纷解决上的自主性，利益衡量上的整体性，纠纷解决思维上的辩证性，更为有效地实现“法与情理”上的内在统一，法律效果与社会效果上的统一，从而更好地实现纠纷的和谐高效解决和当事人权利保护。调解与仲裁的广泛和深度结合，亦适应了我国仲裁环境欠缺，经济发展不平衡的状态，有利于仲裁制度纠纷解决功能的充分发挥，有利于我国仲裁制度向农村地区的伸展，因而具有充分的法理正当性。

---

① 《湘潭仲裁委员会1996—2010年受理案件情况统计表》，http: //www. xtac. org/Main. asp? Fl. 访问时间：2013年5月12日。

《中华人民共和国人民调解法》的五大不足*

李喜莲**

Five Defects of The People's Mediation Law

Li Xilian

摘　要：人民调解法的出台，是多年来人民调解制度改革的结晶。但是此次立法不仅没有解决人民调解制度原有的问题，反而陷入新的问题之中。现行人民调解制度，在受理范围、调解员的选任资格、调解协议的性质、诉调对接、司法确认等关键性问题上仍存在误区，阻碍了人民调解制度目标的实现。反思人民调解制度改革的成败，我们应当正视人民调解制度功能与现状之间的巨大裂隙。只有在立法上，明确人民调解制度的受案范围；选择可行的人民调解员"专业化"路径；明晰人民调解协议的社会约束性；对诉调对接和司法确认制度重新进行定位，才能突破人民调解制度发展的瓶颈。

关键词：人民调解制度　民间纠纷　人民调解员　诉调对接　司法确认

Abstract: the People's Mediation Law is a result of the reform to the people's mediation system. However, this law does not solve the original problems. On the contrary, it lets this system falling into a new dilemma. Such as its scope of ac-

---

* **基金项目**：本文为湖南省教育厅高校创新平台开放基金项目"法院调解新问题研究"（项目编号：14K100）的阶段性成果；本成果系法治湖南建设与区域社会治理协同创新中心平台建设阶段性成果。

** **作者简介**：李喜莲（1974—），女，湖南溆浦人，湘潭大学法学院副教授，法学博士，硕士生导师，主要研究民事诉讼法学。

ceptance is unclear, the "specialization" path to people's mediators is less targeted, the nature of the settlement agreement is unclear. Those problems prevent the people's mediation system from effectively achieving its goal. Reflecting the success of the reform for people's mediation System, We should face enormous fissure function between the Mediation system with judicial practice. In order to breaking through the bottleneck of the development of people's mediation system, we must clear the case range of civil mediation system, choose viable mediator "professional" path, and define the nature of mediation agreement with social binding.

Keywords: the People's Mediation　Non - governmental Disputes　the People's Mediator　the Combination of Litigation and Mediation　Judicial Corfirmation

近年来，无论是中国本土遭遇的现实诉讼困境，还是国外 ADR 制度取得的巨大进展，都让人们对调解制度的发展空间充满期待。特别是，在司法高层和国家领导人的倡导下，① 被誉为“东方一枝花”的人民调解制度重回公众视野。在理论界，学者们在人民调解制度不但可以减少纠纷解决的成本，节约司法资源，同时对社区建设和道德传承有着重大意义等价值上基本达成共识。在实务界，人民调解委员会组织在中国大地上星罗棋布，遍地开花，各级司法行政机关广泛开展了“人民调解百日会战”、“人民调解进万家”活动，把一大批矛盾纠纷解决在基层、化解在萌芽状态。② 通过社会各界的共同努力，2010 年 8 月 28 日，第十一届全国人大常委会第十六次会议审议通过了《中华人民共和国人民调解法》（以下简称《人民调解法》），

---

① 2002 年 9 月 24 日，中共中央办公厅、国务院办公厅转发《最高人民法院、司法部关于进一步加强新时期人民调解工作的意见》，要求各级党委、政府切实加强对人民调解工作的领导和指导，促进人民调解工作的改革和发展。2002 年 11 月 1 日，《最高人民法院关于审理涉及人民调解协议的民事案件的若干规定》和司法部《人民调解工作若干规定》同时正式施行。2003 年，胡锦涛总书记在视察湖南省长沙市开福区四方坪黑石渡地区社会矛盾调解中心时指出：“人民调解是中国的特色，要变被动调解为主动调解，深入开展矛盾纠纷的排查调处工作。”2004 年 2 月 13 日，最高人民法院、司法部下发了《关于进一步加强人民调解工作切实维护社会稳定的意见》，要求各级人民法院、司法行政机关要以“三个代表”重要思想为指导，坚持立党为公，执政为民，进一步加强新时期人民调解工作，切实维护社会稳定。

② 孙春英、周斌：《人民调解组织已达 1.2 万个》，载《法制日报》2010 年 7 月 30 日，第 2 版。

人民调解制度被纳入立法可谓是众望所归。《人民调解法》是我国第一部专门、系统、完备规范人民调解工作的法律，是人民调解制度发展的一座里程碑。《人民调解法》的颁布实施是人民调解工作发展史上的一件大事，它充分肯定了新中国成立以来人民调解工作所取得的成绩，总结吸收了近年来特别是《人民调解委员会组织条例》颁布以后人民调解工作改革、发展所取得的成果和积累的经验，进一步确立了人民调解制度的法律地位和基本框架，对人民调解工作的基本原则、人民调解委员会、人民调解员、调解程序、经费保障、指导职责、调解协议效力等作出了明确规定，为指导管理人民调解工作，依法调解矛盾纠纷，提供了坚实的法制保障。《人民调解法》的颁布实施是司法行政工作的一件大事。它进一步明确了司法行政机关对人民调解工作的法定指导职责，为各级司法行政机关特别是基层司法行政机关更好地组织开展人民调解工作提供了坚实的法律保障，对于进一步丰富基层司法行政机关职能，充分发挥人民调解在化解社会矛盾纠纷中的职能和优势具有重要意义。毫无疑问，《人民调解法》出台，其所取得的立法成果是值得充分肯定的。[①] 时至今日，《人民调解法》已实施三年。概览该法的实践情况，[②] 我们不难发现，“犹如以往中国立法一样，《人民调解法》整体上存在着模糊和不确定性，对很多大家关注的问题并没有给出具体的答案。”[③] 一些问题虽是老生常谈，但莫能定论；一些问题或难以立论，或似是而非；一些问题看似在道理上鞭辟入里，毋庸置疑，但验诸实践则无法实行。有鉴于此，本文对《人民调解法》中几个关键性问题略述管见。

一、似是而非：以民间纠纷为受案范围的无限扩张性

一般而言，每一部法律、法规都有其相对明确的调整范围，《人民调解法》也不例外。《人民调解法》以“民间纠纷”作为其调整对象，但是对这

---

① 关于《人民调解法》的成果，参见范愉：《〈中华人民共和国人民调解法〉评析》，载《法学家》2011年第2期。

② 《人民调解法》实施以来，人民调解工作的实践情形大概可以归纳为以下几个方面：人民调解组织覆盖各个领域，但发挥作用的有限；专业化调解队伍出现，但数量有限；诉调对接盛行，但对接中矛盾重重。

③ 同上注。

一颇具争议的概念之内涵外延没有进行界定。① 从语词构造来看，“民间纠纷”由主词“纠纷”和修饰词“民间”组合而成。现代汉语中，“民间”一词意指“人民之间”、“非官方的”。② 在人民民主专政的政体下，“民间”和“官方”之间是相互依存、互为条件、互相转化的，不存在根本的利益冲突。单从“民间”一词来看，根据其“非官方的”意义，无法识别“民间纠纷”为何种类型，从而使人们调解的受案范围模糊不清。然而，法治国家的基本要求是依照法律治理和管理国家。法律作为直接指引人们行为的规范，其内容必须是明确的、具体的。否则，守法者不能从中知晓自己行为的法律性质与法律后果，必将陷入“不知所措”的困境中。就《人民调解法》而言，如何理解“民间纠纷”对于发挥人民调解制度的功能至关重要。《人民调解法》对其调整范围不加界定，是立法者疏忽，还是别有用意？也许某司法高层的言论能给我们一些启示：“我们认为，人民调解立法应当坚持调解民间纠纷的提法，这符合人民调解的性质，也是区别人民调解与其他

---

① 学者们对“民间纠纷”的理解各抒己见。有学者认为，“由于民事诉讼法确定了人民调解委员会是在基层人民政府的领导和人民法院的指导下调解民间纠纷的群众组织，所以它只能调解产生于我国公民之间的各类纠纷，即民间纠纷。”并认为，“公民和单位之间，单位和单位之间，以及涉外民事纠纷不属于调委会的工作范围。至于需要处以刑罚和其他行政处分的案件，更不在调委会的工作范围之内。”见蒋福元、陈翠银：《民事诉讼法中的人民调解委员会》，载《上海司法》1982 第 4 期。有学者认为，民间纠纷应具备三要件：一是公民（自然人）之间发生的纠纷；二是争议的权益是当事人可以自由处分的；三是必须在民事法律关系基础上产生。参见李庚元：《基层人民政府对民间纠纷处理权刍议》，载《山东大学学报（哲学社会科学版）》1991 年第 4 期。有学者认为，“民间纠纷”是指平民百姓之间的纷争，纠纷双方当事人必须是老百姓，即群众个人之间的纷争、群众及其联合体（专业户、个体工商户、联营户、承包经营户、个人合作和各种形式的组合体）之间、群众及其联合体之间发生的纠纷。除此之外，其他纠纷不得称为“民间纠纷”。见李春霖、潘夏明：《人民调解问题争议之我见》，载《政法论坛（中国政法大学学报）》1992 年第 2 期。有学者认为，与司法调解相比，人民调解所涉及的纠纷类型要广泛得多，几乎可以说一切刑事法规、行政法规之外的纠纷都可以纳入人民调解范畴；并认为，“民间纠纷”是一个不同于“民事纠纷”的特定概念，是指公民之间发生的以民事法律关系、社会道德关系为内容的争议或争执。这种纠纷是那些具有普遍性、多发性、广泛性，情节比较简单，法律后果比较轻微等特点的多种纠纷的概括，其具体种类和范围会随着社会的发展而不断变化。参见刘江江：《人民调解法治新论》，中国政法大学出版社 2009 年版，第 64 页。

② 《现化汉语词典》，商务印书馆 1998 年版，第 883 页。

纠纷解决机制的一个本质特征，又为人民调解延伸领域留有空间。”① 为了使人民调解制度有足够的延伸空间，该高层人士认为：“发生在自然人之间、自然人与法人或者其他组织之间的涉及人身、财产权益的纠纷以及依法可采取调解方式解决的其他纠纷都属于民间纠纷。也就是说民间纠纷就是平等主体之间的具有民事权利义务内容和其他日常生活中发生的纠纷……总之，只要法律、法规没有强制性规定由专门机关管辖处理的或者禁止采用调解方式解决的都用民间纠纷的概念，人民调解组织都可以调解。”②

诚然，就目前的社会现实来说，纠纷类型纷繁复杂，相关机构的权限范围难以划分清楚，对人民调解组织的受案范围作出清晰划分恐怕存在困难。作为替代性纠纷解决机制之一种，人民调解应该保持相当的灵活机动性。这也许是立法者在人民调解制度处理纠纷范围上保持模糊性的要因。毋庸置疑，受案范围的模糊性给调解制度较大的发展空间。事实上，随着人民调解实践的不断深入，人民调解组织已迫不及待地向各种纠纷“进军”，积极参与轻微刑事案件、刑事自诉案件、行政纠纷，乃至刑事公诉案件的化解过程。③ 受案范围的不断扩大，似乎满足了当前司法工作要求的“凡是出现矛盾纠纷的领域都有调解组织开展工作，凡是出现矛盾纠纷的地方都有人民调解员开展调解工作”。④ 然而，就人民调解的本质而言，人民调解是通过说服、疏导等方法，促使当事人在平等协商的基础上自愿达成协议，解决民间纠纷的活动。人民调解的本质特点是当事人双方对调解的对象（纠纷）进行“平等协商”、“互谅互让”，以便达成合意。由此可见，作为调解制度的

---

① 王珏：《从人民调解工作实践看人民调解立法》，载《人民调解》2009 年第 11 期。

② 同上注。

③ “北京市司法局则组织开展了一场轰轰烈烈的人民调解‘和风’行动，由全市人民调解组织和人民调解员对本地区、本领域的矛盾纠纷进行‘拉网式’大排查。上半年，全市各级人民调解组织共排查纠纷 13127 件，防止民间纠纷转化为刑事案件 238 件、808 人。”见李娜：《人民调解成维稳“第一道防线”》，载《法制日报》，2012 年 7 月 21 日第 5 版。

④ 刘建：《上海嘉定区推行大调解格局，半年受理各类纠纷 9367 件》，载《法制日报》，2010 年 8 月 8 日第 1 版，另见，孟建柱在全国调解工作会议上的讲话：《充分发挥人民调解组织作用为建设平安中国全面建成小康社会作出新贡献》（2013 年 8 月 28 日），资料来源，http://www.moj.gov.cn/index/content/2013-08/30/content_4804377.htm. 访问时间：2013 年 9 月 1 日。

受案对象必须具有“协商”或“让渡”的可能性。也就是说，作为调解对象的纠纷本身具有“可调性”。通常，纠纷的“可调性”取决于两大因素：其一，纠纷当事人的地位平等。人民调解制度的重要意义是给当事人创造温和的对话空间，以便彻底消弭当事人之间的矛盾纠纷。平等对话的前提是，对话双方必须具有平等的说话权，即地位平等。在通说认可的纠纷类型中，唯有民事纠纷当事人在实体和程序上的地位是平等的。因为，相较于刑事和行政纠纷而言，民事纠纷一般只关乎当事人的私权，不直接涉及社会、国家利益。据私法自治之法理，当事人地位是平等的。因此，唯有民事纠纷才有公平调解的可能。① 其二，当事人对纠纷所涉权利有独立决定和处分的自由。当事人对纠纷有处分权是促进当事人谅解让步的前提。众所周知，当事人只能对私权进行处分。因此，也只有围绕私权而发生的纠纷才有进行调解的可能。通常，从纠纷主体看，私权纠纷包括公民之间、公民与法人（其他组织）之间以及法人（其他组织）与法人（其他组织）之间三种纠纷类型。三种纠纷在主体上的差别不影响其“可调性”，因此，均应纳入人民调解制度的受理范围。即只要是民事纠纷，均可以适用人民调解。“民间纠纷”虽反映了纠纷的范畴（非官方的），但无法区别纠纷的类别，这就使人民调解制度有了较大的拓展空间。但是，人民调解制度的民间性、自治性等本质特点决定其只能在民事纠纷上有所作为。人民调解委员会组织不可能触及直接涉及国家、社会公共安全的刑事案件，也不可能在地位不平等的行政机关和行政相对人之间进行公平调解。正如有学者所说：“《条例》在‘民间纠纷’的处理上有所发展，原《通则》制定时，我国刑事、民事立法还很不健全，在当时情况下，为了及时解决民间纠纷，《通则》将‘轻微刑事案件’也划在民间纠纷中。现在我国已颁布了刑法、刑事诉讼法，对刑事案件的处理，已有了明确的法律规定，而且根据人民调解委员会的性质，它也无权处理依照刑法、刑事诉讼法规定应由人民法院审理的刑事案件。至于构成违反治安管理的行为，也应当由公安机关处理。”② 可见，《人民调解组织条例》虽没有对“民间纠纷”进行明确定义，实务部门仍将“民间纠纷”

① 尽管在行政、刑事案件中也不乏调解的各种实践，但是，当事地位不平等严重影响其说话的权利和“份量”，从而使调解过程和结果的公正性受到质疑。

② 东其：《谈谈〈人民调解委员会组织条例〉的几点新发展》，载《人民司法》1989 年第 9 期。

框定在民事纠纷之中。《人民调解法》对“民间纠纷”同样未作明确规定，在“构建和谐社会”理念的指导下，实务部门却心照不宣地扩大了人民调解制度的受案范围，致使“民间纠纷”成为盛装各种纠纷的“大口袋”，进而使人民调解组织承担了大量力所不及也根本不应由其承担的业务。最终，人民调解制度在众人的高歌中“背着石头跳舞”，不堪重负。

二、南橘北枳：人民调解员“专业化”路径的欠针对性

众所周知，人民调解员是经群众选举或者接受聘任，在人民调解委员会的领导下从事人民调解工作的人员，是人民调解委员会委员、专门调解组织和调解小组成员的统称。据考察，“人民调解员”一词最早出现在1991年7月12日司法部发布的《人民调解委员会及调解员奖励办法》（以下简称《办法》）中，该《办法》虽多次提到“人民调解员”，但对其“任职资格”并无具体规定。与西方国家不同，我国主持人民调解工作的人员大多并非法律专业人士（律师、法律学者教授、行业专家等），而是平民百姓。《人民调解法》第14条规定：“人民调解员应当由公道正派、热心人民调解工作，并具有一定文化水平、政策水平和法律知识的成年公民担任。”① 由此可见，我国对人民调解员的任职资格几乎与选民资格无异。但是，纠纷类型不断翻新、纠纷复杂化的现实，对人民调解员的能力提出新的要求。因此，《人民调解法》在坚持人民调解员平民化的同时，规定“县级以上人民政府司法行政部门应当定期对人民调解员进行业务培训”。据此规定，全国各地着力巩固完善村居、乡镇街道人民调解组织，加强企事业单位人民调解组织建设。一方面，大力加强行业性、专业性人民调解组织建设，进一步扩大人民调解组织的覆盖面；另一方面，大力加强人民调解员队伍建设，优化队伍结构，加强教育培训，以提高调解员的综合素质，实现人民调解员的“专业化”。在人民调解员“专业化”路径选择上，各地司法行政系统各显神通。有的邀请领导、专家给人民调解员授课，组织学习调解业务知识和最新法律法规，开展论坛交流、案例分析讨论、调解案卷评比等活动，以提高人民调解员的工作能力。② 有的建立人民调解员“人才库”，面向社会招聘执业律

---

① 见《人民调解法》第14条。

② 周斌：《司法行政系统深入学习贯彻人民调解法亮点纷呈》，载《法制日报》2010年11月27日，第2版。

师、基层法律工作者以及民族宗教人士、退休法官、检察官，开始人民调解员由“凭热情”向“靠知识”转变。[①] 有的将人民调解员请进法院，通过观摩经验丰富的审判人员“调解”，实现“以案代训”。[②] 有的在招聘人民调解员时，明令要求应聘人员具有大专以上的学历，并且优先考虑法律专业人士和有一定社会经验的人员。尽管如此，相较于其他行业而言，人民调解组织仍是“门庭冷落”。究其原因，一是实践中虽然不乏退休法官热心调解工作的个案，但这一实践尚无制度化迹象；二是收益偏低的人民调解工作难以吸引专业化人才，应聘调解工作的人员寥寥无几。目前，人民调解员仍未摆脱“平民化”现状。[③] 事实上，社会纠纷的发生往往受到多种因素的影响，人民调解员对纠纷的处理不能简单地作或是为非的法律评断。因此，对人民调解员一味进行法律“驯化”的上述实践值得商榷。特别是基层人民法院主动参入人民调解的做法更是令人咋舌。人民调解是一个融情、理、法于一体的说教、调停过程。法官主动参入人民调解将使其应有的“软性”功能大打折扣。此外，一旦当事人就纠纷的解决无法达成协议，后续的诉讼程序将因法官的事先参与，而成为“走过场”。

众所周知，人民调解员是人民调解委员会的灵魂所在。人民调解制度的长足发展与调解人员素质的高低息息相关。当前，人民调解员尚难摆脱“平民化”困境。但必须明确的是，人民调解员平民化并非一成不变的定理。实际上，作为多元化纠纷解决方式的一元，人民调解制度必须有自己的运作路径。人民调解员也有别样的“专业化”要求。笔者认为，这里的“专业化”应当指专长人民调解工作。人民调解员不仅要掌握基本的法律和政策，而且要懂得情理，具备较强的说服能力。因为，在调解中，大多数当事人只沉浸在纠纷之中，难以发现解决纠纷的方法。调解员必须一边聆听当事人的陈述，一边理解分析问题。当事人能否心服口服地达成调解协议，不仅取决于双方当事人之间的有效沟通，调解员的说教作用也非常重要。调解员的说教能否满足当事人“讨个说法”的心理，是决定调解是否成功的关键。实践中，把握时机、审时度势、因人施调、道德感化、真情沟通等是人

① 台建林：《陕西调解精锐“A团”一线扬威》，载《法制日报》2010年7月13日，第8版。

② 《化解矛盾纠纷都认“朱学军”》，载《法制日报》2010年11月7日，第2版。

③ 笔者在调研中发现，某湘中人民调解委员会中共有调解员526人（2人为专职人员），其中具有大专以上文化水平的只有50人。

民调解员不可或缺的能力。① “对感情的掌握是处理民间纠纷的有效方法，劝解当事人以感情为重，引导他们珍惜感情，是化解纠纷的重要途径。”② 人民调解员动之以情，晓之以理，开展调解工作，强调的是通过唤起潜藏于人们内心深处的良知和美好情感，使得冲突双方达成合意，以真正实现“案结事了”。当然，法治国家不能忽视党的政策和法律。人民调解员必须通晓调解业务所必备的基本法律、政策，才能更好开展调解工作。笔者并不怀疑《人民调解法》所规定的“各级政府对人民调解员进行定期培训”以提高人民调解员素质的良好愿望。但是，成文法的学习需要一定的法学理论基础，不可能在较短时间内通过“培训”，以“突击”或“恶补”方式完成。如果需要普遍提高人民调解员的专业能力，我们完全可以选择让法律工作者担任人民调解员。以我国目前拥有的600多所高等院校法学专家、学者和近40万的法科学生，似乎足以胜任。近年来，一些专业性调解组织（如，交通事故调解委员会、医疗纠纷调解委员会、物业纠纷调解委员会等）虽有所增加，但这些专业化调解员所占的比率为0.3%左右。③ 这一数字表明，调解员欠专业化问题仍得过且过突出。总之，人民调解作为纠纷解决方式的一元，对人民调解员的素质有别样的要求。如果我们只“注重”人民调解员的“法律化”，而不依人民调解的性质选择适合人民调解员“专业化”的路径，无异于丹宁勋爵笔下“只知砌砖而不对自己所建筑的房子负责的泥瓦匠”。

三、模糊不清：人民调解协议具有“法律约束力”的强制性

多年来，人民调解协议的效力是理论界争论激烈的问题之一。2002年9月，最高人民法院出台的《关于审理涉及人民调解协议的民事案件的若干规定》（以下简称《若干规定》）规定：“经人民调解委员会调解达成的、有民事权利义务内容，并由双方当事人签字或者盖章的调解协议，具有民事合同性质。”2009年7月最高人民法院出台的《关于建立健全诉讼与非诉讼

---

① 赵沙、李占永：《做好调解工作的几个有效的方法》，载《人民调解》2010年第6期。

② 戴银良：《调解民间纠纷应注意“情”“势”“结”》，载《人民调解》2010年第6期。

③ 司法部基层工作指导司：《基层工作统计分析》（2011），法律出版社2013年版，第21页。

相衔接的矛盾纠纷解决机制的若干意见》（以下称《意见》）第20条规定："经行政机关、人民调解组织、商事调解组织、行业调解组织或者其他具有调解职能的组织调解达成的具有民事合同性质的协议，经调解组织和调解员签字盖章后，当事人可以申请有管辖权的人民法院确认其效力。"最高人民法院解释的意图在于，遵循民事合同应当自觉履行之原理强化人民调解协议的自觉履行。遗憾的是，最高院的这一解释因没有厘清调解协议与民事合同的本质性区别，没能达到解决人民调解协议自觉履行问题。为了增强人民调解协议履行的可能性，《人民调解法》撇开人民调解协议的民事合同之定性，直接规定："经人民解委员会调解达成的调解协议，具有法律约束力，当事人应当按照约定履行。"通常，人民调解制度解决纠纷的有效性，一是因为人民调解委员会在人力、物力、财力上获得国家权力的全面支持；二是因为作为解决纠纷主要依据的党的意识形态与政策在社会中具有高度的合法性。① 一旦失去国家权力的支持，其发挥作用的空间可想而知。基于这样的现实，借助国家强制力发展、完善人民调解制度，以立法方式赋予人民调解协议法律约束力不失为一条捷径。尽管我们有理由相信《人民调解法》如此规定乃本诸良好的愿望，且从某种意义上讲也确实取得了一定的效果，即人民法院在审理人民调解协议纠纷时可以直接依据《人民调解法》，确认人民调解协议的效力，判决义务人履行人民调解协议中的义务，从而避免将人民调解协议视为合同并适用合同法所带来的问题。但是，在尚未废止2002年《若干规定》的相关规定的情形下，《人民调解法》撇开人民调解协议的民事合同性，势必引起法律适用上的前后矛盾。加之，人民调解协议所具有的法律约束力为何种效力也难以让一般民众理解。《人民调解法》出台后，某司法高层认为："人民调解协议是在人民调解委员会调解下，促使当事人在平等、协商基础上自愿达成的解决民间纠纷的协议，属于人民调解中形成的一种法律文书。"并认为"人民调解协议不仅具有民事合同性，其效力也应当高于一般的民事合同，具有法律约束力"。② 众所周知，合同的效力原本就是法律约束力。从"人民调解协议具有比一般民事合同更高的效力"

---

① 吴英姿：《法院调解的"复兴"与未来》，载《法制与社会发展》2007年第3期。

② 张维炜：《人民调解立法："东方经验"的法制升华》，载《中国人大》2010年第14期。

之逻辑出发，人民调解协议的效力应当是比法律约束力更高。这种更高的法律约束力为“何物”？我们不得而知。再者，从上述关于“人民调解协议是一种法律文书”来看，人民调解协议是在法定组织人民调解委员会的主持下达成的，从文书制作的主体、内容、形式、事实和依据来看，均符合法律文书的基本要件，人民调解协议似乎具有强制执行的效力。然而，如果认为调解协议具有强制执行效力，那么《意见》和《人民调解法》所规定的司法确认制度就显得多余。可见，《人民调解法》关于人民调解协议具有法律约束力之规定着实让人费解。

相比之下，笔者认为，人民调解协议具有社会约束力。作为法律术语，约束力是指当事人必须为之或不得为之的强制状态。约束力可以源于法律，也可以源于道德规范或人们的自觉意识。就约束力的强弱而言，尽管源于法律的约束力最强。但我们不能因为法律约束力最强而将其生搬硬套给人民调解协议。首先，以一般民事合同框定人民调解协议缺乏法理基础。众所周知，从依法成立的合同具有法律约束力之逻辑出发，将人民调解协议解释为“一般民事合同”，使调解协议具有法律约束力有了充分理由。在民事交往中，“协议”与“合同”有时难以明确区分，民事实体法也不作界分。但是，在民事程序中，并不意味着二者之间可以画等号：其一，二者的标的不同。一般民事合同的目的在于设立、变更或终止某种民事权利义务。民事合同的标的是基于一定的民事实体法所产生的实体权利义务关系。人民调解是纠纷解决方式之一，人民调解协议的对象是一定法律关系所生之争执，即纠纷本身。人民调解协议是针对纠纷如何解决而达成的合意，并非实体权利义务的直接约定。其二，二者生效的要件不同。一般民事合同的主体是双方当事人，合同经双方当事人签字，即产生相应的法律约束力。人民调解协议不仅需要当事人双方签字确认，还需要人民调解委员会确认（签字盖章），可见，人民调解协议是三方合意的结果。其三，二者的约束力不同。一般民事合同约束力的内容是，当事人不得擅自变更或者解除合同；当事人应按合同约定诚实履行合同义务。换言之，当事人如违反合同约定的内容将受法律约束，承担相应的法律责任。可见，一般民事合同的约束力是一种实体法上的约束力，即实体法上的权利、义务分配、履行。人民调解是国家认可的社会救济方式。人民调解协议是在国家组建或认可的正规群众性组织（人民调解委员会）主持下达成的，具有程序上的约束力。这种程序上的约束力表现在程序上一旦经过就不可逆转，即人民调解协议达成之后，当事人不得以重大误解或显失公平而要求变更或撤销调解协议。其次，人民调解协议的履行不仅需要人民调解组织的监督，还需要依靠公众舆论、社会道义、诚信意识的约束。人民调解与司法调解不同，人民调解委员会是群众性组织，是一种温和的化解矛盾方式，具有非规则性和弱程序性。毋庸置疑，双方当事人平等协商，自愿达成调解协议（真实意思得到体现），是人民调解协议得到履行的重要基础。但是，人民调解协议毕竟是在调解委员会的主持下达成的。人民调解是制度也是公益，调解中体现的“公平”、“明理”、“互谅”思想是其民间性、自治性的重要内容，也是人民调解万变不离其宗的核心所在。① 人民调解协议的履行与全凭当事人双方道德约束的和解协议履行也有着本质区别，其不仅需要人民调解组织的监督，还需要社会舆论、社会道义、诚信意识的外在约束。正是在这种意义上，人民调解组织才是实实在在的社会道德法庭。② 正如司法部副部长郝赤勇先生所说：“人民调解是人民群众自我教育、自我管理、自我服务的重要手段，这一属性及定位是人民调解工作赖以存在的基础，也是长期以来人民调解工作保持强大生命力、深受群众欢迎的根本原因。尽管人民调解组织形式、调解领域、工作方式有许多新的发展变化，但这一性质始终没有改变，也不能改变。”③

尽管我们可以对人民调解制度进行人力、物力和财力上的大力支持，但是我们不可改变人民调解协议的社会约束力。毕竟，人民调解是民间约定俗成的一种自治性纠纷解决方式。因此，法律在对人民调解制度进行规范时，必须把握好“度”。如果无视人民调解的性质，对其一味规范化，反而会带来不便。实际上，人民调解委员会主持达成的调解协议，当事人自觉履行的都在90%以上，达成协议后反悔或不履行的仅占0.7%。④由此可见，调解协议的履行须依赖人民调解的公信力及公共道德和社会伦理的约束，没有较强的道德自律是人民调解制度无法与时俱进的真正瓶颈所在。在一个充满着

① 谢素芳：《人民调解立法：民间自治性不能变》，载《中国人大》2010年第14期。

② 沈涧：《化解矛盾的“第一道防线”》，载《中国人大》2010年第14期。

③ 郭晓宇：《人民调解制度发展的里程碑》，载《法制日报》2010年9月7日，第1版。

④ 郭晓宇：《人民调解制度发展的里程碑》，载《法制日报》2010年9月7日，第1版；另，2013年9月27—29日在湘潭大学召开的湖南省首调解员培训中，绝大多数基层司法局长反映的情况也是达成调解协议的，履行率在90%以上。

各种物质享受诱惑的社会中，通过道德教育来提高人们承担责任和义务、遵守法律的自觉性，是任何一个国家维持和谐、有序的社会环境必不可或缺的条件之一。因此，加强人民调解制度的公信力，加强社会道德、诚信建设，才是解决人民调解协议效力问题的根本途径。

四、过犹不及：强化人民调解为法院“减压”的非正当性

近年来，随着各种纠纷数量的剧增，整合多种资源实践社会多元化纠纷解决机制成为各部门努力的目标。在我国，“诉调对接”的实践随着“大调解”运动的推进而得以强化。2010年6月，最高人民法院印发《〈关于进一步贯彻“调解优先、调判结合”工作原则的若干意见〉的通知》，倡导人民法院“在收到当事人起诉状或者口头起诉之后、正式立案之前，对于未经人民调解工作、行政调解、行业调解等非诉讼纠纷解决方式调处的案件，要积极引导当事人先行就近、就地选择非诉讼调解组织解决纠纷，力争将矛盾纠纷化解在诉前。”“要进一步加强与人民调解组织、行政调解组织以及其他调解组织的协调与配合，有条件的基层人法院特别是人民法庭应当设立诉前调解工作室或者‘人民调解窗口’，充分发挥诉前调解案件分流工作。”《人民调解法》总结经验，适时将“诉调对接”纳入其中，规定“基层人民法院、公安机关对适宜通过人民调解方式解决的纠纷，可以在受理前告知当事人向人民调解委员会申请调解”，从而使诉讼与人民调解对接有法可依。

《人民调解法》出台后，“强化”诉讼与人民调解的衔接格外抢眼。① 2013年8月，最高人民法院副院长奚晓明在全国人民工作会议上的讲话中指出：“人民法院要结合党的群众路线教育实践活动，进一步做好指导和支持人民调解工作，将矛盾纠纷以平和方式化解在基层和始发状态，把指导人民调解工作窗口打造成‘化解矛盾的前沿’、‘联系群众的纽带’。”在司法高层的倡导下，“调解优先”进一步被强化。

从理论上讲，在诉前将部分案件分流给人民调解组织，对于提高诉讼效率、合理分配司法资源而言不无意义。但是，对人民调解的过分强化，就过犹不及了。特别是，在加强诉讼与人民调解对接实践中，将强化人民调解作为法院“减压阀”的定位，引发许多新的问题。其一，过分强化人民调解，促使强制调解合法化。众所周知，与其他调解样式一样，人民调解的正当性

① 内蒙古自治区综治办有关负责人在介绍人民调解与司法调解衔接联动时说：“案件进入诉讼程序后，对于能通过人民调解解决的，人民检察院、人民法院主动与相关调解组织联系，由调解组织进行调解，也有的在调解组织的参与下共同调解。对于民事案件，有的人民法院（法庭）在立案后庭审前或审理中，将有可能通过人民调解组织调解的案件，在征得当事人的同意后，中止诉讼，并出具委托调解书，将案件委托当事人所在地或纠纷发生地的乡镇（街道）司法所转交相关人民调解组织进行调解。”“北京市三级法院今后将全部在立案庭设置人民调解室或人民调解窗口，并由司法局选派具有法律工作经验的人民调解员常驻法院，为群众选择人民调解方式解决纠纷提供便利。……凡是没有经过诉外调解程序的案件，立案法官在收到当事人的立案请求且未立案之前，将积极引导当事人通过人民调解室或人民调解窗口解决纠纷，即使是已经移交审判庭的案件，如果当事人愿意选择人民调解方式的，也可以委托人民调解室或人民调解窗口工作人员进行调解。”通过努力，各地人民调解组织为法院分流出大批案件：黑龙江省490个人民调解委员会在基层人民法院和人民法庭设立了人民调解窗口或人民调解工作室，占基层法院和法庭的96%。全省人民调解组织共调解诉前、诉中案件6700余起，全省同期民事案件立案数同比下降了12.6%。上海市，自诉调对接工作开展以来，各区县法院“人民调解窗口”分流和化解了大量案件，今年前9个月共调解了6万多件。截至2010年10月，江苏省专业性人民调解组织共成功调解医疗纠纷8216件，涉及赔偿金额2.5亿多元；调解交通事故损害赔偿纠纷47646件；调解劳动人事争议5317件。山东多措并举确保人民调解法顺利实施，人们主动、自愿选择人民调解方式解决矛盾纠纷的人数大量上升，人民调解组织受理的矛盾纠纷同比增长26%；陕西全力开展矛盾纠纷化解专项活动，人民调解组织共排查矛盾纠纷186816件，调解纠纷173001件；云南从三方面下功夫贯彻人民调解法，10个月调解矛盾纠纷121万余件；宁夏以人民调解服务改善民生，两年来，全区各类人民调解组织共组织开展矛盾纠纷大排查1万多次，调处各类民间纠纷4万多件，化解疑难复杂矛盾纠纷6千多件。见周斌：《司法行政系统深入学习贯彻人民调解法亮点纷呈》，载《法制日报》2010年11月27日，第2版。

基础也在于当事人的自愿。没有了当事人的自愿，调解的正当性便丧失殆尽。诉讼与人民调解对接的工作模式通常是法院委托人民调解或者走出法院协助人民调解。但是，在缓解受案压力的利益驱动下，法院在诉前调解和诉中委托人民调解的过程中，往往潜藏着对当事人进行诱导乃至强迫调解的可能和危险。当事人迫于各种压力或碍于情面，违心接受调解方案、“不情愿”地达成调解协议的现象绝非凤毛麟角。事实上，尽管人民调解可以柔化法律规则化和形式化所带来的一些弊端，但这种作用依然只是一种次要的和补充性的。过分强化人民调解，并将其上升为纠纷解决的主导方式是导致强制调解的主要原因。即使是在没有强制的情形下，使双方当事人达成和解也不值得推崇，因为和解只是公众社会中的一种妥协方式，它并不比司法判决更可取。① 更何况强制调解难免以牺牲公平为代价，失去公平的调解只是暂时将纠纷掩盖起来，不但不能达到“案结事了”、为法院“减压”的目的，反而可能引起更多、更激烈的纷争。其二，过分强化人民调解，使人手不够的基层人民法院的办案压力有增无减。在大调解运动中，“诉调对接”模式突破了以往法官的工作模式，能够结合各方力量集中解决社会典型矛盾，即由法院、地方政府相关职能部门、人民调解组织共同参与民事纠纷的解决。尤其是，在人民调解窗口或人民调解工作室，法官指导人民调解工作是再平常不过的事了。尽管，基层人民法院依法担负着指导人民调解工作的部分职能，但不可回避的问题是：某位法官全程参与人民调解过程，一旦当事人不服调解协议而向人民法院提起诉讼，因该法官事先知悉案件的事实和有关证据，在后续的审理中，该法官应当回避。② 据此，法院不得不委任另一名或数名法官对此案进行审理。作为结论：基层法院对人民调解的过分强化，不但不能完全杜绝纠纷进入诉讼程序，相反，势必增加了法院在人力上的投入（对同一纠纷至少需要派出两位不同的法官进行处理）。这对人手严重不足的基层人民法院（派出法庭）而言，在办案压力上，无疑是雪上加

① 欧文·费斯：《如法所能》，中国政法大学出版社2008年版，第122页。

② 事实上，法官在人民调解中的角色非常尴尬。笔者在调研中，曾向最早推行“诉调对接”的某湘中基层法院请教法官在人民调解中的“身份”问题。湘中某基层法院的研究室主任给出这样的解释：“法官在促成当事人达成人民调解协议时，不是代表法院来处理纠纷的。因为，法官虽极力促成调解，但仍须当事人双方同意。这个过程，实际上是公权力引导纠纷处理的过程。”这种解释告诉我们，不能忽视法官在承担审判职能之外，还拥有作为社会的一份子参与纠纷解决的权利。

霜。其三，过分强化人民调解，为法院将一些无利可图的案件分流给人民调解委员会提供了正当性。众所周知，为了满足人民接受司法裁判的要求，我国积极进行诉讼费用改革，婚姻、家庭纠纷，部分侵权案件等诉讼费用大幅度降低，劳动争议纠纷几乎成为“免费晚餐”。《人民调解法》关于“诉前案件分流”之规定，为人民法院将无“可观收入”的案件分流给人民调解组织提供了法律依据。强化人民调解的种种实践，为法院分流上述案件积聚了“宝贵”经验。不管是《人民调解法》的相关规定，还是实践中的“宝贵”经验，似乎为人民法院随意分流案件提供了看似正当的理由。因为，没有哪个法院愿意在一些“鸡毛蒜皮”的案件上浪费有限的司法资源。事实上，社会和法院都有责任为社会主体和纠纷当事人提供符合他们利益和偏好的、可选择的纠纷解决途径。从这层意义上讲，缓解法院受案压力不应成为司法的“当务之急”。即便要为法院减压，也可从多渠道进行。毕竟在人民调解之外，还有仲裁、行政调解、和解等多种纠纷解决方式。因此没有必要对人民调解“情有独钟”。事实上，大力发展人民调解制度的意义不仅在于充分发挥其维护社会和谐稳定“第一道防线”的作用，而且在于为当事人提供可选择的纠纷解决途径，有效解决纠纷才是当事人所望。不管是哪种纠纷解决方式，公平、公正才是它的重中之重。如果人民调解过程中的公平正义不能得到保证，调解也就失去了意义。①

五、华而不实：人民调解协议司法确认的非制度正义性

一般认为，司法确认制度是指人民调解委员会、行政机关等非诉调解组织对当事人之间的矛盾纠纷调解达成协议后，经当事人申请，人民法院审查认为协议合法有效，出具法律文书进行确认，并赋予该调解协议以强制执行效力的制度。对人民调解协议司法确认制度的讨论伴随着对调解协议效力的讨论而展开，且在有相关法律依据前，实务界已经开始了对人民调解协议进行司法确认的各种实践。2009 年最高人民法院出台的《意见》首次对司法确认制度进行规定。《人民调解法》进一步将实践中行之有效的措施和《意

① 《民调不能只分好坏更要知究竟》，载《法制日报》2013 年 9 月 11 日，第 7 版。

见》中相关规定上升为法律制度。① 客观地说，《意见》和《人民调解法》关于人民调解协议司法确认之规定对于强化人民调解协议的权威性有着积极意义。然而，任何法律制度的根本目的不是为了确立一种权威化的思想，而是为了解决实际问题，调整社会关系，以便实现一种制度上的正义。无论从理论层面看，还是从实践层面看，司法确认制度的正义性仍值得商榷。

从理论层面看，对人民调解协议进行司法确认，赋予其强制执行力缺乏法理基础。任何一项制度的建构离不开理论论证。理论上的阐释或澄清是使相关制度或程序逐步建立并真正得以规范化和体系化的题中应有之义。然而，从现有研究成果来看，关于司法确认制度的理论阐述相对较为贫乏。有学者从司法确认赋予诉外调解协议强制执行力，能够解决制约诉讼外纠纷解决机制发展难题的现实意义出发，认定司法确认机制是当下人民调解与司法程序相衔接的合理化路径。② 但是，学者们在得出上述结论之前，似乎忘却了最高人民法院《若干规定》（2002 年 9 月）关于“有民事权利义务内容，并由双方当事人签字或者盖章的调解协议，具有民事合同性质”之规定。如果认可人民调解协议为一般民事合同，从人民调解协议经法院审查确认后具有强制执行力的逻辑出发，其他具有民事权利义务内容的一般民事合同也可申请人民法院进行司法确认，且经法院确认后也应具有强制执行效力。这一结论将使合同法所确立的“违约责任”被搁置，与合同法的基本法理相悖。也许，正是因为一般民事合同无法框定人民调解协议的性质，《人民调解法》才“另起炉灶”，直接赋予“人民调解协议”以“法律效力”。如前所述，如此规定可以避免将人民调解协议视为合同并适用合同法所带来的问题，但难保法律适用的统一性。此外，其他性质的调解以及没有中间组织参与的和解协议是否可以申请司法确认，也将成为新的问题。

从实践层面看，司法确认似乎为人民调解协议的执行上了保险，在一定程度上，似乎达到了司法高层所要求的“案结事了”之目标。但是，司法确认制度的“有用性”仍难以掩饰其制度上的缺陷。首先，双方当事人共

① 《人民调解法》第 33 条规定：“经人民调解委员调解达成调解协议后，双方当事人认为有必要的，可以自调解协议生效之时起三十日内共同向人民法院申请司法确认，人民法院应当及时对调解协议进行审查，依法确认调解协议的效力。”

② 关于司法确认方面的文章，参见齐树洁：《福建莆田市“诉调对接机制”的法治意识》，载《福建法学》2008 年第 2 期；董少谋：《人民调解协议诉前司法确认体制探究——兼谈执行许可宣告程序之构建》，载《法学杂志》2009 年第 11 期。

同申请，给“不诚信”的当事人予以法律上支持。据《人民调解法》之相关规定，双方当事人共同申请成为司法确认的法定条件，即任何一方当事人不同意或明确拒绝申请，司法确认程序将无法进行，人民调解协议也就无法获得强制执行的效力。毋庸置疑，《人民调解法》规定司法确认的宗旨是，防止当事人随意反悔，增强调解协议执行的可能性。① 但是，《人民调解法》关于“双方当事人共同申请”之规定，仅解决双方当事人无争议的人民调解协议转换为执行依据的问题，并不能从根本上解决大量尚有争议的人民调解协议执行问题。而且，双方当事人共同申请之规定无形中给“不诚信”的当事人予以法律上支持。因为任何一方当事人不想履行调解协议，只需在对方当事人申请司法确认时保持消极态度（不为共同的申请行为）便能如愿。显然这样的结果与《人民调解法》为人民调解协议上“锁”之初衷相去甚远。② 此外，《人民调解法》未规定人民调解组织的申请权。人民调解组织为使矛盾双方达成调解协议，将两个原本对立的矛盾双方调解劝服至自愿达成和解协议，没有调解员的努力，调解协议的达成是不可能的。《人民调解法》未赋予调解组织申请权，使其工作成果随时可能因任何一方当事人的不诚信而消失殆尽，显然不利于充分调动人民调解员的积极性。其次，司法确认的内容不明，难保制度的公正性。人民调解协议司法确认的目的是通过司法途径给人民调解工作强有力的支持，实现诉讼与人民调解的深度“链接”，以赋予人民调解协议强制执行效力。人民调解协议是否具有强制执行力取决于人民法院的最终确认。然而，《人民调解法》对司法确认的具体内容未作明确规定，致使人民法院在确认人民调解协议是否有效时没了准绳，严重折损司法确认结果的公正性和权威性。即便《人民调解法》默认

---

① 参见2007年11月21日定西市中级人民法院审判委员会第109次会议讨论通过《定西市中级人民法院关于人民调解诉前司法确认机制的实施意见（试行）》，资料来源，http://www.dx.gansu.gov.cn/sfyy/bgxz/webinfo/2008/05/1208242389509710.htm. 访问时间：2013年8月30日。

② 林淼：《东方经验：更有保障更权威》，载《人民法院报》2010年8月31日，第5版。

《意见》的相关规定，仅局限于实体审查的《意见》之相关规定，① 也难以确保司法确认的公正性。如前文所述，调解协议与一般民事合同的根本区别在于，调解协议具有程序上的约束力，因此，人民法院对人民调解协议除进行实体审查外，还应当从程序上进行审查。如，从程序上审查当事人是否具有完全民事行为能力，以及代理人是否有代理权；当事人双方是否自愿接受调解结果。最后，司法确认很可能造成对人民调解“自主性”的戕害。在法院诉讼不堪重负、法院执行是个“难”题、人民调解协议履行占据优势的现实面前，只能说明司法确认是公权力向私域空间的一种非理性的强势渗透。公权力的扩张从某种意义讲是对私权利自治不信任的反映，如对这种扩张不加以规范与严格监控，很可能造成对人民调解“自主性”的戕害。

事实上，如果没有了独立个性，人民调解即便进一步壮大，可能也只是法院解决纠纷的“前凑”。司法确认虽是“衔接”，但肯定不是“互补”，更谈不上解纷机制多元化。故而，就“实现矛盾化解机制的多元互补”而言，司法确认制度或许是背道而驰的。②

相对于媒体鼓吹的《人民调解法》所具有的优越性而言，笔者的一管之见好像一瓢凉水。客观地讲，笔者之拙见对于酝酿多年的人民调解制度的改革来说可能过于苛刻。毕竟《人民调解法》的出台是近年来“构建社会

---

① 《关于建立健全诉讼与非诉讼相衔接的矛盾纠纷解决机制的若干意见》第24条规定：“有下列情形之一的，人民法院不予确认调解协议效力：违反法律、行政法规强制性规定的；侵害国家利益、社会公共利益的；侵害案外人合法权益的；涉及是否追究当事人刑事责任的；内容不明确，无法确认和执行的；调解组织、调解员强迫调解或者有其他严重违反职业道德准则的行为的；其他情形不应当确认的。当事人在违背真实意思的情况下签订调解协议，或者调解组织、调解员与案件有利害关系、调解显失公正的，人民法院对调解协议效力不予确认，但当事人明知存在上述情形，仍坚持申请确认的除外。”

② 湘潭大学法学院廖永安教授带队进行的人民调解能手访谈过程中（2013年6－8月），一名从事人民调解工作近20年的老司法所长的话很有代表性，他说：“我们地区人民调解协议的执行率一直很高，基本保持在98%以上。反倒是法院（执行力）让人不放心。确认制度要将（执行力）高的（人民调解）交由（执行力）低的（法院）来审查，实在让人费解，这不是脱了裤子放屁——多此一举嘛。另外，我们根本不想宣传确认制度，因为我们这里的（人民调解协议）一经达成基本上立马就执行了，有什么必要去确认呢。现在倒好，有了这个制度，好像是在提醒当事人：这个协议还没有经过（司法）确认，还可以反悔。这不是添乱吗？”见廖永安：《如何当好调解员：调解能手访谈录》（待出版）。

主义和谐社会”的大举措，需要更多的时间来检验。可以肯定的是，在当前利益格局深刻调整、多重矛盾凸现、司法资源紧缺的情形下，通过立法对人民调解制度加以规范和完善，为其在后诉讼时代发展提供了契机。① 但总体上讲，《人民调解法》仍未突破人民调解制度发展的瓶颈。问题或许不在人民调解制度本身，而在整个司法体制。人民调解协议的切实履行，“案结事了”与司法公正、效益、权威等价值息息相关，实现上述目标需要触动更为根本的制度。此外，纠纷的诱因是多方面、多层次的，解决纠纷的方式和途径也应当是多方面、多渠道的。人民调解只是多元化纠纷解决机制中的一元，其承载能力是有限的，负荷过重必然会损害调解制度的正当性根基——公平、公正，进而折损人民调解制度的公信力。从这种意义上讲，“强诉讼、弱调解”与“强调解、弱诉讼”一样，都是纠纷解决结构失衡的表现。尽管《人民调解法》看上去很“前卫”，但它无法承载人们强加给它的种种厚望。或许，“东方之花”绚烂绽放在来春。

① 韩波：《人民调解：后诉讼时代的回归》，载《法学》2002 年第 12 期。

对人民调解协议司法确认制度的一种冷思考*

邓春梅**

A Reflection on The Judicial Confirmation to the People's Mediation Agreements

Deng Chunmei

摘　要：学界通常认为人民调解协议司法确认制度符合世界潮流，它通过诉调无缝对接，提升人民调解的约束力，促进社会和谐，弘扬传统的“和合”文化，实现矛盾化解机制的多元互补，因此其正当性不证自明。然而自从中国提出法制化方针以来，人民调解相较于法院诉讼并未丧失优势地位，不需要也不可能通过司法审查来提升约束力；再者，陌生人社会的莅临、现代国家已经对私人领域形成了强大的侵蚀力，人民调解协议司法确认并不能带来“和合”文化的自然复兴，也不能实现解纷机制的多元互补；最后，法律是一种地方性知识，一种世界潮流并非必然适用于中国。总之，面对中国现实，人民调解协议司法确认制度的正当性问题非但没有不证自明，反而亟需深入探讨。

关键词：人民调解　司法确认　正当性

Abstract: The academic community usually agree that the judicial confirma-

* **基金项目**：本文是“法治湖南建设与区域社会治理”协同创新中心平台建设成果，湖南省社科基金重点委托项目“法治湖南框架下调解理论创新与规则之治研究”(项目号：12WTB30)，湖南省法学研究基地开放课题“批判法学在中国”的阶段性成果。

** **作者简介**：邓春梅（1979—），女，湘潭大学法学院副教授，湘潭大学法学博士后流动站在站研究人员。

tion to the people's mediation agreement had self-evident legitimacy, because it was in keeping with the trend of the world and could improve the constraint force of the People's Mediation and promote social harmony and the traditional Chinese ideal of "harmony", as well as construct the multi system of disputes-solution by realizing the "seamless joint" of lawsuits and mediation. However, since Chinese society put forward legalization policy, the People's Mediation didn't need to and also couldn't be improved its binding through the judicial confirmation, as it did not lose its advantage than lawsuits. Furthermore, the developments of the People's Mediation is hard to bring about the revival of the traditional culture of "harmony" and the multi-complementary of the system of disputes-solution, since a strangers' society has turned up, modern states showed strong erosion force to the private sphere, and so on. Finally, laws is a local knowledge, a trend of the world is not certainly suit for China. In short, if facing Chinese reality, the legitimacy of the judicial confirmation to the people's mediation agreement is not self-evident, but need being deeply discussed.

Keywords: the People's Mediation　Judicial Confirmation　Legitimacy

一、分歧背后的共识

发端于司法实践，被盛赞为"西部法院改革创举"① 的人民调解协议司法确认制度（后文简称"确认制度"）是时下学界热烈讨论的问题之一，讨论的焦点集中在调解协议的法律属性、司法确认的适用程序、申请确认的主体资格等问题上。就人民调解协议的法律属性而言，学界主要有两种不同意见：一种认为人民调解协议是"民间和解契约"，是私权自治的特别形式；②另一种主张人民调解协议与法院裁决、仲裁裁决等性质相近，具有公权属

① 连继民、王健：《诉前司法确认之定西样本》，载《民主与法制》2009 年第 20 期，第 5 页。

② 占善刚：《人民调解协议司法确认之定性分析》，载《法律科学》2012 年第 3 期，第 141－142 页。

性。① 对于司法确认的适用程序，多数学者主张应适用非诉程序，② 但也有学者认为适用民事特别程序更为妥当。③ 而对申请确认的主体资格，一些学者从契约的法律特征出发，指出“要求双方当事人共同申请才能启用确认程序”的法律规定是私权自治的当然要求，④ 另有论者却认为“共同申请”不必要地抬高了确认制度的适用门槛，增加了当事人反悔的机率。⑤

不过，凡此种种虽然充满分歧，却有着深层认识上的一致性：实际上，不管是界定调解协议的法律属性，还是争论确认制度的正当程序、申请确认的主体资格等，均是法律创制的细节问题。另一方面，与细节问题的热烈争论相比，学界对法律创制前提（确认制度于当代中国的必要性、正当性）的探讨却寥寥不多。已经发表的文献，多数径直讨论确认制度的细节，对前提问题闭口不谈；⑥ 少数即便有所涉及，也多是蜻蜓点水般浅尝辄止。⑦ 这种选题取向的一致性反映出一种深层认识的一致性，也就是说学界普遍认为创制确认制度是理所当然、无需论证之事。选题取向的一致性是正当性问题达成肯定性共识后的逻辑使然，既然认为确认制度的正当性不证自明，意见纷争不止的唯余细节问题而已。

---

① 江伟、廖永安：《简论人民调解协议的性质与效力》，载《法学杂志》2003 年第 2 期，第 11 页。

② 详见占善刚：《人民调解协议司法确认之定性分析》，载《法律科学》2012 年第 3 期；潘剑锋：《论司法确认》，载《中国法学》2011 年第 3 期；唐力：《非讼民事调解协议司法确认程序若干问题研究——兼论〈中华人民共和国民事诉讼法修正案（草案）〉第 38、39 条》，载《西南政法大学学报》2012 年第 3 期等。

③ 朱素明：《人民调解协议司法确认制度的发展及其完善》，载《学术探索》2012 年第 8 期，第 18 页。

④ 同前注占善刚文，第 145 页。

⑤ 详见翟小芳、张倩晗：《构建符合国情的人民调解协议司法确认制度——兼评〈最高人民法院关于人民调解协议司法确认程序的若干规定〉》，载《法学杂志》2011 年第 10 期，第 281 页；胡辉：《人民调解协议的司法确认程序初探——以程序的启动为中心》，载《石河子大学学报（哲学社会科学版）》2011 年第 5 期，第 58－59 页。

⑥ 如向国慧：《调解协议司法确认程序的完善与发展——结合〈民事诉讼法〉修改的思考》，载《法律适用》2011 年第 7 期；邵华：《论调解协议的司法确认：效力、价值及程序审查》，载《政治与法律》2011 年第 10 期；唐力：《非讼民事调解协议司法确认程序若干问题研究——兼论〈中华人民共和国民事诉讼法修正案（草案）〉第 38、39 条》；占善刚：《人民调解协议司法确认之定性分析》等文。

⑦ 见潘剑锋：《论司法确认》，载《中国法学》2011 年第 3 期；朱腾飞：《调解协议司法确认机制研究》，载《江苏警官学院学报》2011 年第 3 期等文。

确认制度的正当性真能不证自明？学界有两种简单的思路：一种立足国内，指出确认制度的正当性主要在于：（1）通过诉调无缝对接；（2）提升人民调解的威信力；（3）促进社会和谐，弘扬传统的和合文化；（4）促进矛盾化解机制的多元互补。另一种放眼国外，笼统地认定既然西方发达国家纷纷设立确认制度，那么基于调解传统源远流长的中国必然更具合理性，更有生命力。在具体的阐述中，这两种思路有时单表一枝，① 更多的则同时并进。② 一言以蔽之，学界普遍认为确认制度的正当性在于它是一种“世界性潮流与普遍的共识”！③

笔者充分肯定细节问题的重要性——具体制度的优劣决定了法律效果的好坏，但不应忽视的是，法律创制工作取得实效的前提在于对具体规范的正当性有充分的思考与准确的把握，否则，具体制度即便精妙，仍难免产生南辕北辙、事与愿违之虞。就确认制度而言，一种世界性潮流未必就适用于中国；而未经反思的普遍共识也常常经不起细致的学理考辨。确认制度是否因为符合了既往的调解传统，又适应了今日的世界潮流，就具有适用于中国的必然合法性？这是一个需要认真探讨的重要问题。

二、诉调间无缝对接？

21 世纪中国的现代化建设进入到了社会矛盾多发期，各种社会结构性矛盾凸显，群体性纠纷频发。为应对社会难题、维护社会稳定，一方面人民调解、司法调解、行政调解等非诉解纷机制蓬勃发展；另一方面将诉讼与非诉讼解纷机制“对接”，整合资源，集中多方力量化解矛盾纠纷成为主流的治理策略与司法导向。2009 年 7 月，最高人民法院出台了《关于建立健全诉讼与非诉讼相衔接的矛盾纠纷解决机制的若干意见》（后文简称（《若干意见》）。2010 年 8 月，第十一届全国人大常委会第十六次会议审议通过了《中华人民共和国人民调解法》（后文简称《人民调解法》）。2011 年 3 月，

---

① 见张永进：《传统与超越：人民调解协议司法确认制度再解读》，载《实事求是》2011 年第 1 期；刘钟琴：《人民调解协议司法确认程序的反思与建构》，载《研究生法学》2011 年第 5 期。

② 详见《论司法确认》、《调解协议司法确认机制研究》、《构建符合国情的人民调解协议司法确认制度——兼评〈最高人民法院关于人民调解协议司法确认程序的若干规定〉》等文。

③ 同前注潘剑锋文，第 43 页。

最高人民法院审判委员会通过了《最高人民法院关于人民调解协议司法确认程序的若干规定》（后文简称《若干规定》）。2012 年 8 月修正后的《中华人民共和国民事诉讼法》增加了对调解协议司法确认程序的相关规定。至此，运行多年的人民调解制度实现了专门立法，并与司法诉讼正式对接起来。在此背景下，确认制度备受推崇，被称之为实现了诉调间的“无缝对接”①。

所谓“无缝对接”自然是针对之前的“有缝对接”而言的。实际上，在确认制度出台之前，我国的诉讼和调解机制并非全然脱节，而是处于学界并未明言的、与确认制度“无缝对接”形成对照的“有缝对接”状态。如 1982 年《民事诉讼法》第 14 条规定：“当事人对调解达成的协议应当履行；不愿调解或者调解不成的，可以向人民法院起诉。”1991 年《民事诉讼法》第 16 条规定：“当事人对调解达成的协议应当履行；不愿履行、调解不成或者反悔的，可以向人民法院起诉。”可见，在确认制度出台之前，诉讼一直是人民调解的最后依托：对于调解成功的案件，法院并不过问，也无需过问；对于不愿调解、调解不成或调解协议不被履行的，法院才提供救济。这种“有缝对接”方式充分尊重私权自治的精神，让适合调解的案件尽量在法庭外解决，为非诉解纷机制的发展提供了充足的空间；另一方面，它有利于案件分流，减轻了法院的诉讼压力，为法官集中精力办好案、办要案创造了条件。但相关文献在谈及确认制度的优势时，显然对之前的“有缝对接”方式很不满意，它们将确认制度的出台欣然描述为诉调间的一种“无缝对接”，其潜台词是确认制度这种无缝对接机制明显比之前诉调间的有缝对接优越得多。因此，“无缝对接”一词并非简单的情态描摹，而是包含着一种价值判定。

然而，对于“无缝对接”缘何优于“有缝对接”，相关文献均未置一词——似乎这种判定是人人会意的显白事实。果真如此吗？2012 年 7 月至 2013 年 7 月，笔者就此问题在湖南省多个地市展开调研，得到的反馈信息

---

① 见王书林：《沙依巴克区就地司法确认调解协议》，载《人民法院报》2013 年 3 月 3 日，第 4 版；乌市沙区首创法庭与人民调解无缝对接，2012 - 02 - 26. 新浪网，http：//news. sina. com. cn/o/2012 - 02 - 26/143824001321. shtml. 访问时间：2013 年 12 月 30 日；潘从武：《乌市：探索调解协议司法确认 破解久调不执难题》，法制网，http：//www. legaldaily. com. cn/index/content/2013 - 07/26/content_ 4701989. htm？ node = 20908. 访问时间：2013 年 7 月 26 日。

却并非如此。接受访谈的 62 名基层法官、103 名街道和乡镇的人民调解员虽然来自不同地市区，但他们都有“司法确认制度出台以来收效甚微”的感受。被认为明显优于“有缝对接”的确认制度在实现了诉调无缝对接后两年多的时间里为何不见明显成效呢？访谈发现，法官对确认制度认同度不高的原因主要有：（1）案多人少是摆在我国法院面前的一大难题。确认制度试图将原先在法院外解决的许多纠纷重新放回法庭，法官自然不愿办理。（2）除少数经济发达地区外，基层法院的办案经费普遍紧张。但确认制度明确规定不收取任何费用，这样一来，在案头工作堆积、确认制度费事却无利的情况下，法院自然不愿受理。（3）当前我国人民调解员文化水平、法律素养普遍不高，人民调解协议要么是口头协议，要么表述不够准确，在现阶段要将大量口头的、表述欠精准的协议转变成明确合法的书面协议并非易事。（4）人民调解大量依据民间风俗，而法庭审判的法律渊源主要是制定法。如何调和好民间法和国家法间的冲突问题是确认制度面临的一大难题。（5）确认制度如果只讲求效率，往往难以确保人民调解协议的合理合法性；但确认后的协议如果又生纰漏，将严重损害法院的权威性。总之，要保证司法确认的质量，审查程序就应相对精细，但这既有违确认制度的初衷，① 法院也力不从心。因此，笔者访谈的法官大多表示，就中国当前的司法现实而言，确认制度这种诉调间的“无缝对接”机制并非一定优于之前的“有缝对接”方式。

走访发现，不仅法官不认同确认制度，人民调解员也表示难以理解。接受访谈的 100 余名人民调解员普遍表示“这个制度没有多少现实价值”。一名从事人民调解工作近 20 年的老司法所长的话很有代表性，他说：

“我们地区人民调解协议的执行率一直很高，基本保持在 98% 以上。反倒是法院（执行力）让人不放心。确认制度要将（执行力）高的（人民调解）交由（执行力）低的（法院）来审查，实在让人费解，这不是脱了裤子放屁——多此一举嘛。另外，我们根本不想宣传确认制度，因为我们这里的（人民调解协议）一经达成基本上立马就执行了，有什么必要去确认呢？

① 《若干规定》的“起草坚持了以下原则：第一，要创新……第二，要合法……第三，要快捷……第四，要便于操作……”见卫彦明、蒋惠岭、向国慧：《〈关于人民调解协议司法确认程序的若干规定〉的理解与适用》，载《人民司法》2011 年第 9 期，第 35 页。

现在倒好，有了这个制度，好像是在提醒当事人：这个协议还没有经过（司法）确认，还可以反悔。这不是添乱吗？”

既然确认制度遭人诟病，那么关于“无缝对接”优于“有缝对接”的判定缘何广为流传呢？从“无缝”、“有缝”这样的用语中或许可洞知一二。所谓“无缝”、“有缝”，本来是对物体对接处是否存在空处的一种物理描述。就有形物体而言，如果要将两件物品（如两段铁轨）对接起来，“无缝”通常比“有缝”好确实是一种简单的常识。但诉讼、调解并非有形物，诉调间的对接并不存在“无缝”必然优于“有缝”的简单判定。实际上，将确认制度描述成诉调间的“无缝对接”只是一种比喻性的修辞，而学术话语中的修辞性表达往往形象有余而准确性不足，对其限度如不重视，极易陷入自许高明却漏洞百出的尴尬。

三、提升调解约束力？

学界普遍将提升人民调解（协议）的约束力视之为确认制度的根本诉求。[①] 实现这一诉求，需要满足两个条件：一，法院民事判决的约束力高于人民调解（协议）；二，人民调解（协议）的约束力能够借助法院得以提升。

就“我国法院审判的约束力是否高于人民调解”这一命题而言，不同的考察视角可以得出不同的判断。如果按照《现代汉语词典》的理解，将“约束力”一词界定为“对人的控制性影响力”，那么这个问题很难用“是”或“否”这样的语词进行非此即彼式的简单判定。从通常的社会认知来看，我国人民调解员队伍是一支来自各行各业的“杂牌军”，并不要求必须具备专业的法律教育背景；法官则多出身法律院校，是一支专业得多的国家正规军。因此，人们通常认为，法院审判较之人民调解意味着更高的专业水平、更严肃的权益处分。实际上，虽然我国并非判例法国家，但法院判决对其辖区内同类案件的控制性影响力仍然比更富灵活性的人民调解协议高。但是就处理单个案件的社会影响力而言，法院判决与人民调解的控制性影响

① 见冯伟、舒秋膂：《“诉调对接”的理论透视及制度建构——司法救济与社会救济的互补性研究》，载《中南大学学报（社会科学版）》2008年第1期，第77页；张永进：《传统与超越：人民调解协议司法确认制度再解读》，第87页；潘剑锋：《论司法确认》，第43页；向国慧：《调解协议司法确认程序的完善与发展——结合〈民事诉讼法〉修改的思考》，载《法律适用》2011年第7期等。

力孰高孰低应当视情况而定。对于陌生人社会出现的大多数民事纠纷，法院审判明确公正，效率更高。而对熟人社会的家庭矛盾、邻里纠纷等，人民调解具有法院审判不可比拟的优势，往往能做到法院判决难以企及的便利结案、案结人和。此外，对一些错综复杂、年代久远的群体性纠纷、因体制问题导致的结构性矛盾，相关的法律规定要么很不完备，甚至出现空缺；要么政出多头，各种规范间彼此矛盾。这时，“胜诉者全得、败诉者全失”式的法院判决往往失之简单、不够公允；而人民调解却能依具体情状的不同帮助达成恰当的处理，真正实现案结事了。20 世纪中叶以来，调解实践之所以能在以美国为代表的西方国家得到广泛运用，正是因为其在实现纠纷解决方案的自主化、多元化，促进当事人“向前看”、实现纠纷双方共赢①等方面取得了法院审判无法比拟的功效。21 世纪以来，我国人民调解的勃兴，主要原因也在于其表现出良好的社会矛盾化解力，最大限度地做到了社会复杂矛盾的案结事了、案结人和。

若将“约束力”界定为“法院审判或人民调解协议对社会纠纷的适用力”，自 1979 年重视法制化建设以来，人民调解的适用率虽然有所下降，但与诉讼相比依然拥有优势地位。季卫东在《调解制度的法律发展机制》一文中写道：

“尽管在社会主义中国的法律体系中，调解为主曾被视为是一种过渡现象或社会控制中的一种非法制化模式，但自 1979 年提出法制化方针以来，调解的绝对优势地位仍然没有动摇。全国的人民调解委员会处理的案件数量与法院民庭受理的第一审案件数量之比，1980 年是 10.8:1，1988 年是 4.9:1，虽然有所下降，但前者依然居高不下。”②

21 世纪以来，两者的比值虽然进一步下降；但根据《中国法律年鉴》的统计数据（见下表），从 2000 年到 2011 年，两者之比除 2008 年降到 0.92:1 以外，其余年份前者均高于后者。加上当前我国仲裁的调解化趋势，行政纠纷、轻微刑事案件往往也通过调解解决，以及法院诉讼的高调解结案率，可以说调解、人民调解的适用率仍然非常高。总之，21 世纪人民调解

① 廖永安：《如何当好调解员：中美调解培训启示录》，湘潭大学出版社 2012 年版。

② 季卫东：《调解制度的法律发展机制》，载强世功：《调解、法制与现代性：中国调解制度研究》，中国法制出版社 2005 年版，第 10 页。

的适用率依然比法院诉讼高，因此意图倚靠法院审查来提升人民调解的适用力，这种想法是不得要领的。

近年来全国人民调解委员会处理的案件数量与法院民庭第一审受理的案件数量对照表

（单位：万件）

	2000 年	2001 年	2002 年	2003 年	2004 年	2005 年	2006 年	2007 年	2008 年	2009 年	2010 年	2011 年
人民调解	503.0	486.1	463.6	449.2	441.4	448.7	462.8	480.0	498.1	767.6	841.8	893.5
法院	341.2	345.9	442.0	441.0	433.2	438.0	438.6	472.4	541.2	580.0	609.1	541.3

若对“约束力”一词作通常的解释，将其仅仅理解为“法院判决或人民调解协议的执行力”，那么执行难一直是困扰我国法院审判的一个棘手问题。① 从新闻中屡见不鲜的“叫卖民事判决书”的“黑色幽默”②，到学界实务界老生常谈的“民事判决书为何变成法律白条”、“赢了官司只是赢了一纸权利书”，所有这些无不直观地揭示出我国法院审判的一种尴尬境地。而人民调解协议的执行率却基本保持在很高的水平。根据《中国法律年鉴》提供的资料，2000 年到 2011 年间“执行难”一直是法院工作着力解决的重点问题之一；而人民调解中当事人达成书面协议不执行的还不到 1%。因此，就执行力而言，确认制度——希望借法院的执行力来提升人民调解

---

① 见王春旭：《克服民事执行难的法律思考》，载《政法论坛》2008 年第 4 期；胡伟：《从强制到激励：民事执行难的法经济学分析》，载《人民司法》2011 第 19 期等。有关法院审判执行难的具体情况可参见中国法学会编辑的《中国法律年鉴（2000－2012 年）》中“审判工作”之“执行工作”中公布的有关资料与数据。

② 见拍卖合同纠纷民事判决书：（2009）南民商终字第 283 号（3），http：//china. findlaw. cn/info/wenshu/msssws/234487_ 3. html；拍卖《民事判决书》，http：//tieba. baidu. com/p/1813297898；原告拍卖《民事判决书》，http：//club. china. com/data/thread/1011/2745/59/33/0_ 1. html.

（协议）的执行率——既无必要，也不现实。①

退一步说，如果法院的约束力确实高于人民调解，确认制度就能实现人民调解（协议）约束力的顺利提升吗？实则也很难。诚然，我国法院审判确实意味着比人民调解更高的文化素养、更专业的法律水准，但人民调解员整体上文化素质偏低的局面不可能通过确认制度的运行得以根本性改观。特别在当前“诉讼爆炸”时期，基层法院案多人少、经费紧张的局面尤为紧迫，希望借基层法官的司法审查来提升人民调解文化法律水准的期盼其实并不现实。再者，我国法律的现代化转型并未完成，西方“舶来”的国家法与人民调解倚重的民间习俗究竟该如何融合，即制定法的真正本土化问题是一个需要在实践中反复摸索、认真总结的重大疑难问题。从这个意义上说，确认制度可以看成是试图调和国家法民间法龃龉的一种制度性尝试。这种尝试使得确认制度的具体适用将遭遇经验和理论上的“空白地带”，如何填补空白、弥合分歧、消除冲突往往没有成例可依，这对于具体适用确认制度的基层法官而言显然极富挑战性。因为我国基层法官知识储备、应对能力、重

① 当然，实践中确实可能存在人民调解协议一再遭到反悔的个案，有的甚至陷入了“调解—反悔—再调解—再反悔”的怪圈。根据《诉前司法确认之定西样本》一文的报道，确认制度正是基于这种现实才应运而生的（见连继民、王健：《诉前司法确认之定西样本》，载《民主与法制》2009年第20期，第4页）。然而，笔者不禁疑惑：任何制度均有其限度，人民调解也不例外。既然一例纠纷总调解不好，为何不通过其他途径来解决；当人民调解不好使时为何硬要徒然地一再组织调解？个中原因，该文后面的文字提供了一种答案：某些案件调解不好时，如果提起诉讼，往往又会陷入另一个怪圈：“达成调解协议——反悔——诉讼——执行难”（见连继民、王健：《诉前司法确认之定西样本》，载《民主与法制》2009年第20期，第5页）。这样两个“怪圈”反映了我国当前司法实践中许多引人深思的问题，受文章主题所限，兹不赘言。但笔者纳闷：人民调解协议一再遭到反悔后，如果提起诉讼极可能遭遇“执行难”问题，为何司法确认后的人民调解协议到法院就独独不会遭遇“执行难”问题呢？诚然，2009年《若干意见》、2010年《人民调解法》、2011年《若干规定》颁布以后，人民调解确实显露出一些“振兴”迹象——这从表1提供的数据可见一斑：2000—2007年，全国人民调解委员会处理的案件数量虽然比法院民庭第一审受理的案件数量多，但前者的优势呈现下降趋势。2008年，后者甚至比前者多出40余万件。但2009年以后，前者大幅提升，相对于后者的优势明显增强。2011年前者更是接近后者的2倍，比后者多出350余万件。但笔者认为，人民调解的此次“振兴”并不能归功于确认制度，它主要受21世纪以来“维护社会稳定、构建和谐社会”的国家政策与2009年以来“调解优先、调判结合”等司法政策的影响（范愉：《“当判则判”与“调判结合”——基于实务和操作层面的分析》，载《法制与社会发展》2011年第6期）。

视程度、投入精力等方面的不足，这种尝试极易导致失之轻率而舛误丛生的局面；由此引发的次生性矛盾与纠纷，无论对法院权威性还是对人民调解的约束力而言都将是一种损害。

实际上，随着中国现代化进程的加快，市场逻辑、消费主义对中国传统的人际纽带与生活理念构成了巨大的冲击，出现了大量个体化的农民、疏离了的村庄、流动中的城镇居民。乡土中国正从过去的“熟人社会”过渡到“半熟人社会”①，并进一步向“陌生人社会”发展。在这种大背景下，若要进一步提升人民调解的约束力，单凭外部政策或个别法案的推动肯定是治标不治本的，因为人际关系的疏远、法治观念的普及必将带来传统人民调解约束力的下降；② 而如何配合陌生人社会关系距离变远的变化，走程序化、法制化的发展道路，③ 才是提升人民调解约束力的根本所在。

四、弘扬了和合文化？

一方面，人民调解无需借确认制度来“重整山河”——相较于法院诉讼它并未丧失优势地位；另一方面，确认制度也难以担当进一步提升人民调解约束力的重担。退而言之，即便确认制度确实促成了人民调解约束力的大幅提升，“促进社会和谐，弘扬传统的和合文化”就是顺理成章之事吗？

众所周知，人民调解产生于新中国建立前解放区的司法实践，它与我国古代的民间调解虽然都以“调解”命名，却存在着意识形态与价值诉求上的根本差别。传统的民间调解是古代社会伦理政治德化的理想治道。中国古代的政治文化坚持认为，在国家与个人及社会之间存在着本质上的和谐，因此极力排斥法律的作用，尤其是排斥刑罚的功用。“如果任刑，势必弱化伦

---

① 贺雪峰：《乡村治理的社会基础》，中国社会科学出版社2003年版。

② 富勒指出，调解并非对所有纠纷类型都适用。在陌生人间非固定的关系中它往往很难发挥作用。（Lon L. Fuller. *Mediation — Its forms and functions*, Southern California Reviews. vol. 44.）

③ 美国法社会学家布莱克指出，社会主体间关系距离的远近决定着他们对法律与诉讼的使用频率。一般而言，关系距离远，使用率则高；反之则低。费孝通也指出，乡土社会基本上不需要法律。（［美］唐纳德·布莱克：《法律的运作行为》，唐越、苏力译，中国政法大学出版社2004年版，第47－56页；费孝通：《乡土中国 生育制度》，北京大学出版社1998年版。）

理功能”,[①] 而力求和谐的“伦理感化，只能在润物细无声的状态中才能达到”[②]。具体到个人，“一个儒家道德君子不应该自降身份卷入纠纷，而应该以‘让’和‘忍’的态度超然其上”[③]。总之，古代的民间调解力求实现谦让隐忍的“和”文化，它“关于纠纷和诉讼的立场并不关心谁是谁非的问题，而是强调通过折中妥协化解于无形”。[④] 从这种视角来看，人民调解则是一种现代性的产物，它以阶级斗争为纲，在区分敌我矛盾和人民内部矛盾这种二元对立的思维下运作。与对待敌人的革命斗争方式相对，人民调解被用于处理人民内部矛盾：一方面，“所有革命中的敌人都被合并成阶级敌人这个单一范畴，他们代表了旧社会所有的罪恶”[⑤]，应被严惩不贷。另一方面，通常来自社会底层，往往受教育程度不高，对传统文化大肆鞭挞的革命积极分子取代了传统调解中遵奉孔孟之道的地方乡绅，成为人民调解倚重的新的政治与道德权威。虽说与对待阶级敌人的严酷斗争不同，人民调解宣扬“批评教育相结合”、“以理服人”的工作方法，但与古代调解追求的“忍”、“让”精神迥然不同，它被“输入了正确与错误的绝对标准，而不是像以前一样允许通过调解达成不扰乱狭窄社会情境中微妙的人际关系之网的和解”[⑥]。因此，虽然人民调解与古代民间调解在对诉讼的排斥态度、倚重地方权威化解纠纷等方面存在文化上的承继性，但从功能主义的视角来看，前者用马克思主义的斗争哲学取代了儒家的和合文化，用敌我二分的对立思维颠覆了传统的谦让中庸之道，“在儒家劝导和解之处鼓励斗争”[⑦]。简而言之，革命年代浓烈的斗争精神冲淡了人民调解与古代民间调解和合观念间的文化血脉。

20 世纪 80 年代重视法制化建设以来，法庭诉讼渐成气候；人民调解则相对低落。这段时期，“以阶级斗争为纲”的斗争哲学迅速退隐；依法办

---

① 任剑涛：《伦理政治研究》，吉林出版集团有限现代公司 2007 年版，第 165 页。

② 任剑涛：《伦理政治研究》，吉林出版集团有限现代公司 2007 年版，第 163 页。

③ 黄宗智：《经验与理论：中国社会、经济与法律的实践历史研究》，中国人民大学出版社 2007 年版，第 354 页。

④ 同上注。

⑤ 见上注，第 106 页。

⑥ 陆思礼：《毛泽东与调解：共产主义中国的政治和纠纷解决》，载强世功：《调解、法制与现代性：中国调解制度研究》，中国法制出版社 2005 年版，第 120 页。

⑦ 同上注。

事、法律权利、诚信经营等新兴观念冉冉兴起。当然，在小农经济依旧发达的农村地区，尤其是革命战火没有炙热燃烧过的边陲山区，[①] 讲究“和合”精神的人民调解始终占据重要的一席。即便是商品经济相对活跃的城市地区，人民调解对邻里纠纷、家庭纠纷等的处理或多或少也脱不开和合文化的影响。整体而言，在革命斗争的滚滚洪流退去之后，作为人民调解一度受压抑、被掩盖的文化底色，和合观念重新显露出来。但是很快，它又被改革开放所亟需的另一套话语体系所侵蚀与覆盖。总之，20 世纪 80 年代的人民调解，和合文化在具体实践中虽说仍然活跃——它是化解熟人间矛盾纠纷的一种“强力胶”，但它并不是人民调解的一种正式“官方表达”[②]。

20 世纪 90 年代以来，改革开放进一步扩大，以和合精神为指引的人民调解方式面临着已然到来的“陌生人社会”的巨大挑战。在东部沿海城市，随着市场经济的高速发展、国际贸易与交流合作的日渐普遍，人口流动越来越频繁、越来越常态化。当新城区建设全面启动，老城区改造基本完成时，城市里中国传统的乡土结构基本消失，陌生人社会已经到来。就人民调解而言，其处理的越来越多的是发生在素昧平生的当事人之间的矛盾纠纷，这时劝人隐忍谦让的做法渐渐显得不合时宜；而引导双方理性考量、权衡利弊，并参照法律规定进行调停的新方式受到青睐。即便是内陆城市的农村地区，人民调解如果仅仅宣扬“以和为贵”，也越来越难以奏效——因为商品经济的发展，法制观念的普及，外出务工求学带回的新思想新观念的冲击等，无不加剧了和合文化昔日赖以为凭的乡土社会结构的分化瓦解。

当然，作为对中国近代变革，尤其是改革开放十年来西化倾向的一种反证，20 世纪 90 年代初开始，中国社会出现了呼唤传统文化回归的保守主义思潮。文化保守主义在政治层面体现为“以德治国”、“构建和谐社会”等政策的先后出台。在这种大背景下，希望将新中国的各种调解机制与古代的

---

① 因为受现代革命的冲击较小，传统的生活模式、风土人情保存尚好，边远山区的人民调解主要沿袭了古代调解的精神风貌——虽然其间也掺杂着现代调解的些许影响。

② 在《清代的法律、社会与文化：民法的表达与实践》一书中，黄宗智先生探讨了清代法律的“官方表达”（清代对自己法律制度刻意营造的意识形态宣告）与“具体实践”（清代法律如何运作的实际过程及其反映出来的价值诉求）间既背离又统一的关系。（黄宗智：《清代的法律、社会与文化：民法的表达与实践》，上海书店出版社 2007 年版。）

民间调解接隼起来，弘扬传统的“和合文化”成为“和谐社会”建设的题中应有之义。至此，和合文化第一次从新中国人民调解的一种“具体实践”上升为正式的“官方表达”。但是，经历了纷飞的革命战火，当下的人民调解正浸淫于市场逻辑与权利话语之中，它与传统的民间调解早就貌合神离。况且，在熟人社会渐行渐远，陌生人社会日益逼近，消费主义、拜金主义、实用主义甚嚣尘上的当代中国，单凭确认制度一己之力想要弘扬东方传统的“和合”文化，人民调解的此番回归几乎是一条积重难返之路。

五、实现了多元互补？

确认制度无益于“弘扬传统的和合文化”；仔细想来，它同样无助于“实现矛盾化解机制的多元互补”。

要实现不同解纷机制的多元互补，首先要实现解纷机制的多元化，也就是说要求不同的解纷机制各具特色、个性鲜明。我国目前规范化程度较高的解纷机制主要有三种：诉讼、仲裁与调解。依据调解主体的不同，调解又大致可区分为诉讼调解、行政调解、仲裁调解与人民调解四种类型。与其他三种调解相比，人民调解最显著的特点在于它是由群众自治性组织主持的调解。依据《人民调解法》的规定，人民调解是由“依法设立的调解民间纠纷的群众性组织”即人民调解委员会“通过说服、疏导等方法，促使当事人在平等协商基础上自愿达成调解协议，解决民间纠纷的活动”。由此可见，相对于法院独立行使裁判权的诉讼而言，人民调解的特色主要有两点：解纷机构的民间自治性与纠纷解决的当事人自主性。因此，要实现矛盾化解机制的多元化，就要保持并发展人民调解的“民间性”与“自主性”。

显而易见的是，确认制度不利于人民调解“民间性”特色的发展。民间自治的发展须有相对宽松的自主环境与相对充裕的发展空间——我国古代调解的繁荣兴盛离不开国家治理的“简约主义”。[①] 如清代大多数纠纷都是由社区或亲属调解来解决，国家在此过程中主要通过宏观的意识形态灌输，微观的“衙门意见”影响[②]来间接引导纠纷双方达成不扰乱乡土社会中微妙的人际关系之网的和解。只有在民间救济无法应对时，国家权力才会出面介

---

① 黄宗智：《经验与理论：中国社会、经济与法律的实践历史研究》，中国人民大学出版社 2007 年版，第 415－435 页。

② 见上注，第 148 页。

入，并按照国家法律（而不是民间调解依循的风俗人情）来裁决纠纷。现代社会虽然不同于古代社会，但更需要民间自治。然而，与古代社会的“简约治理”不同，确认制度通过法院对条款细节的一一审查，来重新确认民间协议的法律效力。它所展现的是涵盖很广、渗透很深的公权力形象；于人民调解的民间自治性发展而言，很难说不是一种侵扰。

而且，确认制度很可能造成对人民调解“自主性”的戕害。确认制度虽然表示要尊重协议双方的自主意志，规定要由当事人双方共同申请法院方才受理；但在法院诉讼不堪重负、法院执行是个“难”问题、人民调解一直占据优势的现实面前，其出台本身即源自国家理性一种“致命的自负”①，它清晰地显示出公权力向私域空间一种非理性的强势渗透及对私权利自治的习惯性不信任。公权力的扩张性本能，如不仔细规范与严格监控，极易影响人民调解的自主性。

司法审查后即便对协议全部条款“予以确认”，即使增益良多，从私权自治来看审查背后透出的依然是国家犀利的审视眼光。而法院“不予确认”时则是对“自主性”的直接否定。诚然，“不予确认”或许能揭示出人民调解协议的某种纰漏或错误——如个别协议（或条款）明显违法、公然侵权或伤风败俗②，但与此而言直接求助于“错误救济机制”更可取，而不必费时费力求个悬而未决的“不予确认”——因为“不予确认”后矛盾仍在，仍要化解。而对于那些处在法律规范的“边缘地带”③、难有共识的侵权领域，或道德评断的两可之间的调解协议，“不予确认”是用办案法官的意志取代了协议双方的合意。从宏观层面来看，目前我国法律本土化进程尚未完成，国家法与民间法的冲突广泛存在，这种“不予确认”将导致正式的法

---

① ［英］F. A 哈耶克：《致命的自负》，冯克利译，中国社会科学出版社 2000 年版。

② 《若干规定》第七条规定：“具有下列情形之一的，人民法院不予确认调解协议效力：（一）违反法律、行政法规强制性规定的；（二）侵害国家利益、社会公共利益的；（三）侵害案外人合法权益的；（四）损害社会公序良俗的；（五）内容不明确，无法确认的；（六）其他不能进行司法确认的情形。”

③ 哈特认为法律规范由法律语言的“意思中心”与“开放结构”两部分组成。“意思中心”指法律语言具有一个确定的无争议的中心区域，它决定着法律的确定性与客观性。而“开放结构”存在于法律语言的“边缘地带”。在此地带，道德取向、政治立场、主观偏好等的差异导致不同个体对法律规范的不同理解。（［英］哈特：《法律的概念》，张文显译，中国大百科全书出版社 1996 年版。）

律渊源对人民调解倚重的民间习俗的恣意侵蚀、国家的权力意志对协议当事人自主性的粗暴宰制。

总之，就人民调解的“民间性”、“自主性”发展而言，司法审查是一种权力扩张，极易构成妨害。实际上，如果没有了独立的个性，人民调解即便进一步壮大，可能也只是法院增设的一种“派出法庭”。这种单向度的发展模式短期或许能取得效果，但肯定不会带来解纷机制的多元化，更谈不上“互补”问题。况且，长远而言，过于单一的解纷机制发展模式必然无法满足现代社会复杂的治理需求。① 因此，就“实现矛盾化解机制的多元互补”而言，确认制度或许是背道而驰的。

六、一种世界性潮流？

综上所述，确认制度虽然实现了诉调间所谓的“无缝对接”，但它并没有优于之前的“有缝对接”：它既很难增强人民调解协议的适用率执行力，亦无以提高人民调解的约束力与权威性；既实现不了传统和合文化的现代复兴，也无法促成矛盾化解机制的多元互补。那么作为“一种普遍共识”的确认制度，其“毋庸赘言”的正当性到底何在呢？所余的可能只在于它是一种世界潮流。

20世纪中叶以来，调解从一种传统的东方经验发展成一种世界性的普遍实践。在实用主义哲学、批判法学运动等后现代思潮的影响与启发下，主张个体自主抉择，基于当事人合意、注重谋求纠纷双方共赢，意图实现具体情境下的实质正义的各种调解机制在美国、英国、法国等主流西方国家得以

---

① “诉调对接”是当前我国民事诉讼领域的热门话题之一。今天，法院委托的人民调解，诉讼内调解，仲裁调解，行政调解，整合全社会力量共同参与的“大调解”等对接机制蔚为壮观。这些机制在应对当前中国突发性事件、群体性纠纷等社会新型矛盾时产生了一系列的正面效应，但应清醒地看到，就促进社会矛盾化解机制的多元化发展而言，这些“调解”虽名称各异，参与人员不尽相同，但运作逻辑、处理方式是基本一致的。此外，在诉调对接理念的有力触动下，法院审判也日益远离“一种纯粹的判断权”，这从2013年《民事诉讼法》第93条“人民法院审理民事案件，根据当事人自愿的原则……进行调解”，第95条“人民法院进行调解，可以邀请有关单位和个人协助”等规定中可见一斑。应该说，当调解结案率成为考核法官业绩的主要参数，当审判、调解、仲裁间的分界线日趋模糊，多元化的矛盾化解机制就无从谈起，代之而起的是解纷方式越来越单一化贫瘠化的发展——即便“审判”、“调解”、“仲裁”等称谓仍在广泛使用中。

蓬勃发展，并随着后殖民文化的全球扩张而得到普遍推广。调解制度及其实践的勃兴，对西方法治社会过于泛滥的程序主义、法条主义等构成了有益的纠偏与矫治。对西方社会而言，借法院权威来提高调解的公信力，通过法院的司法审查确认调解协议的法律效力，是促进调解制度生长、提高其适用率与执行力的应有之义。在此背景下，对调解协议的司法确认制度也发展成为一种世界性潮流。

然而，一种世界潮流并非必然就适用于中国！“法律是地方性知识而非无地方界限的原则”。① 对于西方社会而言，确认制度确实能借法院之手提高调解协议和调解机构的权威性，或多或少地矫治法治主义的顽疾。但就中国社会而言，一方面尚不存在一只强有力的“法院之手”；另一方面，调解的优势地位并没有发生根本性动摇，因此不需要也无法通过司法确认来拔高人民调解。

确认制度的初衷是借法院的执行力与法律素养来为人民调解的合法性背书，促进人民调解的良性发展，这是一种“看上去很美”的理论设想，但当其置于中国现实时，就不得不面对法院在人力、财力、智力、执行力等方面的各种窘迫状况。法院对人民调解协议的审查与确认极可能蜕变成国家法对民间法、权力意志对私权自治的恣意宰制。这种宰制不仅不是对人民调解的提升，反而对法院本身的专业性、权威性构成损害。面对现实，这种论断不免悲观，但并未言过其实。

① ［美］吉尔兹：《地方性知识：事实与法律的比较透视》，载梁治平编：《法律的文化解释》，生活·读书·新知三联书店1998年版，第130页。

东非共同体的法律职能与中非法律合作

洪永红 洪 流*

The Legal Function of East African Community and Sino－African Legal Cooperation

Hong Yonghong Hong Liu

摘 要：东非共同体始创于1967年，其目的在于加强成员国在经济、社会、文化、政治、科技、外交等领域的合作，协调产业发展战略，共同发展基础设施，实现成员国经济和社会的可持续发展，逐步建立关税同盟、共同市场、货币联盟，并最终实现政治联盟，建立东非国家政治联邦。目前，该共同体共有五个成员国，享有立法和司法职能，其机构包括首脑峰会、部长理事会、协调委员会、部门委员会、东非法院、东非议会、秘书处等。

关键词：东非共同体 中非法律合作 立法职能

Abstract: The East African Community (EAC) was founded in 1967. It aims at widening and deepening economic, political, social and culture integration among the Member States for their mutual benefit. Its mission is to improve the

---

* **作者简介**：洪永红（1962—），男，湘潭大学法学院教授、非洲法律与社会研究中心主任、博士生导师，研究方向：非洲法、国际法；洪流（1988—），女，澳门大学法学院硕士研究生，研究方向：比较法。

quality of life of the people of East Africa through strategic coordination and infrastructure development. The next phase of the integration will see the bloc enters into a Monetary Union and ultimately becomes a Political Federation of the African States. The East African Community encompasses Burundi, Kenya, Rwanda, Tanzania and Uganda as its Member State, which performs the legal functions and judicial functions. The organs of community include the Summit, the Council of Ministers, the Coordinating Committee, the Sectoral Committees, the East African Court of Justice, the East African Legislative Assembly, the Secretariat, etc.

Keywords: the East African Community Sino - African Legal Cooperation Legal Function

非洲国家一般比较小，就人口而言，54 个国家中有 39 个国家人口在 1500 万以下，19 个在 300 万以下。[①] 因此，非洲国家间采取区域合作和一体化方式对促进内部的贸易、增长、发展、社会和政治协调有重大意义。

非洲区域合作起步早，成立的合作组织多，合作层次丰富。有些区域组织可以追溯到殖民时期，大多数是 20 世纪六七十年代各国独立后成立的。1963 年非洲统一组织（AUO，非统）成立，带动许多以条约为基础的其他政府间组织成立，特别是次区域层次上的区域经济共同体。[②] 到 21 世纪初，非洲各种区域组织达 200 多个。国际协会联盟统计，2005 年年末，以非洲取名的各类国际组织达 425 个[③]，在维护非洲和平与安全、社会经济发展和卫生与环境等方面起了重要作用。[④] 有近百年历史的国际协会联盟则通常将国际组织区分为政府间国际组织、国际非政府组织和跨国企业。

在非洲的各种合作组织中，绝大多数是区域层面的合作组织，[⑤] 其中规模较大、相对活跃的主要有：东非共同体、西非国家经济共同体、南部非洲

---

① *Economic Commission for Africa*, *Assessing Regional Integration in Africa* (ARIA III): *Towards Monetary and Financial Integration in Africa*, 2008, p. 23.

② Trust Africa, Survey of African Regional Organizations - Civil Society Organizations, Research Institutes and Think Tanks, May 2008.

③ Union of International Associations, Yearbook of International Organizations 2006 2007.

④ http://aros. trustafrica. org/index. php/main_ page. 访问时间：2014 年 2 月 1 日。

⑤ ADB（非洲开发银行）：Who is Who in African Integration Institutions.

发展共同体、东南部非洲共同市场等，通过与非洲区域组织实行法律合作具有重要的意义。本文专门探讨与东非共同体的法律合作问题。

一、东非共同体的成立

东非共同体（East African Community，EAC①）最早由肯尼亚、坦桑尼亚和乌干达于1967年组建，1977年解体。1996年三国建立东非合作体秘书处。1999年11月30日，坦桑尼亚、肯尼亚、乌干达三国总统签署《东非共同体条约》，决定恢复成立东非共同体。签署的协定主要有：《接纳新成员协定》、《首脑会议规则与程序协定》、《接纳观察员协定》、《联合缉毒协定》、《标准化、质量保证、计量与检验协定》和《关税同盟议定书》等。2001年1月，东非共同体正式成立。该组织的目的在于加强成员国在经济、社会、文化、政治、科技、外交等领域的合作，协调产业发展战略，共同发展基础设施，实现成员国经济和社会的可持续发展，逐步建立关税同盟、共同市场、货币联盟，并最终实现政治联盟，建立东非国家政治联邦。2004年，三国签署条约，成立关税同盟。2007年7月1日，卢旺达和布隆迪加入，东非共同体扩大至5国。2008年，东非5国实行了统一关税，并于2010年建立了共同市场，实现5国间人员、商品、资本和服务的自由流通，形成了一个拥有1.2亿人口和600亿美元经济总量的统一市场。

二、东非共同体的立法职能

（一）行使立法职能的依据和程序

东非共同体机构包括由各成员国元首组成的峰会、由各成员国区域合作部长组成的部长理事会、由各成员国各部门常秘组成的协调委员会、部门委员会、东非法院、东非议会、秘书处。其中，部长理事会是主要决策机构，首脑峰会是最高机构，东非议会是东非共同体的立法机构。

东非议会作为东非共同体的立法机构，每年至少举行一次会议。议会由45名选举产生的议员及5名委任议员组成。议员由成员国议会从非议员国民中各推举9名，所推举的议员不能是成员国负责地区合作的部长、秘书长和共同体的法律顾问。委任议员无投票权。议长由成员国议员轮流担任。议员任期5年。

---

① East African Community. http://www.eac.int/. 访问时间：2014年2月1日。

具体立法程序如下：

1. 在每年年底前，东非立法大会的辩论以及东非共同体议会选举后，议会商事委员会应制定下一年度的年度立法计划；

2. 年度立法计划应当在议会进行前制定出一个概括的立法大纲；

3. 对于紧迫的和不可预见的情况，该机构可在任何时间主动提出立法措施，并添加到年度立法计划中；

4. 议会商事委员会应向成员国政府和议会提前提交其年度立法计划；

5. 年度立法计划在下半年可以加以修订。

此外，东非共同体进一步规定：每一个法案在通过前，必须经过三次审议；每一个法案应当在议会开会之前印制并在公报上刊登；书记员应当向参会成员派发出版的法案公报。另外，所制定的法律还需要各成员国签署和批准。

（二）成员国的认可及执行情况

《建立东非共同体的条约》是东非共同体立法的基础。条约第5条第2款称："成员国约定根据本条约依次建立关税同盟、共同市场、货币联盟和最终建立政治联邦，以加强和管理成员国的产业、商业、基础设施、文化、社会、政治和其他关系，实现更快、和谐、平衡的发展和经济活动的持续扩大，平等分享由此带来的利益。"为实现上述目标，第82（1）款规定："成员国约定根据宏观经济政策协调计划和共同体的趋同制度在货币和财政事务上进行合作，以实现共同体内的货币稳定，从而促进共同体的经济一体化和实现可持续经济发展。为此，成员国将：（1）在货币和金融事务中进行合作，保持货币可兑换，以作为建立货币同盟的基础；（2）协调宏观经济政策，特别是汇率政策、利率政策、货币和财政政策；（3）职能部门商品、服务、资本在共同体内自由流动的障碍。"第83条第2款条进一步表示："成员国约定：（1）取消共同体内进出口的一切汇率限制；（2）保持自由市场决定的汇率，增加国际储备水平；（3）调整财政政策和国内净公共债务，以确保货币稳定和实现持续的经济增长；（4）通过放松和利率自由化以实现金融部门自由化，从而达成正的实际利率，以促进储蓄和共同体内投资，扩大金融体系内的竞争和效率；（5）协调税收政策，以消除税收扭曲，从而使共同体内资源配置更加有效率。"

三、东非共同体司法职能的行使

(一) 司法机构

东非共同体执法机构主要有首脑会议、部长委员会、协调委员会、部门委员会、东非法院和秘书处。

首脑会议由成员国国家元首或政府首脑组成，每年至少举行一次会议。应成员国要求并经成员国一致通过可举行特别会议。主席由成员国轮流担任，任期一年。

部长委员会由成员国负责地区合作或指派的其他部长组成，是共同体的政策机构。其职能是在协商一致的原则下，负责为共同体有效与协调运行及发展制定政策；向东非议会提交法案；向首脑会议提交年度报告；建立处理不同事务的部门委员会等。每年举行两次会议，应成员国或委员会主席要求可举行特别会议。部长委员会主席由成员国轮流担任，任期一年。

协调委员会由成员国负责地区合作事务或指定政府部门的常秘组成，负责向部长委员会提交工作报告和建议、执行部长委员会的决定。一般每年举行两次会议，应委员会主席要求可举行特别会议。主席由成员国轮流担任。

部门委员会是应部长委员会指示成立，负责处理部长委员会指定的事务。

东非法院系共同体司法机构。职责是确保条约得到履行，负责相关条约的解释，并向首脑会议、部长委员会、成员国和共同体秘书处等提供法律咨询。每个成员国可提名 2 名法官，由首脑会议批准任命。院长和副院长必须来自不同成员国，院长由成员国法官轮流担任。

秘书处是共同体常设机构，负责处理日常事务，设秘书长、副秘书长、法律顾问等。秘书长和副秘书长由首脑会议任命，由成员国轮流担任，任期 5 年。

法院内部又单独设置仲裁职能的情况大多出现在经济型区域组织法院中，东非共同体法院就具备这一特征。根据《东非共同体条约》第 24 条的规定，法官应由首脑会议任命，所任命的法官必须具备公认的品德高尚、公正、正直和独立，并且在成员国内履行高级司法职务，或者是具备众多法学家所公认的担任法官能力。东非共同体法院系共同体的司法机构，司法权主要限于有关共同市场条约的解释和应用，其他司法权限将由部长理事会商定。职责是：确保条约履行，负责相关条约解释，并向首脑会议、部长委员会、成员国和秘书处等提供法律咨询。每个成员国可派驻2名法官，由首脑会议任命。院长和副院长必须来自不同成员国，院长由成员国法官轮流担任。

（二）主要特点

第一，东非共同体法院的管辖权非常宽泛。在案件申请程序中，东非共同体法院在受理时不可避免地存在管辖权冲突的问题。在东非，管辖权冲突主要分为以下几种情况：一是当一个经济案件的一方当事人在一个成员国内的法院起诉，而另一方当事人在东非共同体法院起诉，此时东非共同体法院具有优先管辖权。二是当一个经济案件的一方当事人在一个成员国内的法院起诉并且已经受理，而另一方当事人在东非共同体法院起诉还未受理，此时成员国内的法院具有优先管辖权。三是当一个经济案件的一方当事人在一个成员国内的法院起诉且已经受理，而另一方当事人在东非共同体法院起诉且已经受理，此时东非共同体法院具有优先管辖权。还需要明确的是，东非共同体法院不是东非共同体五个成员国的上诉法院，即在东非共同体成员国内已经终审的同一个经济案件不可以再次提交到东非共同体法院审判。东非共同体法院无论在何时发现所受理的经济案件为东非共同体的成员国内已经终审的案件，应该立即终止案件审理，并对当事人的不诚实处以一定的罚金。

第二，在预审程序中，高度重视预审中的调解制度。东非共同体法院是一个主要审理经济案件的法院，在受理经济案件时，东非共同体法院积极采用调解原则。东非共同体法院在预审程序中会讨论此案件是否可以存在除审判外的调解、和解的可能性。除非当事人明确表示不适用调解和案件性质不适于调解外，一般情况下法庭会组织调解。法庭在调解中会本着公平、公正、平等的原则进行，所以，东非共同体法院受理的经济案件绝大部分在调解中得以解决，从而没有进入到下面的审判程序。

第三，在司法协助执行程序中，还存在一个经济制裁的问题。东非共同体的五个成员国内的法院应该按照民事程序无条件地执行东非共同体法院的判决和裁定，并且不得以任何借口拖延执行。如果东非共同体成员国内的法院不积极执行或者当事人有意阻碍法院执行，这就意味着整个成员国要因此而受到东非共同体的经济制裁，所以五个成员国出于对全局的考虑，一般都会积极地按照东非共同体法院的判决或裁定依法执行。

第四，在证据制度中，当事人要高度重视自己的举证责任。如果当事人故意伪造证据，经东非共同体法院查实后可以对当事人处以一定的罚金。另外，东非共同体法院的咨询答复也是一种重要的证据。东非共同体法院的咨询答复虽然对案件不具有法律效力，但是当事人的证词可以作为重要的法律依据妥善保存。当在东非共同体法院的法庭上，当事人以东非共同体法院的咨询答复为法律证据时，东非共同体法院要对咨询答复的内容负法律责任。①

四、中国与东非共同体的法律合作基本原则与途径

（一）中国与东非共同体合作的基本原则

中国与东非共同体的合作是中非合作不可分割的组成部分，应立足于世界政治经济格局的发展和国际规范重建的宏观背景，服务于中非关系健康持久发展的远大目标，致力于建设中非法律合作的总体框架，遵循如下基本原则：

1. 坚持平等、互利的原则。中非合作论坛北京峰会赋予了中非关系政治上平等互信、经济上合作共赢、文化上交流互鉴的新型战略伙伴关系的新定位。同年出台的《中国对非政策文件》明确了中国对非政策的总体原则和目标，其中平等相待、互惠互利是其核心原则。中国和非洲的政府合作在国际关系领域的新意表现在：双方合作是完全平等。坚持平等、互利原则也是中国对非政策成功的主要秘诀。以对非援助为例，中国对非援助数量上无法与西方发达国家相比，但因为中国强调平等交往，不把自己的意识形态、社会制度和发展模式强加到别人头上，中国的对非援助取得了显著的双赢效果，有力地推动了中非关系的深化与发展。

2. 坚持循序渐进，注重实效的原则。循序渐进和注重实效相结合在实践中的具体要求是选择重点行业、重点领域和重点组织。在确定泛非立法合作时，应以我方需求为主，兼顾非洲的发展需要，选择中国对非投资的重点行业，针对中资企业在非洲开展业务的主要困难和法律需求，在循序渐进的原则下，进行有效合作。

3. 区别性、针对性原则。非洲的地区一体化和法律区域化进程虽已取得一定成效，但显著表现出区域和领域不平衡的特征，因此在泛非立法合作的同时应坚持区别性和针对性原则。长期的殖民统治对非洲各国的法律造成

① *Economic Commission for Africa*, *Assessing Regional Integration in Africa* (*ARIA III*): *Towards Monetary and Financial Integration in Africa*, 2008, pp. 286－287.

深刻影响，独立后的非洲国家基本上都沿用了前殖民国家的法律制度。伊斯兰教在非洲广大地区的传播使得伊斯兰法对一些非洲国家的法律也产生了巨大的影响。此外，今天一些非洲国家的不同地区在历史上曾被不同的国家占有，造成现在一些非洲国家的不同地区实施着不同类型的法律。针对非洲国家法律多样性的特征，应在区别性和针对性原则下，探索具体的合作路径和领域。

4. 尊重非洲的自主性。立法合作具有高度的政治敏感性，因此在立法合作中应坚持非洲自主的原则。西方国家的一部分人鉴于中国在非洲的经济和外交影响力不断增强，已抛出“新殖民主义”、“中国威胁论”、“仅仅是为了开发非洲丰厚的自然资源”、“忽视人权以及环境标准”、“为了推销中国劣质廉价的产品”等各种言论肆意诬蔑和攻击中国对非政策。因此在进行立法合作时，应坚持尊重非洲的自主性的原则。

（二）中国与东非共同体法律合作的具体途径

东非共同体由于成员国家较少，协作难度小，因此在一体化的进程中发展较快，有关共同政策和法规执行情况较好。中国在该地区的投资领域广泛，经贸合作关系密切，与所有的成员国都保持了友好关系，中国与东非共同体法律合作前景广泛。

中国政府和企业应该在该地区司法一体化进程中发挥积极作用，通过人才培训和交流、资金和技术支持等手段，研究制定共同的法律合作项目。尤其应该重视共同体秘书处和共同体法院等常设机构的合作与交流。在立法方面，应及时关注该组织的立法动态，了解主要内容，防止出现危害中国投资安全的立法情况；可以通过举行学术会议方式，加强与东非共同体的立法合作。例如，在学术会议上可以向东非共同体提出立法建议案。特别是在东非议会公布立法草案时，可积极参与立法草案的讨论，为东非共同体提出更为公正合理的建议。

在司法层面上，中国人不可能担任其法官，但可以通过协调委员会实现司法合作。协调委员会由成员国负责地区合作事务或指定政府部门的常秘组成，负责向部长委员会提交工作报告和建议、执行部长委员会的决定；应以灵活、务实的方式推进双方对话的机制化。特别是遇到商事纠纷时，应尽可能地选择东非共同体法院进行诉讼，一方面可以减少东非国内法院的“保护主义”，另一方面，一旦判决就能更好地得到执行。

私法的世俗化，抑或公法的伊斯兰化？

——《埃及民法典》第226条的存废之争*

张小虎**

Is the secularization Private law or the IslamizationPublic law?

——Controversy on the abolishment or preservation of Article 226 of the Egyptian civil code

Zhang Xiaohu

摘 要：20世纪70年代以来，在伊斯兰法复兴运动的影响下，原教激进主义者要求废除1948年《埃及民法典》中有关利息制度的第226条以及该法典的效力。本文通过分析最高法院的相关案例和宪法第2条修正案，进而发掘此次伊斯兰世界法律冲突的根源与实质，即，在世俗法与宗教法并存的“二元化”国家里，受西方法律文化影响较深的“私法”与受传统伊斯兰文化影响较深的“公法”之间的矛盾。

关键词：1948年《埃及民法典》　利息制度　原教旨主义　违宪

---

* **基金项目**：本文系作者参与的2013年度国家社科基金项目“埃及宪政发展研究”（编号：13BFX030）之阶段性成果。

** **作者简介**：张小虎（1986—），男，湘潭大学法学院博士研究生，研究方向：外国法制史、非洲法。

Abstract: Since the 1970s, under the influence of Islamic law Renaissance movement, fundamentalists have been demanding for the abolition of Article 226, concerning the institution of Interest, from the Egyptian civil code of 1948, as well as the validity of the code. Through relevant case analysis from the Supreme Court and Constitutional Amendment of Article 2, and then the excavation of the source and essence of legal conflict with the Islamic law, in dualistic countries where secular law consists with religious law, the contradiction between private law, which has been deeply impacted by the western legal culture, and public law, by which has been deeply influenced by the traditional Islamic legal culture.

Keywords: the Egyptian Civil Code of 1948　the Institution of Interests Fundamentalism　Unconstitutional

引　言

2010年年底中东北非地区爆发了“颜色革命”，埃及也未能幸免。“1·25政变”后，埃及政局持续动荡，2013年7月4日更是爆发了“二次革命”。民选总统穆尔西被军方罢免，一个月后为了驱赶愤怒的穆兄会人群，军方不惜动用武力清场，这引发了全世界的关注和谴责，埃及局势再度混乱，甚至走在了内战的边缘。然而，透视此次“阿拉伯之春”运动，其实质是以西方为核心的民主宪政观念与伊斯兰传统文化之间的冲突，并最终体现在以军方为代表的世俗派别同穆斯林兄弟会为代表的宗教团体之间的权力角逐。事实上，从法学的角度考察埃及变局，这场宪政危机来源于法律的宗教化与世俗化之争，而追溯此次争议的渊源，“私法”世俗化的改革对“公法”伊斯兰传统的挑战，早在20世纪70年代，就已经浮出水面，并且引发了当时法学界和政治界的巨大震动。

从理论渊源来看，关于公法与私法的划分，最早始于罗马法学家乌尔比安，他认为：“公法是关于罗马帝国的规定，私法则是关于个人利益的规定。”尔后，虽历经了中世纪的萧条，但随着17世纪商品经济的发展，该理论重新被欧美世界所关注。而以罗马法为渊源的大陆法系在1804年《法国民法典》及法国殖民统治的双重作用下，被许多力求改革图强的国家所继受，埃及就是典型代表。① 一方面，埃及通过学习西方公法的优良学说，进而改革本国的制度和机构设置；另一方面，埃及通过移植西方特色的私法理念，特别是法国的民商事法律规范，走上了法律现代化之路，1948 年民法典的制订就是西方法律文化与伊斯兰传统沙里阿融合的典范，成为伊斯兰世界争相仿效的对象。② 直至今日，1948 年《埃及民法典》仍旧是埃及的现行民法典，不论局势如何动荡，它持续拥有效力。

除此之外，学界对 1948 年《埃及民法典》的研究多集中于对法典内容的分析、法典域外影响以及法典编纂的启示等方面，而对法典在半个世纪以来的实施效果则关注不足。因此，笔者试图另辟蹊径，开拓 1948 年《埃及民法典》研究的新视野，以 20 世纪 70 年代以来伊斯兰法复兴运动为背景，从宗教激进主义要求废除 1948 年《埃及民法典》中有关利息制度的第 226 条以及宪法第 2 条修正案的角度展开论述。通过分析相关案例和核心危机，进而总结此次伊斯兰世界法律冲突的根源——受西方法律文化影响较深的"私法"与受传统伊斯兰文化影响较深的"公法"之间的矛盾。同时，伊斯兰法复兴运动和宗教激进主义鼓动下的私法"世俗化"与公法"宗教化"之间的冲突，也一直贯穿于埃及近现代的法律与政治改革之中，而这一条矛盾主线的恶化直接导致了埃及在西方民主化浪潮中，走向了激烈的动荡，并最终陷入宪政困局。

一、对 1948 年《埃及民法典》第 226 条的争论

20 世纪 70 年代，由于萨达特总统开放党禁和民主自由的政治改革，埃及的穆斯林兄弟会从地下活动走向政治前台，积极参与埃及宪政实践。然而，伊斯兰宗教激进主义也借助萨达特总统"较亲和"的执政开始抬头，在埃及等众多穆斯林国家中，原教旨主义进入了发展的鼎盛时期；而严格把持着阿拉伯世界的公法以及部分传统私法的伊斯兰教法，开始全面介入并影响着埃及的立法和司法，并试图通过宪法修正案，干涉民法、商法等私法领域。在此背景下，穆巴拉克上台不久，便发生了一起伊斯兰原教旨主义企图

① 张小虎：《论 1948 年〈埃及民法典〉之所有权制度的罗马法渊源》，载《南华大学学报（社会科学版）》2011 年第 9 期。

② 张小虎：《1948 年〈埃及民法典〉制订的历史考察》，载《法律史评论》2012 年卷，法律出版社 2012 年版。

扭转“世俗化”的私法所引发的司法争议。

1985 年 5 月 4 日，埃及最高法院作出了因具有深远意义而被民众长期关注的判决。案件的核心是关于 1948 年《埃及民法典》第 226 条合宪性的问题，即利息制度是否具有合法性、是否违反了沙里阿对利息的禁止而应予废除。

1948 年《埃及民法典》第 226 条规定：“债的客体为一笔金钱，而其数量额在请求支付时才确定的，如债务人延迟支付，他应在民事案件中向债权人支付 4% 的延迟利息，在商事案件中支付 5% 的延迟利息作为赔偿，此等利息自在诉讼中被主张之日起清算，但以约定或商业惯例为规定其他起算日为限。上述规定适用于法律未作相反规定的任何情形。”①

在之前的审判中，低等法院通过适用该条款判决爱资哈尔大学（Azhar University）赔偿金额总计 592 埃及磅（Egyptian Pound），其中包括自付款之日起利率为 4% 的利息。随后，该校校长将此案件上诉至高等法院，他的代理律师则搬出关于埃及宪法第 2 条的修正案，从该修正案的历史背景来看，70 至 80 年代伊斯兰复兴运动盛极一时，为应对埃及极端主义者对公法领域和国家制度的干涉并确保统治者政权的合法性，埃及于 1980 年 5 月 22 日被迫通过全民公决更改法律渊源，将原宪法规定的“沙里阿是一项主要的法律渊源”修改为“在阿拉伯埃及共和国，沙里阿原则是主要的立法渊源（Source of legislation）……”，从而更加突出传统伊斯兰法在国家公法中的地位。同时，该修正案还将原来“一切权力属于人民”更改为“一切权力属于安拉”。虽然，高等法院受理的爱资哈尔大学所包含利息的赔偿案件涉及标的额并不大，但在伊斯兰法复兴和宪法第 2 条修正案的多重背景下，此次上诉案件实质上体现了埃及高等法院对私法领域中继受于西方的自由主义思想（Liberal）与国家公法领域里日渐兴盛的穆斯林原教旨主义思想（Fundamentalist Muslims）之争的处理结果。

宗教激进主义者认为：一方面，早在一千四百年前伊斯兰教创设时，伊斯兰教法就规定了“禁止利息”的制度，不论时代的变革、朝代的变更以

① 《埃及民法典》，黄文煌译，蒋军洲校，厦门大学出版社 2008 年版，第 31 – 32 页。

及教法学和各学派的发展，对利息制度的禁令从未被解除①；另一方面，追求伊斯兰法的复兴，必须果断废除诸如“利息”、“射幸契约”、“保险合同”等来源于西方的法律制度，重新树立传统沙里阿的威信和地位，并恢复私法领域内所有的伊斯兰原则。此外，大多数穆斯林国家的当政者为了稳固统治、证明公权力的合法性，他们逐渐迎合伊斯兰宗教激进主义对私法制度的抨击，并按其要求修改民商事法律。然而，持相反意见的民主人士则认为：根据西方的法不溯及既往原则（Non－retro－activity），宪法第2条修正案的颁布，只能对1980年5月22日之后起草的新法典的渊源进行审查与限定，但是对类似1948年《埃及民法典》、编纂于1980年5月22日之前的法律则没有溯及力。他们引用了《拿破仑法典》第2条的规定：“法律仅仅适用于将来，没有溯及力（La loi ne dispose que pour l'avenir；elle n'a point d'effet rétroactif）”。因此，依照“法不溯及既往原则”，伊斯兰激进主义要求废除利息制度并终止1948年《埃及民法典》之效力的主张不能成立。同理，在黎巴嫩、叙利亚、利比亚和伊拉克等国中，以《埃及民法典》为蓝本而制定的民商事法典，其效力亦受到“法不溯及既往原则”的保护，极端主义者亦不得干涉。

在综合上述观点后，最高法院推论：鉴于埃及没有颁布任何明确废除1948年《埃及民法典》第226条的规定，也鉴于1980年5月22日宪法修正案之前，那些吸收自西方私法制度而制定的具体条款都以国家法规的形式产生了持续的效力，并未被修正案所影响。因此，不论对利息制度完全或部分禁止的观点如何，也不论利息制度是否违背了公法领域中的“沙里阿渊源”，《埃及民法典》第226条以及其余条款依然存在并有效，故，它的效力仍不会被宪法第2条修正案所取消。也就是说，该修正案对民法典第226条没有溯及既往的影响。此外，最高法院还认为：“作为修正后的宪法，不能自动地以沙里阿渊源或本土习惯法取代新的民法典以及其余的世俗法律（Secular Legislation），他仅仅是未来制定法律的主要渊源，而不具有溯及既往的立法约束力。”修正案也不能对抗普通的公民，只能在政府部门（即人

① 罕百里法学家伊本·科达玛的认为：“利息是被古兰经所禁止，并且也为逊奈和穆斯林公议所禁止。”（Vol. IV of the Beirut edition）

民议会)[①] 的立法中予以贯彻。因此，对宪法第2条修正案负责任的表现是，将修正案的效力从当下的司法审判转移至对今后立法权限的考察中来。[②] 判决的结果宣告了伊斯兰宗教激进主义者通过埃及国内“伊斯兰化”的公法来干涉“西方化”私法的计划破产。

二、利息制度存废的根源与实质

20世纪80年代以来，随着穆兄会的活跃及其领导下的伊斯兰法复兴，埃及在近代殖民以来所确立的世俗化私法体系，受到了宗教激进主义的巨大冲击。而通过上述案例触及的，关于1948年《埃及民法典》第226条以及法典本身的存废问题，引发了大量伊斯兰学者和西方法学家的思考，究竟是何原因导致了伊斯兰埃及传统公法领域与近代吸收自西方的私法制度的冲突。对此，笔者认为有如下几个原因:

1. 公法上，伊斯兰法传统要求废除利息制度

伊斯兰法复兴运动要求全面恢复宗教法在穆斯林国家的统治地位，并积极寻求重塑传统沙里阿的核心权威。自20世纪60年代末开始，伊斯兰世界的法律改革发生了重大逆转，一些国家甚至公开要求废除那些仿效自西方的法律制度，重新适用传统沙里阿原则，在这个被称之为“伊斯兰法复兴”的活动中，“各自组织均把建立与实施伊斯兰法相适应的政治纲领和国家制度作为复兴运动的重要目标。”[③] 因此，在公法领域伊斯兰教法与国家公权力和政权组织已经完全统一，于是宗教激进主义者利用穆斯林国家公权力的宗教权威开始将矛头直指私法领域世俗化的法律与制度。“即要求以伊斯兰教义作为社会、群体和个人行为的最高准则，推崇宗教政治化，政治宗教化。”[④] 这场自下而上的革命运动使得被国家政权保证的公法领域中宗教法的势力再次抬头，并且将“纯洁的穆斯林规范”和“原始的伊斯兰教义”

---

① 埃及人民议会：(People' s Assembly)，是埃及的最高立法机关，议员由普选产生，任期5年。其主要职能是提名总统候选人；主持制定和修改宪法；决定国家总政策；批准经济和社会发展计划及国家预算、决算，并对政府工作进行监督。

② Saba Habachy. *Commentary on the Decision of the Supreme Court of Egypt Given on* 4 *May* 1985 *concerning the Legitimacy of Interest and the Constitutionality of Article* 226 *of the New Egyptian Civil Code of* 1948. Arab Law Quarterly, Vol 1, No. 2 (Feb., 1986), pp. 239 - 241.

③ 马明贤:《当代伊斯兰法的复兴与改革》，载《西亚非洲》2005年第1期。

④ 米健:《当今与未来世界法律体系》，法律出版社2010年版，第182页。

等作为判断是非曲直的标准，进而肃清西方法律文化影响下的本国私法制度。利息制度首当其冲，变成了矛盾的焦点。

另外，在伊斯兰法的渊源中，对利息制度的禁令也成为了极端主义攻击现代私法制度的理论武器。由于激进主义者要求用“宗教化”的公法全面革除“世俗化”的私法，于是伊斯兰教的教旨、教规被推上了公权力的顶峰。而对于利息制度的禁令，在《古兰经》中多次被提及。如第 2 章第 275 ~276 节：“吃利息的人，要像中了魔的人一样……买卖恰像利息。真主准许买卖，而禁止利息……真主剥夺利息，增加赈物……”；第 2 章第 278 ~280 节：“如果你们真是信士，你们当敬畏真主，当放弃赊欠的利息……如果债务者是窘迫的，那么，你们应当待他到宽裕的时候；你们若把他所欠的债施舍给他，那对于你们是更好的……”；第 30 章第 39 节：“你们为吃利而放的债，欲在他人的财产中增加的，在真主那里，不会增加……”，① 等等。类似这样对利息制度明确禁止的内容还有许多，他们都成为了极端主义者要求废除利息制度的法律渊源上的依据。

2. 私法上，世俗化法律体系要求保留利息制度

对利息制度的片面禁止完全阻碍了现代商品经济的发展需求，造成了伊斯兰金融行业特别是银行业的萧条。由于部分伊斯兰国家已经在伊斯兰法复兴的浪潮中逐步废除了利息、保险、期货等一系列的投资制度，这使得取消该制度后的弊端日益凸显。为了适应政策，西亚、中东各国创设了一些禁止利息的“伊斯兰银行”，可是剥夺了银行业生存的根本——利息之后，不但没有促进经济的发展，反而造成了这些国家金融业的萧条，受打击最大的是银行业，使得他们手续繁杂、效力低下、资本匮乏、投资不畅，于是不得不以收取手续费的形式变相代替利息。而这种“伊斯兰银行”与现代商品经济社会完全相悖，既不利于海外融资，也无法顺畅地在非伊斯兰国家营业运行。

另外，对利息制度的禁令，不符合当代法律精神中对私权利的重视以及对私有财产合法收益的保护原则。随着民主与自由思想的发展、全球贸易的不断深化以及商品经济和市场的扩大，当今世界各国都将本国私法制度的主要重心放在对个人权利的关注以及对私有财产的保护上。因此，在各国民商事法律规范中都明确保护合法的物权，以及由其派生出的占有、使用、收益

---

① 《古兰经》，马坚译，中国社会科学出版社 2003 年版，第 28、29、358 页。

和处分的权利，对孳息的规定也大量存在。所以，利息制度作为一种合法的财产收益权，应当为私法所保护，这不仅是现代民商事法律文化的核心，也是当前全球化经贸发展的基本要求；因此从私法角度上看，利息制度被实践证明是有积极意义和存在必要的，伊斯兰国家不应草率地将其废除。

3. 利息制度存废的实质

基于正反两方面的分析，笔者认为此次民法典实施危机的实质在于：一方面，传统伊斯兰社会奉行的价值合理性与西方法律文化追求的目的合理性的冲突。① 对价值合理性的追求是延续千年的伊斯兰社会所特有的，这种实质合理性要求穆斯林在各种活动的价值取向上远离对利益的满足，而仅仅寻求某种纯粹的心灵慰藉或精神寄托，所以，伊斯兰教法学禁止在任何情况下收取利息，并要求穆斯林时刻保持公平诚信，以实现真诚至善的信仰与追求。但19世纪以来，西方的法律文明通过坚船利炮深深地冲击了传统伊斯兰文化，直接或间接移植而来的法律制度则处处强调着对目的合理性即形式合理性的趋崇，实现利益最大化、突出个人权利和私法制度等使得在埃及大地上，传统伊斯兰法和现代西方法的价值取向发生了激烈的冲突。在宗教激进主义、伊斯兰法复兴、极端主义等大肆活动的背景下，加之穆斯林世界改革本身具有的反复性，两种法制文明间的矛盾显露无遗。另一方面，表现在当今西方社会所趋向的个人本位思想与传统东方国家一直保持的团体本位思想的冲突。在欧美国家，由于文艺复兴、宗教改革和罗马法复兴，促使他们异常重视公民的私权利，加之商品经济和自然法思想的发展，使得西方世界的个人本位思想泛滥。而在古代东方国家，他们对团体主义的肯定和尊崇经久不衰，无论是以家族为集团还是以教徒为单位，东方国家对团体本位的追求至始至终。然而，在20世纪70年代的伊斯兰社会，由于改革中继受的西方法制过于放任个人的自由活动，过于寻求个人利益的满足，过于看重个人权利的实现，这使得伊斯兰国家经济生活中出现了许多弊端。出于团体本位的考虑，必须通过伊斯兰国家公法的效力对私法领域中膨胀的个人主义思想进行干预和限制，于是利用国家公权力对公民私权利进行约束成为必要，特别是对物权的占有、使用、收益和处分进行管理与规制。这样一来，通过“私法的公法化”以消除与伊斯兰团体主义相违背的制度和条款，于是，利息制度便成为了众矢之的。

---

① 黄跃庆：《试述近代伊斯兰法发展的特点》，载《阿拉伯世界》2005年第4期。

三、法典实施危机的意义与启示

纵观此次法典实施危机，宗教激进主义者试图对埃及私法中不符合伊斯兰传统习惯法的内容进行修正，但其实质仍是伊斯兰国家法制的世俗化与伊斯兰化道路之争，也正是这个矛盾经过长时间的发酵，才导致了近年来中东国家大面积爆发了“颜色革命”。因此，有关利息制度的存废争议具有极其重要的启示意义。

1. 最高法院的判决与宪法第 2 条修正案的意义

回到先前的案例上来，笔者认为，此次最高法院判决的最大意义在于，它促使了私法领域中的世俗法律制度与公法领域中作为主要法律渊源的沙里阿原则能够和谐相处，并以此警示在伊斯兰法复兴运动中不能以激进的诉讼活动处理某些棘手案件。这种规定要求在对法律进行渐进式的修订和改革中，不能不假思索地用沙里阿原则通篇的、激进的法律代替现有私法领域里的世俗法律。同时也必须考虑适当修改那些继受于西方的、世俗化的私法体系，使之与传统沙里阿的要求尽量融合一致，以减少不必要的法律适用冲突，实现公法与私法的良性互动。延续了数世纪的关于利息问题的实质性法律争论终于在该判决作出后得到了结，因此，我们不要忽视该案例的重要意义：

首先，该判决挽救了被实践证明有一定经济价值的《埃及民法典》第 226 条，而且还维护了阿尔·撒胡里教授制定的整个 1948 年《埃及民法典》的完整性，甚至保护了以之为立法模本而编纂的叙利亚、利比亚、科威特和伊拉克等国民商事法律规范的效力。其次，该判决稳定了在宪法第 2 条修正案生效前埃及国内所有世俗法律的影响，从而让宪法修正案未能产生溯及既往的效力（Retrospective effect），使得该判决适用于未来的立法活动而不是现行的法律法规和司法实践。然而，在将来以此修正案为依据进行法律编纂时，仍建议根据实情斟酌、修订法律，而不是用沙里阿原则大规模替换现有的世俗私法制度。最后，最高法院推荐对法律进行渐进式地修改，以实现更高的目标——使当前的法律系统与沙里阿原则能够实现伟大而和谐的融合

(*Great harmony*)。①

2. 公法权力与私法制度冲突的启示

通过对最高法院案例和宪法修正案的分析以及对制度存废根源的探究，我们可以得到此次伊斯兰法复兴运动下，埃及公法“宗教化”与私法“世俗化”冲突的启示：一方面，在当前法律制度的现代化改革进程中不可忽视传统法律文化的影响。作为被动接受西方法律文化思想并改革本国法律制度的广大亚、非后发国家，必须认识到现代化的西方法制与传统化的东方文明之间的关系。因此，在经历了“阿拉伯之春”后的中东北非各国，他们都应当清醒地认识东西方的特征、正确处理东西方的差异，并依据本国的国情时事和文化传统，对法律进行渐进式的修订，切忌激进的冲突和派系的斗争，应在以本国传统文化为核心的基础上逐步吸收西方先进的法律制度，确保社会的稳定、繁荣。正如著名伊斯兰法学者马明贤老师所言：“历史反复证明，在伊斯兰社会中任何法律观念与法律变革，须以经训为本，以伊斯兰原则为依据，否则就会失去合法的社会地位。”② 另一方面，在法制现代化改革过程中必须良好地促进公法与私法的互动关系。作为公法与私法领域冲突的典型代表，此次对于1948年《埃及民法典》第226条存废问题的争论体现的是以传统伊斯兰法占优势的公法对吸收自西方法律文化的私法制度的挑战，然而这种长期又激烈的冲突对一国的法制发展十分不利。因为，这种矛盾关系既未体现公法利用其公权力对私法与私权强制力不足的改善，亦未体现私法利用其对个人权利和合法物权的保障来削弱公法粗糙的刚性，这并不是公法与私法互动的积极表现。所以，在今后的法律改革中应当实现公法与私法良性的互动机制，促使二者互相吸收、互相补充、互相完善，最终实现公法与私法的并行发展。

---

① Saba Habachy. *Commentary on the Decision of the Supreme Court of Egypt Given on* 4 *May* 1985 *concerning the Legitimacy of Interest and the Constitutionality of Article* 226 *of the New Egyptian Civil Code of* 1948. Arab Law Quarterly, Vol 1, No. 2 (Feb., 1986), pp. 239 – 241.

② 马明贤：《传统规则的现代化尝试：伊斯兰法律的法典化》，载《回族研究》2004年第3期。

撒哈拉以南非洲国家的 ADR

Amadou Dieng 著* 朱伟东 译**

ADR in Sub – Saharan African Countries

Amadou Dieng

摘 要：撒哈拉以南非洲的传统社会一直存在通过调解、调停等友好解决争议的做法，以恢复团体的和平，维持社会的和谐。在殖民统治时期，殖民者在撒哈拉以南非洲引进了西方的争议解决方式，传统的争议解决方式只在当地部族团体内适用。撒哈拉以南非洲国家独立后，一些国家为了实现法律的统一化，对传统争议解决方式没有给予应有的重视。随着传统的友好争议解决方式的价值被人们逐渐认可，撒哈拉以南非洲国家和地区也开始通过立法认可友好争议解决方式，在撒哈拉以南一些非洲国家和地区还设立了许多国内和地区性友好争议解决机构。但撒哈拉以南非洲友好争议解决方式的发展还存在一定的困难，如资金不足、缺乏大量受过培训的调解人员等。考虑到友好争议解决方式对促进撒哈拉以南非洲与其他国家和地区国际商事交往的重要性，撒哈拉以南非洲应采取相应措施鼓励这种争议解决方式的发展。

关键词：撒哈拉以南非洲 ADR 调解 仲裁

---

* **作者简介：**Amadou Dieng，法学博士，律师，达喀尔仲裁、调停、调解中心常务秘书。

** **译者简介：**朱伟东（1972—），男，中国海洋大学法政学院教授、湘潭大学非洲法律与社会研究中心副主任，研究方向：国际私法、国际商事仲裁、中非经贸投资纠纷解决。

Abstract: The amicable dispute resolution such as conciliation and mediation are often made recourse to in the traditional societies of Sub – Saharan African countries to restore the community peace and maintain the social harmony. During the colonial period the colonizers introduced the western dispute resolution into the region while the traditional dispute resolution only existed in the local tribal community. Since their independence, some countries in the region sought to achieve the unification of their legal systems and did not pay much attention to the traditional dispute resolution. With the gradual recognition of the value of the traditional amicable dispute resolution, some countries in the region began to incorporate the ADR into their judicial system, and some national or regional ADR institutions have been established. But there are still some difficulties for the development of ADR in the region such as the lack of financial resources, the limited number of the trained conciliators. Considering the significance of ADR on the development of international commercial relationship between the countries in this region and those from other regions, the countries in this region should take some concrete steps to encourage the development of ADR.

Keywords: Sub – Saharan Africa　ADR　Arbitration　Conciliation

一、导论

毫无疑问，“ADR”是关于争端解决的（Dispute Resolution）。“A”可代表从“友好的”（amicable）或“适当的”（appropriate）到“可选择的”（alternative，包括或排除仲裁）系列短语。以“A”开头的单词不是一个区别的问题，关键问题是在撒哈拉以南非洲的商业争议是如何解决的。争议是通过诉讼、仲裁或调解解决的吗？此类程序如何运作？它们是正式的还是非正式的？历史与传统已决定了目前的状况，未来会带来哪些变化？

组织（organic）和实质（material）因素对任何争议解决模式的发展方向至关重要。无论上述两种争议解决模式中的哪一种，从组织标准（organic criteria）来看，它们都是在国家法院体制之外，而其实质性标准（material criteria）却在国家法院体制内外都发挥作用。将两者结合起来就可清楚明白撒哈拉以南非洲友好争议解决方式（ADR）的含义了。这反映了该地区传统的争端解决观念——相对来说更显不正式、更为和平并且更为友好。在此类争议解决中，没有输赢的观念，有的只是双赢的目的。①

撒哈拉以南非洲本土司法的传统目的就是恢复和平与社会和谐。因此，所有争议解决模式——调解、仲裁和国家法院程序——相互交织在一起。调解人、仲裁员和法官的任务就是创造条件使争议得到友好解决，而不是僵硬地适用法律。所以，在撒哈拉以南非洲的本土司法体系中，仲裁和调解不是可选择性的争议解决模式，而是制度性司法体系的组成部分。②

在撒哈拉以南非洲传统社会中，法律可能并没有规定 ADR，但通过友好方式解决争议通常是一种优先的选择。此类争议解决方式能否在当地撒哈拉以南非洲社会中适用？殖民主义无疑改变了这一地区的景象，带来了不同的后果。此外，在一个全球化的世界里，随着新的民族和国家的出现，重要工业的发展，在地理上分散的家庭的增加，情况已有翻天覆地的变化。法律文件已成为商业交易中必不可少的东西。传统领导人也日渐失去他们曾经对团体所行使的权力。现在，在一个剧烈转型的社会里，争议需要在另一个层面上解决。出于需要，国家通过设立以法院和法律文件为代表的更为正式的司法形式以填补这一漏洞。

这会将我们置于何方？在撒哈拉以南非洲国家是否有适当的机构鼓励并组织 ADR 这一方式？如果是，这些机构是否在所有相关国家、在非洲商法协调组织（OHADA）③ 的成员国或非成员国内以相同方式运转？以及 ADR 在撒哈拉以南非洲国家未来的国际商事关系中将发挥什么作用？

二、撒哈拉以南非洲 ADR 简史

（一）前殖民时期非洲的传统社会

习惯法就其性质而言调整的是团体生活。在非洲，所有“法律”在起

---

① A. Dieng, *Approche culturelle des ADR en OHADA*, Revue Africaine du Droit des Affaires, no. 1, 2010.

② F. K. Camara & A. Cissé, *Arbitrage et médiation dans les cultures négro - africaines : entre la prédominance à dénouer et la mission de trancher*, Revue de l' Arbitrage, no. 2 (2009), pp. 285 - 316.

③ 非洲商法协调组织（OHADA）由 17 个撒哈拉以南非洲国家组成：贝宁、布基纳法索、喀麦隆、中非共和国、科摩罗、刚果、科特迪瓦、加蓬、几内亚、几内亚比绍、赤道几内亚、马里、尼日尔、塞内加尔、乍得、多哥和刚果民主共和国。该组织的目的是促进地区一体化与经济发展，通过对商法进行协调化，确保创建一个安全的法律环境。

源上都具有习惯的特性，在非洲国家独立后，这些习惯法根据中央政府的要求被取代。

传统的本土非洲社会是在部族或家庭关系的基础上组织的。争议解决基本上是通过友好方式进行的。非洲团体通常由长者领导，在解决争议时，人们会征询长者的意见，并尊重长者作出的决定。实际上，本土的非洲司法体系是一种和解的工具，其目的是通过维持和平和保持社会和谐的方式解决冲突。①

塞内加尔的传统司法观念是在基于社会学的标准（sociological criteria）上而进行的，同时考虑到了传统社会中的团体意识。当事人之间的任何争议不仅仅涉及实际争议的双方，还涉及整个团体或他们所属的不同团体。对话、讨论和辩论有助于维持团体的利益及团结。所有类型的冲突——如伊斯兰国家和友好的非伊斯兰国家、政府和反对者、侵害人和受害人、债权人和债务人以及夫妻之间的冲突——都是如此。穆斯林的仲裁观念允许当事人之间优先进行和解，并随后达成友好的协议。许多撒哈拉以南非洲国家都已受到伊斯兰法和文化的影响。例如，塞内加尔就是一个深刻转型后的伊斯兰社会，它逐渐接受了沙里阿法，根据此类法律，任何司法形式的最终目的都是和解与恢复和平。

（二）殖民时期的非洲

在 19 世纪以及 20 世纪早期，欧洲殖民者的目标是确保贸易根据他们所接受的法律进行，在管理方面，他们的规则能够得以适用。习惯法在很大程度上被忽视和边缘化。更具体而言，他们无暇或没有兴趣对影响本土治理、个人身份或轻微刑事案件的法律作出修改。

在英国殖民地，被承认为法律的习惯通常只是在当地适用，并不能适用于全国范围内的所有团体。简言之，习惯法因地而异。现在的许多国家仍是如此。

植根于非洲传统社会的传统争议解决方式促使殖民管理者所设立的殖民法院（Colonial Courts）认可、批准并执行通过法院达成的和解协议。和解协议能够得到执行这要归功于每一个团体部族酋长、长者以及家族或宗族族

---

① See Dieng, supra n. 1. see Camara & A. Cissé, supra n. 2; also: D. N' doye, les systèmes non juridictionnels de règlement des conflits au sénégal, le droit de savoir, no. 4, les editions du CAFORD, 2001.

长的干预。

在塞内加尔，法国殖民当局考虑到了法律中伊斯兰习惯的法律作用，通过设立由卡迪（Kadhi）领导的穆斯林法院，创建了一套与他们自己西方风格相似的平行法律体系。在此类穆斯林法院内，和解举足轻重。

（三）后殖民时期至 20 世纪 90 年代的非洲

随着依赖正式法律和组织完善的理性司法程序的现代民族国家的兴起，此类非诉争议解决方式被置之一隅。

在撒哈拉以南非洲的前法国殖民地，习惯法法院在 1960 年代早期被废弃。由此，所有争议都在普通法律法院审理。虽然习惯法法院被废弃，但新的立法措施以及随后对习惯法的重新整理导致某些习惯法原则（伊斯兰和前伊斯兰的习惯规则）被纳入到施行于全国的国家成文法中。这就产生了混合的法律制度。就此而言，一些法律，特别是有关身份的法律有深深的习惯法根基。①

塞内加尔自 1984 年实施司法改革以来，“卡迪法院”不再是平行法院体系的一部分，而是被纳入到地区法院（District Courts）体系中，卡迪的权力也仅限于家庭争议，包括继承事项。虽然卡迪仍可解决争议，但他的决定只有经法官的批准后方可执行。

ADR 所具有的灵活、高效、快速和保密的优点使非洲的立法者考虑将其发展成为诉讼方式外另一种选择，特别是在经济价值不高、社会影响不大的案件中。对于不太复杂的行政或商业争议案件也是如此。

对于快速演变、民众逐渐融合的社会，习惯法是否仍然适用，是否具有可持续性，人们有不同的观点。至于一些旧的习惯法规则，现代社会现在都借助于正常的司法程序，过去有和解的地方，现在都有审判。

许多评论者认为，习惯法已不合时宜。但从另外的观点看，有大量证据表明，传统方法，特别是有关争议解决的方法，具有许多优点，尤其是此种方式可以快速、合理地恢复公正，并将侵害人重新归入他们的团体。只有我们了解现代 ADR 的发展趋势后，才能理解和解的价值。

① J. Milles, *Customary and Islamic Law and Its Development in Africa*, Law for Development Review, 1 (African Development Bank).

三、撒哈拉以南非洲国家的 ADR 法律制度

(一) 国内立法

此处的目的是对 OHADA 国家中有关 ADR 的法律规定作一概述，也会分析撒哈拉以南非洲英语国家如加纳的 ADR 运作情况，加纳不是 OHADA 的成员国。

1. OHADA 国家

在许多撒哈拉以南非洲国家，调解和调停一直在家庭法和劳资争议案件中适用。在劳资争议中，当事人首先进行调解，调解不成，由法院审理。

和其他非洲的前法国殖民地一样，塞内加尔通过立法在许多领域包括刑事案件中规定了 ADR 程序。塞内加尔《民法典》第 7 条允许地区法官无论是基于自己的动议还是另一方当事人的提议，通过调解解决争议。在家庭法案件特别是在离婚案件中，进行此类调解是一种义务。塞纳加尔《民法典》第 21 条规定，对于家庭、婚姻、继承、遗嘱和捐赠案件应由村社酋长或地区委员会进行调解。有关合同履行的案件应提交给工作检查员（work inspector）和劳动法院法官进行双重调解。同样，行政诉讼也规定有非诉解决方式。就刑事案件而言，《刑事诉讼法》第 752 条第 2 款规定，公共检察官可在涉及未成年人初犯的轻微刑事案件中进行调解。经济诉讼，即有关关税欺诈和公共采购的案件也可通过和解解决，从而避免公共行为及求助于司法。

换言之，在调停、调解、仲裁和和解与法院判决之间并不存在真正的分歧，甚至是更少的对立。自然人、法人和公共机构都可使用所有这些友好的或适当的争议解决方式。此外，前期调解程序，如果是法律所要求的话，在因当事人意见相左而不能达成和解的情况下，对于原告和法官而言，只是一种纯粹的形式。因此，作为一种程序上的形式，它不能阻止原告在法院中提起自己的诉求。①

在撒哈拉以南非洲的前法国殖民地特别是在 OHADA 国家中，妨碍强制性前期调解或调停程序发展的另一难题是，该地区缺乏受过良好训练的、可

---

① N' doye, District Tribunals register a success rate of 5% for preliminary divorce conciliation. In labor cases the conciliation rate obtained by the Tribunal of Dakar amounts to 40% , compared with 20% elsewhere in the country.

用来友好解决争议的专业调解人员。此外，法院也没有专门的调解人员可指定来友好解决争议，并且对调解人员或调停人员的身份没有明确的规定。

2. 非 OHADA 国家——加纳的经验

加纳在推广 ADR 方面领先于该地区其他国家。它在 2003 年 4 月开设了“媒体周”（Media Week）这一节目，旨在向民众传播如何利用选择性争议解决方式。加纳司法部长还成立了一个 ADR 专门工作组（ADR Task Force），就如何将 ADR 纳入到司法解决体系中向其提供建议。ADR 专门工作组致力于培训公众有关选择性争议解决方式的知识，特别是通过媒体这一工具。来自民众的反应十分积极，这主要是因为人们在过去进行诉讼时有过糟糕的经历。

2003 年加纳司法部长通过设立与法院关联的 ADR（court - connected ADR）这一制度将 ADR 纳入到法院体系。根据这一安排，法院的法官首先会邀请双方当事人从法院调解员名单中选择调解员，由调解员努力解决争议。双方当事人约定一个调解的期限，调解期限过后，由双方当事人签署的调解协议就会得到法院的确认，并成为一项可执行的和解判决。如果案件不能通过调解解决，就会被提交给法院审理解决。

在 2007 - 2008 年间，加纳大约有 150 名调解员受雇、受训并分配到全国的法院。该制度目前在加纳全国范围内的 41 个地区法院内实施良好。在阿克拉这一地区及 8 个地区法院内，在 2007 - 2008 年间总共约有 2600 个案件进行过调解。几乎一半的案件得到成功解决，调解成功率约为 50%。该制度的前景光明。这一制度将拓展到加纳的所有地区法院、巡回法院和高等法院。①

法院附带调解（court - annexed mediation）是加纳司法服务综合改革项目的一部分。根据加纳《高等法院民事诉讼程序规则》，调解是加纳高等法院商事分庭进行庭审前的必经程序。

一些个人和组织也对加纳 ADR 的发展作出了贡献。其中包括加纳 ADR 联盟（ADR Coalition of Ghana）、加纳仲裁中心、加纳特许调解员和仲裁员协会（GHACMA）、盖美调解院（the Gamey & Gamey Academy of Mediation）以及西非争议解决中心（WADREC）。

---

① See Senyo M. Adiabeng, *Alternative Dispute Resolution in Ghana* (*August* 2007), available at www. academyofmediation. com.

（二）国际立法文件

撒哈拉以南非洲 ADR 利用和实施的环境在一定程度上也由于国际立法文件而得到改善。这些国际立法文件既包括诸如 1958 年《纽约公约》和 1965 年《华盛顿公约》这样的多边协议，也包括诸如该地区国家与西方国家或该地区国家之间签订的双边投资协议。①

解决投资争端国际中心（ICSID）也为成员国与另一成员国国民之间的争端提供了一个调解的平台。撒哈拉以南非洲所有国家都是该组织的成员国。

OHADA 成员国所签订的许多双边投资保护条约规定，在寻求其他争议解决方式之前，外国投资者与投资东道国之间的争议应首先通过友好方式解决。②

不过，在该地区尚未听说投资争议友好解决的案例。这可能是因为当事人更倾向于通过仲裁而不是调解来解决此类争议。

（三）地区一体化法律中的 ADR

除投资条约外，一些地区性条约如《非洲商法协调组织条约》或《非洲国家间保险市场会议（CIMA）条约》③ 也为争议的友好解决提供了必要方式。

1. CIMA 立法中的 ADR

CIMA 法典（CIMA Code）为本地区提供了单一的保险立法，它是根据 1992 年签署的条约（该条约自 1995 年 2 月生效）而制定的。该法典的目的是加强中西部非洲 14 个成员国在保险业方面的合作。众所周知，在 CIMA 法典实施前，该地区的保险市场完全处于无序状态。该地区的被保险人实际上对保险公司的信心几乎已丧失殆尽。造成该地区保险业负面影响的另一因

① Alternative Dispute Resolution Services in West Africa, A Guide for Investors - Benin, Burkina Faso, Cameroon, Co^te d´Ivoire, Ghana, Mali, Nigeria, Senegal and Togo.

② See, eg., BIT' s France/Ghana, Art. 13 and France/Senegal, Art. 8.

③ CIMA 是法语短语“Conférence Inter - Africaine des Marchés d' Assuranccs”的首字母缩写。该组织共有 14 个成员国，分别是：贝宁、布基纳法索、喀麦隆、中非共和国、科摩罗、刚果、科特迪瓦、加蓬、赤道几内亚、马里、尼日尔、塞内加尔、乍得和多哥。

素是该地区法院作出的有关保险争议的判决反复无常，毫无确定性。①

CIMA 法典规定在确定交通事故的损害赔偿数额时才有调解方式。CIMA 的这种强制性规定旨在为保险公司和受害人之间的争议寻找一种友好解决方式。这些当事人至少有 8－12 个月的时间达成和解协议。但该法没有明确规定如何及在何处达成和解协议。一旦 12 个月的和解期限届满，而当事人没有达成和解协议，他们就不得不通过法院解决争议。

即使 CIMA 法典明确规定了友好解决争议的方式，也很难达到一个双方当事人都接受的结果。在这种情况下，受害人处于弱势地位，而保险公司总是希望在符合自己最大利益时才会接受和解结果。交通事故的受害人在不愿支付保险赔偿金的保险公司面前常常无计可施。

实际上，CIMA 法典规定的友好解决程序令人质疑。作为侵害人一方代表而同时对争议具有明显利害关系的保险公司怎么能够采取一种独立、无私的立场作出公正的赔偿呢？依靠保险公司的诚信来解决争议是否合理？

显然，这需要一个中立的第三方来平衡争议解决的过程。也许调解员可以充任这一角色。

2. OHADA 成立后 ADR 的发展

1993 年的 OHADA 条约为该地区提供了统一的商事法律制度。在 OHADA 的机构中，有一个设立于科特迪瓦首都阿比让的司法与仲裁共同法院（CCJA）。1998 年，OHADA《仲裁法》生效，同时司法与仲裁共同法院的《仲裁规则》也开始实施。就其管理职能而言，该法院对当事人提交于它的仲裁进行管理，并对仲裁裁决草案进行审查。OHADA 成员国的立法允许根据当事人的和解协议作出裁决。特别是在争议提交仲裁庭后双方当事人达成和解协议的情况下。

不过，OHADA 的有些统一法规定了 ADR 方式，如有关刑事制裁和债务追偿的部分。根据 OHADA 条约第 10 条，统一法在成员国国内直接适用，即使之前或之后的国内立法中有与其相冲突的规定。司法与仲裁共同法院作为该地区唯一的超国家法院，它可以就成员国之间有关 OHADA 条约和统一法的解释和适用作出裁决。

3. OHADA 立法中的刑事制裁措施

① R. Mbifi, The Premise, the Promise, and the Problem of the CIMA Code in Cameroon, Ohadata D－04－03.

OHADA 条约第 5 条规定："统一法可对刑事犯罪作出规定，成员国会决定这些犯罪的制裁措施。"为此目的，统一法已对某些犯罪作出规定。[①]然而，截至目前，仅有两个成员国对此类犯罪规定了相应的制裁措施。[②] 因此，在国内立法和地区性立法之间还存在太多的模糊之处，欠缺协调性，这不利于地区一体化的实现。[③]

在塞内加尔，在刑事案件已开始审理但在作出实际判决前，仍有可能进行调解。在此情况下，就可采用 ADR 的方式。但这种方式如何在其他 OHADA 成员国得到具体适用？

4. 债务追偿

根据 OHADA 有关债务追偿的统一法，法官有权建议通过和解方式友好解决争议。但该法并未规定和解进行的方式。由法官指定的调解员或调停人是否必须是专业的、中立的人士？调解是在庭审前还是在庭审后进行？一旦达成和解协议，该和解协议必须由法官和当事人签署后，方可执行。在 OHADA 法律体系中，没有关于 ADR 的明确规定。这种情况会妨碍人们利用 ADR，并影响商事争议友好解决的发展。

令人遗憾的是，上面提到的适用于 OHADA 成员国的双边投资条约，特别是那些有关 CIMA 的条约，以及 OHADA 的具体统一法，都没有为撒哈拉以南非洲地区 ADR 的跨国发展制定共同的框架。因此，制定此类共同框架，以促进并鼓励在适当的超国家层面上通过 ADR 方式解决 OHADA 和 CIMA 成员国国内的争议，显得尤为重要。

为此，非洲的国内仲裁和调解中心需要对仲裁员和调解员进行培训，为他们的行为提供指导原则，以确保他们能在涉及 OHADA 和 CIMA 事项中公正地进行调解程序，从而弥补因该地区缺乏合格的调解员而带来的不利因素。

（四）OHADA 国家中私人商事 ADR 中心实践

OHADA 对 ADR 的主要影响在于它对仲裁的偏爱，结果是撒哈拉以南非

① 这些法律涉及会计、商事法、债务重组及经济利益集团。

② 塞内加尔和喀麦隆。

③ Justice Anne Atong, The Problematic Application of Commercial Criminal Law Within the OHADA Territory, Africa Law Today, April 2009, vol. 1, no. 3, 4 – 8 (Publication of the ABA Section of the International Law Africa Committee).

洲国家设立了数个仲裁与调解中心。[①] 如上所述，OHADA 没有有关调解或调停的直接规定。该地区许多国内的 ADR 中心都是由政府商会设立或组建的，并得到政府的暗中支持。

就其仲裁或调解规则而言，这些中心所进行的调解程序基本上是相同的。[②] 各国 ADR 中心根据当事人达成的调解或调停协议来受理案件。在没有此类协议时，如果一方当事人经另一方当事人同意后提出调解或调停请求，中心也可受理争议。这些 ADR 中心都有自己的调解员或调停人名单，当事人可从中选择他们案件调解员或调停人。

这些中心的实际运作情况各不相同。一些中心只是存在于文件中，有十多年没有运作了（如多哥的仲裁中心（CATO））。有些中心相对活跃，受理过一些案件，并举办过一些培训项目或有关仲裁与调解的会议。对于这些中心所受理的案件数量，很难收集到相关数据，但少数几个中心受理的案件数量比较多。就我同这些中心打交道的经历而言，只有为数不多的案件考虑采用调解或调停作为争议解决替代方式，而没有采用仲裁方式。[③]

喀麦隆资方联合会（GICAM）是一个专业性团体，代表了近 80% 的商事企业。该组织位于杜阿拉，GICAM 仲裁中心向企业和个人提供仲裁服务。该中心已经解决的案件的数量虽然比预期的要少，但随着对仲裁的宣传和推广，该中心受理的案件数量正日益增加。

只有存在充分的政府支持、足够的人力资源、浓厚的仲裁文化氛围、相对平等的当事人权力、坚实的法律基础以及可持续的资金来源时，该地区的仲裁和调解中心才能运转良好。不过，如果该地区存在更为协调化的立法，这些仲裁和调解中心就能从更有利于争端解决的环境中心受益。

当地的 ADR 中心资金短缺是一个棘手的问题，即使政府对 ADR 项目给予支持，这一问题仍会持续。目前，当地的 ADR 中心主要依赖于捐助资金运转。如果这些中心能够吸引更多的当事人，它们就能自给自足。实际上，

---

① 例如，在贝宁、加蓬、塞内加尔、布基纳法索、马里、喀麦隆、加纳、多哥等就存在国内 ADR 中心。非洲仲裁与调解中心协会在 2008 年成立。

② A. Ngwanza, Regards Franco - africains sur les étape de la mediation comerciale: JADA no. 1.

③ 从 2004 年成立时起，达喀尔仲裁与调解中心就没有受理过任何调解或调停案件，但它受理了大约 10 个仲裁案件。布基纳法索仲裁与调解中心在 2005 年成立，到 2010 年该中心已经登记了 100 多个案件。它在 2007－2009 年间登记了 38 个调解案件。

本文所探讨的撒哈拉以南非洲国家的 ADR 能否取得成功，将取决于它们是否能够吸引源源不断的客户。

对此，OHADA 国家需要创设一个更为持久的、稳定的法律环境，以便在诉讼和调解之间建立起强有力的联系。虽然撒哈拉以南非洲有一些私营的调解和调停中心，但这些中心不能仅仅由私营部门操作。这些中心应更多地与法院联系起来，确保获得更好的司法目标，既包括获得解决争议的司法方法，也包括获得解决争议的司法外方法。

（五）未来非洲国际商事关系中的 ADR

当事人签订投资合同的目的是希望在东道国设立长期的生产活动或其他活动。国家和投资者之间保持长期的友好关系对于实现国家发展和其他目标来说十分重要。能够解决国家和投资者之间分歧和误解的机制可以有效防止对它们之间的关系造成不可弥补的伤害。基于此，投资条约也都暗示，在解决投资分歧方面，ADR 方式比诉讼或仲裁更为可行。

1. 西方国家的 ADR 与非洲的商事关系

撒哈拉以南非洲国家和西方投资者之间的投资争议一般都是在非洲大陆以外的地方通过仲裁和诉讼方式解决的。尽管投资立法和双边投资条约都明确规定了争议友好解决方式，但过去十年非洲国家或企业与西方投资者之间的投资争议还未利用此类方式。

这可能是因为西方分清胜负的争端解决观念而不是非洲友好解决问题的调解观念占了上风。如果双方能够借助可靠的法律制度、通过友好方式解决争议，他们在非洲人陆投资的合作空间就会扩大。

此外，随着欧洲对调解方式的日益关注，它们可能会被适用于非洲国家和西方投资者之间的投资争议。

2. 中国和非洲在 ADR 方面的一些有趣的共同特征

亚洲和非洲的一些传统社会具有共同的价值观，根据这种价值观，社会和法律关系——从贸易合同到婚姻关系——不仅仅涉及实际的当事人，还在一定程度上延及当事人各自所属的团体。在此类传统中，法律经常变通地采用个案的方法，同时考虑到与具体事项相关的事实以外的其他问题。外部因素无疑是必须考虑的。

在中国和非洲大部，人们更乐意采用和解、重新谈判或友好解决方式，而不是在法院提起诉讼。诉讼被认为是解决争议的一种最糟的结果。法院程序的提起通常意味着最初的友好关系已经终结。①

中非都将合同视为和婚姻一样的一种持久关系，而不是在开始就一劳永逸地对当事人的权利和义务作出分配。如果这样的话，在合同未被遵守时，诉讼就是一种必然的结果了。对于传统的非西方式调解和仲裁而言，对关系的共同维护至关重要。而在西方传统中，ADR 只是双方关系破裂、信任终止后法院诉讼的一种替代而已。随着中非商事关系的迅猛发展，人们可能希望在出现争议时应更多地采用友好解决方式。

下面提到的中国国际贸易促进委员会调解中心十分重视与其他国际调解机构的交流与合作。该中心在 1987 年与汉堡调解中心、阿根廷—中国调解中心和纽约调解中心签署了《联合调解合作协议》，并在 1997 年与伦敦国际仲裁院签署了联合调解协议。目前中国的调解机构正寻求与世界上更多的国际调解机构建立更为广泛的交流与合作。

在非西方的方式中，“争议解决”与“合同”在很大程度上可能被认为是一个单一问题。无论如何，它们都接近于一个问题，而不是西方法律概念中的两个不同而独立的问题。在南南国家商事关系中，特别是在中国和撒哈拉以南非洲国家的商事关系中，人们可能只是认为双方当事人更倾向于通过诸如调解这样的友好方式解决问题，而不是通过诉讼以便将责任归咎于一方。

3. 在撒哈拉以南非洲建立更好的 ADR 机制

和世界上其他许多地区一样，撒哈拉以南非洲的司法系统在解决提交给它们的案件时还力不从心，特别是有关商事争议的案件。实际上，大量的案件使得许多撒哈拉以南非洲的法院过度膨胀，而在财政上又捉襟见肘。

许多投资者对撒哈拉以南非洲低效的法院体系感到十分不便。这些商人在该地区投资，当争议出现时，他们通常会求助于该地区以外的仲裁或其他可替代性的争议解决机构。而其他投资者考虑到该地区缺乏及时有效的、可选择性的争议解决方式，而干脆直接放弃在该地区投资。ADR 可以通过调解或调停机制迅速作出有约束力的决定，因而在解决商事争议时十分有用。如果撒哈拉以南地区存在有可以解决复杂商事争议的高效、低廉的 ADR 解决机制，就有助于增强投资者在该地区投资的信心，并因此可以促进当地及

① Ignazio Castellucci, Trento, *A Non - Western Approach to and as a Resource for Sino - African Business Relations*, Club OHADA - Chine Conference (Mancau, 27 Nov. 2007).

国际贸易和投资的增长。

和欧盟一样，OHADA 制定了一些调解规则，以鼓励当事人利用此种方式解决争议，特别是在当事人要求调解或国内法中规定有调解的情况下。OHADA 进行协调化的领域还可纳入专业调解员的培训及招聘、调解的保密性以及调解协议的可执行性。在这些领域制定共同的法律框架有助于促进 ADR 在地区的使用。目前，非洲仲裁和调解中心协会的成立是支持这一目标得以实现的有力措施，这一组织的成立有助于实现在撒哈拉以南非洲建立一个真正的 ADR 网络的目标。

四、结　语

OHADA 在制定更为有效的法律框架以鼓励在非洲国家和其他国家以及更为具体而言的非洲国家与西方国家之间建立更好工作关系方面还大有作为。这不仅可以为西方投资者提供一个与非洲同伴合作共事的更为惬意的环境，而且可以为非洲国家提供一个吸引这些西方国家投资者的可接受的制度。通过这样的制度可以增强投资者的信心，鼓励通过 ADR 而不是诉讼方式解决争议。此外，OAHDA 国家可以从制定良好的有关争议友好解决的立法中获益匪浅，从而可以在该地区内促成更为有效的商事关系。

要在变化无常的商业环境中取得成功，还需运用传统协议以外的其他不同方式对相互协作的各方国际关系进行综合（设计、组织、实施）。除主要依赖合同权利必须得到执行外，当事人还必须努力实现共赢的目的。① ADR 可用于建立这种协作性关系，从而可以在国际商事中达成持久的合作协议。

---

① Michael Hager and Robert Pritchard, *Deal Mediation: ADR Techniques Can Help Achieve Durable Agreements in the Global Market*, *Transnational Dispute Management I*, no. 1 (February 2004).

非洲宪法改革与宪政

——对当前的挑战和发展前景的思考

Charles Manga Fombad 著* 郭 炯 译**

一、非洲大陆上的宪政复兴

我们可以对宪政作出这样一个合乎法律规范的定义，“（宪政）包含这样的理念，一国政府不仅应该被有效地限定在保护其公民不受专制统治之内，而且在宪法允许的范围内能够充分有效地行使其权力”。在这个意义上，宪政包含这样的理念，即一个受限制的并负责任的政府，它基于下列两个重要支柱：出于特定的核心价值观，对政府强加的限制；公民能合法地迫使政府在上述限制的范围内运作。① 广义上而言，当前法学界的著作对宪政的概念基于以下核心要素：

对基本人权和自由的承认和保护；

（1）三权分立；

（2）司法独立；

（3）法律的合宪性审查；

---

* **作者简介**：Charles Manga Fombad，南非比勒陀利亚大学法学院公法学系主任、教授。

** **译者简介**：郭炯（1984—），男，湘潭大学法学院 2011 级博士研究生，研究方向：非洲法。

① 对宪政两个支柱的进一步讨论，参见 Charles Manga Fombad，*Challenges to Constitutionalism and Constitutional Rights in Africa and the Enabling Role of Political Parties*：*Lessons and Perspectives from Southern Africa*，55 AM. J. COMP. L. 7（2007）.

（4）对宪法修订的限制；

（5）支撑民主制度的机构。①

然而，对宪政仍有三点需要讲明。首先，它绝非是一些固定不变的原则，它的核心要素必然是朝着更有利于限制政府以及保护公民的方向进步。其次，这些核心要素的存在和制度化不一定是保障宪政。不过，它们的存在使得宪政获得更好的发展前景。缺少了这些要素，宪政的希望就会非常渺茫。最后，这些核心要素累积的结果会增加宪政的希望。

隐含在宪政中的一个基本理念是要确保宪法不会变成任由政治家们毫无顾忌地无视或践踏的一纸空文或者花瓶。这就必须为了尊重法治、民主和良政提供一个坚实的基础。② 在独立之初，大多数非洲国家沿用了前殖民宗主国的宪法。③ 比较典型的是英国的议会制模式，又名威斯敏斯特模式，由位于伦敦的殖民部制定，但根据各国的不同国情作了一些细微的改动。④ 另一个西方的宪法模式是戴高乐主义的宪法制度，它是基于法国第五共和国的1958年宪法，实质上是威斯敏斯特议会制和美国总统制混合的产物。⑤ 这种模式被非洲的法语国家⑥广泛接纳，非洲的葡萄牙语国家⑦和西班牙语国家⑧对其进行改进后也加以采用。⑨

尽管非洲国家在1990年以后对独立之初采用的宪法作了相当重大的修改，但仍在很大程度上沿用了既有的西方模式。本文最重要的目的是对当前修订后的或1990年以后的新宪法的内容进行分析，显示出除少数国家以外，

---

① GIOVANNI SARTORI, *The Theory of Democracy Revisited*, 307－09（1987）.

② 然而，需要区分宪政和民主、法治。See Fombad, *Challenges*, at 8－10.

③ BEN NWABUEZE, *Constitutional Democracy in Africa* 2, 337－39（2003）.

④ BEN NWABUEZE: *Constitutional Democracy in Africa* 4, 31－48（2004）.

⑤ See Fombad, *Challenges*, at 13.

⑥ See NWABUEZE, *VOLUME* 4, at 76－107. 非洲法语国家包括贝宁、布基纳法索、布隆迪、喀麦隆、中非共和国、乍得、科摩罗、刚果共和国、刚果民主共和国、科特迪瓦共和国、吉布提、赤道几内亚、加蓬、几内亚、马达加斯加、马里、尼日尔、卢旺达、塞内加尔、多哥。The World Factbook: Field Listing Languages, UNITED STATES CENTRAL INTELLGENCE AGENCY, http://www.cia.gov/library/publications/the－world－factbook/fields/2098.html（last visited Aug. 2. 2011）.

⑦ 非洲葡萄牙语国家包括安哥拉、佛得角、几内亚比绍、莫桑比克、圣多美和普林西比。CIA World Facebook.

⑧ 非洲西班牙国家包括赤道几内亚。CIA World Facebook.

⑨ BEN NWABUEZE: *Constitutional Democracy in Africa* 5, 181－182（2004）.

例如喀麦隆和厄立特里亚，大多数国家都以各种方式竭尽全力地将上述宪政的核心因素吸纳进入本国宪法之中。①

这些研究揭示对基本人权和自由的保护已成为一项宪政的标准被大多数非洲国家承认和接受。② 当大多数非洲国家的人权保护在1990年之后有所改善的时候，③ 正如下文将要讨论的，在过去的6年时间内却呈现出一种逐步下降的态势。

为了限制许多非洲国家领导人滥用其享有的过度集权，多数现代非洲宪法目前都规定了某种形式的权力分立。④ 在非洲的英语国家，其宪法中规定了部分权力混合以限制权力的滥用，这在一定程度上能够限制行政权的行使。⑤ 相比之下，非洲多数法语国家和葡萄牙语国家宪法采用的法国第五共和国模式的缺陷更加明显。⑥ 这些国家中的大多数在其宪法修订中努力改进这种模式，但喀麦隆是个例外，它的1996年宪法宣称的权力分立纯粹是象征性的。⑦

现代非洲国家宪法同样承认司法独立，有时会对保障司法独立加以规定。⑧ 尽管如此，由于仍存在让政治家有机可乘的漏洞，非洲法语国家和葡萄牙语国家的司法独立的前景不容乐观。相较之下，一些非洲英语国家，尤其是加纳和南非就在宪法中规定了相应的条款，有效地保证了司法过程中的相对独立。⑨

在1990年之前，违宪行为在非洲是很普遍的，为修正这一情况，大多

---

① 关于南非，See Fombad：*Challenges*，at 11－24.

② Christof Heyns & Waruguru Kaguongo，*Constitutional Human Rights Law in Africa*，22S. AFR. J. HUM. RIGHTS673，676－82（2006）.

③ Fombad：*Challenges*，at 11－12.

④ Id. at 12－15.

⑤ Id. at 14－15.

⑥ Charles Manga Fombad，*The New Cameroonian Constitutional Council in a Comparative Perspective*：*Progress or Retrogression*? 42J. L. 172，172－173（1998）.

⑦ Charles Manga Fombad，*Protecting Constitutional Values in Africa*：*A Comparison of Botswana and Cameroon*，36 COMP. &INT' L. J. S. AFR. 83，94－97（2003）.

⑧ Charles Manga Fombad，*A Preliminary Assessment of the Prospects for Judicial Independence in Post－1990 African Constitutions*，*PUB. L.*，*Summer* 2007，*at* 233.

⑨ CONST. OF THE REPUBLIC OF GHANA，Feb. 1992，127（1），（2）；S. AFR. CONST.，1996 ch. 8，165（2），（3），（4）.

数现代非洲国家宪法当前都引入了一项重要的宪政保障机制，即合宪性审查。[①] 大体上而言，非洲英语国家采用了经过改进后的美国具体司法审查分权制，我们常拿来引证的"马伯里诉麦迪逊"一案[②]促成了这一制度。非洲大多数法语国家和葡萄牙语国家在经过重要和显著的修改之后，采用了法国的有限制，即在一个宪法委员会提起半行政半司法的审查。[③] 唯独喀麦隆在其1996年宪法修订后仍原封不动地照搬了法国1958年宪法，沿用了该法所有的不足和漏洞的老土形式。[④]

宪政的核心要素之一是对宪法进行修订的程序规范。目的不是为了完全禁止修宪，而是确保修宪程序能够给违背民意的任意或反复修宪带来一定的困难。[⑤] 在1990年以前，非洲领导者往往打着宪法改革家的幌子轻易和频繁地改动宪法，因此很有必要对这种权力加以限制。在当前对宪法修订严格限制的考虑下，[⑥] 非洲国家的宪法具体内容因国而异，但几乎所有的非洲国家都将其宪法列入半刚性的范畴。[⑦] 多数非洲国家规定其宪法修正案需要议会议员的绝对多数才能通过，即三分之二或四分之三的议员赞成，[⑧] 否则可举行全民公投。[⑨] 在另一些非洲国家，通过宪法修正案不仅要求得到议会议员的绝对多数的赞成，还要求全民公投的支持。[⑩]

最后，在非洲向民主过渡的阶段中，移植和维持宪政仅仅依靠引入上述谈到的核心因素是不够的。南非宪法第九章"维持宪政民主的国家机构"[⑪]

---

① Fombad: *Challenges*, at 18 - 20.

② 5 U. S. (1 Cranch) 137 (1803).

③ Fombad: *Challenges*, at 18 - 20.

④ Fombad, *Cameroonian Council*, at 172 - 73.

⑤ Fombad, *Challenges*, at 21.

⑥ Charles Manga Fombad, *Limits on the Powers to Amend Constitutions: Recent Trends in Africa and their Impact on Constitutionalism*, 6 U. BOTS. L. J. 27 (2007).

⑦ Fombad: *Challenges*, at 26.

⑧ See, e. g. CONST. OF THE REPUBLIC OF ANGOLA Aug. 25, 1992, art. 234; CONST. OF NIGER July 18, 1999, art. 176.

⑨ CONST. OF THE GABONESE REPUBLIC Aug. 19, 2003, art. 116.

⑩ See, e. g. CONST. OF BOTS. Sept. 30, 1966, ch. V, pt. IV, 89; CONST. OF THE REPUBLIC OF CONGO Mar. 15, 1992, art, 191; CONST. OF THE REPUBLIC OF MALI Jan. 12, 1992, art, 118.

⑪ S. AFR. CONST., 1996 ch. 9.

一章中关于“宪政历史作出的最重大贡献”①，对此作了恰当的评述。简单而言，就是建立大量机构，以宣示南非加强宪政民主建设的决心。② 其他非洲国家的宪法也规定设立了一个或多个类似机构，③ 与南非不同的是，他们是通过一个独立机构对宪法进行监督、指导和执行来维持宪政。这种方法不仅能维持宪政，而且有助于加强宪政建设。

综上所述，可以说，到20世纪末，大多数非洲国家首次为提倡宪政而开始依据宪法运作。但是，在宪法中规定促进宪政是一回事，而进入实际操作又是另一回事。事实上，就二十一世纪头十年而言，在宪法规定与宪法实践中往往存在差距。

二、面临的挑战

本部分将要论述，尽管现代非洲宪法已经以这样或那样的形式吸收了宪政的核心要素，但是，就过去十年间新宪法或修订后的宪法的运行情况来看，仍暴露出不少结构性或制度性的缺陷及漏洞。现将已出现的所有问题列举并加以讨论既无可能性也没有必要。下面我们就宪政建设面临的一些主要挑战作一个简要的分析，因为这些挑战足以使宪政变得不切实际且毫无意义。

首当其冲的是设想通过保障宪法中的基本权利，尤其是将多党制法律化，为宪政民主、宽容文化、透明度、责任心以及政治稳定打下牢固的基础，以阻止专制独裁和军人政变。帕特里克·麦克戈文在其2001年的著作中认为，即便在军事政变成功率最高的1966年到1970年，也没有资料显示其间的民主化进程受到了任何重大影响。④ 事实上，1991年至2001年间的军事政变事件与上述设想是明显不一致的。⑤

从很多方面而言，非洲国家所声称的民主制的主要基石，如定期举行的

---

① Heinz Klug, *Constitutional Law*, 1995 ANN. SURV. S. AFR. L. 1, 11.

② 有关的讨论，参见下文第三部分。

③ See, e. g. CONST. OF THE REPUBLIC OF GHANA Apr. 28, 1992, arts. 43 - 54, 216 - 30, 231 - 39, 166 - 73, 187 - 89; CONST. OF NAMIB. Feb. 9, 1990, arts. 142, 127; CONST. OF ERITREA May 23, 1997, arts. 54, 57; CONST. OF THE REPUBLIC OF ANGOLA Aug. 25, 1992, art. 192.

④ Patrick J. Mcgowan, *African Military Coups d' Etat*, 1956 - 2001: *Frequency, Trends and Distribution*, 41J. MOD. AFR. STUD. 339, 351 - 52 (2003).

⑤ Id.

议会选举和总统选举，却奇怪地成为这片大陆上民主瘫痪的一个主要根源。正如安德烈亚斯·谢德勒所言，这些选举大多数不过是为权力的自我表达和自我更替而刻意做作的摆设而已。① 新保守派民主主义者和90后民主主义者双双想尽一切办法预先消除来自于普选的任何潜在威胁。② 执政党的一个常规的策略是通过制定选举章程使自己在选举中获益，而将竞争对手排除在外。例如科特迪瓦和赞比亚的现任领导人就利用国籍法的条款将对其造成威胁的竞争对手排出总统选举。③ 一个亘古不变的真理是，制定选举章程的政党往往会赢得选举。而这一状况又被选举中的渎职行为、违法乱纪行为加重，包括剥夺竞争对手大本营的选民的选举权、伪造身份证、投假选票以及将选举机构交由执政党的支持者掌控。④

自1989年至1995年民主化进程实施而开始选举以来，随着执政党操控选举的手段愈发老练，反对党赢得选举的机会随之愈发渺茫。⑤ 正如美国前总统约翰·肯尼迪常被人提及的著名论断："那些阻止通过选举达到和平过渡的人，必然将导致暴力不可避免地发生。"⑥ 如果选举沦为一种过场秀，那么非洲就不可能建立真正意义上的民主制。

被现代自由民主主义通常视为不可或缺的角色之一的反对党，在非洲大陆也只是被勉强接纳。⑦ 在非洲，大多数反对党蜕变为由前执政党成员因不满现状成立的狭隘的种族联盟或机会主义者联盟，他们身上刻有上个时代的烙印：贪腐、专权、野心以及争权夺利，但政府对此毫无选择。非洲的多数

---

① Andreas Schedler, *The Menu of Manipulation*, J. DEMOCRACY, Apr. 2002, at 36, 47.

② Fombad, *Challenges*, at 4.

③ Schedler, at 42.

④ Charles Manga Fombad, *Election Management Bodies in Africa: Cameroon's "National Electoral Observatory" in Perspective*, 3 AFR. HUM. RTS. L. J. 25, 30.

⑤ See, e. g., MICHAEL BRATTON & NICHOLAS VAN DE WALLE, DEMOCRATIC EXPERIMENTS IN AFRICA: REGIME TRANSITIONS IN COMPARATIVE PERSPECTIVES 114 (1997); Nicholas van de Walle, *presidentialism and Clientelism in Africa's Emerging Party Systems*, 41 J. MOD. AFR. STUD. 297, 299 - 313 (2003).

⑥ John F. Kennedy, *Address on the First Anniversary of the Alliance for Progress* (Mar. 13, 1962), in PUBLIC PAPERS OF THE PRESIDENT 220, 223 (1962).

⑦ Wondwosen Teshome, *Opposition Parties and the Politics of Opposition in Africa: A Critical Analysis*, 4 INT'L J. HUM. & SOC. SCI. 287 (2009).

反对党都热衷于争吵且形形色色，甚至在多党民主制实施成功的非洲典范国家，诸如博茨瓦纳所言："将大量时间浪费在与其他反对党的争吵和较量上，而不是花在执政党身上。"①

吉恩·佛朗索瓦·巴亚特的"肚皮政治"理论准确地反映了权势占优的政党的策略，即取代过去的单一政党，谋取当前政局的长期掌控。② 执政党为使多党制度形同虚设，惯常使用的伎俩包括以官爵为诱饵使敌对派乐不思蜀或彻底摧毁其政治生涯。③ 结果导致选民纷纷转投执政党、当政者公然煽动选民转投自己、有时甚至在报道中出现某些投票站票数超过登记选民人数的情况。

许多新时代的领导人在20世纪90年代的民主化浪潮中被赶下台，他们为证明新宪政体制和宪政民主能够改变现状所作甚少。实际上，似乎发生了"过去的一党独裁者……只是简单地为多党制独裁者让路而已，他们早已将暴力、剥削、无能的组织遗留给新任独裁者了"。许多新民主主义者被证明是"与他们的前任一样贪腐、暴力、醉心于权力、玩弄手段以及无能"。甚至是被视为第三波民主化浪潮中的风云人物，尼埃普斯·索格罗和弗雷德里克·齐卢巴分别于1990年和1991年成功当选为贝宁总统和赞比亚总统后，当人们"满怀希望地看到非洲终于可以通过选票而非枪杆子实现政权更迭"，但最终仍让人以失望收场。

1990年后的宪法改革不能解决的主要问题之一是非洲的专制主义，这是由于权力过分地集中在某一个人（总统）或某一个机构（直属总统的机构）的手中以及随之带来的权力滥用造成的。许多宪法中的权力分立只是纸上谈兵。依据大多数国家的宪法，尤其是非洲法语国家的宪法，至高无上

---

① Charles M. Fombad, *The African Union, Democracy, and Good Governance*, 32 CURRENT AFR. ISSUES 9, 15（2006）. See generally Brian T. Mokopakgosi & Mpho G. Molomo, *Democracy in the Face of a Weak Opposition in Botswana*, 14 PULA: BOTS J. AFR. STUD. 3（2000）.

② JEAN - FRANCOIS BAYART, *THE STATE IN AFRICA: THE POLITICS OF THE BELLY*, at ix - x（1993）.

③ See generally Charles Manga Fombad, *The Dynamics of Record - Breaking Endemic Corruption and Political Opportunism in Cameroon*, in THE LEADERSHIP CHALLENGE IN AFRICA: CAMEROON UNDER PAUL BIYA 357.

的总统既可操纵立法亦可干预司法。[①] 这一状况又因过去的平衡关系被打破而加剧。行政主导带来的问题不仅存在于高度集权的非自由主义宪法国家，如喀麦隆，也存在于自由主义宪法国家，如加纳、纳米比亚和南非。三权的制约失衡意味着司法不应然地独立，因此也不能自主地作出不利于政府的裁决，尤其是争夺激烈的选举中的争议。[②] 行政性违法行为普遍存在于一些国家，诸如喀麦隆、埃塞俄比亚、厄立特里亚和津巴布韦。行政主导通常还被执政党粗暴干预而问题加重，而执政党往往被总统或军队的核心成员操纵。[③] 其结果是，一党独大的议会只是简单地将行政机关递交的法案盖章批准，这和过去的一党独裁并无二致。由于缺乏来自议会的有效监督，行政主导的立法程序参照附属法例的立法程序进行。[④] 这一荒唐现象在非洲的法语国家更为糟糕，作为立法主要来源的行政立法通常脱离宪法中有关司法审查的监管。[⑤] 因此，立法（尤其是选举方面的立法）倾向于巩固执政党的地位就毫不奇怪了，而且在立法过程中通常不会遇到太大阻力。[⑥] 一个典型的例证是，20 世纪 90 年代的宪法权利革命成果之一（宪法限制总统任期的规定）的有关调控行政性违法行为的措施在很多国家被迅速撤销。[⑦] 由于现任官员们贪恋权位而不择手段，导致当前多党制时期的贪腐、滥用国家财产和庇护主义更为严重和普遍。通常情况下，政党和国家以及国家资金和执政党资金的区别并不是很清晰。这在非洲法语国家和葡萄牙语国家这样责任心一贯相对缺乏的地方尤为明显。[⑧] 另外，非洲大多数执政党为其政治活动持续

---

① Andre Cabanis & Michel Louis Martin, LES CONSTITUTIONS D' AFRIQUE FRANCOPHONE 77 (1999).

② See e. g. Charles Manga Fombad & Jonie Banyong Fonyam, *The Social Democratic Front, the Opposition, and Political Transition in Cameroon*, in THE LEADSHIP CHALLENGE IN AFRICA: CAMEROON UNDER PAUL BIYA, at 453, 480 – 82.

③ Heidi Brooks, *The Dominant Party System: Challenges for South Africa's Second Decade of Democracy*. 3 J. AFR. ELECTIONS 121 (2004).

④ See, e. g., Fombad, *Challenges*, at 19 n. 56.

⑤ Id. at 18 – 19.

⑥ Id. at 19.

⑦ Charles Fombad & Nathaniel A. Inegbedion, *Presidential Term Limits and their Impact on Constitutionalism in Africa*, in FOSTERING CONSTITUTIONALISM IN AFRICA 1, 12 – 15.

⑧ Oda van Cranenburgh, *Democracy Promotion in Africa: The Institutional Context*, 18 DEMOCRATIZAATION 43, 449 – 53 (2011).

肆意挥霍国有资金的行为，以及拒绝或限制向通常相对贫困的在野党提供国家支持的行径进一步破坏了民主建设。

海恩斯（Heyns）和卡古恩哥（Kaguongo）从可量化的角度指出非洲的人权保护自20世纪90年代以来有了长足的进步，通过对比人权保护的国际标准发现，该大陆人权保护的实际情况多数达不到标准，近年甚至出现了逐步滑落的趋势。下面的三个表格总结了20世纪90年代之后非洲大陆国家有关人权和自由因素的一些指标的变化：①

表1　1980—1989年非洲普遍自由化趋势

	自由国家数量	部分自由国家数量	无自由国家数量
1980	4（7.8%）	18（35.2%）	29（58.6%）
1981	4（7.8%）	18（35.2%）	29（58.6%）
1982	3（5.8%）	19（37.2%）	29（58.6%）
1983	3（5.8%）	19（37.2%）	29（58.6%）
1984	2（3.9%）	18（35.2%）	31（60.7%）
1985	2（3.9%）	15（29.4%）	34（66.6%）
1986	2（3.9%）	15（29.4%）	34（66.6%）
1987	2（3.9%）	16（31.3%）	33（64.7%）
1988	2（3.9%）	14（27.4%）	35（68.6%）
1989	3（5.8%）	14（27.4%）	34（66.6%）

表2　1990—1999年非洲普遍自由化趋势

	自由国家数量	部分自由国家数量	无自由国家数量
1990	4（7.6%）	18（34.6%）	30（57.6%）
1991	7（13.4%）	23（44.2%）	22（42.3%）
1992	8（15.3%）	25（48%）	19（36.5%）
1993	8（15.3%）	17（32%）	28（52.8%）
1994	9（16.9%）	18（33.9%）	26（49%）

① Freedom in the World Comparative and Historical Data, FREEDOMHOUSE. ORG. http://www.freedomhouse.org/template.cfm?page = 439 (last visited May 30. 2011).

1995	9（16.9%）	20（37.7%）	24（45.2%）
1996	9（16.9%）	20（37.7%）	24（45.2%）
1997	9（16.9%）	20（37.7%）	24（45.2%）
1998	9（16.9%）	21（39.6%）	23（43.3%）
1999	9（16.9%）	25（47.1%）	19（35.8%）

表3　2001—2009 年非洲普遍自由化趋势

	自由国家数量	部分自由国家数量	无自由国家数量
2001－2002	11（18%）	23（46%）	18（36%）
2003	11（20.8%）	23（43.4%）	19（35.8%）
2004	11（20.8%）	24（45.3%）	18（34%）
2005	11（20.8%）	22（41.5%）	20（37.7%）
2006	11（20.8%）	24（45.3%）	18（34%）
2007	11（20.8%）	23（43.3%）	19（35.8%）
2008	11（20.8%）	24（45.3%）	18（34%）
2009	10（18.9%）	24（45.3%）	19（35.8%）

上述表格大体上向我们展示了非洲国家在这一段期间的自由状况。其中，有 8 个国家在上述期间始终被认定为无自由国家，分别是乍得、刚果民主共和国、赤道几内亚、利比亚、卢旺达、索马里、喀麦隆和毛里塔尼亚。而博茨瓦纳则是在此期间内唯一一个被认定为自由国家的。①

媒体自由对民主建设的重要性不言而喻，对媒体自由日益严重的威胁无疑将构成对宪政建设的另一严重挑战。当前，诸如博茨瓦纳这样因民主和良政而饱受赞誉的国家也受到了威胁，部分原因在于其国内现行的众多限制媒体自由的法律，其中许多都可追溯到殖民时期通常被用来恐吓媒体的法律。情况类似的还有纳米比亚和南非，他们由于沿用了种族隔离时期制定的对媒

① Freedom in the World Country Ratings, 1972 － 2011, FREEDOMHOUSE. ORG. http://www.freedomhouse.org/images/File/fiw/historical/FIWALLScorescountries 1973－2011.xls（last visited May 30. 2011）.

体不利的法律而受到影响。① 根据近期对南部非洲发展共同体 9 个成员国的调查研究显示，对媒体不友好的法律被用来限制公民言论自由。根据该研究的调查，博茨瓦纳有 15 条对媒体不友好的法律，莱索托有 9 条，马拉维有 11 条，纳米比亚有 8 条，南非有 12 条，斯威士兰有 17 条，赞比亚有 7 条，津巴布韦有 10 条。② 造成这片大陆上人权状况明显下滑的原因包括只在有限范围内承认和执行权利以及执行机制不健全。

威胁人权状况的一个实例是投机取巧的政治家们采取的种族剥削和种族狭隘主义。同样依据海恩斯（Heyns）和卡古恩哥（Kaguongo）的研究发现，非洲 53 个国家中只有 3 个国家的宪法规定承认和保护少数族群的权利。③ 在一些多民族国家，如喀麦隆、尼日利亚、赞比亚、马拉维、科特迪瓦和肯尼亚等，政治家通过剥削敌对种族以瓦解反对党。当政者或许将自己及其政党塑造成维护国家统一的唯一选择，同时给反对党贴上分裂国家和不爱国的标签。

在经济健康繁荣、工作有保障以及生活水平提高的情形下，民主进程将变得容易得多。但持续低迷的非洲经济以及健康危机，使很多人的工作和生活雪上加霜。20 世纪 90 年代就食物、水、住房、医疗、工作、薪酬、责任作出的承诺均未实现。④ 相反，所谓多党制选举则进行得如火如荼，且费用更加昂贵，当政者及其盟友获得了壮大自己的机会，而老百姓获利甚少。新民主主义者如此令人失望的表现，有人戏称，非洲的第三波民主化浪潮正迅速地演变成第三波哀嚎。

尽管 2002 年肯尼亚成功迫使其前总统丹尼尔·阿拉普·莫伊离任，但勒内·勒马尔尚称之为“顽固分子”的其他非洲国家领导人，如喀麦隆的保罗·比亚、赤道几内亚的特奥多罗·恩圭马·姆巴索戈、布基纳法索的布莱斯·龚保雷、津巴布韦的罗伯特·穆加贝，这些在其本国内拥有牢固势力的领导人，仅靠常规的民主途径是很难令其下台的。利用民主手段做一些表

---

① United Nations Educ. , Scientific and Cultural Org. et ak. , Ubeye Restriction: Laws Impacting on Media Freedom in The Sadc 53 – 63.

② Id.

③ Christof Heyns & Waruguru Kaguongo: *Constitutional Human Rights Law in Africa*, 22S. AFR. J. HUM. RIGHTS 716 (2006)

④ Charles Manga Fombad, *The African Union*, *Democracy*, *and Good Governance*, 32 CURRENT AFR. ISSUES 18 (2006) .

面文章来对付这样可怕的对手，不过分地说，非洲实现宪政之路任重道远。

三、对非洲宪法改革的思考

客观地说，非洲国家的宪法改革要么未能找到解决问题的关键，要么只是浅尝辄止，不足以瓦解“顽固分子”的抵抗。下文将要述及的改革或变革措施可增强非洲国家宪政、民主和良政的预期。对于宪法改革者来说，可将本文述及的措施纳入下个十年宪法改革所考虑的议题。

A. 承认自由公正的选举权及其附属权利

尽管当前已经废除了一党制，但一党独大以及领导人的官吏任免权力过大的问题，使得1990年后的宪法确认的组建和加入政党、选举和被选举为国家工作人员的权利变为空谈。过去十年的宪法改革过程中暴露出来的一个主要问题是，改革者们一直反对的多数派政党滥用职权及独大型政党专制，却被他们利用多党制为幌子，背地里仍进行专制统治的一套做法。独大型政党即使在博茨瓦纳、南非这样一直被评为非洲最廉洁的国家也不可避免地出现了贪腐、任人唯亲、互相利用的情况。这片大陆亟需对宪政进行进一步建设。问题是，什么样的宪政能“防止多数人的民主演变为多数人的暴政”?①尽管前途未卜，作为仅有可行的政治稳定以及经济发展的机制，依靠民主帮助非洲建设是可行的。不得不承认，在宪法中承认并强化自由公正的选举权是减少选举舞弊的一个重要措施。对此，我们可以分以下几步实施。

首先，宪法必须承认政党的基本权利和义务。与其他民间团体不同的是，政党可由民间团体自由组建，并为某种特定政治诉求而进行活动。由于政党经常在公众场合下活动，他们不能简单地按其自己的意愿行事，还需时刻接受公众的监督。承认政党的权利和义务，有利于促进政党内部民主，并将党员的个人行为与其归属的党派联系起来。另外，任何政党的党员若有犯罪记录在身或牵扯进入诉讼程序，则一律禁止担任公职。

其次，宪法应该保障自由公正的选举权，并平等地对待每一个政党。基于此，任何与选举相关的实体性或程序性立法只有在符合下列准则时，才能被认定有效：

（i）凡不阻碍政治权利自由公正实施的立法；

（ii）凡不抹杀行使政治权利核心内容的立法；

---

① Fombad, *Challenges*, at 5.

(iii) 为自由民主的社会所认可的且确然正当的立法。标准是，依据宪法的目的和内涵，该立法的收益必须大于可能带来的危害；

(iv) 凡无条件的公平合理保护少数族群以及土著居民的立法；

(v) 一些限制性条件，取决于：

(a) 限制的目的对于证明限制公民自由公正地行使其政治权利合法性是否足够重要；

(b) 这些措施在被用来达到预期目的时是否用得其所；

(c) 为达到某种合法目标时采用的措施是否是合理必要的。

部分非洲国家宪法中有关政党的权利以及提供庇护的规定往往不够全面和明确。例如，乌干达《宪法》第 71 和 72 条关于“多党政治体制应遵循的”准则。乌干达宪法法院在审理鲁瓦尼阿拉雷诉总检察长一案中，因为违反宪法关于多党制的原则，废除了很多 2002 年政党和政治组织法案的条款。[①] 可以看出，宪法关于政党权利的条款在一定程度上还依赖于主审法官的态度。[②]

但是，仅仅为其他政党打开进入政坛之门还不够。只有在同样规则之下，给予每个政党同等公平自由竞争的机会，使得政党不能为追逐永葆权力而滥用手中的权力，多党制才具有可操作性和实际意义。宪政并不等同于民主或宪政民主，后两者能极大地增强宪政的预期，但一旦缺少了它们，宪政建设将无从谈起。话虽如此，宪政的核心要素在非洲国家中得到广泛接纳之后，还需要一些重要原则和问责制的巩固。

B. 保障宪法基本原则的贯彻和问责机构的运作

许多 1990 年以后的非洲国家在宪法中直接或间接地参考和规定了问责制和增加透明度的措施。这些措施和机制通过一般性立法已在很多情况下得到了应用。但是效果不是很好，主要原因在于面对政府的滥用或操控，相关的法律保障要么太弱势，要么甚至空缺。另外，问责手段和机制不够充分也会带来根本性的问题，即一旦发起问责时，不能有效地制止政府滥权。似乎是新的执政党继承了一党专制的思维模式，再加上非洲国家仍处于弱势地位的公民社会的现实，羁绊了政府履行其责任。

南非《宪法》第九章设立了一大批机构以期支撑起宪政民主和问责制。

---

① Constitution of Therepublic of Uganda Oct. 8, 1995, arts. 71 – 72.

② 有关的讨论，参见下文第三部分 E. 3.

正如许多其他非洲国家宪法设立的这种机构一样，南非《宪法》的规定并没有纸上谈兵。独特的是，南非为确保这些机构的有效运作，在其《宪法》中明确规定了四项法律原则，分别是：

（i）这些机构独立依据宪法和相关法律行事，它们必须不偏不倚，在运用手中的权力和履行职能时必须毫无畏惧、毫无偏袒、没有偏见。①

（ii）其他的国家机构，得通过立法和其他手段，协助并维护这些机构，以确保其独立自主、不偏不倚、威严和效率。②

（iii）任何组织或个人不得干涉其履行职能。③

（iv）这些机构对国民大会负责，每年至少向国民大会提交一次业务报告。④

其他一些国家在其宪法中也作了类似的规定，被称为"国家政策的指导原则"。⑤ 与南非宪法的四项原则不同的是，他们在宪法中的规定措词较为委婉。南非宪法设立的 6 个机构分别是：（i）公护人（其他地方一般称之为巡察官）；（ii）人权委员会；（iii）促进和保障文化、宗教和语言社团权利委员会；（iv）性别平等委员会；（v）审计长；（vi）选举事务委员会。⑥

这四项原则为维护上述机构独立运作发挥了积极的作用。南非就问责机构独立有效地运作有两个经验可供借鉴。首先，必须在宪法中明确规定问责机构的基本框架，包括它的组成和权力。其次，为限制政府干涉问责机构的权力，必须在宪法中明确定义法律原则。

有鉴于此，要么是全面性的监督机构，要么是政府具体部门的监督机构，都已成为宪法中促进宪政和问责制必不可少的一个部门。我们可以归纳为：

（i）巡察官；

（ii）人权委员会；

---

① S. Afr. Const. , 1996 ch. 9, 181 (2).

② Id. 181 (3).

③ Id. 181 (4).

④ Id. 181 (5).

⑤ See e. g. Constitution of The Republic of Ghana Apr. 28, 1992, arts. 34 – 41; Constitution of The Federal Republic of Nigeria May 29, 1999, 13 – 24.

⑥ S. Afr. Const. , 1996 ch. 9, 181 (1) (a).

(iii) 公共账户委员会;

(iv) 审计署;

(v) 信息自由委员会;

(vi) 新闻事务委员会;

(vii) 独立的检察机关;

(viii) 反腐败机构;

(ix) 司法服务委员会;

(x) 少数者权利委员会;

(xi) 独立的选举委员会;

(xii) 选区划界委员会。

为了保证问责机构不仅具备主动性和反应性，而且能处理不同程度的贪腐，有必要在宪法中写入一些基本原则，立法保护检举贪腐者以及强制所有国家公职人员申报财产。基本原则还应写入惩罚性措施，对于局部申报财产的官员，给予撤职处分，以遏制日渐猖獗的贪腐行为。

C. 消减总统的过多权限

非洲的宪政建设受到了20世纪90年代非洲宪法改革的影响，由于改革不彻底，尤其是对行政权限缺乏相应的法律规定，总统得以获得更多的权限且没有监督机构对其行为进行审查。总统过多的权限可以通过下列措施加以限制。

确保总统对任何官员的任命必须依据具体的标准，特别是对军队、公共事务和司法机构的高级官员的任命，应依据经验、专长和资格等明确客观的标准作出而非出于任何党派的政治考量。一方面，要确保委员会推荐任命的官员是基于独立公正的考虑，另一方面，将政府对官员的直接或间接的任命人数的比例限制在三分之一之内。

为避免出现像"帝王"一样任意处置国有资产和随意决策的总统，有必要从根本上调整国家结构以削减过分集中的总统权限。笔者认为，有必要将权力下放或分散，建立新的权力和决策机构。当今，公民在决定自身的日常事务时应得到更多的话语权，但权力的下放还是得依据社会的发展程度而定。实际上，单一且集权的宪法结构下的地方行政机构，并不如效率高的地方政府行之有效。

总统的任期延长不仅会对民主和宪政的发展构成威胁，还会屡屡出现总统铤而走险的局面，例如谋杀政治对手或挪用国有资产换取政治支持。"两届任期，足够一位杰出的领导人在其执政期间写下辉煌的一笔，也在人民对差劲的领导人的容忍范围之内。”①

最后一个迫切需要解决的问题是，一些非洲国家出现了总统滥用其享有的民事和刑事司法豁免的趋势，但在一些非洲英语国家中，因总统履行其职责时产生的民事纠纷，通常归因于国家行为，故不能加以适用。总统豁免权的实质并不是给予总统超越法律之上的特权，也不是纵容其侵犯他人权利的借口。为确保上述情况不会出现，应规定一些例外情形：

（i）由于总统的作为或不作为产生的民事诉讼，这是由于通常情况下民事诉讼的责任会归因于国家行为。

（ii）总统任职以前所犯下的罪行或过错。为降低领导人贪腐堕落的风险，担任总统一职的只能是历史清白的人，而不是借总统的特权洗刷罪过的人。

（iii）任何实质上是利用总统权力为私人谋利的行为以及违反宪法基本精神的行为。

另有两点需要指出：第一，弹劾总统的法律规范规定不足。补充相应的法律条款需要经历一个十分繁复的政治过程，易遭到执政党的阻挠。第二，限制总统豁免权范围的法律条款与限制总统任期的条款密切相关。阻止总统终身任职，只要证据仍未过时、丢失或遭到破坏，证人还活着，就可对前任总统犯下的罪行提起诉讼。对总统权限的限制还应与处理社会问题的具体做法相结合。

D. 保障公民的社会经济权利以解决贫困

社会问题不仅指人民缺乏参政的权利，随后而来的失业问题、贫困问题、温饱问题以及过去的十年独裁统治和治国无方导致的贫富差距扩大也成为社会问题的关键因素。② 许多国家的新宪法没有强调国有资源的公平分配，也没有尝试将老百姓从贫困、压迫和歧视的苦难中解救出来。只要大多数民众仍不能获得温饱、安全、医疗服务和基础教育，非洲的民主改革就毫无意义。

许多非洲国家的宪法要么没有涉及公民社会经济权利的条款，要么就是

---

① Fombad & Inegbedion，at 28.

② I. S. Ogundiya，*Domestic Rebellion in Africa*，INT' L. J. PEACE & DEV. STUD.，NOV. 2010，AT 25，30.

规定得很模糊。当然，仅仅依靠宪法的几个条款或原则是不可能杜绝贫困和失业问题的，但它还是可以在相当大的程度上改善穷人们的生活条件。首先，可通过宪法中的问责制及问责机构减少具有地方特色的秘密贪腐行为，即政府拒绝为他人为其提供的货物或服务付款。其次，它能保障政府资源被公平合理地为所有人的共同利益服务。另外，即使在宪法中明确规定了涉及公民社会经济权利的条款，其作用也有限，还需要法官对宪法作出积极的、创造性的解释。

E. 以司法独立维护和促进宪政

独立后不久，非洲国家领导人就取得了对本国司法机关的掌控，问题是，他不能维护宪法的权威和法律的公正执行。① 在20世纪90年代宪法改革以后，大多数国家都将保障司法独立的条款写入宪法。美国一位法官曾就司法独立对民主的重要性作了这样的论断："如果没有独立的法官去执行的话，美国宪法如今只是一纸空文。"② 由于法官在宪政建设中所起到的重要作用，因此赋予司法机构更多的权力是非洲大陆宪政建设走向深入的必然选择。

第一，强化司法独立，扩展司法职能。通过对非洲新宪法的研究，揭示出司法独立对于国家的重要作用已被承认和接受。③ 然而，司法取得真正意义上的独立，仍面临来自政府干预的影响。基于此，未来的改革机构应特别注意两点：首先，将司法独立的基本原则牢固确立在宪法中，而不是普通法之中。在宪法中强化司法独立并不能确保不会出现行政干预，但却能增加对抗这些干预的筹码。其次，诸如司法事务委员会、治安法官高级委员会这样能决定法官任免、提拔的机构不能受控于任何党派。另外，机构的主席和主要成员也不能受控于政府。

第二，扩大司法介入的范围。非洲当前接受和采用两种司法审查模式：美国模式和法国模式。一项最新的研究表明，南非宪法规定的混合式司法审

---

① Fombad, *A Preliminary Assessment*, at 234.

② Richard Arnold, *Should More Limits be Placed on the Federal Judiciary*: *No*, SPECTRUM: J. ST. GOV' T, Summer 1997, at 29, 29.

③ Fombad, *A Preliminary Assessment*, at 233 – 57.

查模式可供很多非洲国家借鉴。①

不过，现代非洲的违宪审查制度还是有一些共同的特点。首先，无论是在专门法院还是地方法院审理纠纷，都应在相应层级的法院进行。相比于宪法法院的半司法半行政模式，这是更为可取的做法。其次，违宪审查应根据情况而灵活多变，并规定抽象又具体的法律的合宪性审查。再次，当局违反宪法以及未能履行宪法义务的行为都应给予诉讼当事人补偿。最后，司法审查的范围还取决于主审法官的性格和态度。

第三，发挥司法促进宪法进步的作用。司法机构仅仅担负起司法审查的职责是远远不够的。只有开明的、具有革新精神的、主动的法官或者是勇于拼搏的法官才能促进宪政的发展和巩固。这就要求法官在清醒地认识到当前形势下政治、经济和社会的深刻变革以及人们对独裁统治坚决的排斥之后，在审理案件时更有原则性和正义感。在很多情况下，新宪法的作用不仅是为了消除独裁，弘扬民主和良政，而且还促成一种新的人权观念，即对饥饿、贫困、失业、愚昧、无知、疾病等这片大陆多数人民正在遭受的社会问题给予关注。这就需要司法机构在解释宪法时将这些理念灌输进去。

在老百姓与统治者的权力博弈之中，司法人员充当了裁判的角色，他们需要承担起更为主动的责任。依靠法官的力量填补新宪法改革遗留的不足必然会招致争议。但是，在全球化对政治、社会和经济等各方面生活的影响面前，非洲的司法机构也难以置身事外。采用更为开放的宪法解释方法也是宪法精神本身所提倡的。法官有义务将活力植入宪法之中。

加强非洲法治和宪治，能动司法的概念也有着重要作用。首先，必须明确这个概念并不是指一个确切的定义。它曾被分别地定义为：（i）一种理念，即提倡法官根据当前的国情和价值观解释宪法；②（ii）当法院不把自己的权力局限于合理解释宪法时，是指创造法；③（iii）当法院不把自己的权力局限于处理当前案件时，是指制定广泛适用于具体诉讼未明确规定的规

① See discussion in Charles Manga Fombad, Paper presented at the Konrad Adenauer Foundation and Max Planck Institute Conference: Constitutional Courts, Human Rights, Democracy and Development: African Constitutional Courts (Nov. 12 - 13, 2009).

② See Black'S Law Dictionary 850 (7th ed. 1999).

③ See id.

则。[①] 能动司法的实质是指，法官，尤其是上诉法院法官在案件审理过程中，如果发现现行法律或原则有缺陷时，可以修改法律。依据此种观点，法官为了承担起独立政策制定者或独立社会受托人的角色，不应再充当宪法和法律解释者的角色。[②] 本文认为，能动司法的概念是指法官超越了他们作为宪法解释者的身份，力求根据当前的国情和价值观解释宪法。

能动司法在两个法域对宪法的发展作出了贡献。一个是印度，一个发展中国家，面临和非洲国家当前相类似的问题；另一个是南非，他们的法官，尤其是宪法法院的法官通过开明而富有创造性的宪法解释方法强化了新宪法秩序的公信力。两国的基本人权状况和社会正义都得到了明显的改善。

然而，若不对能动司法加以限制可能会造成危险。司法机构有效地促进非洲国家宪治，首先要脱离行政机构的掌控，并勇敢果断地贯彻法律的条款和精神。事实上，非洲的法官现今必须担当起阻止独裁主义渐渐复苏的最后防线。在非洲宪法发展的重要转折点，当大多数政治机构面临信任危机和合法性危机时，法院可以作出不同选择。如果不能为维护社会公平作出贡献，这个司法机关就不该获得社会和政治上的合法性。

能动司法是所有非洲国家的法官可以使用的一个有力武器，不仅能对抗独裁主义，而且能促进社会和经济发展的政策实施。法官左右未来宪法发展方向的能力还依赖于他们在多大程度上愿意接受其他国家的思想。

F. 促进宪法思想和宪法理念的多元化发展

自 1990 年非洲宪法改革以后，由于宪法文化和法律文化的差异，鲜有非洲国家之间的宪法专家合作交流。这一情况在非洲的法语国家表现得更为明显。[③] 事实上，非洲英语国家的宪法的发展前景比非洲法语国家要好的原因在于，当他们同时沿用前宗主国的法律时，非洲英语国家青出于蓝而胜于

① Kenneth M. Holland, Introduction to Judiclal Activism in Comparative Perspective 1, 1 (Kenneth M. Holland ed., 1991).

② Lino A. Graglia, *It'' s Not Constitutionalism*, *It' s Judicial Activism*, 19 HARV. J. L. & PUB. POL' Y 293, 296 (1996).

③ Filip Reyntjens, *The Winds of Change. Political and Constitutional Evolution in Francophone Africa*, 1990 - 1991, 25 J. AFR. L. 44, 51 (1991).

蓝，他们采取了更为开放的态度，且从英国法律中获取了更多的灵感和指引。① 与非洲英国国家宪法改革家广泛游历于欧洲、美洲、亚洲甚至是印度以寻求本国宪法发展不同的是，非洲法语国家却坐井观天，拘泥于戴高乐第五共和国的法律以及过去50年所作的无关痛痒的法律修正。②

毫无疑问，某些宪法原则和规范得到了国际社会的广泛认同。③ 现实中，一国法院在处理人权案件时几乎不可避免地要听取法律顾问对他国司法机构的考量。尽管宪法比较法学仍处于起步阶段，缺乏严谨的方法论和连贯性，但对于法官而言，必须重视它，学习它，掌握它，以便在审理案件过程中能将它的方法和技巧运用到具体案件中。比较法学可扩展视野，但不能照搬别国的做法，而应该结合本国国情，将国际比较法学作为处理国内案件的一个方法。④

法官在面对纷繁复杂的法学概念时必须保持清醒的头脑，并关注它的最新发展。法官需要研究和关注外国法的发展趋势的另外一个原因是，国际宪法规范对国内宪法产生的日益重要的影响。

G. 宪法原则和规则的国际化

一国政府在进行现代宪法设计时离不开一些基本的原则、规范、机制和价值观，因为他们是确保法治、宪政民主和良政实现的基础和实质。一国也不能再以主权原则和互不侵犯别国宪法的态度固步自封，这不仅会给本国公民的生存带来危机，还直接或间接地威胁到了国际社会的和平与安全。

除了国际条约的约束，大量区域性或国际性组织对一国宪法也有着重大影响，它们的存在迫使非洲政治家们和宪法制定者们不得不把必需的宪法规范纳入本国宪法。⑤ 其结果是，宪法中有关民主、良政和法治的规定不再是

---

① Charles M. Fombad, *Constitutional Reforms in France and Their Implications For Constitutionalism in Francophone Africa*, AFRIMAP (June 2008). http://www.afrimap.org/englishh/images/paper/AfriMAP_ Fombad_ Eng.pdf.

② Id.

③ 一些非洲国家宪法中规定了解释适用该法条款的相关国际法准则。For example, Const. of The Republic of Benin Dec. 2, 1990; Const. of The Republic of Angola Aug. 25, 1992, art. 26.

④ Julia Laffranque. *Judicial Borrowing: International & Comparative Law as Nonbinding Tools of Domestic Legal Adjudication with Particular Reference to Estonia*, 42 INT' L LAW. 1287, 1289 (2008).

⑤ Fombad, at 18 – 19.

当权者们随心所欲选择的筹码，而成为一国与他国交往合作的必需品。依据国际社会通行的相关规范进行的宪政国际化尽管在各国国内的效果可能不同，但事实上已紧密联系在一起。①

现代非洲宪政最引人关注且重大的国际性影响实际上来自于非洲内部。当民主化浪潮于20世纪90年代席卷非洲时，力量大到不仅是影响了单一的国家，甚至还影响到了非洲统一组织这样的保守派机构。非洲统一组织出人意料地率先吹响了号召非洲国家实行民主和良政的号角，而它的继任者非洲联盟在其结束历史使命之后接过了接力棒。非洲联盟为促成在其成员国内实现民主和良政，将一些基本纲领写入其《非洲联盟章程》、条约、宣言和其他法律文书之中。非盟民主议程的基本民主原则被包含在四个主要文书中：《非洲联盟章程》②、《非洲联盟关于违宪性政府更替态度的框架宣言》③、《非洲民主选举原则宣言》④ 以及最近通过的《非洲民主、选举和治国宪章》。⑤

所有上述的宪法进步与非洲大陆未来的宪法发展的关联性是双重的。首先，非洲联盟民主议程是目前这片大陆上的领导人所作的最具首创精神的作为之一。截至目前来看，实施的效果既不好也不令人鼓舞。尽管《非洲联盟章程》和各种法律文书为非洲的宪法发展提供了实体框架，但非洲联盟在处理苏丹、索马里和津巴布韦问题上暴露出来的无能，使人们对议程的可信度产生了严重怀疑。⑥

其次，国际法的发展和一些西方国家当前的变化，例如英国和比利时联合对利比亚前总统查尔斯·泰勒的指控、对苏丹总统奥马尔·哈桑·艾哈迈

---

① Id. at 20 – 23.

② Constitutive Act of the African Union, adopted Nov. 7, 2000. http://au.int/en/content/constitutive – act – african – union.

③ See Declaration for an OAU Response to Unconstitutional Changes of Government, July 10 – 12, 2000. Http://www2.ohchr.org/english/law/compilation_ democracy/lomedec.htm.

④ See OAU/AU Declaration on the Principles Governing Democratic Elections in Africa, July 8, 2002. Http://www.eisa.org.za/PDF/oaudec.pdf.

⑤ African Charter on Democracy, Elections and Governance, Jan, 30, 2006. http://www.un.org/democracyfund/Docs/AfricanCharterDemocracy.pdf.

⑥ See, e.g., Egara Kabaji, Op – ed, *Libya Crisis Exposes AU's Soft Underbelly*, NAIROBI STAR, Apr. 6, 2011. http://www.nairobistar.com/opinions/others/others/19967 – libya – crisis – exposes – aus – soft – underbelly.

德·巴希尔签发的国际逮捕令，必然会影响到非洲未来宪法规划。①

如果1994年发生在卢旺达的50万人的大屠杀是犯罪的话，那么致使数百万无辜民众死于饥饿和营养不良或死于治国无方和贪腐导致的缺乏医疗的行为同样是犯罪。人民是反抗独裁统治复活的主力军。

H. 依靠觉醒的公民社会意识坚定捍卫宪法和宪政

一部宪法，无论多么全面多么完备，若不付诸实践，也不能保障良政或宪政。当我们思索非洲宪法权利革命的前景时，似乎找不到比依靠公民社会意识觉醒更好的方法，既能促进和维持宪政和良政的势头，同时又能抑制现存的和可能的政府违法行为。杰拉德·凯顿明确指出，有什么样的人民，就有什么样的政府。② 多数情况下，非洲人民选择的并非本质上是罪恶的领导人。③ 他们选择的都是类似纳尔逊·曼德拉这样的领导人，例如坦桑尼亚的朱利叶斯·尼雷尔、赞比亚的肯尼斯·卡翁达以及喀麦隆的阿赫杜·阿希乔。问题是，一旦作出选择后，他们就懈怠下来，把民主和良政的希望寄托在领导人的身上，或者是把他们原本平凡的领导人塑造成绝对正确的、不可或缺的、不可替代的救世主。④ 在南非，非洲国民大会党及其领袖在民众崇敬的期待下不能做错任何事。⑤ 对领导人的任何质疑都只会是种族主义者的

---

① ICC Issues a Warrant of Arrest for Omar Al Bashir, President of Sudan, International Crlminal Court (Apr. 3, 2009). http: //www. icccpi. int/Menus/ICC/Press + and + Media/Press + Releases/.

② Gerald E. Caiden, *Public Maladministration and Bureaucratic Corruption*, in Fraud, Waste and Abuse in Government 30, 47 –48 (1986).

③ T. W. Bennett, *Custonary Law in South Africa* 105 (2004).

④ 事实上，很多非洲国家的建国之父被冠以救世主的称号，例如加纳的弗朗西斯·恩克鲁玛被尊称为Osagyefo（救世主）、坦桑尼亚的朱丽叶斯·尼雷尔被尊称为Mwalimu（导师）、肯尼亚的乔莫·肯雅塔被尊称为Mzee（老者）、塞内加尔的利奥波德·赛达尔·桑格尔被尊称为Le Grand Silly（大象）、扎伊尔（今刚果民主共和国）的蒙博托·塞塞·赛科被尊称为Nkuku Ngbendu wa Za Banga（无敌战士）、科特迪瓦的塞利克斯·乌弗埃－博瓦尼被尊称为Le Vieux（老者）、喀麦隆的阿荷马杜·阿希乔被尊称为Le pere de la nation（国父）、马拉维的宾古·瓦·穆塔里卡被尊称为Ngwazi（狮王）。

⑤ Raymond Suttner, *The Character and Formation of Intellectuals Within the ANC –Led South African Liberation Movement*, in African Intellectuals: Rethinking Politics, Language, Gender and Development, at 177, 146 –48 (Thandika Mkandawire ed., 2005).

又一次诡计。① 而在其他非洲国家，任何对领导人提出的批评都会被视为其他部落意图让自己部落的人登上领袖宝座的手段。② 正是由于民众一贯的盲目追捧，一旦某个人当上了领导人，他就会抛弃支持他的普通选民，转身投向那些能保住他权位的精英集团。直到今天，非洲仍深受独裁统治阴影的影响，而这正是我们曾经希望通过宪法改革和多党制剔除的弊端。

一部宪法，只有真正体现出人民的意愿，才能得到人民的捍卫。觉醒的公民社会意识不仅能开启向民主转型的大门，还能抵制住民主倒退，带领民主转型之路走向深入。③ 正如史提芬·弗里德曼所言："只有在公民有能力约束政府的权力的时候，非洲才能获得真正意义上的民主。"④ 实际上，司法机关、媒体和律师的行为取决于公民社会的意愿。另外，法学家，例如法律学者、法学研究者等通过在权威期刊、著作、新闻评论和网上博客传播法律知识同样可促进法律的进步。因此，法学家们需要更为积极的维护宪法的权威、宣扬宪政的精神。

四、结 语

无论是形式还是内容，都没有任何一部宪法是完美无缺的，也没有一部宪法是万能的。宪法不像合同，一旦签订就一劳永逸，它需要根据国情的变化与时俱进。一部好的宪法必须为统治者和被统治者搭建沟通的桥梁。通过对20世纪90年代非洲宪法改革的反思，本文认为，尽管取得了一些成就，但仍未能促成宪政在这片大陆上落地生根。

不管怎样，非洲的宪法仍然跟上了现代宪法前进的脚步，甚至为现代宪法的发展作出了一定的贡献。尽管不那么完美，它还是经受住了曾经一党独裁统治的冲击，并制止了独大型政党的滥权。

---

① BMF：*Calls for Lifestyle Audits Mask "Racist Narrative*," Mail &Guardian（Johannesburg），Mar. 23，2010. http：//www. mg. co. za/article/2010 – 03 – 23 – bmf – calls – for – lifestyle – audits – mask – racist – narrative.

② Fienie Grobler，*ANC Blames Racism for Manyi*，*Gupta Controversies*，ALLAFRICA. COM（Mar. 8，2011），http：//allafrica. com/stories/201103090286. html.

③ Juan J. Linz &Alfred Stepan，*Problems of Democratic Transitions and Consolidation* 3 – 14（1996）.

④ Steven Friedman，*A Crucial*，*But Only the First*，*Step*，in Democracy in Africa：Promoting The African Charier on Democracy，Elections and governance，3 – 4（Douglas Racionzer ed.，2009）.

这片大陆还需要进行一轮新的宪法改革，一些国家甚至还要进行根本性的改革，但这都阻挡不了改革的势头。不管是历经上次宪法革命仍在位的领导人，还是在宪法革命中选举出来的领导人，都不再排斥新的改革。这令我们在考虑当前非洲宪法改革和宪政前景时得出了两个重要的结论。第一，如果发动不起公民，宪法即使再完备，也毫无意义。谄媚、盲目崇拜、自满和冷漠将导致独裁的温床。什么样的人民，就有什么样的领导人。第二，在人民和统治者之间维持平衡的是司法机构和主审法官。为促成宪政、良政和问责制的实施，非洲法官要学习南非宪法法院的做法，更为大胆、更富有创造力、更加主动。

非洲独立后的50年，经历了太多的挫折和失败，在得到了教训后，相信不会再重蹈覆辙。想一想非洲未来将要面对的政治、经济和社会上的难题，若是不能坚定地捍卫宪政及其原则，简直不能想象其后果。一旦一个国家建立起宪政制度，则能很好地避免无政府状态和独裁统治。出于对第三次民主化浪潮的质疑，一些非洲国家并没将宪政、良政和问责制写入宪法。宪政主义在一些国家，诸如加纳和南非的发展前景注定不能保障宪政、良政或民主。然而，它的存在确实对遏制独裁和暴君的出现起到了强有力的作用。

南非《消费者权益保护法》（节选）

周晓晨　唐　奕　易玉姣　译*

Consumer Protection Act of South Africa（Extract）

第二章　消费者的基本权利

A 部分　消费者的平等权

禁止歧视营销

8.（1）根据《宪法》第 9 条之规定，在提供商品或者服务的过程中，供应商不得采取以下不公平行为：

（a）供应商拒绝向某人或某一群体提供其生产、销售的商品或服务；

（b）供应商许可某人或某一群体排他性地获得其生产、销售的商品或服务；

（c）供应商将其生产、销售的商品或者服务优先分配给某人或某一群体；

（d）供应商针对不同人或群体提供不同质量的商品或者服务；

（e）供应商以不同的价格出售同等质量的商品或者服务给某人或者某一群体；

---

* **译者简介**：周晓晨（1984—），女，湘潭大学法学院讲师、法学博士，研究方向：合同法、侵权法；唐奕（1991—），女，湘潭大学法学院硕士研究生；易玉姣（1989—），女，湘潭大学法学院硕士研究生。译者注：2009 年 4 月 29 日，南非总统签署了《消费者权益保护法》。2011 年 4 月 1 日，《消费者权益保护法》正式全面实施。

(f) 供应商优先向特定销售市场、社区、区域或群体提供其生产、销售的商品或服务;

(g) 供应商拒绝向特定销售市场、社区、区域或群体提供其生产、销售的商品或服务;

本法条的依据是《宪法》第9条或《促进平等和反不公平歧视法》第2章中关于不公平歧视的相关规定。

(2) 根据《宪法》第9条之规定,在以下情形中,供应商不得以直接或间接的方式给予任何个人不同于其他人的区别待遇,而这种区别待遇构成《宪法》第9条和《促进平等和反不公平歧视法》第2章中规定的不公平歧视:

(a) 评估潜在消费者的支付能力或其他承担债务的能力时;

(b) 决定是否缔结合同,或者提出要约时;

(c) 决定与消费者达成协议的各方面费用;

(d) 供应商

(i) 在其营业场所与消费者进行协商时,或者

(ii) 在向消费者展示、说明、测试、安装产品或者与消费者磋商合同条款的过程中;

(e) 选择、准备、包装、交付商品或提供服务给消费者的过程中;

(f) 提出或者同意合同的条款和条件时;

(g) 判断或要求与其签订合同的消费者遵守合同条款;

(h) 供应商根据本法或地方性消费者权益保护法中关于合同的相关规定行使供应商的权利时;

(i) 决定是否要继续履行、强制履行或请求法院终止这项协议时;

(j) 决定是否公开消费者的个人信息时。

(3) 第(1)款和第(2)款的规定也适用于社会团体或法人的消费行为,当社会团体或法人具有自然人特性时,比如其作为成员、参加者、所有者、管理者、雇员、顾客或消费者的形态出现时,社会团体或法人也不得受到不公平歧视。

(4) 法院有权:

(a) 考量本部分中未加以规范的供应商和消费者之间的行为;

(b) 认定这类行为也应适用《宪法》或者《促进平等和反不公平歧视法》中关于不公平歧视的相关规定。

特殊情形下的合理差别待遇

9.（1）供应商的下列行为，不视为第 8 条所规定的违法行为：

（a）依照公共条例或作为合理的预防措施以保护未成年人人身、财产安全的，供应商拒绝向未成年人提供特殊的商品或服务，或者供应商在向未成年人提供特殊的商品或服务之前需要征得其父母、监护人或者其他有责任能力的成年人的同意；

（b）供应商基于合理的事由拒绝：

（i）与未成年人签订提供商品或服务的合同；

（ii）除非供应商有理由相信未成年人是脱离父母而独立生活的，否则基于第（i）款而订立的合同继续有效；

（c）供应商合理地将某类设施或者服务，永久或暂时地供应给某类消费者专门使用，这类特殊的消费者群体包括：

（i）一般的未成年人；

（ii）高于或低于特定年龄，或在特定年龄间的未成年人；

（iii）已经达到 60 岁以上特定年龄的成年人；

（d）仅针对下列的特殊人群，宣传或同意以折扣价格提供商品或服务：

（i）未达到特定年龄的未成年人；

（ii）已经达到 60 岁以上特定年龄的成年人；

（2）供应商的以下行为不是第 8 条所规定的违法行为：

（a）供应商合理地将本质上等效的商品或服务分别指定给性别双方专门使用；

（b）供应商合理地将商品或服务提供给性别一方专门使用；

（3）如果特殊的商品或服务是为了合理地满足某一特殊消费群体的共同且独特的需求或兴趣，那么提供商品或服务的供应商，以明示或暗示的方式对某一特殊消费群体予以优待的行为，不同于《宪法》第 9 条规定的歧视行为，也不属于第 8 条规定的歧视性营销行为。

（4）法院有权：

（a）依据第（1）（b）和（c）款、第（2）款或第（3）款的规定，评估供应商行为的合理性，并依照《宪法》和《促进平等和反不公平歧视法》，判断供应商的行为是否应被认定为不公平歧视；

（b）在特殊的交易环境和特殊的商品或服务市场背景下，视个案情况认定第 8 条所提到的行为是否公平。

衡平法院对本部分的管辖

10. (1) 对于违反本部分规定的行为，经国家消费者委员会认可的消费者保护团体，或《促进平等和反不公平歧视法》第 20 (1) 款规定的任何个人，有权：

(a) 依照《促进平等和反不公平歧视法》第 4 章的规定，向衡平法院提起诉讼；或者

(b) 向消费者委员会投诉，如果该投诉形式上有效，那么消费者委员会应当将投诉提交给法院。

(2) 在本部分规定的程序中：

(a) 推定第 8 条规定的任何区别对待都是不公平歧视，除非能证明这种区别对待是正当的；

(b) 法院可以认定供应商实施了不公平歧视的行为，如果：

(i) 供应商向某一消费者实施了第 8 条所规定的区别对待的行为；

(ii) 之所以区别对待是因为某个被禁止的歧视性理由；

(iii) 当法院要求供应商证明区别对待的正当性时，供应商拒绝或不能对区别对待提供合理且正当的解释。

B 部分　消费者的隐私权

消费者有权限制不需要的直接销售行为

11. (1) 消费者的隐私权包含以下内容：

(a) 消费者可以拒绝接受直销；

(b) 消费者可以请求他人停止直销；

(c) 如果销售者的主要目的是为了直接销售，当其采取非当面直销的方式时，消费者就可以预先阻止销售者的这种直销方式。

(2) 为保护消费者的隐私权，防止消费者遭受第 (1) 款中规定的行为的侵害，直销人员必须在合理的时间内直销，超出合理的期限，直销人员不得继续实施直销行为。

(3) 国家消费者委员会可以设立专门的登记处，任何人都可以在此登记预先阻止权，以阻止以直销为主要目的的任何交流和沟通。

(4) 任何人授权、指示或实施直销行为时：

（a）必须依据第（2）款规定的、满足消费者需求的合理方式和程序进行；

（b）不得指示或者允许任何有关的人员直接或间接地以直销为目的与下列消费者进行交流沟通：

（i）第（2）款中提出要求的消费者；

（ii）第（3）款中登记预先阻止权的消费者。

（5）任何人不得向消费者收取基于第（2）款的要求和第（3）款的登记所产生的任何费用。

（6）贸易和工业部部长可以针对第（3）款中有关登记的具体办法制定相关规章。

直接营销的时间规定

12.（1）本法规定的禁止期限内，供应商不得以宣传商品或服务为目的对在家中的消费者进行任何的直接营销，除非消费者以明示或暗示的方式允许供应商营销；

（2）为了保护消费者隐私权，贸易和工业部部长有权在政府规章中规定特定日期或法定节假日禁止第（1）款规定的直接营销行为。

C 部分　消费者的选择权

消费者选择供应商的权利

13.（1）供应商不能要求消费者作出以下行为，并以此作为向其提供商品或服务的条件，或者与其订立合同的条件：

（a）从该供应商处购买任何特殊产品或服务；

（b）与自己或指定的第三方进行其他的协商或交易；

（c）同意从指定的第三方购买任何特殊的产品或服务。

除非供应商

（i）能证明消费者拥有这些捆绑产品或服务所享有的利益超过了限制消费者的选择权所带来的损失；

（ii）能证明这些捆绑式的产品或服务能给消费者带来经济利益；

（iii）单独提供这些捆绑的产品或服务，并可执行单一价格。

（2）在特许经营合同关系中，特许人如果要求被特许人向自己购买或按照其指示购买与特许经营合同的标的物有合理关联性的品牌产品或者服务的，不违反本条之规定，但法律另有规定的除外。

固定期限合同的逾期与续订

14.（1）此部分不适用于法人之间的交易，不论其年营业额或资产的价值如何。

（2）如果消费者协议是固定期限的协议，那么：

（a）该项协议的存续期间不能超过最长期限，如果超过了最长期限，那么应该根据该条第（4）款关于消费者协议的种类的规定处理；

（b）尽管当事人在消费者协议中作出相反规定，但是：

（i）消费者仍可以解除此协议：

（aa）当消费者协议到期后，无需交纳罚款或罚金，但以第（3）（a）款为准；

（bb）在其他任何时间，消费者可以在以书面形式或者其他能记录的方式通知供应商后的20个工作日内解除此协议，但以第（3）（a）和（3）（b）款为准。

（ii）消费者实质违约的，供应商可以在给消费者发出书面通知后的20个工作日内解除此协议，除非消费者在这期间正确地履行了合同的义务。

（c）消费者协议到期前，供应商在不超过80个工作日并不少于40个工作日内，必须以书面或其他能记录的方式通知消费者，通知内容如下：

（i）如果该协议将续约或者以其他方式在到期之后存续，那么修改过的条文可适用于续订的协议上；

（ii）消费者可以根据该条第（2）（d）款的规定作出选择；

（d）当消费者协议到期时，它将自动以月为单位存续下去。并且根据该条第（2）（c）款的规定，双方当事人依据已经发出的通知中修改后的条文行使权利，履行义务，除非消费者明确表示：

（i）已经要求供应商在期限届满时终止协议；或者

（ii）同意续订下一个固定期限的协议。

（3）根据第（1）（b）款的规定，消费者协议的解除应遵守以下规定：

（a）消费者协议解除前，消费者对协议中由供应商所有的商品仍负有保管义务；并且

（b）供应商：

（i）可以根据固定期限协议的约定，对提供的产品或服务、折扣向消费

者收取合理的协议解除惩罚金。如果供应商收取了合理的惩罚金，那么：

（ii）根据第4款的规定，在解除期限届至前，供应商应保留消费者对商品的所有权，并对这些商品负有返还价款的义务。

（4）贸易和工业部部长可以通过制定部门规章，规定如下内容：

（a）一般的消费者协议固定期限的最大限度，或是该协议的明确种类；

（b）根据第（2）（c）款的规定通知消费者的方式和形式；

（c）根据第（3）款的规定判断供应商返还商品价款和收取费用的合理性的行为方式、形式和基础；

（d）适用于该条文的其他附带事项。

消费者对商品维修或保养服务的预先授权

15.（1）此部分只适用于下述的消费者协议：

（a）该消费者协议所涉价款不得低于该条第（5）款规定的最低值；

（b）根据消费者协议，在服务提供者对消费者享有所有权的商品提供维修服务的过程中，或是提供安装替换部件或零部件的服务过程中：

（i）基于该条文的立法目的，服务提供者合法地占有上述商品；或者

（ii）在其他情况下，消费者可以要求供应商在提供产品或服务之前进行预估。

（2）根据第（1）款的规定，能够适用该条文的服务提供者，不能因供应商品或者提供服务而向消费者索要任何费用，除非：

（a）供应商或服务提供者已经为消费者提供预估，该评估满足了其要求，并且消费者马上授权其可以进行工作；或者

（b）消费者，用书面形式或者其他可记录的方式，已经：

（i）拒绝了评估的提议并且授权继续进行维修工作；或者

（ii）预先授权其在特定的最高数额范围内进行维修，并且收取的费用不得超过该最高数额。

（3）能够适用该条文的服务提供者不能向消费者收取按照第（2）（a）款的规定产生的准备评估的费用，包括：

（a）为了准备评估而进行的诊断性的工作，分解或者重组工作所产生的任何费用；或者

（b）在准备一项评估的过程中所造成的材料或者产品部分的损耗或者损失，除非在准备评估之前，服务提供者已经向消费者说明了准备评估所需

要的费用，并且消费者已经对此表示同意。

（4）如果供应商已经针对服务或者商品提供了评估，那么当超出了评估所需的费用时，供应商不能对超出的部分收取费用，除非在提供评估之后：

（a）服务提供者已经就这项额外的评估费用通知了消费者；并且

（b）消费者已经授权继续进行维修或保养的工作。

（5）贸易和工业部部长可以通过部门规章，规定第（1）（a）款中的最低值。

直销后消费者享有的冷静期的权利

16.（1）适用《电子商务法》第44条规定的交易不适用该条规定。

（2）该条规定在一定程度上适用于消费者协议，其补充而非替代其他法律中的有关供应商和消费者之间的协议解除权。

（3）消费者可以解除直销协议，无需理由也无需赔偿。消费者应当通过书面形式或者其他可记录的形式通知供应商，并且在下列规定的日期之后的5个工作日内通知：

（a）该项协议终止的日期；或者

（b）协议中约定的主要商品交付给消费者的日期。

（4）供应商必须：

（a）根据协议约定返还消费者已支出的费用，并且在下列规定的日期后的15个工作日内予以返还：

（i）供应商在将协议中的商品交付至消费者之前，收到消费者解除协议的通知的时间；或者

（ii）供应商收到消费者退还的协议中约定的商品的时间；

（b）根据已解除的协议，不收取任何报酬，但第20（6）款规定的情形除外。

消费者取消预约、预订、订购的权利

17.（1）该条不适用于特许经营协议，或是有关定做商品的合同。

（2）根据第3款和第4款的规定，消费者有取消预约、预订和订购任何产品或服务的权利。

（3）供应商在接受产品或服务的预订之后，可以：

（a）要求预先支付一笔合理的保证金；也可以

（b）根据第（5）款的规定对取消订单或预订的行为收取一笔合理的费用。

（4）基于该条的立法目的，当供应商收取的费用超过了基于如下情形所发生的合理费用时，视为不合理费用：

（a）预订或订购的产品或服务的自然属性；

（b）消费者要求的取消订购的通知期限；

（c）服务提供者在收到取消协议通知至取消协议之时这段期间内勤勉地去寻找可替代的消费者；

（d）相关产业的交易惯例。

（5）如果消费者或者因该项预约、预订或订购享有收益的人死亡或者在医院治疗而不能履行该预约、预订或订购的，供应商不应对取消订购的行为收取任何费用。

消费者选择或者检验商品的权利

18.（1）尽管消费者协议中有相反的规定，消费者对供应商提供展示的商品的损坏不负责任，除非该损坏是由于消费者的过失、故意或者犯罪行为所造成的。

（2）如果商品是开架陈列的，那么在交易完成前，消费者有自主选择这些商品的权利。

（3）如果消费者同意仅依据供应商提供的说明书或者样品购买商品，那么供应商交付给消费者的商品的所有方面和特征必须符合一个普消费者依据说明书或者样品进行合理检验之后所期待的那样。

（4）如果是依样品和说明书进行的商品买卖，交付的商品必须与样品和说明书一致。

消费者在商品运送或者服务提供过程中的权利

19.（1）该条不适用于以下情形：

（a）根据授权特许协议向特许经营人供应商品或提供服务的情形；

（b）消费者协议的履行过程应适用《电子商务法》第46条规定的情形。

（2）除非消费者协议中明确相反的规定外，以下情形适用于提供商品或服务的任何消费者协议：

（a）供应商有依照下列规定交付商品或者提供服务的义务：

（i）供应商应该在约定的时间内履行义务，若有其他情形，也应该在终止协议后的合理期限内履行义务；

（ii）供应商应该在约定的地点交付商品或者提供服务；

（iii）供应商承担运送商品的费用；

（b）协议约定的交付商品或提供服务的地点应该是供应商的营业地，如果供应商没有营业地的，以供应商的住所地为交付地点；

（c）在商品被消费者接受之前，商品运送过程中的风险由供应商承担。

（3）如果协议中没有约定交付商品或服务的具体时间，那么供应商不能要求消费者在不合理的时间内接受商品或者服务。

（4）出现下列情形，消费者被视为已经接受商品或者服务：

（a）消费者以明示或者默示的方式向供应商表明其已经接受了商品；

（b）当商品交付给消费者之后，有下列情形的：

（i）消费者对供应商所有的商品作出了某种处分；

（ii）根据第（5）款的规定，消费者超过合理期限仍然占有该商品并且没有通知供应商其已经拒绝接受此商品。

（5）当供应商交付任何商品给消费者时，供应商必须给消费者检验商品的合理机会让消费者确定是否满意这些商品，检验内容包括：

（a）交付的商品是否符合协议中约定的种类和质量，并且是否满足第18（3）款和第18（4）款中关于检验的规定；

（b）在定做协议中，产品应该符合订单的实质性要求。

（6）当供应商交付商品或提供服务的地点、时间与协议约定不一致时，消费者可以：

（a）接受商品的交付或服务的提供；

（b）如果协议约定的时间还没有届至，消费者可以要求供应商在协议约定的地点、时间交付商品或提供服务；

（c）无需赔偿即可解除协议，交付的商品或者提供的服务视为第21条规定的未订购的商品或服务。

（7）当供应商交付商品的数量超过了协议中所约定的数量，消费者可以：

（a）拒绝所交付的所有商品；或者

（b）接受所交付的商品，并且

（i）支付协议中同意购买的数量相对应的商品的价格；

（ii）将多交付的商品视为第 21 条规定的未订购的商品。

（8）如果供应商交付的商品中含有协议中没有约定的不同于说明书的商品时，消费者可以：

（a）接受协议中约定的应交付的商品，拒绝接受协议中没有约定的商品；或者

（b）拒绝接受所有商品。

消费者退货的权利

20.（1）该条是对以下权利的补充而非替代：

（a）第 56 条规定的消费者退还不安全或者有缺陷的商品的权利；

（b）其他法律规定的供应商和消费者之间退还商品和收取退款的权利。

（2）根据该条第（3）款至第（6）款的规定，有以下情形的，消费者可以退还商品给供应商，并且可以获得基于该商品所支出费用的全部退款：

（a）根据第 16 条的规定，供应商基于直销合同交付商品给消费者后，消费者在冷静期内已经解除了该合同的情形；

（b）供应商交付商品至消费者时，消费者没有机会及时检验商品，并且基于第 19（5）款规定的某些原因拒绝接受这些商品的情形；

（c）根据第 19（8）款的规定，消费者拒绝接受不同于协议中约定的商品的交付；

（d）供应商将应该满足第 55（3）款规定的特定目的的商品交付给消费者之后的 10 个工作日内，消费者发现这些商品没有满足这些特定的目的。

（3）该条第 2 款不适用于下列情形：

（a）如果商品的供应是基于公众健康或其他原因，那么一旦这些商品供应给消费者，即不允许消费者退还这些商品；

（b）商品供应给消费者后，这些商品被部分或者全部被拆解、更换、安装，或者这些商品依附、混合、嵌入了其他的商品中。

（4）在下列情形中，商品是可退还的：

（a）商品满足第（2）（a）款规定的，消费者应该将商品退还给供应商，并由消费者承担风险，支付费用；

（b）商品满足第（2）（b）至（d）款所规定的，应该在商品交付给消

费者之后的10个工作日内，由消费者退还给供应商，并由消费者承担风险，支付费用。

（5）根据该条规定的应退还的商品，供应商应该退还消费者对该商品所支付的价额，如供应商向消费者收取费用，应根据第（6）款的规定。

（6）第（5）款规定的供应商向消费者收取费用的权利，适用于以下消费者退还商品给供应商的情形：

（a）如果商品还没有拆封，那么供应商不能向消费者收取关于该商品的任何费用；

（b）商品仍保持其初始状态或用原包装的方式重新包装好的，供应商可以在下列情形中向消费者收取一定合理的费用：

（i）如果消费者在占有该商品时使用过该商品的，那么供应商可以向消费者收取使用的费用，除非该商品通常一经使用即发生损耗但该商品未有损耗的；

（ii）当商品有损耗时，供应商可以向消费者收取合理的费用，除非该损耗是消费者检验该商品能否被接受时所必需的合理损耗；

（c）在下列情形中，供应商能向消费者收取一定合理的费用：

（i）第（6）（b）款中规定的情形；

（ii）供应商花费必要的费用使商品适合二次销售，可以向消费者收取该费用，除非消费者在考虑到商品的自然属性和包装方式的情形下，为了确定商品是否符合如下规定而有必要损坏这些商品的包装时：

（aa）根据第（2）（b）款的规定，消费者在商品交付前并没有检验该商品，而后消费者遵照供应商提供的说明书或者样品进行检验的情形；

（bb）根据第（2）（d）款的规定，检验商品是否符合预期使用目的的情形。

未订购的商品或者服务

21.（1）在不违反第（2）款规定的前提下，以下情形的商品或者服务被视为是未订购的：

（a）在任何直销产品或者服务的场合，如果供应商或者供应商的代理人在供应商品或者提供服务后，消费者没有发出要约或者没有支付相应的费用给他们时，这些商品或者服务被视为是未订购的；

（b）如果消费者是定期交付产品协议中的当事人时，那么：

(i) 在合同的履行过程中，供应商所提供的商品或者服务与预先约定好的商品或者服务不一致的，这些商品或者服务视为是未订购的，除非消费者明确表示同意这些商品或者服务的变更；

(ii) 在协议终止后，供应商仍然供应产品给消费者，并且不是根据另外签订的协议而供应的，那么这些商品被视为是未订购的；

(c) 如果供应商没有按照约定好的地点、时间交付商品或者服务，并且消费者根据第19 (6) 款的规定拒绝了此交付的，这些商品或者服务视为是未订购的；

(d) 如果供应商交付的商品的数量超过了约定的数量，那么根据第19 (7) (a) 款的规定，多交付的部分商品被认为是未订购的，除非消费者拒绝了交付的全部商品；

(e) 如果供应商或供应商的代理人交付的商品或者服务是没有得到消费者明确同意的，那么这些商品或者服务被视为是未订购的。

(2) 尽管有第 (1) 款的规定，如果：

(a) 供应商在将商品交付至消费者之后的10个工作日内，通知消费者商品的交付行为系基于错误，那么供应商在通知消费者之后的20个工作日内仍未索回的，这些商品即被视为是未订购的；或者

(b) 供应商交付商品给消费者，出现下列情形的：

(i) 这些商品显然是要交付给某人的，但被错误地交付给其他人；或者

(ii) 如果对于普通的消费者来说，商品明显是要交付给其他人的，

那么当接受人通知了供应商或者运输者这些商品是被错误交付的，并且供应商在收到通知之后的20个工作日内仍未索回的，这些错误交付的商品被视为是未订购的。

(3) 如果某人占有了该条文规定的商品，则：

(a) 任何人都不能阻碍供应商或者运输商根据第2款的规定在规定的时间内索回商品；

(b) 占有该商品的人对供应商索回商品的行为或者将商品运送给其他人的费用概不负责；

(c) 此人对商品在其占有的期间内所产生的任何损失都不负责任，除非这些损失是此人的故意造成的。

(4) 任何人违反第 (3) (a) 款的规定，阻碍供应商或运输商索回商品的，对于因此而产生的损失或额外的花费，应予负责。

（5）占有未订购的商品的人，可以：

（a）继续占有该商品；

（b）退还商品给明确的供应商或者运输商，并且由供应商或者运输商承担的风险和费用。

（6）如果某人合法地保有未订购的商品，那么：

（a）这些商品上的财产权无条件地转移给此人，仅不得对抗第三人可能对该商品享有的权利或有效的诉求；

（b）供应或者交付商品的人负有保证其他任何第三人不对该商品主张权利的义务。

（7）任何人都不对供应或者交付未订购的商品或者服务所产生的费用负责任。

（8）除第（4）款规定的情形外，供应商不能对占有未订购商品的消费者主张任何权利或者收取任何相关费用。

（9）如果消费者已经对这些未订购的商品或者服务支付了费用，那么消费者可以从支付商品价款之日起向供应商收取利息。利息按照1975年颁布的《利率法》中规定的标准收取。

体育法学的研究路径和学科体系*

周青山**

Study on the Reseach Path and the Subject System of Sports Law

Zhou Qingshan

摘　要：体育法学尚处于发展期，不同学科背景的体育法学者在研究路径上客观地存在一定的差别，并在体育法学学科体系如何构成存在着不同的观点，存在着法学派、体育学派和综合派的区分。研究路径与学科知识体系构建存在重大差别，但也互相影响。体育法是行业法，体育法学是行业法学。

关键词：体育法学　研究路径　学科体系

Abstract: Sports law is still in the development stage, there exists different opinions on research method among Sports law reseachers, and also existence of different views in the system of sports law. There are law school, sports school and comprehensive school. There are significant differences between research method and subject knowledge system construction of exist. But also influence each other.

---

* **基金项目**：湖南省教育厅科学研究项目青年项目“中国职业体育法律制度研究”(12B120)。

** **作者简介**：周青山（1982—），男，湖南东安人，湘潭大学法学院副教授，法学博士，研究方向：体育法学。

Sports law is occupation law.

Keywords：Sports law　Research Method　Subject System

体育法学发展到今天，应该说已经从初创期进入了蓬勃发展期，体育法学的研究成果愈发丰富，研究队伍日趋壮大，所探讨的问题日趋多元化，视野已经有了极大的开阔。基于体育法学的交叉学科性质，吸引了体育学界和法学界学者的共同关注，这在促进体育法学繁荣的同时，也带来了思想的碰撞，因为研究路径的不同，对体育法学的理解产生了一定的争鸣，出现了所谓的体育学派和法学派的分野。吕伟博士在《成都体育学院学报》2012 年第 12 期发表的论文《一个屋檐下的体育法——体育法方法论的路径选择与思考》，认为相比于以部门法问题中心为路径划分体育法学学科体系，体育理论三分法的“社会体育、学校体育、竞技体育”模式则更为有利于学科体系的定位与发展。① 那么是否存在这样一种差异？如果存在，这种差异是如何产生的？他们之间是否存在优劣之分？他们之间是否可以调和？这一差异与体育法学学科体系的构建是什么样的关系？本文试图对此作出自己的分析。

一、学术研究路径与体育法学学科知识体系构建

体育法学作为交叉学科，又涉及相应的法学知识和体育学知识，其研究者同时有来自法学界和体育学界的专家学者。体育法学尚处于学科的发展期，尽管已经出版了部分体育法学教材，但相对于一些较为成熟的学科，还没有一个公认的较为固定的学科知识体系。不同学者在开展体育法学研究的时候，其所切入的视角不一样，同时对体育法学的学科知识体系也会有自己的观点，并且两者是互相影响，学者的研究路径会影响到其对体育法学学科知识体系的构建，其对体育法学学科体系的认识也会影响学者对研究问题的选择及切入的研究视角，但无论采取什么样的方式，都没有优劣之分。

(一) 学术研究路径与体育法学学科知识体系的差别

在这里需要区分学术研究的路径与学科知识体系构建的问题，研究路径是指学者根据自己已有的知识积累、所受的学术训练，遵循相应的方法，在

---

① 吕伟：《一个屋檐下的体育法——体育法方法论的路径选择与思考》，载《成都体育学院学报》2012 年第 11 期，第 8 页。

一定的基点上对相关问题进行探索的具体方式。在体育法学研究中，研究路径因为体育学者与法学学者的知识背景、所受学术训练、所关注的问题的角度等不同而存在差别；但是，这样的差别仅仅是在进行体育法学研究的过程中所采取的具体方法，所切入问题的视角不同，并不影响对问题的解决，相反，可能会对问题的解决提供更丰富的思路。

学科知识体系构建对于一门学科的成熟具有极为重要的意义，其实一个学科知识体系就是对于一门学科而言最为基础及重要的相关知识点按照一定的逻辑顺序所构成的有机整体。它应该是一门学科发展到一定程度后，对该学科范围内已经取得共识的最基础、最核心的知识点的整合，这一整合是为了知识传承的需要，是一门学科在获得基本的共识后，在这一学科知识体系的指引下，继续开展更为深入的研究的基础。

因此，学术研究路径是动态的，体现的是学者的主观追求，甚至可以说体现了学者的特质。而体育法学学科知识体系是静态的，体现的应该是共识，是不同学科、不同学者对同一个问题的共同体认。

（二）学术研究路径影响体育法学学科知识体系的构建

学者研究路径与学科知识体系存在着巨大的差别，学术研究所切入的角度不一样，会影响到学者对心中体育法学知识体系的构建，但是两者之间又存在着紧密的联系。

学者的研究路径影响着体育法学知识的生产。体育学派和法学派都通过自己独特的研究进行着体育法学知识的生产工作，但这是两种不同的知识生产过程，其所采取的研究方法，研究的出发点，甚至所侧重依赖的知识资源都存在着一定的差别。因此，通过这两种方式所生产出来的体育法学知识，从总体上来讲，呈现出两种样态，法学派的知识生产成果仍然可以归属于不同的部门法，并因为与体育的勾连而形成新的体育法学。而体育学派的知识生产则难以归类于传统的某一具体的部门法，是从体育的分类角度出发，探讨所涉及的法律问题，亦可形成一个独立的样态。

学术研究路径影响体育法学学科知识体系的构建方式。如前所述，存在体育学派和法学派的不同研究路径，因为研究视角不一样，对体育法学学科体系应该如何构建客观上会存在不同的认识，这从目前已有的体育法学著作的编排可以看出，其中呈现出两种不同的路径，一类是以汤卫东编著的《体育法学》、张厚福的《体育法理》等采取的体育法学学科体系，即从体育理论三分法来组织体育法学体系，将体育区分为社会体育、学校体育和竞技体育，分别探讨其可能涉及的法律问题。另一类则以韩勇著的《体育法的理论与实践》为代表,① 以法律的部门法划分为纲，探讨不同的部门法在体育领域的适用。但是，笔者在此更需要指出的是，这样的划分并不是绝对的，更多的学者采取的是一种混合型的体育法学学科体系，比如张杨所著的《体育法学概论》、闫旭峰主编的《体育法学与法理基础》、董小龙、郭春玲主编的《体育法学》等;② 从篇章安排来看，既有体育三分法的影子，也有作者在自觉地运用相关部门法研究体育领域的相关法律问题，比如张杨所著的《体育法学概论》第9章即为“合同法在体育活动中的应用”、董小龙、郭春玲主编的《体育法学》第三编为“体育纠纷的解决机制”，都是从部门法的角度切入，探讨其在体育领域的适用。

因此，我们首先必须重视学者的研究路径会对体育法学的学科体系构建产生一定的影响，但是，也要看到，这样的影响是有限的。同时，在根本上，学术研究路径对体育法学的具体知识应该是起促进作用的，也就是说，虽然不同的学科学者有着不同的研究路径，但是，殊途同归，在很多问题上，都会得出同样的结论，这些知识的生产毫无疑问地会丰富体育法学知识大厦。

二、体育法学的研究路径

研究路径即是学者开展研究的出发点、基点，或者说是学者赖以开展研究的知识依赖，并用以具体解决相应学术问题的具体过程。任何学者在开展学术研究的时候，都会因为各种不同的原因，比如学术积累、学术研究方法等的不同，而在具体开展研究的时候采取不同的研究路径。因为介入到体育法学研究的学者较多，而且来自不同的学科领域，客观上来看，如前所述，不同体育法学学者的研究路径存在着一定的差异，那么这样一种差异是否是对立的？是否可以调和？

（一）体育学派的研究路径

体育学派的研究路径大多是从我国《体育法》对体育所采取的三分法出发，即将体育区分为学校体育、社会体育和竞技体育，然后找寻这三者所可能会涉及的法律问题，针对这些面临的问题，分别进行探讨，也就是说，

---

① 韩勇：《体育法的理论与实践》，北京体育大学出版社2009年版。

② 董小龙、郭春玲主编：《体育法学》，法律出版社2013年版。

在这里，研究思考的起点是体育实践，经由体育所可能涉及的法律问题这一桥梁，最后达到对相关的体育法律问题的把握。体育实践是本，是体育法律问题之所以产生并需要研究的基点，这一研究路径能够给读者一个比较全面的认识，特别是对某一类体育社会关系所涉及的法律问题有一个比较清晰的宏观把握。

（二）法学派的研究路径

法学派就是以相关的法律部门为研究基点，探讨其在体育领域适用所产生的特殊性。法学派的研究路径则又分为所谓的大陆法系的制定法视角和英美法系的判例法视角。制定法视角就是从已有的法条出发，探讨其在体育领域的具体适用，比如刑法、侵权法、反垄断法、合同法等在体育领域适用所产生的特殊法律问题。英美法系的判例法在体育法的发展过程中起到了非常重要的作用，诸多的经典体育法判例形成了诸多特殊的体育法规则，比如美国体育中的棒球反垄断豁免、非成文法反垄断豁免等。

所谓的从大陆法系视角，或者是英美法系视角来研究体育法，我认为，从根本上来讲这两种视角是一致的。制定法和判例法只是法律的具体体现形式，而进行体育法学研究时所关注的是内容，是这些具体表象下法律的实质规范，无论是制定法还是判例法，必须将其区分为不同的法律部门，进而再探讨其在体育领域的具体适用问题。

（三）综合派的研究路径

我们认为，除了体育学派和法学派的研究路径，还存在一个综合派的研究路径，也就是说，他们综合使用了这两种不同的研究路径，并视具体情形需要而选择采取某一研究路径。比如张杨所著的《体育法学概论》，闫旭峰主编的《体育法学与法理基础》，董小龙、郭春玲主编的《体育法学》都同时采取了体育学派和法学派的研究路径。

学者采取什么样的研究路径，是其主观意愿，但同时也受诸多因素的制约，这些因素主要包括，第一，学者的知识背景及所受的学术训练。法学学者和体育学者的知识背景是存在一定差异的，这样很容易出现以所具有的知识背景为本位，来探寻相应的未知领域，比如体育学者以体育为基点，探讨所涉及的法律问题。第二，所面临的预期受众。对于体育学者而言，其预期受众更多为体育学界，所以在论证时其思路也会受到相应的影响。

在这里，还需要区分不同学派在宏观研究和微观研究方面所可能存在的差别，宏观研究可能存在体育学派与法学派的差别，因为涉及的是宏观体育层面的问题，比如学校体育可能会涉及侵权法、行政法、刑法等法律部门，存在从何种视角切入的问题。但在微观研究中则这样的差别将趋于消失，因为都针对的是某一非常具体特定的问题，无论是从体育的视角还是法律的视角，相互之间都是唯一的对应关系，单一的联系。

在这里，可以联系到国际私法中的法则区别说与法律关系本座说。法则区别说是在欧洲中世纪形成的一个国际私法学派，其主要的思维方式是先将法则区分为不同的种类，再将不同的法则适用于不同的法律关系。法律关系本座说则是先对法律关系进行定性，再去寻找相应的法则进行适用。① 在国际私法历史上，这是革命性的突破，体现了法律关系的多变及法则的稳定性。那么，按照这一思路，是否应该先对相关的体育法律关系进行定性，然后再寻找相应的法律规则进行适用呢？而且，一般而言，正常的逻辑思维也应该是先有体育社会现象，然后在具体的情形下，根据需要才会出现相应的法律规制和法律适用问题，对体育法学研究而言，先将体育社会关系进行定性，再去寻找相应的可以适用的法律，并形成体育民事法律关系、体育行政法律关系、体育刑事法律关系等。

这里我们需要明确，法律在体育领域所具有的功能是什么，一般而言，大致可以区分为两种，一是作为体育行为的规则指南，二是解决相应的体育纠纷。我们看到，这两项功能的实现需要同时发挥法则区别说和法律关系本座说的分析思路，或者说前述综合派的思路。在体育与法律的连接点这一问题上，对于某一具体体育法律问题研究而言，则体育学派和法学派之间的差别趋向于消失。

笔者认为，对于体育法而言，其核心问题应该解决的是在体育这一特殊的领域，当法律适用时会产生什么样的特殊性，即在我国社会主义法律体系已经基本建成的情形下，对于体育社会关系，我们已经基本做到了有法可依，那么在这样的情形下，我们更应该关注这一特殊领域法治建设所存在的问题，从完善对体育规制的特定法律体系，即作为行业法的体育法出发，来思考体育法学的研究问题。

三、体育法学是行业法学

笔者的一个基本判断是体育法是行业法，对体育法进行研究从而形成的

---

① 徐冬根：《国际私法趋势论》，北京大学出版社2005年版。

体育法学是行业法学。

我国目前法律体系仍然是基于传统部门法的划分，但在部门法之外，随着行业的振兴和不断发展成熟，客观上需要相应的专门法律予以调整和规制，因此，相关行业法律已经在悄然勃兴，成为相关部门立法的重要补充，行业法律规范体系已经初具规模，比如教育法、能源法、房地产法、医事法、体育法等。[①] 体育是我国《国民经济行业分类与代码》中明确列出的一个行业，随着职业体育的大力发展，体育不仅仅是普通的一项锻炼身体的运动，更作为一项经济活动，形成一项庞大的产业，其中发展出一系列复杂的体育社会关系，出现了诸多利益冲突的现象，为此，国家以 1995 年颁布的《体育法》为核心，通过制定相关的部门规章、地方性法规等多种形式，初步构建了体育行业的基本法律规范体系，用以专门调整体育领域的社会关系。在体育这一行业内部，出现了诸多的法律问题，对这些特殊法律问题进行研究就形成了作为行业法学的体育法学。

（一）体育规则属于体育法学的重要研究内容

体育法的法律渊源范围广泛，不仅包括一般的法律法规以及规章，还包括体育行业内部的自治性规则、体育习惯和规范性标准。这是与其行业法特性密不可分的，行业秩序的形成不仅需要传统的国家法的规范和引导，同样也离不开行业内部自发形成的规范，国家法可以说从外部为行业行为确定了标准，而行业内部规范则是行业内部对本行业行为的具体要求。行业规则与国家法在不同的层面、不同的视角划分着其在行业管理中的权限，并互相补充，共同构成维护行业秩序的规范体系。

从体育行业来看，在国家法，包括相关部门法及专门的体育立法，通过公权力为体育行业的行为规范确立一定的框架范围，在这一设定的范围之内，体育内部自治规则则从行业内部管理角度，实行体育自治。在这个意义上，国家体育立法应该是粗线条的，体育自治在实体和程序意义上的展开应该更多地依赖于行业内部规则。事实上，我们看到，在体育内部已经形成了一套比较完善的内部管理规则体系，直接影响到了参与者的权利和义务，这些自治规则包括相关体育组织的章程、内部管理规范、体育行业标准，甚至包括体育行业内部惯例。由于体育所具有的国际性，以及国际奥委会等国际体育组织的推动，体育内部自治规范已经突破了国界，而在全球范围内形成

---

① 孙笑侠：《论行业法》，载《中国法学》2013 年第 1 期，第 46 页。

了统一的规范体系，比如在国际奥委会的推动下所形成的奥林匹克规范体系，对参与到奥林匹克运动中的所有当事人都具有拘束力。

体育规则作为体育法的主要渊源，当然是体育法学研究的重要内容之一，笔者2007年在硕士论文中就已经明确提出，体育法是国家对体育进行管制的法律规则（如英国的制止足球流氓立法、我国的反兴奋剂立法）和由体育运动的当事人（包括体育行会）自己创造的用以调整他们彼此之间的体育关系的规则的总称，前一类规则具有公力强制性的特点，而后一类规则具有自治性、专业性以及非公力强制性的特点。① 将软法概念引入到体育法学研究，认为体育法可以区分为硬法和软法，体育规则就是软法的体现。对体育法学研究而言，对体育内部自治规则的研究应该与体育立法放在同等重要的地位，从功能和实证两个角度审视体育内部自治规则。从功能角度而言，就是要从宏观上把握体育规则在体育秩序维护过程中所起到的作用；从实证角度而言，就是要对具体的体育规则从合法性、合理性角度进行探讨，并考察其具体的适用问题。总而言之，体育法学的研究不可能忽视体育规则，相反，而应更为重视其不可或缺的作用。

（二）体育纠纷解决是体育法学的重要研究内容

体育纠纷解决机制也是体育法学的重要研究内容。体育纠纷作为一种行业纠纷，具有非常强烈的行业色彩，特别是受体育行业自治的影响，让体育纠纷的解决呈现出多元化的趋势，不仅包括传统的外部纠纷解决机制，也包括体育内部纠纷解决机制。作为一种行业纠纷解决机制，体育纠纷解决机制有着自己的独特性，比如专业性、快捷性等。目前绝大多数的体育纠纷都通过体育领域内部纠纷解决机制进行解决，体育组织内部已经建立了相对比较完善的纠纷解决机构，并形成了一个相对封闭的体系。关于体育纠纷的类型以及体育纠纷解决机构的研究已经成为体育法学研究的一个重要突破点，构成了体育法学研究的一个重要的知识增长点，比如对国际体育仲裁院仲裁机制以及已决案例的研究，甚至由此而形成的体育法学内部独立的知识体系 Lex Sportiva.

四、体育法学学科体系的基本框架

基于前述的对体育法的界定，体育法学的学科体系至少可以区分为两个

① 周青山：《体育法的概念和范围》，湘潭大学2007届硕士学位论文，第14页。

部分，即探讨相关法律在体育领域的适用，以及对体育规则的研究。这里回到文章最初提到的问题，即体育法的研究路径与体育法学学科体系的构建，我认为，这里有一个背景需要我们去正确地认识，就是我们所构建的体育法学学科体系所面对的对象是谁，是有一定法学基础的人，还是没有任何法学基础的人，这两者因为不同的知识积累，对于体育法学的期望是不一样的。对于法学完全的陌生者，特别是对体育院校的学生而言，学习体育法学，其关注的并不是最新最前沿的体育法学课题，而是能够在毫无任何法学背景知识的情形下，能够通过体育法学的学习，了解在以后从事体育行业、开展体育活动时所可能遇见的法律问题及其解决办法，培养相应的法律意识，也就是说，起到一种类似于普法，而且是有针对性的专业普法效果。而对于法学学生而言，因为已经有了相应的部门法基础，那么在进行体育法学学习时，其着眼点将不再是一些基本的法学知识运用，他们对于传统的部门法在体育领域的一般适用已经在部门法的学习过程中有所掌握，他们需要知道的是，当法律遇见体育，会碰撞出什么样的火花，也就是说，当传统的部门法在体育领域适用时会产生什么样的特殊性。

基于这样一种思考，对于法学院系学生而言，有益的体育法学学科体系应是以体育法律职业为导向的，即培养成专门的体育法律工作者，专门服务于体育行业的专门法律人才。如此，对专门体育法律的探讨以及部门法在体育领域适用的特殊性则构成了体育法学的主要内容。当然，这仅仅是体育法学体系的一个方面，作为一门新兴的行业法学，体育法学有更为广阔的内容空间，如前所述，体育规则亦应是体育法学研究的重要内容，应纳入体育法学的学科体系，事实上，已经有学者试图通过探讨 Lex Sportiva 及 Lex Ludica 的界定和具体内容，对体育规则进行规范化、体系化。

对于体育院系的学生而言，有益的体育法学学科体系应该是以体育职业为导向的，即为以后从事体育职业进行相应的专门法律知识储备，在这样的背景下，遵循其已经形成的知识获取路径，从他们已有的对体育的三分法认识出发，了解思考其中所可能涉及的法律问题，亦是符合认知规律的。

这一点在美国的体育法学教科书中有明显的体现，为法学院学生编撰的体育法教科书和为体育管理专业学生编撰的体育法教科书，还是存在很大的区别。

无论采取什么样的方式构建体育法学的学科体系，体育法学是行业法学这一属性不会变。体育法学因为体育行业的存在和发展而形成了一个新的学术共同体，在共同体内，无论是采取什么样的研究路径，对体育法学学科体系有何种不同的立场，所面临的体育法律问题是共同的，促进体育法学的繁荣，为中国体育法制的进步提供理论支撑的目标也是共同的，在共同的目标指引下，对于共同的体育法律问题，不同学科领域的学者从不同的视角进行研究，这本身就体现了学术的魅力，体现出体育法学作为交叉学科所具有的包容性、开放性。

五、结语

无论采取什么样的研究路径，应该说，其基本目的都是一致的，即探讨如何运用相应的法律手段规制体育领域的相关行为，并最终实现体育的法制化。甚至对于同样一个问题，采取不同的研究路径而取得同样的研究结论，这也从另一个侧面体现了体育法学研究的多种可能性，体现出学术研究的魅力所在。科学的体育法学学科体系的构建，则需要在体育学派和法学派之间求同存异，随着对体育法学的认识不断加深，体育法学的影响范围更趋扩大，全社会包括体育行业从业人员的法律意识增强，取乎其中的为体育法学界所公认的体育法学学科体系将最终形成。

是否存在体育法*

麦克尔·比洛甫　著**

夏骄阳　译　郭树理　校***

Is There A Lex Spotiva

Michael Beloff

本文是由 2005 年 4 月笔者在德国汉堡马克斯普朗克研究所（Max Planck Institute）作的一个学术报告改编而来。本文讨论了体育法是否作为一部统一的实体法而存在，还是仅仅取自于几个不同的法律领域（如合同法或侵权法）的某些条款的汇编而已。通过评价国际上关于这个问题的不同看法以及体育仲裁院（CAS）的判例，笔者突出强调了公法和私法的不同影响、特殊体育竞技规则的可诉性以及体育法对“权力下放原则”（允许成员针对影响自身的问题自作主张）（subsidiarity）的承认。本文还涉及了加强 CAS 仲裁规则效力的原则，其中包括对仲裁终局性和公平性的需求，同时还提到了体育从一种娱乐性活动发展成为一种全球化产业的重要意义。

这篇文章标题提出的问题是值得进行一番持久的讨论和论述的。是否存

---

* 原文标题为“Is There is A *Lex Spotiva*”，原载《国际体育法评论》（*Sweet and Maxwell' s International Sports Law Review*）2005 年第 3 期，第 49 - 60 页。

** **作者简介**：麦克尔·比洛甫（Michael Beloff），英国牛津大学三一学院院长，泽西与格恩西上诉法院（Court of Appeal of Jersey and Guernsey）法官，体育仲裁院（CAS）仲裁员。

*** **译校者简介**：夏骄阳（1983—），女，湖南省长沙市发展与改革委员会工作人员，法学硕士。郭树理（1975—），湘潭大学法学院教授，法学博士。

在一个统一的实体法作为体育法，或体育法是否仅仅只是那些早已被认为是一个个单独的法律部门如合同法、侵权法、知识产权法、行政法等法律中的相关法条的集合，这是一个一直有争议的问题。这个问题并不仅仅只是在学术上有意义，也不是一些愤世嫉俗的人所形容的那样毫无实践价值。那些为前一主张而争辩的人如此做是为了提高这一学科的地位，但这并不意味着支持后一主张的人就想削弱它的地位。但是支持者们非常明确地使用拉丁语给这个学科取了一个生造的拉丁名字（*lex sportiva*）——有时用另外一个词语“裁判法”（*lex ludica*），尽管这个词语有歧义，听起来带有“荒谬”（ludicrousness）一词的类似发音。正如两位爱尔兰评论家最近所写的那样，① 这个问题“并非极为重要”，但是，它也不是——正如他们所指——一点也不重要。问题的答案——对某些人来讲可能有点遗憾——可能是两种观点皆有一定的道理。正如一位美国学者认为的那样：

“一部发展完善的体育法将有助于满足遵从先例原则所体现的三种价值：法律程序的效率性、法律的可预测性和稳定性、法律平等对待处于同种情况下的当事人。”②

体育法理所当然地采用一些得到确认的纪律规则作为其外衣。有很多论述体育法的书。从这些书的标题确实可以看出这门学科的命名方式有很多——体育法（*Sports Law*）、体育的法（*The Law of Sport*）、体育与法（*Sports and the Law*）——并且具体的界限也难以界定——如欧洲体育法（*European Sports Law*），甚至国际体育法（*International Sports Law*）。③

很多国家尤其是美国都开设了体育法的课程，并能随之拿到体育法方面的学位。在这些课程里，一些未来的体育经纪人能学到法律原则的入门知识（这些基础知识在现实中往往被忽视），对于那些计划从事运动职业的人来说就可以找一个理由上大学。更重要的是，还有专门的体育裁决机构

① N. Cox and A. Schuster, *Sport and the Law* (First Law, Dublin, 2005), at p. 5.

② Nafziger, *International Sports Law* (2nd ed., Transnational Publications, 2004), p. 50.

③ Beloff, Kerr, Demetriou, *Sports Law* (Hart, 1999); Lewis and Taylor, *The Law of Sport* (Butterworths, 2004); N. Cox and A. Schuster, *Sport and the Law*; Hallgren, *European Sports Law* (Forlarget Thomson, 2004); Nafziger, *International Sports Law* (Transnational Publishers, 2004).

(sports specific tribunals),① 在其之上洛桑还有体育仲裁院（CAS),② 其管辖权几乎得到了所有重要的国际单项体育联合会的承认,③ 其判例是体育法理的主要渊源，但并非唯一的渊源。CAS 自己似乎就认可体育法的独立存在，因为它要求其仲裁员除了其他方面的资格要求之外，还必须具备“体育法有关的背景”，尽管这是一个充分但不必要的条件，因为上述要求后紧随的是“和/或国际仲裁有关的背景”（CAS 2004 年仲裁规则，第 14 条)。

---

① 在英格兰，有“体育纠纷解决小组”（the Sports Dispute Resolution Panel)，在日本有“体育仲裁机构”，日本体育仲裁机构的情况，参见 Goganchi, The Activities of the Judge were Sports Arbitration Agency (2005) 1/2 *International Sports Law Journal* 31.

② CAS 还拥有在悉尼的分部（1996 年建立）与丹佛的分部（1996 年建立，1999 年迁到了纽约)。CAS 所有的（包括分部的）仲裁程序的仲裁地都在瑞士洛桑，在 1996 年 7 月建立亚特兰大奥运会临时仲裁机构时，CAS 临时仲裁机构的主席就表示：“仲裁庭的仲裁地的确定，创建了该仲裁程序与管理该仲裁程序的国内法之间的联系。仲裁地的确定同样关系到仲裁裁决作出之后的执行问题。”只要仲裁地在瑞士，且当事人中有一方的住所不在瑞士，1987 年 12 月 18 日制定的《瑞士联邦国际私法典》(1989 年 1 月 1 日起实施）第 12 章就会适用（该法第 176 条之规定)。该法涵括了一些对国际仲裁特别适用的法律规则。这些规则与今天国际仲裁的基本发展趋势是一致的，也在晚近的其他国家的一些立法中得到了体现。《瑞士联邦国际私法典》第 12 章特别强调了仲裁员必须遵守程序正义的要求。该法第 182 条第 3 款规定：“无论所选择的程序如何规定，仲裁庭均应保证对当事人的平等，以及双方当事人在辩论式程序中陈述意见的权利。”《瑞士联邦国际私法典》第 12 章同样为当事人提供了不服仲裁裁决的救济。一方当事人可以以下列理由提起撤销仲裁裁决的诉讼：仲裁庭的组成不当，没有管辖权，超越向其提交的仲裁请求进行了裁决，未能保障正当程序，作出了违反公共政策的裁决（第 190 条之规定)。除非当事人另有约定，否则撤销仲裁裁决之诉，只能向瑞士联邦最高法院提起（第 191 条之规定)。《瑞士联邦国际私法典》第 12 章规定了瑞士联邦最高法院对撤销仲裁裁决的管辖权，第 12 章同样规定了仲裁地的法院有对仲裁程序的监督管辖权，以及仲裁程序过程中，对仲裁提供协助的权力。

③ 国际业余田径联合会（IAAF）在 2001 年接受了 CAS 的管辖权，国际足球联合会（FIFA）在 2002 年接受了 CAS 的管辖权。

但是瑞士联邦最高法院最近将 CAS 描述成世界体育的"真正的"最高法院,① 尽管瑞士联邦最高法院也可以审查 CAS 的裁决，但是这种审查要受到严格的限制。这令人想起了那些被普通法所承认的裁判庭对行政自由裁量权的行使的审查。②

CAS 职能的一个特色来自临时仲裁机构（Ad Hoc Panels）——一个流

---

① *AB v IOC*, Swiss Federal Tribunal, 1st Council Chamber Judgment, May 27, 2003. R. McLaren, "A New Order: Athletes Drugs and the Court of Arbitration for Sport at the Olympic Games" (1998) 7 *Olympian* 1; R. McLaren, "Introducing the Court of Arbitration for Sport: The Ad Hoc Division at the Olympic Games" (2001) 12 *Marquette Sports Law Review* 515; M. J. Beloff, "The Court of Arbitration for Sport at the Olympics" (1996) *British Journal of Sport and Law* 8; M. J. Beloff, "The CAS Ad Hoc Division at the Sydney Games" [2001] *International Sports Law Riview* 105; P. Leaver, "The CAS Ad Hoc Division at the Salt Lake City Winter Olympic Games 2002" [2002] *International Sports Law Riview* 45; R. McLaren and P. Clement, "Court of Arbitration for Sport: The Ad Hoc Division and the Salt Lake City Olympics" [2001] *Marquette Sport Law Review*; M. J. Beloff, "The Ad Hoc Division at the Athens Olympics" [2005] *International Sports Law Riview* 4, and (2005) *CAS Newsletter* No. 2, 7. A. Pinna, "The Trials and Tribulations of the Court of Arbitration for Sport" (2005) 1/2 *International Sports Law Journal* 7. 仲裁员必须签署独立性声明，而且当事人可以申请调换仲裁员：R. McLaren and P. Clement, "The Ad Hoc Division at Athens" (2005) 15 *Marquette Law Journal* 175. C. Rochefoucault, "Twenty Years of the CAS" CAS Newsletter No. 2, p. 13. 就已经公开的判例，参见三卷本裁决书（1982 - 1996, 1996 - 2000, 2000 - 2004），由马修 · 瑞伯（M. Reeb）编辑（Kluwerlaw International, 1998, 2002, 2004）（以下简称 Reeb 1, Reeb2, Reeb3）. CAS 判例集 Reeb3 中有一个对 CAS 的历史和运作的简要的描述，pp. xxxii - - xxii.

② *Netal v FINA*, Reeb 2, p. 775. CAS 作为独立的仲裁机构获得承认是在甘德尔诉国际马术联合会案（*Gundel v FIA*）中，Official Digest of Federal Tribunal Judgments 1993, Reeb 1, 566. 此外还有 A 与 B 诉国际奥委会案 *AB v IOC* Swiss Federal Tribunal, 1st Council Chamber Judgment, May 27, 2003. CAS 实质性自主性获得承认，是在澳大利亚新南威尔士上诉法院 2000 年 9 月 1 日的一份判决书中，涉及安吉莉娅 · 拉格兹诉睿贝克 · 苏利文案（*Angela Raguz v Rebecca Sullivan*）(2000) NSWA Reeb 2, 783，两名柔道运动员之间就谁应当被选拔为澳大利亚奥运会代表队女子 52 公斤级别柔道选手成员，产生纠纷。该纠纷的解决结果是，CAS 在悉尼的仲裁庭裁决支持苏利文女士，而不是拉格兹女士。拉格兹女士就仲裁裁决向新南威尔士上诉法院上诉。法院裁决自己不具有管辖权，理由是当事人拉格兹签署了一项排他性的仲裁协议，根据新南威尔士州 1984 年的《商事仲裁法》(Commercial Arbitration Act 1984) 第 40 条，法院不具有管辖权。CAS 严格避免自己受到偏见或歧视的影响：*NJYW v FINA*, CAS 98/208, Reeb 2, 234 [8]，或受到谣言的影响：*B v FINA*, CAS 98/211 [57].

动的机构（现在是奥运会、英联邦运动会、欧洲杯足球赛的一个固定机构）——的规定。该机构必须在仲裁申请提交后24小时内宣布裁决结果。如瑞士联邦最高法院所认为的：

“在竞技体育，尤其是在奥林匹克体育竞技中，无论是对于运动员来说，还是为了体育竞赛中能顺利进行而言，纠纷能得到那些既熟悉法律又熟悉体育相关问题的专家的迅速、简易、灵活、成本较低地解决，这是非常重要的。”①

普通国家法院的法庭（Tribunals）也必须作出快速反应，但是它们的裁决只是临时判决（interlocutory decisions）；而CAS临时仲裁机构（Ad Hoc Panel）快速反应作出的是最终判决。他们快速化的裁决程序可以被比作是限制时间的象棋比赛（speed chess）：但限时象棋仍然是象棋。

当然体育法是和普通法律紧密相连的，运动员会签订合同，因为现在很少有运动还保持着它最初的目的——作为一种娱乐，而不是为任何利益，但是他们签订的合同将很自然地反映出他们职业的不同特征。运动员们无论在球场、游泳池、溜冰场、跑道，还是不在这些比赛场地，他们都要受侵权法的调整，② 同时还有刑法，虽然这两种法律必须面对的绝大多数的运动项目都是身体接触型运动（contact sports），并且至少是存在身体接触的风险这一事实，同时，这两种法律也会对这些运动中哪些行为可为、哪些行为不可为划出明确的界限。③

事实上，拳击运动是一种使对方受到伤害的运动；从学术角度分析这种运动，我们必须要小心翼翼（因为该项运动曾被指控为一种虐待性活动，曾产生过与人权原则是否相适应的质疑），一名英国上议院法律议员大法官

---

① *AK v IOC*, Reeb 3, 674.

② 司法判决的态度是不一致的。在因马赛而引发的碰撞伤害提起的诉讼中，纽约州法院已经适用了“鲁莽的不计后果”的注意标准，而澳大利亚法院适用的是普通的注意标准，英格兰与威尔士的法院直到最近才采纳鲁莽标准，参见 P. Charlish: *Sports: Ordinary Negligence in the Final Furlong*（未刊稿）.

③ 承认这一事实的最近一起刑事袭击案中法官的陈述，参见 *R v Barnes* (*Court of Appeal* (*Criminal Divisions*) *England*), Case No. 2003/063. 14/35 at [15]. 有趣的是，一个CAS的仲裁庭曾经表示：“体育世界的袭击的观念是很广泛的，涵盖了任何试图侵犯某人的身体部位的行为，即使该受害者并没有遭到实质性的伤害。”参见 *Cissé v UEFA*, CAS 2004 A/55. 同时参见 J. Anderson, *Policing the Sports Field: The Role of the Criminal Law* [2005] *International Sports Law Review* 25.

马斯蒂勋爵（Lord Mustill）承认他至今仍然没有找到拳击运动合法性的正确解释：①

“当我谈论这个老道的法官为使职业拳击享有刑事诉讼程序的豁免权而进行智识上自足的解释是一种勇敢的努力，并使我确信了这基本上是件不可能的事情的时候，我对麦克因内里法官（McInerney）在帕兰特诉运动场有限公司案 *Pallante v Stadiums Ply Ltd*（*No.* 1）［1976］中所作出的有价值的判决并无不敬之意。在那个时期，将拳击运动看作是游离于普通刑法之外的一种特殊情况是最好的选择，因为社会愿意容忍它的存在。”

运动员享有知识产权，体育在这一领域使知识产权法有了一些创新性的发展。在美国这一点比欧洲更为明显。②

英国1975年颁布的《反对性别歧视法》第44条（Sex Discrimination Act 1975, s. 44）对竞技体育作了例外的规定，③ 2004年颁布的《英国性别承认法》第19条（English Gender Recognition Act 2004, s. 19）对于变性者也有规定④——与桂冠诗人卢迪亚·吉卜林（Rudyard Kipling）完全相反的观点，女运动员被认为在竞技场上远没有男运动员那样容易致死。⑤

但是普通法律对体育特殊性质的敏感性的一个进一步的表现是：欧盟在体育活动和经济活动之间划出了一条界线，⑥ 因此将一些体育规则视为是超

① *R v Brown*［1994］2 A. C. 212 at p. 265.

② Dominic Farnsworth and Lewis Silkin, *Docs English Law Lack Personality*?［2001］*International Sports Law Review* 210; Gelder, *Image is Everything*: *An Analysis of the Legal Protection of the Image of Sports Athletes*（2005）1/2 *International Sports Law Journal* 2; S. Smith and V. Trizapurkar, *Do Sporting Events Enjoy their own Distinct Publicity Rights*［2004］*International Sports Law Review* 69.

③ See Beloff, *Sex Discrimination*（Butterworths）Ch. 3, para. 21.

④ 该条款并非完全令人满意，see P. Charlish, *Gender Recognition Act* 2004: *Transsexuals in sport* - - *a level playing field*［2005］*International Sports Law Review* 38. See also Bradford, *Sport*, *Gender and Law International Sport Law Journal* 2005 1/2 p. 78.

⑤ 《人类的女性》(The Female of the Species)。诗人的评论似乎是建立在男性与女性的承受力的基础上。

⑥ 一般性论述，参见 M. J. Beloff, *The Sporting Exception in EU Competition Law*（1999）*European Current Law* xi；同时参见欧盟法院在一起案件中的表态，Case T-303/02 *Mecca v Medina* and *Madjen v Commission*，其提到了“反兴奋剂规则的纯粹体育属性”。同时参见 *AEK Athens v UEFA*, CAS 98/200, Reeb 2, 38［79］-［84］.

出欧盟法的促进竞争与自由流动的条款适用范围之外的。① 关键的判断标准是，存在争议的规则是否只是为了“体育利益”的目的，例如，其许可对国家队队员选拔的国籍限制，但是当然并不要求只在地方球员中选择本地方的队员。皇家马德里俱乐部的队员来自很多个国家，两个主要的英国超级联盟足球俱乐部最近不断地引进新的球员，以致其不再是纯粹的英国人组成的俱乐部了。

此外，一般的法律文本所表达的意思可能和那些规范体育方面的法律文本所表达的意思会有所不同：

·根据国际业余田径联合会（IAAF）的规则来解释，“台湾”算是一个国家吗？（*Reel v Holder*）②

·根据欧洲足球联盟（UEFA）的规则来解释，摩纳哥是欧盟成员吗？（*Celtic v UEFA*）③

·《奥林匹克宪章》中运动员改变国籍包括变为无国籍人吗？（*Perez No.* 2）④

·根据国际足球联合会（FIFA）转会规则，以色列算是欧洲国家吗？（*Hapoel v Stantander*）⑤

·英联邦运动会规则（Commonwealth Games Rules）中的“住所”做何解释？（*Cowley v Healey*）⑥

法律上的国籍和体育竞技中的国籍的差别是很容易看出来的，⑦ 一个日益重要的话题是运动员不分国界使自己受雇于给他们开出最高工资的人。⑧

体育法大多没有必要进行成文法的立法——在联合王国体育法大体上是没有成文法的。这并非体育法本身是反对立法的——在别的国家，如马来西

---

① 欧洲足联的章程之前将CAS的管辖权仅仅限制于“民事纠纷”上，而不是“体育性质的纠纷”，从而划出了另外一条界限，*Real Madrid v UEFA*，CAS 98，Reeb 2，490.

② ［1981］W. L. R. 1126.

③ CAS 98/201，Reeb 2，106. 该案裁决“民族”或“国家”的概念具有不同于普通语言的意义，应当这样理解这些概念：在足球领域的语境中，而不是机械地和/或严格地遵照固定的地理国家的政治边界。

④ Cas og Syd 2000/005，Reeb 2，625.

⑤ CAS 2004/A/594.

⑥ T. L. R.，July 26，1986.

⑦ IBA，CAS 98/215，Reeb 2，698 at［27］.

⑧ 海湾国家的绝大多数田径明星原来都是肯尼亚人。

亚，体育法是严格由成文法来规范的。法国有1984年7月16日颁布的《法国体育法》（French Act on Sports），美国有《业余体育法》（Amateur Sports Act），但是这部法相当程度上是遵守国际体育界的惯例；位于这些规则最顶端的是《奥林匹克宪章》（Olympic Charter），以及一些主要的国际体育组织——国际足球联合会、国际业余田径联合会、国际赛车联合会（FIA）等的规则和章程，在这些权威机构下，洲际的和国家的体育组织都在一个紧密联系的金字塔式的规则结构下运作。① 2004年世界反兴奋剂机构制定的《世界反兴奋剂条例》（The WADA Code）展现了体育法全球化的迹象。②

在《体育法》一书中，笔者及其合著者提出横向法律（horizontal law，可以适用于不同的人类行为领域的法律部门）和纵向法律（vertical law，由不同的行为而划分的法律部门）之间的区别。侵权法或信托法属于前者的范畴，体育法和航空法、银行法一样，大体上可以归于后者。但这并不意味着体育法是缺乏规则基础的。

---

① OWG, Salt Lake City, 2002, Reeb 007, 3. 523. 体育纠纷解决机构对于体育界的金字塔层级结构是非常清楚的，在浦露西斯与拉脱维亚国家奥委会诉国际奥委会案（*Prusis and the Latvian Olympic Committee v International Olympic Committee*）中，盐湖城冬奥会CAS临时仲裁机构必须裁决国际奥委会（IOC）是否有权力取消浦露西斯的奥运会参赛资格。国际滑雪联合会（FIBT）的规则规定了对于首次兴奋剂违规行为强制2年禁赛，但是FIBT只对浦露西斯禁赛3个月，使他能够参加冬奥会。IOC的执行委员会反对这种目的性的仁慈。仲裁庭裁决，IOC不能对某一具体体育项目采取任何行动，如果该行动被视为是对管理该项目的国际单项体育联合会的独立性与自治性有损害的话。仲裁庭援引了CAS著名的一份咨询意见（CAS Advisory Opinion, *UCICONI*, CAS 94/128, Reeb 2, 477），该咨询意见中，CAS的仲裁庭表示："在所有的赛事中，国际单项体育联合会（IFs）拥有充分的职权来制定反兴奋剂的规则，这是最佳的解决方案，因为必须要确保无论涉及该体育项目的比赛在哪儿进行，必须要适用相同的标准。对兴奋剂问题所适用的规则的不确定性，会给裁判的安全性带来危害。考虑到所有这些因素，仲裁庭，与IOC自己一样，并没有忽视对IFs管理它们的体育项目的独立性与自治性的重要意义。"同样，仲裁庭在对某一体育联合会众所周知的某项政策进行干预时，也会非常谨慎，*V v FCS*, CAS 2001/A/318 at [16]; *Bassani - Antiravi v IOC*, OWG Salt Lake City 2003 003, Reeb 3. 585. 只有国家奥委会，而不是国际奥委会，能够提名选手参加奥运会：*N v FEI*, CAS 98/129; *UCI v DCUs*, Reeb 2, 205)：IFs的反兴奋剂规则比国家奥委会的反兴奋剂规则效力更高，*AEK Athens v UEFA*, CAS 98/200, Reeb 2 38 ([18])：全国性的体育联合会比国内联赛的级别高。

② R. Pound, *WADA - - An Experiment in International Law* [2002] *International Sports Law Review* 53.

在相继举行的夏季奥运会（亚特兰大、悉尼、雅典）、冬季奥运会（长野、盐湖）、英联邦运动会（吉隆坡和曼彻斯特）中，CAS 的临时仲裁机构适用的规则很好地反映了这个特点。体育法引导仲裁庭补充适用相关的规则，只要这些规则反映了“法律与法律规则的一般原则，且适用这些规则是适合的”。

在发掘这些规则和原则时，体育法借鉴了公法和私法，恰当地将拉丁语和法语词汇、民法法系和普通法系的概念结合起来。① 这是笔者在综合了五个临时仲裁机构的经验所得出的结论，这五个机构拥有来自不同地区和有着不同法律背景（认为对于具有职业道德的法律工作者来说，公平观念无论如何是全世界所共同承认的）的仲裁员。②

在实体法领域，契约自由、③ 有约必守（*sunt servanda*）、④不可抗力、⑤情势变更、⑥ 诚信（good faith）、⑦ 禁止出尔反尔或者禁止反言、⑧ 越权行为无效⑨以及对可期待利益的保护⑩等原则，都扮演着重要的角色。对实体法的辅助性工具是指那些根据格式合同有利于弱方当事人原则（*in dubio contra*

---

① Beloff, Kerr, Demetriou, *Sports Law* (Hart, 1999), at pp. 9 – 13.

② *COC & Kibunde v IOC*, OG Sydney 2000/004, Reeb 2, p. 617, 在该案中仲裁庭表示:“体育管理者不仅应当尊重法律，还要尊重正义原则。”

③ *COC & Kibunde v IOC*, OG Sydney 2000/004, Reeb 2, p. 617.

④ *COC & Kibunde v IOC*, OG Sydney 2000/004, Reeb 2, p. 617.

⑤ *COC & Kibunde v IOC*, OG Sydney 2000/004, Reeb 2, p. 617.

⑥ *COC & Kibunde v IOC*, OG Sydney 2000/004, Reeb 2, p. 617.

⑦ *COC & Kibunde v IOC*, OG Sydney 2000/004, Reeb 2, p. 617.

⑧ *IAAF v USTAF*, CAS 2002/0/401. IAAF 未能前后一致地执行一项规则，要求其成员联合会将所有的兴奋剂检测呈阳性结果的情况进行披露，基于禁止反言原则，IAAF 不得处罚那些未被披露的运动员，这样才是公平的（[74]）。随后案件的继续发展，参见 *IAAF v USTAF No.* 2, (2004) SLR 1, 同时参见 *GFA v UEFA*, CAS 2002/0/4/0 at [36] – [37]; *Perez No.* 3, CAS OG SYD 2000/009, Reeb 2, 651, [13]; *NZOC v SLOC*, OWG Salt Lake City 2006 002 Reeb 3, 604, [18]（盐湖城冬奥会组委会必须遵守它们的承诺，同意接受两名同时参加小回旋与大回旋障碍滑雪赛的选手的报名）. 同时参见 D. B. Pietro, *Estoppel in the case law of CAS Tribunals* [2004] *International Sports Law Review* 79.

⑨ CAS 2003 C/45 (Advisory Opinion). 国际羽毛球联合会（IBF）在一些场次的比赛中改变计分方法时，未能遵守它自己的规则。

⑩ *Prusis v IOC* (“*Prusis*”), OWG Salt Lake City 2002 001, Reeb 3, 573 合理期待 (legitimate expectation) ([15]):“一项给运动员带来合理期待的决定，即他的参赛申请会获得批准，并非一项纯粹的管理性的决定。”([18]).

proferentum）、[①] 法无明文规定不为罪原则、罪刑法定主义原则、[②] 法不溯及既往原则、[③] 从轻原则（*the lex mitior*）、[④] 禁止一罪数罚原则、[⑤] 平等对等原则、[⑥] 比例原则，[⑦] 推出的解释性指导原则：目的比字面意义更为重要——虽然文字是目的的最好表达方式。[⑧]

对体育的国际性的承认最终影响到CAS新的章程和规则（Code）的制定，该规则于2004年1月1日开始生效，并在普通审理的案件中，在没有当事人的合意选择其他国家法律的情况下，将瑞士法律作为强制适用的国内法——这和临时仲裁机构的管辖权是相适应的。在上诉审理的案件中将“仲裁庭认为合适的法律规则”作为有关体育规则、当事人选择的法律或者是裁决作出机构的住所地的（通常是瑞士）法律的替代性规则（CAS仲裁规则第58条）[⑨]。

但是这一系列原则本身并不是体育法，它们只不过是已经被认可的法律原则在体育领域的运用发展（经过合适地修改），而并非只是在体育领域发挥作用的原则。提到体育法，最好多考虑一下商人法（*lex mercatoria*），这一部门法和体育法遥相呼应，最近在英国商事法庭（English Commercial Court），商人法被描述为：

“商人的一般法，是被一些国际法院（International Court）所承认的一部法，但这并不是一部由专家学者从商业实践者的经验中推导总结出来的某国的国内法。”[⑩]

---

① *Quigley v UK*, CAS 94/129; *A v FINA* 2000/A/37 at [8].

② *Tsagaev v IWF*, CAS OG SYD, Reeb 2, 658.

③ *UCI v FFC*, CAS 2000/A/289, Reeb 2, 724.

④ *C v FINA*, CAS 96/149, Reeb 1.25 ([27]).

⑤ *Prusis v IOC* (“*Prusis*”), OWG Salt Lake City 2002 001, Reeb 3, [15].

⑥ *Nabokov v IIHF*, CAS 2001/A/357（冰上曲棍球规则：代表国家队出赛的资格），Reeb 3, 503 [9], [26].

⑦ *C v FINA*, CAS 95/116, Reeb 2, 205.

⑧ 目的性解释方法，see *C v FINA*, CAS 96/149, Reeb 1.25 [20] - [22].

⑨ 这是为了避免出现这种尴尬局面：例如，当事人之间涉及球员雇佣合同的纠纷，该合同本身应当适用瑞士法之外的其他国家法律，而CAS的仲裁适用的又是瑞士法。对此问题的评论，参见 *Ortega v Fenerbahce*, CAS 2003/0/48 at [14].

⑩ *Shamil Bank v Beximer Pharmaceuticals Ltd* [2003] EWHC 218; [2003] All E. R. (Comm) 849.

另外，这样一部法律还规定了“当事人在一些特定的国际贸易活动中排除实体法适用后双方的权利和义务”。① 这些类似的权利义务内容在不太成熟的类似体育法的领域中也有体现。② 雅典 AEK 竞技队诉欧洲足球联盟一案（*AEK v UEFA*），牵涉到“禁止一个业主所有的多个俱乐部参加同一场比赛”这一规则。仲裁庭认为：

“体育法这么多年一直在巩固和发展，尤其是通过仲裁来解决争端、形成了一系列不成文的法律原则——一种对应体育活动的商人法（*lex mercatoria* for sports），或者说是裁判法（*lex ludica*）——国内体育和国际体育联盟都必须遵守，而不顾他们国内成文法、规则、或者任何可能适用的国内法里出现的相关原则。只要这个法不与任何国家的已在一个案件中所适用的‘公共秩序’相冲突。”③

体育法的核心内容之一是涉及体育本身的那些体育行会的章程文件。这些章程扮演着不同的角色：规范体育管理机构权力的分配；规范体育竞技比赛；规范体育活动本身。所有这些章程原则上都是可以进行诉讼的。但是体育领域内的对诉讼的自我限制显示，就比赛规则进行诉讼是不可能的。因为体育法本质上存在着一个矛盾，名义上体育法的主旨是使体育享有法律上的豁免权，换言之，创造一个自治领域，在此领域甚至禁止体育上诉机构进行上诉干预。裁判以及其他比赛官员可以在他们的权属范围内自由裁判或作出决定。他们必须对他们的错误裁判或决定享有豁免权，仅仅只受他们自己制定的规则的纠错机制的制约。总之，体育法是承认“权力下放原则”（允许成员针对影响自身的问题自作主张）（subsidiarity）的。

梁诉哈姆一案（*Yang v Hamm*），在男子体操全能比赛决赛的双杠比赛中，铜奖获得者在涉及双杠运动的难度级别判断时成为错误裁判的受害者，此时是否应重新分配奖牌，雅典奥运会后的仲裁庭必须得作出一个裁决。仲裁小组概括了这样一种情况：

“如果可以干涉的话，包括 CAS 在内的法院能干预一名裁判的判决到何种程度不是很明确的。阿特金大法官（Lord Atkin）主张，④ 应绝对拒绝承

---

① *Coppé – Lavalini SAN v Ken – Ren Chemicals* [1994] 2 All E. R. 449.

② Nafziger, *International Sports Law* (2nd ed., Transnational Publications, 2004), pp. 48 – 49.

③ *AEK Athens v UEFA*, CAS 98/200, Reeb 2, [156].

④ *Balfour v Balfour* [1919] 2 K. B. at p. 919.

认这种裁判可由法院管辖，并认为国家的法令不可干涉体育这个领域，这可能有正当的目的和逻辑。其承认了存在着法律无法管辖的人类活动的领域，且在这样的领域中如果有纠纷的话，通过协商将更容易得到解决。赛场裁判的裁决具有终局性，它将坚决维护裁判的权威。随着一些高科技的运用，裁判们控制比赛的权力被逐渐削弱了。比如说录像回放技术，如果每一个裁决结果都要受到司法审查，裁判们的权力将会进一步受到削弱。一定程度上，这个问题可以用习惯法来分析，这种分析依赖于这样一个前提，运动员们参加比赛时签订的合同是为了保障在比赛过程中得到诚实的裁判判决，但不一定必须是正确的裁判。”①

然而，仲裁小组继续说道：“体育法并没有完全放弃管辖权。”在塞格尔诉国际业余田径联合会一案中（*Segura v IAAF*），② 主要的争点是一个裁判员作出的一名竞走运动员的走法与竞走规则相悖的裁决。韩国奥林匹克委员会诉国际滑冰联合会一案中（*KOC v ISU*），③ 其主要争点是取消一名韩国选手金冬圣（Kim Dung - Sung）在男子1500米短程速滑决赛中的参赛资格，仲裁庭明确指出：这种方法不是仲裁庭缺乏管辖权，而是仲裁庭的一种自我约束。仲裁庭没有受理这些案件有一系列的原因：仲裁员并非体育运动方面的专家；来自于裁判不同观察角度而导致的不可避免的主观因素，例如网球是否出界；比赛过程的被间断；放开受理类似案件的闸门，案件会蜂拥而入；以及比赛结束后要更改比赛结果的问题。④

体育比赛规则从准司法审查得到的限制豁免权被认为是对技术设备效率和精确度的一个挑战。在悉尼奥运会的女子单人划船赛中，保加利亚选手内克亚韦（Nelyova）以7.28783秒的成绩次于伊凯特瑞纳·卡斯顿（Ekterina

---

① 笔者认为，这样理解是符合逻辑的（如果不是完全准确的话）：球员们签署了比赛合同，同意接受裁判的任何裁决，无论该裁决是正确的，还是错误的；无论该裁决是诚实的，还是不诚实的。

② CAS OG 00/013, Reeb 2, 680.

③ *KOC v ISU*, OWG Salt Lake City 2002 007, Reeb 3, 611.

④ 在CAS的一起案件中（CAS 2004/A/704），仲裁庭的裁决判定哈姆可以继续拥有金牌，仲裁庭表示：“该比赛并不是单项赛事，而是全能项目的赛事。在双杆比赛之后还有一个项目的比赛选手们必须参加，就是单杠比赛。我们无法知道梁会在单杠比赛上可能采取什么样的比赛策略，当他知道自已目前不是处于排名第三而是第一的话。他可能会扩大优势，也可能会保持实力（他在单杠项目比赛上最后的得分实际上低于人们的期待，因此这种推断是不准确的）。”

Karsten）的 7.28741 秒而位居第二。她要求体育临时仲裁机构判两名运动员都是金牌获得者，理由是终点线的照片不是太精确。她利用一个商业电视频道制作的比赛录像带来试图否定官方提供的终点线的照片得出的结论，但是没有成功。① 在哈姆诉梁（*Hamm v Yang*）一案中，甚至已被承认是错误的裁判裁决也享有了豁免权。仲裁庭认为：

“由事后的利益驱动而被鉴定的错误裁判，不管是已被承认还是未被承认，都不能作为推翻比赛结果的一个理由。我们都可以通过回放一场足球比赛后的录像来显示是否进球——这是一项有趣的研究，而在赛场上这是不可能的（德国人仍坚持 1966 年世界杯决赛英格兰队的第三个关键性进球没有进），反过来也一样，在网球比赛中一条关键性的线被弄错了，以上情形也是不允许推翻比赛结果的。除了这个因素，另外的一个原因是没有人能肯定正在进行中的比赛会有一个什么样的结果，这使得裁判的裁决结果也各不相同，如果一个法院基于此而改变比赛结果，必然会妨碍到比赛的现场裁判执法。为了利用现代科技来确证之前是否作出了一个正确的裁判（例如板球击球员被击败出局），也为了迅速将一个有争议的裁判结果提交给一个复核程序（如体操运动），每一项体育运动都有一个内部纠错机制，无论出于哪一种目的，错误的纠正应在体育自身规则的框架内解决，有了这种内部机制后，就不允许司法和仲裁程序的干预了。如果这代表着体育比赛结果豁免理论的扩张，我们能平静地接受。在这个领域里终局性是最重要的：快捷的公正可能是所有的体育运动项目都能够忍受的。”②

体育法院或体育仲裁院只有在裁判作出的决定有类似受贿等弄虚作假行为的时候才会进行干预。正如 20 世纪最杰出的大法官丹宁勋爵（Lord Denning）所作出的精确鲜明的描述“弄虚作假毁掉一切”。③ 与其说是规则的

---

① CAS OG SYD, 2000, IR Reeb 2, 674.

② 在雅典奥运会上，所谓的“比赛规则”或“赛场规则”的豁免权在多起案件中被反复提及：就临时措施的申请案件中 CAS OG/005，[2]，以及在该案中：OG/04/007 [8.6]（皮划艇比赛：划入了别的选手的赛道）。

③ 在韩国国家奥委会诉国际滑冰联合会案（*KOC v ISU*, OWG Salt Lake City 2002 007, Reeb 3,）中，仲裁庭裁决道：“5.1 CAS 的判例关于该仲裁申请所涉及的问题的态度是清楚的，尽管这些判例在文字表达上并不完全一致，也可能会造成混淆。因此，其他的表达，例如‘武断的’、‘恶意的’、‘违反职责’、‘怀有不良企图’、‘渎职’、‘其他可起诉的行为’都被使用过，显然它们是可以相互置换的，表达的是相同的审核标准（*M. v/AIBA*, CAS OG 96/006, *Segura v/IAAF*, CAS OG 00/013）。”

推定，还不如说是对一个已知结果的偏爱。

所以体育规则①并不是一种附属法（sub－law）或非法律规则（non－law），甚或连米歇尔·瑞斯曼（Michael Riesman）所称的微型法（micro－law）也不是。② 他们是可裁判性规则：但是体育组织在依体育规则裁判（judging）的过程中会非常谨慎。裁判必须遵守体育规则，③ 不得忽视它们，因为“背离强制性体育规则会削弱这些规则的效力，并将影响比赛的结果”。在这样一个案例中，根据国际残疾人奥运会（IPC）规则的规定，当距离起跑线200米内运动员之间发生了冲撞，决定该比赛是否暂停的唯一判断者是发令者，CAS裁决就认为在那种情况下是否停止比赛完全是发令者的事。④

体育规则和法律规则之间的区别很明显，尽管有时界限有些模糊。CAS一个仲裁庭认为：

“‘体育规则’（The Rules of the Game）（通常又叫‘技术规则’（Technical Rules）），主要是一种用来确保在体育活动和比赛中正确行为的规则。这种规则在应用之后不能有任何‘司法复审’，以在一些特殊场合起到救济作用。而法律规则有其特殊的性质，在非体育竞赛中可以施加合法的制裁从而影响当事人的法律权益。因此法律规则的适用必须受司法审查的制约。”⑤

尽管法律规则起作用，但“权力下放原则”的概念仍然是正确的。普通法院提供了许多的判例，在这些判例中法院拒绝对下列决定行使审查的权力：体育裁决者依其自己的规则所作的裁决或判断；或者体育裁决者依参赛资格标准而作出的决定；⑥ 或体育裁决者是否允许某人参加某一特定的比赛。⑦

---

① 相关的论述，参见Nafziger, *International Sports Law* (Transnational Publishers, 2004), pp. 56－57.

② Riesman, *Law in Brief Encounters* (Yale University Press, 1999).

③ *IHF v LHF*, CAS 2001/A/354 at [7]; CAS 2003/A/461 at [4711].

④ *CPC v PC*, CAS 2000/A/305, Reeb 2, 567.

⑤ *WCM－GP Ltd v FIM* CAS 2003/A/461, Reeb 3, 4.3.

⑥ *McInnes v Onslow Fane* [1978] 1 W. L. R. 1520, at p. 1535.

⑦ *Cowley v Heatley*, T. L. R, July 24, 1986.

在考利诉希特勒案（*Cowley v Heatley*）① 中布朗·维克森大法官（Browne - Wilkinson . V. C.）说："如果没有每隔一段时间人们为了反对管理机构的决定而不断提起的诉讼，体育将产生更好的效果。" 要确保：体育领域内的事项是体育性质的，而提交法院的事项是法律性质的。

程序上的辅助性和实体上的终局性相关：另外一个表现是时间上的限制。在时间限制上，体育法采用的态度与衡平法和普通法的态度比较起来更像普通法的态度，采用的是普通法中严格的方法而非衡平法的较灵活的方法。约翰·罗米利（John Romilly）先生说："在法律上时间往往是合同的关键……。"②相反，"衡平法院习惯于为了合同更好地得到履行而使时间是可以再确定的……只要在当事人之间是公平的。"③ 这个逻辑是严谨的。如果没有时间上的严格限制，将会导致一些混乱。一场职业足球赛——除加时赛外——持续 90 分钟：在足球管理者们的陈词滥调中，这是"两个半场组成的比赛"。如果有人怀疑遵守规则的重要性，他们只需听听球场此起彼伏的口哨声，球迷们试图说服裁判使用球迷自己的裁判哨来结束这场比赛。

在职业拳击比赛中倒数意味着最后的 10 秒钟；一个被击倒的拳击手在 10 秒钟内未能爬起来就意味着失败了。一个非常著名的体育争议是在吉·突尼（Gene Tunney）与马那赛·马勒·杰克·戴普希（Manassa Mauler Jack Demspey）的比赛中，吉·突尼被裁判允许在较长的倒数时间里从马那赛·马勒·杰克·戴普希所击的致命一拳中恢复过来，最终还是未能成功。大部分专家毫不置疑地认为，在那种情况下，给予裁判没有限制的裁量权，是以戴普希的输赢和世界重量级拳王的称号的得丧为代价的。这种对时间（以及安排好的比赛日程）的重要性的强调，在很多情况下都可以看到。土耳其俱乐部拒绝和以色列俱乐部打比赛是因为已被觉察出来的安全理由："在体育比赛中，在确定的时间和地点出现并进行比赛这是最基本的义务。"④

---

① 同时参见 *Gasser v IAAF*, unreported, CCD, Scott J., June 15, 1988; *Stevenage BC v Football League Ltd*, July 23, 1996 per Carnwath J. 同时参见审查的自我限制 CAS 23000/C/26 - 7, Advisory opinion, IOC, Reeb 2, 725, [38]; *Watt v ACE*, CAS 96/153, Reeb 1. 335, [8].

② *Parkin v Thorold* (1852) 16 Beav. 59, at p. 65.

③ *Lock v Bell* [1931] 1 Ch. 35, at p. 43.

④ *Ulker v Euroleague*, CAS 2002/A/388, Reeb 3, 516. 同时参见 *Glasgow Rangers FC v UEFA*, CAS 2001/A/341, Reeb 3, 559.

欧洲足球联盟（UEFA）在另一个案件中被赋予了拒绝允许迟到注册的运动员参加欧洲联盟杯的权利。[①] 甚至赛时为一天的神秘的板球赛，被认为是对英国人永恒观念的嘲讽——严格的时间限制不仅仅是为了“该比赛有序的组织以及它的管理”，也是顾忌它在电视上以及全世界的报纸上的影响力。[②]

在雅典 CAS 的临时仲裁机构强调注意时间限制的重要性。在允许报名截止的最后一刻参加划艇赛时，仲裁庭的理由是适用划艇联合会的规则时禁止反言，仲裁庭认为：

“鉴于国际奥委会强调的明确和高度重视入场时间界限的考虑，我们倾向于驳回上诉。我们认为在国际比赛中低估时间限制的作用是没有任何合理解释的……并且如果我们所认可的特定情形的特殊性被划艇界所认可（实际上是所有的国家奥林匹克委员会（NOCS）），我们不再对那些经常发生的绕开入场的最后限制的人开门允许其参赛，而只有一些特殊的人才可能被允许参赛。”[③]

在任何比赛中，运动员准时到达比赛场地这条规则是必须遵守的。他们不能指望比赛延期，也不能指望已经开始的比赛可以重新开始，要不然一场比赛会变得混乱不堪。在 1972 年慕尼黑奥运会中，前苏联的短跑运动员威来瑞·保祖（Valery Borzor）在短跑中赢得了两块金牌。我们可能有些忘记了，在 100 米短跑中，他可能是因为某个错误而赢得冠军的，因为两名美国运动员，埃迪尔·哈特与雷·罗宾逊（以及他们该受到谴责的教练）弄错了他们本该参加预赛的开始时间，只能眼睁睁地看着电视转播比赛开始。因而这场比赛他们两个没能参加。

在悉尼奥运会上，一名刚果拳击手杰苏·可邦德（Jesus Kibunde）未能获准参加轻量级的拳击预赛，由于一系列不幸的事情发生（航班取消、签证和习俗问题），他错过了最初的重量检测以及医疗检查。

仲裁庭坚持认为相关的规则是明确的；[④] 它有着可操作性的基础；也不会因为奥林匹克运动基本原则的干预而被取消。任何这些规则的取消都会使其他参赛者处于不利地位，同时，也会与运动的公平原则相背离。对于其他

---

① *Addo v UEFA*, CAS 2001 A/323, Reeb 3, 628.

② In the matter of Soura Ganguly, decision of Appeals Commission. T. J. Castle of November 26, 2004 at [49] – [50].

③ OG/04/001, at [8.4] and [8.6].

④ OG/SYD No. 4, Reeb 2 617.

参赛者来说，在比赛之前还推翻已决定的时间这是不公平的，毕竟他们为了这场决赛已准备了数日。

如果终局的不可改变性是一个目标，那么公平就是另外一个目标：① “程序公正原则必定是体育法不成文原则之一”。②体育法的一个关键性的原则是参赛者必须受到公正的对待。这个原则包括在比赛开始之后不再引进影响比赛进程的规则。③“创造公平竞赛的机会”（“level playing field”）的概念，或使用一个大陆法系地区不熟悉的表达——“这不是真的板球赛”（“it’s not cricket”意为“这不公平”——译注），抓住了原则的精髓。在佛得角案（*Cap Verde*）中，涉及这样一个问题，在亚特兰大奥运会上来自最小的代表团的一个移民运动员，是否应当从奥林匹克比赛中驱逐出去，因为他讨厌地冒犯了将带领代表团进场的体育官员，从他手中抢走国旗，于是，展开了一场运动场上场下公平概念的比较：

“奥林匹克章程的原则性条款强调了‘公平竞争’的重要性，‘公平竞争’在仲裁庭看来无论是对于训练过程来说还是比赛过程来说都同样适用。这样的比较不是毫无意义的。”④

所以有权改变或推翻与公平竞争相反的规则或实践这一原则是非常重要的。在雅典奥运会上，一个临时仲裁庭表述：

“CAS 总是有权否决任何体育协会的规则，只要这些规则使他们组织的领导缺乏诚信或该规则与正当的程序不一致。基于这种考虑，申请人都主张裁决缺乏正当程序。如果这些被证明是真的，帆船比赛规则（Rules of Sailing）将被用来解决这个争端。”⑤

在雅典奥运会上的另外一些案例中，CAS 也数次强调了自然正义和正

---

① 在该案中，“公正”被界定为“发展中的体育法”的一部分：*COC v IOC*，CAS 2002/0/73 at［14］.

② *AEK Athens v UEFA*，CAS 98/200，Reeb 2，［158］.

③ *AEK Athens v UEFA*，CAS 98/200，Reeb 2，［159］.

④ CAS OG Atlanta：005，Reeb 2，397，at p. 400，*Cap Verde. A v NOC CV*，CAS OG Atlanta 002，Reeb 1. 389 005.

⑤ CAS OG/04/009，［6. 8］.

当程序的重要性，它们都很好地被遵守。① 但是公平总是通过具体情况来定义。② 在决定暂停比赛资格之前往往没有要求开听证会，“对于呈阳性的兴奋剂检测结果的迅速地反应是合理的，其反映的指导思想是明晰的：体育运动的公共利益远胜于运动员的私人利益”。③

公正的原则被用来允许一名赛手向CAS起诉国际奥委会（IOC）的怀疑是不正确的决定，后者没有取消在一场滑雪比赛中使用兴奋剂的选手的所有的包括其他场次比赛的奖牌。仲裁庭说道：“这是很难想象的，还有比这种利益更加值得保护的事情：保障一名运动员公平地获得一枚奖牌。”④

第三条原则是体育规则的制定者必须忠于他们自己制定的规则。在雅典奥运会的一个案子中，仲裁庭认为：

“我们不满意国际皮划艇联合会（ICF）制定的规则，就这些规则我们已经提出意见，它们起草的方法与实践相悖离，甚至与积极地偏向与支持女运动员的价值取向相悖离。规则给那些管理者和被管理者以指引；如果规则过时或不再适用，必须进行合法化，而不应该被简单地忽略掉。”⑤

在同届雅典奥运会上的另一起案件中，国际马术联合会（FEI）的一封支持自己在仲裁程序中的立场的信件提到了涉及一个条文解释的内部讨论和决定，仲裁庭说：

“毫无疑问，仲裁庭必须强调对国际马术联合会规则（FEI）的解释和对任何体育组织规则的解释一样 ，都是法律问题。必须通过对这些规则的目的解释和文义解释来寻求规则的真实意图和效果，在这样做时，任何机构都不得在该规则已经生效之后，又再通过会议讨论或决议，来增加对这些规则的含义解释，而这些增加的内容是该规则原本并不具备的。仲裁庭必须强调，那就是在实践中，FEI（或者任何相似环境下的别的组织）必须遵守它制定规则时规则的基本含义，仲裁庭有权来最后决定这些规则的最终含义，

① 在该案（CAS OG/002，[65] and [66]）中，仲裁庭裁决：斯拉夫科夫斯先生（Mr Slavkov）有充分的机会来就对他的指控进行辩护。在另一起案件（CAS OG/04/009）中，仲裁庭裁定，裁判投诉委员会就上诉案件进行审理的过程中，要求希腊国家奥委会的准观察员回避，并没有违反程序正义原则。

② CAS CG Manchester 2002，02/001，Reeb 3，617.

③ CAS CG Manchester 2002，02/001，Reeb 3，[23].

④ *COC v IOC*，CAS 2002/0/373，[23].

⑤ CAS OG/04/008，[7.7]；*COC v IOC*，CAS 2002/0/373 at [23].

这又仅仅取决于瑞士联邦最高法院的矫正（如果可以作出矫正的话）（参见临时仲裁机构规则21条）。”①

在悉尼奥运会上，国际举重联合会（IWF）执行局决定暂停整个保加利亚举重队的参赛资格，因为在比赛中保加利亚有3名举重运动员被测试出尿样呈阳性。仲裁庭同意IWF反对兴奋剂斗争的目标，但是强调“实施体育纪律处罚时，必须具备法律根据，以及基本的、必要的合法性要求”。②

第四个原则是尽可能允许运动员参赛。如前面提过的，在佩雷兹案（*Perez*）中，仲裁庭解释了奥林匹克章程第46条的条款“谁改变了国籍”中包含无国籍人：

“在仲裁庭看来，‘改变’这个词应该被赋予一个更广的意义，其中应包括某个运动员成为无国籍人这种情况。如果一个文本能用两种方式去解释，仲裁庭在规则含义存在歧义时，会毫不犹豫地支持运动员，根据奥林匹克宪章他没有犯错甚至没有过失却获罪。‘改变’一词适用于描述从一种形式到另一种形式的转变，那就是从‘国籍’到‘无国籍’。根据古巴法提出的证据被提交给了仲裁庭，如果没有相反的证据，它将被接受。事实也确实如此。”③

在佩雷兹案二（Perez No. 2）案中，仲裁庭还陈述道：

“国际法上国籍的意义不是让政府对个人享有优先权，好像个人隶属于国家；也不是使那些统治国家的人将个人当作他们政策施行的工具 。这种考虑是一贯的，并在下面得到体现。佩慈先生在古巴受到过训练，但却离开古巴，并在七年后返回。作为报复，古巴不让他享有基本的民事权利，如行动自由和财产方面的利益，并反对佩慈先生在这种情况下参加比赛。古巴的这种观点是和奥林匹克章程的两条核心原则相违背的，那就是运动员的利益

① CAS OG/04/001，[4.9]．

② *Tsagaer v IWF*，CAS OG SYD 00，Reeb 2，658.

③ Olympic Charter，r. 46，para. 50.

是最根本的，奥林匹克竞技是运动员之间的竞争而不是国家之间的竞争。”①

国际业余游泳联合会（FINA）的规则没有清楚地表明，参加奥运会报名表上的截止日期是指参加全部游泳赛事，还是仅指这些游泳赛中的某项赛事的日期，而实践中是允许没在奥运会开始前报名而是在奥运会已经开始之后报名参加某项游泳比赛的，仲裁庭就将不确定的利益给了这种报名迟了的运动员，从而严格地保护了运动员的利益。

“可能这种实践操作有些宽松，或者相反，为了考虑到体育活动的多样性以及不同的国家体育奥林匹克委员会，又要求实践操作具有灵活性。但是如果存在什么变化，那应是采取经过慎重考虑的政策的结果，而不应是粗暴地拒绝一名不应被停赛和遭受责罚的运动员而得出的结果。”②

还有一点就是特定的协会和国家奥林匹克委员会在挑选运动员标准上都追求一个透明的政策，因为“挑选一个运动员的决定可能会给一名运动员带来一生的机遇”。③ 就这些标准进行的修改是没有追溯力的。④ 挑选程序是必须遵守的（*Watt v ACE*）。⑤

在雅典 AEK 竞技队诉欧洲足球联盟案中（*AEK Athens v UEFA*），仲裁庭坚持认为：“禁止武断或不合理的规则和措施，可以视为是体育法的一部分，”⑥ 尽管经过审查后，仲裁庭承认了该规则的效力，该规则禁止属于同一业主的多个俱乐部参加同一场比赛。⑦ 那些给予俱乐部（而不是球员）续

---

① CAS SYD 005，[44]；参见另一个例子：*Berchtold v SAL*，CAS 2002/A/361，Reeb 3，511. 支持运动员的参赛权利：*Troy Billington v FIBT*，OWG Salt Lake City 2002 005，Reeb 3，595（就 CAS 临时仲裁规则第 1 条对运动员上诉权利的限制问题进行的讨论）para. 24/25. 从表面证据上看，在运动员具有双重国籍的情况下，为哪个国家奥委会出赛，是运动员自己的选择权利：*PRABF v USAB*，CAS 94/132 Reeb，1. 53. 但是，国籍改变之后的等待期的规定是合理的：*B v FIBA*，CAS 92/80，Reeb 1，497.

② CAS OG Atlanta 001 Reeb 1，377，para. 15.

③ CAS 2000/A/278 *Chifa v JASF* Reeb 2，534，[10].

④ CAS 2000/A/284 Reeb 2，542.

⑤ CAS 96/153 Reeb 1，335.

⑥ Reeb 2，103 at [157].

⑦ CAS 98/200.

签雇佣合同的一定权利的规则被认为是违反体育法的。[①] 与那些规定不相称的惩罚措施的规则也是违反体育法的，[②] 那些不是从违规运动员违规当日起计算禁赛期的规则也是违反体育法的。[③]

在反兴奋剂一案中，严格责任原则的基础是公平竞赛与诚实取得比赛结果的理念。在严格责任原则下，甚至是无意服用了违禁药物都应受到惩罚，[④] 因此，对于运动员来讲，不存在声称他是错误标签、受到污染的存储物品或错误建议的受害者的辩解了。[⑤]

“在这一案件的争议中，无辜的体育运动员对体育的信赖，比运动员对医生和教练的信赖更重要……在起跑线处一名服用了兴奋剂的运动员就是一名服用了兴奋剂的运动员，而不管这种结果是否因他们的医生和教练所致。”[⑥]

正如在奎格理诉国际射击联盟一案中（*Quigley v UIF*）所描述的：[⑦] “竞赛的变迁发展，就像那些生活多变一样，可能会因某种偶然因素或是某个不负责人的过失而引起很多种类的不公平，对此，法律是无法提供补救措施的。”

仲裁庭继续总结道：

---

① *Apollon Kalamaria v Morais*（CAS 2004/A/678）; *W v FEI*, CAS 90/A/246, Reeb 2, 505,［31］.“仲裁庭注意到，这是体育法的基本原则，而且获得了正确的承认：处罚的严厉性必须与违规行为的严重性程度成比例”, at p. 381. 只有在体育联合会采用的相关规则违反了法律的基本原则，或者这些规则的适用是武断的，或者这些规则规定的处罚是过分的或不公平的情况下，CAS 才会对该项处罚进行干预：*FIN v FINA*, CAS 96/157, Reeb 1. 351,［22］.

② *M v AIBA*, CAS OG 96/006, p. 415,［15］; *V v FLS*, CAS 2001/A/318,［16］. 但是，在该案中，对兴奋剂违规行为的终身禁赛被维持。

③ *Millar v VCI*, CAS 2004/A/707.

④ 在该案的裁决书中，严格责任原则被描述为正在形成的体育法的一部分：*COC v IOC*, CAS 2002/0/373,［14］. 在下列案件中，对该原则有清晰的分析：*L v IOC*, CAS 2000/A/310,［21］－［26］; *N v FEI*, CAS 94/126, Reeb 2, 137. 严格责任原则对赛马和人类同样适用，参见：*H v FINA*, CAS 98/218, Reeb 2, 325. 严格责任原则对教练也是适用的：*V v FINA*, CAS 95/150, Reeb 1. 265.

⑤ 但是也有相反的观点，参见 S. Foddy and M Clayton, *Why we should allow performance enhancing drugs in sports*（2004）38 *BVJ Sports Law* 666－670; N. Cox, *Legalisation of Drug Use in Sport*［2002］*International Sports Law Review* 77－78.

⑥ *D v FEI*, CAS 2002/A/432, at［44］.

⑦ CAS 94/129,［14］－［15］.

“不会对其余所有运动员人为地制造一种不公平，而去弥补对个别运动员的偶然的不公平，这应该是一个值得称赞的政策性目标。”

在这种情况下，大多数人的利益应当重于个人的利益。

还有更多的务实的考虑。当所有关键性的事实只有运动员知道时，要证明他故意违规是困难的。为了证明兴奋剂是否确实提高了比赛成绩是很有必要援引有关专家的证言的。对运动员的主观心态或资格而提起诉讼将破坏决赛的最后结果，也会对一些体育机构的预算造成极大的破坏。从这些积极的原则如无罪推定、自然正义、工作的权利，以及一些消极的原则，如限制贸易或不正当竞争行为中所得出的基本的抗辩意见都被驳回了。欧洲人权法院坚持认为由于严格责任而构成违规的规定是不违背《欧洲人权公约》第6条第2款的（只要不是刑法中的定罪），① 最近，欧盟法院也承认这种违规行为的规定是符合欧盟条约中促进竞争条款的。② 尽管国际业余田径联合会仲裁庭的主席——罗恩斯·泰若斯第法官（Laurens Tarasti）持这样一个观点：如果有证据证明运动员实施了正当的注意和谨慎义务，在其身体内发现了液态违禁物质，就可以免受惩罚，③ 这一主张被CAS彻底地指责为是一种谬论。④ 也不应该仅仅对技术问题注意过多。⑤

“如果仲裁庭对应接受检验的人或马的尿样检测结果满意，如果样本的保管链条体系能够得到确认，不存在什么混淆问题，用来检测的仪器是良好的以及结果得到正确的解释，那么，就不应该不维持一项仅仅因为出现了违禁药物就中止比赛资格裁决的裁断，因为能够被证实的可能仅仅是一些程序的违反事件，而不是检测本身固有的效力问题。”

但是如果禁用物质的出现是由于第三方恶意行为的结果，运动员则可以

---

① *Salabiaku v France*, decision of October 7, 1998, para. 27 A114 - A.

② Case T - 313/02 *Mecca - Medina & Madjcen v FINA*.

③ Tarasti, “Legal Solutions in International Doping Cases: Sept 2000”.

④ *Baxter v IOC*, CAS 2002/A/376, [7] - [9].

⑤ CAS 98/184, Reeb 2, 197, [19]. 但是，如果有人被指控给赛马使用了兴奋剂，她并没有申请就马匹尿样检测呈阳性的结果，再进行一次确认检测，她之所以没有申请，是因为她以为第一次检测的结果是阴性，没有人告知她呈阳性的检测结果，在这种情况下，不能视为她已经放弃了申请第二次检测的权利，*P v PEI*, CAS 98/184, Reeb 2, 197, [23] - [24].

要求解除强加于他的举证责任的负担。①

但是这种严格规则却可能因为一些其他考虑因素而被扭曲，成为了一种对运动员的报复措施。首先，CAS要求严格责任标准必须清楚地表达在规则中。

“反对兴奋剂的任务艰巨，其需要严厉的规则。但是该规则的制定者与实施者亦应当一开始就严格约束自己。可能影响献身于体育的运动员的职业规则必须具有可预见性。它们必须出自真正的有权机构之手。它们必须是通过合法的有效方式制定的。它们不能是由不透明的程序制定的。运动员与体育官员们面对的不能是互有歧义甚至自相矛盾的规则——这种规则多年来恐怕只为该领域少数的内部人士所熟知。”②

例如，在1998年长野冬奥会中，CAS恢复了弯道滑雪板加拿大著名选手罗斯·雷巴利亚蒂（Ros Rebagliatti）的金牌，他的尿样检测因为吸食大麻而呈阳性，因为在当时有关的规则中，大麻不是禁服的药品——虽然现在是的。③ 但是，CAS运用的是“国际奥林匹克委员会遵循的基本原则和在反兴奋剂和提高体育道德问题中所依赖的基本原则以及相应的义务”，其效力胜过国际奥委会对他们某个规则的解释：“该规则禁止吸毒的运动员在反兴奋剂的奥运会上获得任何奖牌。”④此外，还有一些要求国家和国际体育联合会让运动员们注意它们的法律的义务。⑤

其次，规则的制定者应当确立违法行为的“合理满意”（“Comfortable Satisfaction”）的构成要件。⑥

第三，在有些比赛中运动员被证明由于药物而得到了预期的效果，这种

① CAS 2000/A/281 Reeb 2，410，［16］．但是存在着第三人恶意行为的抗辩。*FEI*，CAS 91/56，Reeb 1.93，［4］．

② *Quigley v UK*，CAS 94/129［34］．“致力于反兴奋剂这一重要斗争的体育组织，有义务定期更新兴奋剂药物清单的信息，并充分地传达给运动员和他们的教练，避免由于信息的含糊不清而出现错误。”参见 *AOC v ABUA*，CAS 2/99，［29］．

③ CAS OG/2 Nagano. 规则制定者有义务制定清晰的规则：*C v FINA*，CAS 96/149，Reeb 1.25，［34］．*R v IOC*，CAS OG Nagano 002，Reeb 1.419.

④ *COC v IOC*，CAS 2002/0/373，［51］．同时参见 *B v IJF*，CAS 99/A/230，Reeb 2 39.

⑤ *C v FINA*，CAS 96/149，Reeb 1.25，［32］．

⑥ *CB v FEI*，CAS 2001/A/337，at［26］；*KIG v IOC*，CAS 98/208. 该术语首次出现在裁决书中。

与比赛有关的制裁与运动员的前途应该有一条明确的界线。对于后者而言，所有的因素都应该被考虑，其中，运动员的过错程度是最重要的一点考虑因素。

到今天为止，悉尼奥运会上最有争议的事件是对一名罗马体操运动员拉杜坎（Raducan）的个人全能金牌的取消。该运动员在2000年9月21日的比赛后进行了兴奋剂检测，测验出尿样中含有伪麻黄碱成分。① 国际奥委会执行委员会决定取消她女子个人全能赛的资格，并且撤回了她的金牌。仲裁庭认为：

“反兴奋剂的法律认为服用兴奋剂是一种对严格责任的违反行为，这意味着构成服用兴奋剂的违法行为是不需要主观上的故意因素的，在尿样中检测出含有禁药成分就已经足够了。”

因此根据奥林匹克体育运动反兴奋剂法案（Anti－Doping Code）第3条第3款，拉杜坎被认为构成了服用兴奋剂的违法行为。该法案规定：

“比赛期间任何服用兴奋剂的行为将自动导致比赛既得结果的失效（一切结果，包括任何既得的奖牌和奖品），不论是否还有任何能适用的其他制裁。”

根据此条款，仲裁庭说明如下：

“该条款支持自动取消资格的严格后果——为了保证对其余运动员的公正，取消胜利者的金牌这可能有些苛刻……这就是为什么如下因素被认为是不相关的，例如运动员的年龄（她9月30日满17岁），她的体重，所需的药物（除了程序需被遵守外，还有其他药物可以用，如果服用禁服药物要求是为了身体健康），药物可能没有起到产生兴奋效果的事实，体操运动员对医生的信赖，但是，这些因素在决定取消参赛资格外，是否还给予其他处罚时会予以考虑。”②

---

① CAS OG（Syd No. 11），Reeb 2，665. 一般性论述，参见R. McLaren，*Doping Sanctions*：*What Penalty*［2002］*International Sports Law Review* 23.

② 兴奋剂违规中取消资格与处罚措施之间的区别，参见*C v FINA*，CAS 94/141，Reeb 1.25. 主张从轻处罚的情况的例子，参见L v FIFA，CAS 2003/A/312（涉及诺龙（nandrolone）的一起案件），［44］－［47］. 同时参见*H v FIMA*，CAS 2000/A/281，Reeb 2，410；*AOC v AHF*，CAS A3，A4，99，Reeb 2，587；*N. J. Y. W. v FINA*，CAS 98/208，Reeb 2，p. 24. 不具备主观故意也可以减轻处罚（［24］），如果负责球队管理的人员就具体食物的生产途径进行分析，并认定该食物是安全的时候，也可以从轻处罚（［43］）。

在A诉国际足球联合会一案中（*A v FIFA*），[①] 仲裁庭强调了关注运动员个人权利的重要性，并给他或她以机会来证明认为自己出于过失或故意是有误的，以此来逃脱停赛的惩罚。仲裁机构提到了停赛“非常清楚地会影响运动员相关的荣誉和社会地位，以及对他以后的发展来说都是一种耻辱”。[②] 但是，“无意识地吃喝或无意识地对身体补充能量的摄入，该补充能量对运动员身体出现禁服药物起作用，这是经常发生的事”，更不用说“真实的异常的因素”能证明暂停按正常时间比赛是合理的。[③]

第四，运动员的基本权利必须被尊重。[④]

基于以上几点，一部体育法的几个部分是应首先考虑。在体育竞技中，不应仅仅实现实质公平，也应实现形式上的公平。仲裁庭坚决维护禁止属于一个业主的几个俱乐部在同一比赛中出场这个规则，仲裁庭说：

“足球中诚实比赛（integrity）的理念，对真实性的需要以及结果的不确定性之间的联系是从体育和经济的角度出发的”，至于比赛的真实性：

“有一个核心，就是在公众的理解范围内，个人比赛或是整个一场锦标赛必须是最好的运动员，最好的技术，最好的教练和对手最熟稔的技能都具备的一场真实的比赛……这种特殊的要求是体育应固有的自然特性。”[⑤]

诚实和公平竞赛的观念，还影响了国际羽毛球联合会（IBA）规则的制定，该规则规制了那些改变体育国籍的运动员的转会等待时间。[⑥]

还存在着这样的问题：法律应不应该全面干预体育活动？笔者认为，这不是一个想不想的问题，而是一个不可避免的问题。体育，曾经是一种娱乐活动，如今成为了一种职业，不仅仅是个人的名誉，还有国家的名誉都在比赛结果中面临身败名裂的危险。对于观赛者和参加者来说，体育即使不是他们生活的主要部分，也可能是他们的专业。在这种情况下，法律人有一种义务，而不是一种选择，他们应当试图把一种秩序和公正带入体育活动。在那个有价值的实践中，体育法的发展将是一个极为重要的部分。

---

① CAS 2000/A/317. 同时参见 T v FIG, Case 2002/A/385,［8］.

② 参见 CAS 2000/A/317［5］－［37］.

③ *IAAF v CAR*, CAS 2003/A/48［11］－［12］.

④ A. Rigozzi, G. Kaufmann－Kohler and G. Malinvirri, *Doping and Fundamental Rights*［2003］*International Sports Law Review* 61.

⑤ AEK Athens v UEFA, CAS 98/200, Reeb 2, 38,［24］－［25］. 该裁决禁止由同一个所有者所有的俱乐部球队参加同一场比赛。

⑥ Advisory Opinion CAS 98/215（IBA）Reeb 2, 698.

有全球体育法吗？[*]

肖·福斯特 著[**] 肖 浩 译 郭树理 校[***]

Is There a Global Sports Law?

Ken Foster

法律是如何来调整各个国际单项体育联合会的呢？对于这个问题的分析取决于另外一个相对狭小的问题，即是否存在一个叫做国际体育法（international sports law）的确定概念。这篇文章在“国际体育法”和“全球体育法”（global sports law）之间做出了区分。国际体育法可以被国内法院适用，对比而言，全球体育法则意味着主张免受国内法的约束。从理论上来讲，这是一个各国际单项体育联合会继续其自治的借口，是一个拒绝国内法律体系和国际体育法干涉的声明。因此，它反对用一个法律规则来调整国际体育运动。

一、前言

体育运动的全球化已经将法律规则的焦点越来越集中地落到了各国际单

* 原文标题为“Is There A Global Sports Law”，原载《娱乐法》（*Entertainment Law*）总第2卷第1期（2003年春季号），第1-18页。原文电子版下载地址：http：//www2.warwick.ac.uk/fac/soc/law/elj/eslj/issues/volume2/number1/foster.

** **作者简介**：肖·福斯特（Ken Foster），英国华威大学（University of Warwick）法学院讲师。

*** **译校者简介**：肖浩（1982—），男，上海金茂凯德律师事务所合伙人，法学硕士；郭树理（1975—），男，湘潭大学法学院教授，法学博士，博士生导师。

项体育联合会（以下简称“国际体联”）身上。这些组织控制和管理着国际体育。他们有自己的规则和组织章程；他们做出的裁决可以对运动员的职业生涯产生深远的影响，也会产生重要的经济后果；他们是独立于国家政府之外的自治组织。关键问题是他们是如何管理，又是如何被管理的。尤其是他们主张法律诉讼豁免权，这在国际非政府组织中几乎是唯一的。1992 年，国际业余田径联合会表达了代表各国际体联的一个典型态度：当其因禁止布奇·雷洛兹（Butch Reynolds）参加国际田径项目而被诉至美国法院时，这项运动的管理机构答辩道：“对于我们的反兴奋剂工作，法院引发了许多问题。但我们要说的是，我们毫不在乎他们说了什么，我们有自己的规则，而这些规则是最高权威。”①

在这篇文章里，我提出一个问题，即法律是如何从根本上来调整各国际体联的。这个问题的分析取决于另一个相对狭小的问题，即是否存在一个叫做国际体育法的确定概念。我指出了“国际体育法”和“全球体育法”之间的一个区别。国际体育法可以被国内法院适用，相对而言，全球体育法意味着一种对于国内法享有豁免权的主张。有些学者使用“体育法”（*Lex Sportiva*）这个概念以一种肤浅的方式来描述随着体育法的全球化而发生的变化。我认为“体育法”应该对等于“全球体育法”。因此，正如明确“全球体育法”强调它是各国际体联要求继续自治的托词一样，“体育法”是一个要求国内法律体系和国际体育法不干涉的主张。由此可见，它反对用一个法律规则来调整国际体育运动。

二、国际体育法和全球体育法

首先，有必要对“国际”和“全球”体育法这两个概念加以区分。国际法处理国家间的关系，所以国际体育法被定义成国际法原则在体育领域的应用。纳夫兹因格（Nafziger）就认为：“由于其裁决和法纪制定过程的权威性，国际体育法既是一个体育法的问题又是一个国际法问题。”②他明确地

① 国际业余田径联合会的副主席对于他们为什么拒绝承认美国法院关于 Reynolds v. IAAF［1992］841 F. Supp 1444，1452（S. D. Ohio）一案的判决的解释，引自 J. B. Jacobs and B. Samuels，*The Drug Testing Project In International Sports*：*Dilemmas In An Expanding Regulatory Regime*，Hastings International & Comparative Law Review 18（1995），557，583.

② J. Nafziger，*Global Sports Law* Marquette Sports Law Journal 9（1999），225，237.

将国际体育法看做是国际法的一个分支。对他来说，国际体育法的一个主要方面是它采用万民法（*jus commune*），即国际法的一般原则。

然而，国际体育法比那些只能从国际公法推理出来的原则要广，包括了其他的“法治”保护条款，这些条款在体育运动中是举足轻重的。这些还包括在大多数西方民主国家中得到宪法保护支持的原则。做个临时的列表的话，可能要包括这些清楚明确的规则：在纪律程序上的公平聆讯；裁决不是任意独断的或非理性的，以及毫不偏倚的裁判过程。这些都是可以从国内法院对体育法案件的判决中推断出来的一般法律原则。

相比而言，全球法也许可以暂时定义为一种由管理国际体育的民间的全球性机构制定的跨国自治的法律制度。它的主要特征是：首先，它是一种契约性规则。它的约束力来源于有关服从各国际体联的职权和管辖的协定。其次，它不受国内法律体系的管辖。它可能真的是——用图博勒（Teubner）的话来说——一个“没有国家的全球法”。① 它是由各国际体联的规则及其解释所产生的跨国法律规范创制出的一套自成一类的原则。这是一种独立的法律制度，它是在全球范围内自治的。这也就暗示着各国际体联不能由国内法院或是一国政府来管辖。他们只能由他们自己的国际机构或是由他们自己创设或承认的外部机构来进行自我管理。另一方面，他们享受了一种外交式的法律管辖豁免权。

国际体育法和全球体育法的这种区别还体现在由休廉（Houlihan）提出的，国际化体育和全球化体育模式的不同上。② 他认为“国际化体育”就像国际法一样，根深蒂固地以国家为基础。国际化体育运动通常由国家补助金提供资金，并有一个全国性的规则框架来管理。

相比而言，“全球化体育”拥有国籍模糊或是无根的（rootless）参赛队，正所谓“体育无国度”。就像在职业公路自行车赛或 F1 赛车中一样，这里的参赛队是以赞助商来命名的。全球化体育具有统一的运动形式，以降低其国家传统和地方差异。这些体育运动依赖的是商业赞助而非国家提供的基金。休廉由此总结出两种不同的规章制度：

全球化体育可能因其规制的最小化或是一种自我管理的模式而成为一种

---

① C. Teubner (ed.), *Global Law Without a State* (Andover: Dartmouth, 1997).

② B. Houilhan, *Governance*, *Globalisation and Sport*, paper presented at Anglia Polytechnic University LLM Sports Law Seminar, November 1991.

典型；而与此同时，在国际化体育中，国家地域化的地区（如欧盟）的许可证颁发、证书和训练体系则可能产生一种由不同制度体系和“良好管理”模式组成的拼凑物。①

休廉的这种国际化和全球化体育的区别建立在赫斯特（Hirst）和汤普森（Thompson）的理论基础上。他们认为一个国际化和一个全球化经济体之间存在着一个区别。② 对他们来说，一个国际化的经济体以一个全世界体系为特征。在这个体系中，国家经济体是占支配地位的，并且首要的组织形式是牢固地安置在单个国家经济体中的跨国公司。这些特征允许了对这类公司的规制被置于一个国家框架内或是由上述国家的机构为基础的国际化区域内。另一方面，一个全球化的经济体将不同的国家经济体纳入到一个“自治化的、脱离社会形式的”全球经济中去了。这就使得对于那些真正的无根据的、行动无拘无束的跨国公司的管理和规范从根本上成为了一个难题。

国际化和全球化体育之间明显的区别表明他们是不同的概念，需要加以细致的分析。而将这两个概念合并成叫做“体育法”（Lex Sportiva）的单个概念，是误导人的，尤其是把体育法的全球化过程中所发生的变化描述成Lex Sportiva，暗示着各国际体联可以合法地免受国内法律体系的规制，也就允许了各国际体联如国际奥委会或国际足联的民间管理机制，是不承担法律责任的，除非是那些由同样的民间管理机构建立的和承认的仲裁体系确立了其责任。

三、体育运动的国际管理

各国际体联制定创设了他们自己的一般规范。他们在全球范围内使用一套独立的规章制度。在这个意义上，他们是独立于国家之外的法律多元管理制度。因此，他们可以说创制了“体育运动的国际管理”。来自这种国际管理的规则有没有一个明显的特征呢？能否把这些规则称为“体育法”（*Lex Sportiva*），这样他们就应该免受国内法律制度的管辖了呢？各国际体联是否真的拥有一个明确的依法自治范围来让他们管理体育运动？要回答这些问

① B. Houilhan, *Governance*, *Globalisation and Sport*, paper presented at Anglia Polytechnic University LLM Sports Law Seminar, November 1991.

② P. Hirst and G. Thompson, *Globalisation in Question* (Cambridge: Cambridge University Press, 1999).

题，需要对用于这个领域的各个定义做个细致的分析。

适用于体育运动的规则可以分为以下四类：

1. 竞赛规则。每项体育运动都有其技术规则和比赛规则。这些通常都是由各国际体联建立的。这是体育运动的本质核心。在竞赛中，他们被定义为不可挑战的。

2. 体育道德原则。这些规则不是技术形式的，而是管理公平、诚信问题的，并涵盖了通常被称为的“体育精神”。无论体育协会何时被诉至法院，这些一般原则会派上用场。它们代表了一个具有自己特征的不同的“法律”规则，这些独特性可以具体到每一项体育运动。但这是一种内部的“特别法”（*Lex Specialis*），而非独特的全球性的，甚至连由各国际体联管理和实施的那些规则也不一定是。

3. 国际体育法。这是对自动地适用于体育运动的一般法律原则的接受。按照这条路线，将一些基本的保护措施，如正当的法律程序和公平听证的权利等纳入体育运动中去，并成为了体育运动中的“法律规则”。

4. 全球体育法。这个定义将从各国际体联的规章制度中提炼出的原则描绘成一种民间的契约性规则。他们是独特的、唯一的。

竞赛规则

首先要有竞赛规则的存在，没有规则就没有竞赛本身。这些用来比赛的一致接受的规则的存在是体育运动的精髓和根本。对各国际体联的这些技术规则的管辖和管理是分离的。一个外部的法律制度不会在体育运动中创设技术性和基本的内部规则。从本质上讲，竞赛规则是毫无意义的，是任意专断的。如果说在足球比赛规则中规定，必须按照一种确定的方式射门才算得分；或是在橄榄球中规定，持球触地得四分，那么这块领域的规定就是不容挑战的。

这些内部自我设定的规则是体育运动的基本要素。但是否这就使得它们成为不可侵犯的呢？传统的观点认为确实是这样的。竞赛规则和各国际体联的其他规定的区别原则上是明显的，但是在实践中并不一定容易区分。1996年亚特兰大奥运会时，体育仲裁院就在其一份裁决书中尝试过将两者划清界限。① 这是个有关一名拳击运动员被取消资格的问题，因为他一记低位的出拳违反了规则。仲裁庭描述了一条传统的理论，即“在法院或是仲裁庭中

① Mendy v. IABA；OG. . Atlanta 006.

可以提起申诉的——法律规则——和不可提起申诉的——竞赛规则之间是有区别的”。[①] 然而，它承认这是种模糊的区别。更现代一点的理论是，由于其经济后果而在“高水平体育赛事”中忽略这种区别。[②] 这种观点认为，对于竞赛规则而言，并不自动享有法律豁免权。因为很难将它们与其他类型的规则区别开来。但是仲裁庭接受了“局限于对专断独行的或非法的”，[③] 或是违反了“社会规则或法律一般原则”的竞赛规则适用的司法复审权。[④] 这意味着即使是竞赛规则也不可能免受法律的审查。然而，在埃加诉海德案（Agar v. Hyde）中，澳大利亚高等法院在考虑当一个管理机构起草竞赛规则或是未能修改这些规则时，是否应该负过失责任。[⑤] 法院的裁决最终是认定不必负责。

体育道德原则

第二种独特的规则形式指那些，不甚严谨地讲，被称为体育精髓或体育精神或体育原则之类的东西。也许可以把这些称为正式体育规则背后的公正公平原则。从那些在大多数体育协会规则中普遍存在的“将体育引向名誉扫地的境地”或是相类似措辞的违规行为的规定中，可以看出对这类公平公正原则的反映。在这里，各国际体联正试图保留他们自己的管理范围，在他们看来这些是体育运动与生俱来的道德原则。这种规则形式至少包含了四种不同的因素：公平、正直、运动员风尚和“竞赛特性”。

1. 体育运动的一个关键因素是其结果的不确定性。为了保留这个异常关键的商业和竞技因素，创造公正平等的竞赛环境就显得十分必要了。一个明显的例子就是在赛马比赛中，通过负重的不同来给每匹马相同的获胜机会。至于在任一特定的体育竞赛中，究竟多大程度上采用这种机会均等，则只有通过必要的技术性专家评定才能决定了。而这样的技术判决通常被认为是超出了法院复查范围的。赛马训练师有时会抱怨他们的赛马做出了不平等的让步。在英国的赛马运动中设有障碍设置中心，这样一匹马在它可能参加的任何比赛中都必须采用其相应的等级，而且赛马竞赛规则中不允许对这种等级制度提起上诉。但是，如果蓄意制定一种等级制度，使其能从容地将偏

① Mendy v. IABA; OG. . Atlanta 006, para. 7.

② Mendy v. IABA; OG. . Atlanta 006, para. 8.

③ Mendy v. IABA; OG. . Atlanta 006, para. 11.

④ Mendy v. IABA; OG. . Atlanta 006, para. 13.

⑤ [2000] 173 ALR 665.

见与马匹联系在一起，这时法院是否可加以干涉呢?

2. 这些“体育原则”的第二个因素是体育中的诚实和正直。许多活动在体育圈外是合法合理的，通常是可以接受的；然而一旦纳入到体育圈内，就会变得令人无法接受了。对于裁判与参赛者之间就比赛进行的赌博，或是通过提供内幕而从出版商那里获取钱财等，这些可能会威胁到体育竞赛的廉正，由此在体育规则中是可以加以禁止的。兴奋剂管理规定有十分严格的标准，而这些用来证明具有服用兴奋剂违规行为的证据标准是低于刑法中的相关规定的。

3. 第三个因素是运动员风尚或是竞赛精神。这是指参赛的运动员在解释竞赛规则和理解这项运动时的一种良好的信仰。这样，即使一些确切的行为虽然没有在严格意义上触犯竞赛规则，然而，也有可能是“不公正”的，是违反了公平竞赛的精神的。而到底什么行为违反了竞赛精神，什么行为没有违反，就只能由那些参加过比赛的人才能区分和理解了。这是一种行内人士才懂的技艺，对一个行外人是不能适用的。

4. 第四个也是最后一个不同的因素是体育运动的特性。改变体育运动的技术性规则会产生深远的经济上和体育上的后果；也会因此而改变体育运动的本质特征。赛车运动就提供了这样一个例子。在这个领域里，有关技术性规范的规定可能比驾驶员的技术更重要。那么，对于这些规定的监管和变更就需要交给知晓体育特征的专家而非外部的审查了。

国际体育法

第三类规则就是我所称为的国际体育法。这是法律规则所普遍理解的定位。例如，体育仲裁院在一个最近的仲裁案中表示，他们包含了裁判法（Lex Ludica）的一些主要因素：

所有的体育机构，尤其是所有的体育联合会，必须遵守一般法律原则……当然，从各种各样的法律体系中的一些相似或共同的特征的诠释中引导出的一般法律原则，尤其是，禁止任意专断或非理性的规则和措施被认为是这种裁判法（Lex Ludica）的一部分。①

这些一般原则的渊源是什么呢？也许一个答案是，这些原则是国际习惯法——万民法（jus commune）的一部分。梅腾斯（*Mertens*）将这些原则列

---

① AEK Athens & Slavia Prague v. UEFA（Court of Arbitration for Sport 98/200；award 20/08/99）para. 188.

了个清单，比如说，“约定必须遵守（pacta sunt servanda）、[①] 平等、比例原则、个人责任原则、禁止不当得利、情势变更原则（*the doctrine of clausula rebus sic stantibus*）”。[②] 这些都是各国际体联无法忽略的普遍法律原则，它们可以也应该由任何有管辖权的法律机构加以执行；它们的普遍特性意味着各国际体联并不能按他们所希望的那样自由随意地适用或诠释这些原则。他们的自治权是受限制的。

全球体育法

最后一种规则包含在“全球体育法”之内。这是一块用来创制那些具有社会和法律约束力的新规范的唯一特别之地。这个空间的存在理论上是以其能够证明各国际体联能够制定其自己的规范为基础的。这些新规范体现在各国际体联的实践中，体现在他们的规则和管理规定中。我把“全球体育法”这一术语局限于这些规范中。而“全球体育法”的存在必须具备以下所有情形：

1. 存在一个具有合法性的管理权力的机构来管控国际体育运动。通常来讲可能是而不必一定是一个国际体联。然而这个机构的立法权能有必要创设出规范性的基础，即给那些制定的规则加上社会责任。

2. 存在一个解决争端的全球性管辖机构。这需要一个国际仲裁的外部体系，或者是在临时仲裁的基础上，或者是在机构仲裁的基础上。这个机构必须具有全球性的管辖权，并且可以全方面地适用“国际体育法”。

3. 全球体育法具有一些明确的、独特的规范。而这些规范只能是来源于各国际体联的习惯和实践。在跨国的大环境中，他们需要极大地普遍化和一致化才能具有效力。

4. 但他们并非一套比较法的原则：引用体育仲裁院的话说，他们是“从各种各样的法律体系中的一些相似或共同的特征的诠释中引导出的一般法律原则”。这是包含在国际体育法之中的。

5. 全球体育法制定了受到国内法院尊重的“豁免体系”。它确定了明确的区域，也不要求得到国内法律体系的具体承认或者批准。这是因为它所固有的跨国性。它操作起来是作为对国内法院的一个体制上的指令，指出是那些全球性原则承认了全球体育系统的自治权。因此，鉴于国际体育运动的这

① 协议具有约束力。

② 协议因根本情势的变更而被废除。

种情况，它宣称这是一块国家不能或不愿管理的领域。

体育法

从根本上区分国际体育法和全球体育法是极其紧要的。近期，许多学者为“国际体育法”的特征争论不休，因此有些人将其描述为“体育法”(Lex Soprtiva)。① 这个用法引起了困惑，它将我所定义的“国际”和“全球”体育法合而为一，并掩饰了一个事关各国际体联能否被允许自治的关键性政策抉择问题。

例如，一本最近的体育法教材的一些作者就有提及这种体育法的观点。② 其中一位值得大家尊敬的作者是比洛甫（*Beloff*），他是一位杰出的律师和体育仲裁院的仲裁员。他认为体育法具有“与生俱来的国际特性”，因为它的“规范基础”是各国际体联的组织制度。③

比洛甫的体育法包含了三个主要因素：

它具有由各国际体联的规则和实践形成的跨国规范；它具有一套独特的法律理论，并有一些体育仲裁院主张的与国内法院不同的法律原则；还有，它在体制上是独立于国内法院之外而自治的。

这意味着比洛甫将体育法视作全球体育法的一个样本，只是没有用这个术语罢了。“体育法的规范基础并不是来源于任何主权国家之间的条约，而是来自于各机构之间的国际协定。许多这种机构都在体制上独立于他们国内的政府。”④ 这也正好体现出全球体育法——作为一个能自我制定规则的契约性民间制度与国际体育法——作为一个可能在体育运动中适用的，由国家

---

① M. Beloff, T. Kerr and M. *Demetriou*, *Sports Law*（Oxford: Hart, 1999）；又见 A. Caiger and S. Gardiner（eds.）, Professional Sport in the EU: Regulation and Re – Regulation（The Hague: Asser Press, 2000）, 301 – 3，他们在该文中提到了一种“不同的体育法”。麦克雷恩（Maclearn）指出，这是一个“由体育仲裁院临时秘书长马提奥·里鲍（Matthieu Reeb）在第一本关于体育仲裁院的裁决的法律文摘上创造出来的术语，该文摘汇集了有关 1983 – 1998 年期间体育仲裁院的裁决”。“The court of arbitration for sport: an independent arena for the worlds sports disputes”, Valparasio Law Review（2001）, 379 at fn. 11. 而图博纳（Teubner）引用了1990年的资料，G. Simon, Puissance sportive et ordre juridique etatique（Paris: 1990），而注释3中，图博纳同样也使用了上述资料，“‘Global Bukowina’: Legal Pluralism in the World Society”.

② Beloff, *Kerr and Demetriou Sports Law*（Oxford: Hart, 1999）.

③ Beloff, *Kerr and Demetriou Sports Law*（Oxford: Hart, 1999）, 4.

④ Beloff, *Kerr and Demetriou Sports Law*（Oxford: Hart, 1999）, 5.

之间的条约构成的制度——之间的区别。

比洛甫进一步看到了这种全球体育法，即体育法（*Lex Soprtiva*）的独特性反映在体育仲裁院正在形成的法律理论上。在体育领域存在一家全球最高权力代理机构——国际奥委会。比洛甫宣称国际奥委会适用的法律原则是一套自成一类的原则，这些原则是无法在别处找到的。也就是说这些原则并不是从国内的法律体系中推导出来的。因此，也不能通过国内的法院来实施。同时也暗示了国际法中也没有这些原则。这也是全球性法律的特征。

如同其国际性和独特性一样，比洛甫也认为体育法的作用是在体育领域中划定职权范围。他认为正是那些根本原则——体育法的"基石"——许可了"在体育运动中裁决制定机构的自治权"，并在法院和各体育联合会之间建立了一种"体制上的均衡"。① 也就意味着国际体育界是一个国家无法进行管理的地方。

因此，比洛甫意味深长地指出了国际体育法和全球体育法之间的区别。"国际体育法具有与生俱来的国际特征"是由比洛甫提出的一个诠释性主张。但是分析起来，他把国际性规范和跨国性规范合并到单个模糊的术语中去了。② 无论其使用的"国际体育法"反映出了那些具体到体育体制上的独特的、本源的原则，而正是那些跨国性规范使其具有了全球法的特征；还是将"国际体育法"视为国际公法的一个分支，像其他分支一样享用同一种渊源，如果仅仅是因为这对于自我管理问题非常重要的话，都要求更加明确到底在哪里不同。

比洛甫主张"国际体育法"远不止仅仅是各国内规范的聚合体。这意味着有一个特别的、不同于其它的法律体系的存在。他认为"国际体育法"制定了一套在别处没有的自成一类的原则。他似乎想声明这些原则在理论上的独创性，并将之归于一类全球法，而不是将其看作是可以在国际法的其他地方找到的类似的原则，或是这些类似原则的反映。

但是，当比洛甫列举"国际体育法"的渊源时，他似乎暗示"国际体育法"就是与其他分支一样享有同种渊源的一个国际法的分支。③ 对这些设想成自成一类的原则做个细致的分析就会发现，它们是一些国际法在一个新

---

① Beloff, *Kerr and Demetriou Sports Law* (Oxford: Hart, 1999), 4.

② Beloff, Kerr and Demetriou Sports Law (Oxford: Hart, 1999), 5.

③ Beloff, Kerr and Demetriou Sports Law (Oxford: Hart, 1999), 217 -20.

领域应用时所熟悉的范例。它们是一些国际律师所熟知的、相互独立的而又可以确认的法律根源。如此，作为一套独一无二的规范的体育法似乎消失了。

对比洛甫来讲，除非通过一个独立的机构，否则“国际体育法”教义上和理论上的原则不可能得到充分的发展。没有一个国际体育法院的话，就不会有独特的法律理论，而没有这些法律理论，比洛甫认为，也就没有真正意义上的国际体育法了。因此，承认体育仲裁院是“国际体育法”的首要法律渊源是比洛甫理论的一个关键特征。然而，这又是一个全球体育法的特征。

比洛甫同样认为“国际体育法”的根本原则，即基础规范（Grundnorm），是各国际体联具有裁决制定程序的自治权。这种观点认为民间机构的内部事务具有司法豁免和排除外界干涉的权利。他的这番描述暗示着在机构内部存在一些让渡处理，一种“在国际体育法中规定的体制上的均衡”。正是这些处理方式让国内法院不会或不能对其干涉。而究竟是如何达到这种平衡的，那就不甚清楚了。是国内的法院自己已经承认了各国际体联的自治权呢，还是国际法律制度规定了这种“体制上的均衡”呢？比洛甫似乎想指出，给“国际体育法”下定义的终极意图是“其核心是一种独特的国际性的组织原则规则，规定了非政府的体育组织的有限的自治”。[①] 这再一次是对全球体育法的描述。综上所述，比洛甫采用了全球体育法的一些具体特征（独特的规范、独立的机关解释、体制上的自治权），然而在某种程度上，又把这一法律分支描述成与国际体育法是一致的。

如同商法（Lex Mercatoria）的体育法（Lex Sportiva）

因此，对于其究竟是国际体育法还是全球体育法，比洛甫的体育法（Lex Sportiva）是模棱两可的。他的体育法内涵丰富，暗示着他是支持在国内法律体系的审查之外出现一个自治法律制度的。鉴于此，从分析的目的来看，我假定他所描绘的体育法正是我所定义的全球体育法。

体育法（Lex Sportiva）援引了商法（Lex Mercatoria）的概念，这显然

① Beloff, Kerr and Demetriou Sports Law (Oxford: Hart, 1999), 6.

是通过了深思熟虑的。商法拥有悠久的历史和丰富的文献资料。① 对于商法这个概念包含了什么内容，至今仍没有一个达成一致的看法。但似乎至少含有以下三个关键要素：

商法的规范是由商务合同的国际习惯和实践形成的，而且这些实践已经标准化了。作为一种争端解决途径，仲裁被认为是优于司法诉讼的，并且商法含有排除国内法适用的规定和条款。

这三点要素或多或少与上文所列的比洛甫采用的体育法的三点核心要素相似。由此，似乎可以设想使用体育法这个概念所要面临的理论上的难题反映出了那些已在关乎商法的文献中广泛讨论过的问题。

这些文献强调了关于商法本性的两个基本问题：其一，一个仲裁员能否依据一独立于任何国内法律体系之外的法律原则来处理一个国际争端？其二，若上述问题的答案是肯定的，那么商法的这些独特原则又是如何获得他们的法律约束力的呢？

第一个问题意指在国内法律体系之外还存在着一些独立的一般原则。这是已经得到了承认的。其中一个表述包含了以下原则，“约定必须遵守、平等、比例原则、个人责任原则、禁止不当得利和情势变更原则”。② 然而，这是一些并不能完全独立于国家体系之外的一般原则。可能有人认为这些是国际惯例法的原则，而国内法院可能是有义务或是有权自由裁量来适用它们的。也可能有另外一些人认为那只是些对比起来，在所有的法律体系中都包含的原则的简单结合。无论这些观点的地位如何，他们都没有将这些原则视为将优于国内法的独立之法律原则。

这个问题的另外一个提法是：一个仲裁员可否依据独立于任何国内法律体系之外的商法来处理一个国际争端？可以明确的是，一件仲裁案的当事人

---

① 这方面有大量的文献资料。一些初涉性研究有 H. - J. Mertens, *Lex Mercatoria: A Self - Applying System Beyond National Law?* in G. Teubner (ed.), Global Law Without a State (Andover: Dartmouth, 1997); K. P. Berger, *The New Law Merchant and the Global Market: A 21st Century View of Transnational Commercial Law*, International Arbitration Law Review 3 (2000), 91; A. F. M. Maniruzzaman, *The Lex Mercatoria and International Contracts: A Challenge for International Commercial Arbitration*, American University International Law Review (1999), 657.

② H. - J. Mertens, *Lex Mercatoria: A Self - Applying System Beyond National Law?* in G. Teubner (ed.), Global Law Without a State (Andover: Dartmouth, 1997), 36.

会同意将他们的争端交由任何准据法来调整，如果该准据法是他们意图指定或默认的话。其中可能就包含了将争端交由“一般法律原则”调整的合意。然而，这样一份仲裁判决书如何得到执行呢?只有在做好了承认仲裁的合法有效性的一个国内法律体系的机关中才能得到实践。国内法律体系必须使得商法有效。

第二个问题是商法是如何获得其约束力的?国内法是否有必要将其视为正统的法律渊源而使其合法化，或是契约当事人可否提交仲裁时合意排除国内法而只适用商法，又或是在国内法律根源和当事人意愿之外，适用其他的法律呢?最后一个可能性也是最有可能的是，商法作为独立于任何国内法律体系的任何合法根源之外的一个自治的法律制度而得到适用。

正如图博纳（*Teubner*）所指出的，商法的最终效力必须以对民间规章制度可以制定法律的承认，以及因此对法律多元论——即并非所有的法律制度都是由国家制定——接受为基础。① 这种多元论认为一个自治性法律制度产生于跨国网络商务实践。但是，正如图博纳进一步指出的，这产生了“契约自设效力的悖论”。这种法律或是规则之所以有效是因为我们一致认同其效力。因此，商法这一民间制度的效力并非逻辑上必然地来自契约合意。

这种悖论以外的一种说法是“封闭的巡回仲裁”。这是指一个程序，即在一个自治体制定的带有程序规则的全球民间制度中，首先要求指定争端在那些由民间制度创设的或建立的民间机构内解决。正是这个程序使此巡回具有了封闭性。另外一个避免这种悖论的方法是图博纳所称作的表面化：关于契约合意指定一个外部机构解决争端的方式，仍然留下了自我设定效力的问题。一个中立的仲裁员判断适用商法的协议之效力乃是以该协议认可其权力为参考的。但是，图博纳认为这种表面化允许民间制度产生了它自我的“官方性和组织性”法律。而这种法律是不同于习惯规范的自发制度的，也是一个活跃高效的商法发展的必备前提。

比洛甫的体育法似乎与这个商法相似，同样地都忽略或是将效力问题最小化。这种民间契约制度是如何又是从何获得其合法性的呢?

---

① G. Teubner (ed.), *Global Law Without a State* (Andover: Dartmouth, 1997), 15.

四、全球体育法及其自治权

这一部分处理全球体育法作为一个自治性法律制度的问题。各国际体联必须不断地以其他理由来主张其不对国内法律制度负责，而非以存在一个自治性体育法律制度为基础的。这个要求法律自治权的主张，如上文所述，是以国际法原则为基础的，并采用了若干的形式。这里有四点主要的论据：

第一，这个主张最普遍也是最大胆的表述是各国际体联是不承担法律责任的。这更像是1906年至1980年的英国贸易联盟，他们的所有行为都得到了司法豁免。各国际体联的这种豁免权既来源于他们的国际性，也来源于他们的管理特性。国际奥委会就是一个拥有众多这种国际习惯法中的外交豁免元素的国际体育联合会。国际奥委会操作起来的确像一个类似国家的机构，而按照国际法的理念，当然不能在国内法院里对一个国家进行审判。

在一件由于美国奥委会决定不派队参加1980年莫斯科奥运会，以此作为对苏联入侵阿富汗的抗议而引起的诉讼案中，美国法院默认了国际奥委会的国际地位，即将其视作一个平等的国际法人。① 美国奥委会的权力来源于其1978年《业余体育法》。该法表示美国奥委会是代表美国"作为其国家奥委会参与到国际奥委会当中"。② 这种措词意味着这场诉讼的程序是有一个平等的国家原告参与的一次国际协商。该法既没有创设也没有认可美国奥委会的法律权力，而宁可承认其现存的直接来自于国际奥委会的职权。法院的判决如下：

国会必须认识到一个国家奥委会乃是国际奥委会的产物。国家奥委会必须遵守国际奥委会的规则，并从国际奥委会——奥运会唯一的所有人——那里获得其权力和职权。

国际奥委会的这种"国家原告"地位也包含在其规章里边。奥林匹克宪章第一条就规定国际奥委会是"奥林匹克运动的最高权威"。第九条第二款规定"关于奥运会的任何问题的最后权威属于国际奥委会"。至于国际奥委会是否具有国际法律人格在法律界仍有争议。③ 它自我定义为一个国际非

---

① Defrantz v. USSOC [1980] 492 F. Supp 1181.

② 1978年《业余体育法》(Amateur Sports Act), s. 375 (a).

③ D. J. Ettinger, *The Legal Status of the International Olympic Committee*, Pace Yearbook of International Law 4 (1992), 97, at fn. 83.

政府组织。国际法主体（即国际法律人格）的经典定义是具有在国际事务承担法律责任的能力和与其他国际法人（例如国家）交往的能力。国际奥委会无疑是能满足这些标准的。另外，在国际奥委会的所在地，瑞士联邦议会立法赋予了国际奥委会一个特殊的法律地位，即承认其为国际机构。但是，其他国际体育如国际足联的类似申请则没有这么确定了。

第二，比完全豁免更受限制的主张是各国际体联的规定具有优越性。他们创设了规范内部连接的等级制度以保证他们对于事关国际体育运动的每个人每件事都有管辖权。这就转变成主张他们自己的管理规定优先于国内法，而运动员们应对这些规则而非其所属国法律负有基本的义务。正是这种主张让法律多元理论家对体育法（Lex Sportiva）产生了兴趣。几乎在所有的法律多元主义的例子中，一个国家中存在着若干平行法律制度的主张最终都会转变成一种默认或明确的承认，即承认是由优先级的国内法律制度所在的平行领域允许了具有合法性的半自治领域的存在。而体育法则不同，它优于国内法，并使体育法人首要的是对国际体联的规则负责。按照这种分析，这是主张一个国际体联，作为国际机构，可以通过其规章制定全球性法律，并因此得到国内法院的承认并对其具有约束力。

然而，英国法院似乎不持这种观点。在 1972 年库克诉英足总（*Cook v. FA*）一案中，英法院坚决认为当国际足联被确认有限制贸易的行为的时候，不能用国际足联规定的“权威约束力”来对抗一国协会。[①] 1980 年，丹宁（*Denning*）勋爵在里尔诉霍德尔（*Reel v. Holder*）一案中讲道：“我们并不涉及国际法或是主权，我们只关乎国际业余田径联合会的规则解释。”[②] 怀斯（*Wise*）和迈耶（*Meyer*）在他们的研究中，总结道：

联合王国法院不承认国际的、欧陆的或是国内的体育运动管理机构具有政府或类似政府组织的地位。他们既不承认这些机构具有也不授予这些机构任何国家主权或主权的或类似主权的诉讼豁免权或是财产强制执行豁免权。[③]

这种冲突的压力使国家体育协会处于两难的境地。一方面，他们是其所

---

① Cooke v. FA, The Times, 23 March 1972.

② Reel v. Holder [1981] 3 ALL ER 321.

③ A. Wise and B. Meyer, *International Sports Law and Business*, Vol. 3 (Cambridge, MA: Kluwer Law International, 1998), 1478.

属国际体联的代理人和成员，理所当然地应当遵从国际体联的规定。否则将导致国际体联强加的制裁，即可能会导致停止或被开除出该国际体联。在体育界，对任何国内协会来说，这都是非常强大的威慑力和极其苛刻的惩罚；对这些国内协会管理下的运动员来讲，他们会发现被排除在国际竞赛之外了。另一方面，若不遵守国内法的话，将会引起与法院的冲突，并导致法院制度的反对。

第三，体育法被视为一种国内法院必须遵守的指令。它树立了全球性的标准和原则，而正是这些标准和原则勾画出了制定规章的权限的相关领域的轮廓。换句话说，它划分了法院和立法机关不干涉国际体联事务的界线，并延伸到了目前作为国际体联代理人的国内体育联合会的事务。美国法院拒绝干涉 1984 年洛杉矶奥委会项目时宣称：

一个法院应该对于运用国内法来改变奥运会的内容相当谨慎。奥运会是由一个国际协议——奥林匹克宪章来组织和管理的。我们对于用一个国内法来改变在那样一份协议下举办的拥有来自全世界的竞赛者的大赛是极其犹豫的。①

第四，各国际体联也主张他们的纠纷解决途径的自治权。他们试图拥有排他的管辖权，并阻止运动员采用国内法院途径来解决。他们使用各种各样的方法来达到这个目的。其中之一是在他们的章程中宣称其裁决具有“终局性和约束力”，且运动员最终不能向法院提出上诉。这就叫做体育“排他条款”。其二是在他们的规则中强制规定争端只能交由民间仲裁解决。这种仲裁渠道常常是通过在由国际体联建立的“独立”上诉机构，或是越来越多地在体育仲裁院内实现。这里，仲裁机构是否真正的独立，和仲裁条款的强制特性一样，可能变成一个法律问题。而上述两种方法中，运动员是否真正地赞成规章中这些规定也是一个法律问题。第三种方法是现在运动员参与国际竞赛的前提条件是签署一份协议书承诺不对国际体联提起法律诉讼。近三届奥运会都采用了上述这种弃权声明。这种策略的目的是在体育领域的管理中创造一个民间司法的地带，即在裁决制定过程中排除司法审查或干涉。它否定了运动员诉至国内法院的权利，让他们依靠国际体联自己的仲裁司法。他们主张只有通过国际体联创设的或是指定的仲裁庭，最好是体育仲裁院，才能得到公正。

---

① Martin v. *International Olympic Committee* [1984] 740 F. 2d 670 (9th Cir.).

五、结语

全球体育法或体育法的精髓在于它争取自律，争取民间制度的支配权和公正。这就提高了体育法作为一个法律概念被用来当作掩盖规制这一基本问题的可能性。商法在这里是个似是而非的对比。商法最终被认为是一个民间自治性全球法乃是因为它以合同为根基；而体育法则是以虚构的合同为根据的。尽管一个国际体联和一个运动员之间的关系名义上声称是契约性的，①但以社会学的角度来分析是完全不同的。一个强大的全球性国际体联——其在体育领域是垄断性的，没有给别的组织任何竞争机会——与单个运动员之间的力量关系对比是如此地不平衡，这样的法律关系显然不可能是契约性的。这更像是雇佣合同，形式上的平等掩饰了实质上的不平等，互惠的形式掩盖了不对称的关系。这种不平等让人误将商法作为了体育法发展的一个类比。

我的结论是从这样的问题中推断出来的：对于前文中所列举过的四类规则，国内法院可以用什么原则来干涉国际体联呢?

1. 竞赛规则，最好还是让其自律。因为它们是基本要素。这种本质特征使它们不受任何机构，包括国内法院的挑战。否则来自体育仲裁院的建议就会变得微不足道了。但是，各国际体联对因其正式的竞赛规则中所固有的危险而引发的可预见的损害负责也许是正确的，这是他们能够依法承担的风险。对这种过失的补偿是依靠赔偿，而不会对规则进行修改。我不是根据民间组织的自治权，而是依据竞赛基本规则的体制特征来证明这种自律领域是合理的。

2. 体育道德原则是自治的，并且不受国内法院的审查。因为最好还是将通常所谓的“竞赛精神”之间的细微差别当做一个技术性问题来对待。这就类似一种交易习惯或是惯例规范，这些当然可以由相关体育领域的专家独立于法院之外加以证明的。然而，这并非一种无限制的自治权。专断的行为会遭到反驳。而且对于因专横或非理性的裁决而引起经济损失，国内法院应当拥有管辖权。

---

① 尽管这一假设在 2001 年莫达尔诉英国运动员基金会一案（Modahl v. British Athletic Foundation），10 月 12 日那场未报道的二审过程中遭到了质疑，但是大多数上诉法院仍能找到单个运动员与其国家协会之间确已建立了一种契约性关系的证据。

3. 由国际体育法表述的法律规则的一般原则暗示了其对于国际体育运动的控制权。如果不是在各国际体联中合并了这些规则和实践，无论是跨国仲裁还是国内法院都必须适用这些原则。这些一般原则是不能排除的，甚至是达成一致的协议也不能。这种企图是无效的。

全球体育法，目前是存在的，正试图变成一个体育法（Lex Sportiva），即一个自治的跨国性法律制度。这将会使其受到国内法院的尊重。

但是，体育法要得到国内法律体系承认其自治性，必须具备一些前提条件，即一个全球性的体制机构，一个解决争端的全球管辖机构，还要有跨国的和唯一的规范。在以下三个原则实现之前，全球体育法还有一段路要走：

1. 大多数国际体联在他们管理的体育项目中具有垄断地位。在拥有管理国际体育的全球立法和体制上的权力之前，国际奥委会还有一段路要走。目前，体制上的规章制度仍不完善，规则的一致性还有待提高。

2. 体育仲裁院作为体制上的管辖地，同样没有得到全球范围的广泛适用。它因越来越独立于国际奥委会而得到过提高，也因此满足了图博纳的表面化原则。但是它仍然没有覆盖所有的体育运动项目。

3. 全球体育法的规范必须是唯一的。它们不能只是简单的国际公法的一般原则的合并，并就这些原则而得到独立的效力和应用。体育运动的法律规则也必须作用于体育运动本身而非来自各国际体联的实践。因此，体育法（Lex Sportiva）内容的唯一性不可能来自以上任一种渊源。这里需要一个不同的法学分支。除非体育法独立的合法性和有效性得到满足，否则，我们无法准确地得到所谓的全球体育法。到那之前，要由各国际体联来证明其自律性，体育法是一个危险的空谈。而这些危险正是他们的习惯和实践将被接受为合法的。那么，谁又能监督和管理监管者本身呢？

中国特色社会主义的宪法学解读

——以“国号”的分析为视角

欧爱民*

Constitutimal Analysis on Specific Chinese Socilism

——From the Perspective of Nation Name

Ou Aimin

摘　要：中华人民共和国是我国的国号，体现了全体中国人民建立新中国的理想、追求和实践，在不断继承、借鉴的过程中，其内涵愈发丰富，不但集中体现了中国社会主义的特色理论，而且彰显了自由、平等、人权、法治等现代普世价值，全面吸收了儒家学说等中国传统文化的精华，将之作为现代中华文化的最佳载体与象征物，乃实至名归。因此，在新的历史时期，从宪法学的角度深刻阐述我国国号的科学内涵，将之打造成为全体中国人民的共同价值追求与集体共识，对培养高度的文化自觉和文化自信，不失为一条全新的道路。

关键词：中华人民共和国　宪法学解读　文化自觉　文化自信

Abstract: In the process of constructing modern Chinese culture, we meed look for a suitable symbol and best carrier. The People's Republic of China is the name of our country, which reflects the ideal, pursuit and practice that all Chinese people build new China. In the process of costant inheritance and emulation, its connotation is more and more rich, which not only reflects the specific

* **作者简介**：欧爱民（1969—），男，湖南武冈人，湘潭大学法学院教授、博士生导师，研究方向：宪法学与行政法学。

theory of Chinese socialism, but also highlights modern common values such as freedom, equality, human rights and rule by law etc. The name of The People' s Republic of China has fully absorbed essences of Chinese traditional culture such as the Confucian doctrine etc. So it is worthy of the name to be the carrier and symbol of Chinese modern culture. Therefore, during the period of new history it is a new way to deeply elaborate the connotion of the name of our country in the view of science of constituotion, which can be common value pursuit and collective consensus of the collective Chinese people and is useful for training consciousness and confidence of culture.

Keywords: the Pepublic of China Constitution Interpretation Cultural Consciousness Cutural Confidence

培养高度的文化自觉和文化自信，实现社会主义文化大发展大繁荣是当前中国文化建设所面临的重大课题，也是提升中国软实力的重要途径。文化自觉是指对自身文化有自知之明，并对其发展历程和未来有充分的认识，是文化的自我觉醒、自我反省、自我创建。文化自信是指对自身文化价值的充分肯定和对自身文化发展的坚定信心。中华人民共和国是我国的国号，它不仅鲜明地表达了新中国成立的划时代意义，完整、准确地表述了新中国的国体和政体，并且体现了全体中国人民建立新中国的理想、追求和实践。经过六十多年的发展，在不断继承中华传统文化，借鉴西方先进思想的基础上，中华人民共和国名称所蕴含的内涵愈发丰富，也为中国文化建设开启了一个全新的视角。全面诠释国号的科学内涵，将之打造成现代中华文化的载体与象征物，使之成为全体中国人民的共同价值追求与集体共识，并从中探索出培养高度文化自觉、文化自信的一种新路径，不仅是中国文化建设的一项重要内容，也是我国学者，特别是宪法学者义不容辞的学术使命。

中华人民共和国名称的内涵博大精深，可以从不同角度进行阐述，下面仅从宪法学的角度，按照“共和国”、“人民”、“中华”的顺序阐述其科学内涵，为重塑中华文化的自信心提供智力支持。

一、共和国

“共和国”这个词大家耳熟能详，但很少有人去思考、追问究竟什么是“共和国”。“共和国”犹如一个熟悉的陌生人，虽然经常被人提及，但知音难求。梳理共和的思想源头与历史沿革，其独特而丰富的内涵难以完整述说，它既是人类的一种理想，更是一种精神；既是一种理念，更是一系列的制度体系；既是一种政体，更是一种强调公益和美德的政治模式；既是一种公共哲学，更是现代国家的一种生活范式。可以说，共和思想涵括了人类所有的信仰、道德、梦想、眷恋、希望、企盼、感情、向往、期待与憧憬。① 归纳而言，其纷繁复杂的内涵体现为政治、经济、社会三个层面，亦即政治共和、经济共和、社会共和。

（一）政治共和——公

从政治上而言，共和国的最大特点就是“公”：一是就国家的性质而言，共和国必须是“天下为公”，摈弃“天下为私”；二是就国家的价值追求而言，共和国必须秉持“公平正义”的基本理念；三是就国家权力的运行而言，共和国必须坚持“公开透明”的原则，践行信息公开制度，定期向人民汇报工作。

1. 天下为公

天下为公包括如下三层含义：一是共和国为全体公民所共有，亦即“天下，非一人之天下也，天下之天下也”。对此，柏拉图指出：“城邦就是我们（公民）大家的，所以它也被称为共和邦或共和国。”② 共和制与君主制的首要区别在于主权的归属。在君主制国家中，国家的政治、经济、文化、军事、外交一切大权都由一人掌握，可谓是“私天下”、“家天下”，“普天之下莫非王土，率土之滨，莫非王臣”就是其真实的写照；但在共和国，国家的一切权力来自人民，人民主权原则得以确立。因此，在共和国中，政府不是自足的权力主体，而是受委托的权力代理者。“只有真正自下而上授予的权力，只有表达人民意志的权力，只有以某种得以表达的基本共识为基础的权力，才是正当的权力”。③ 在实行君主制的国家中，皇权是“万世一系，永永尊戴”，而在共和国中，选举制、任期制是不可或缺的重要制度。因此，民主是共和的必要条件，共和国必须是民主共和国，但共和

---

① 戴激涛：《共和精神与宪政中国》，载《法制与社会发展》2005 年第 5 期，第 34 页。

② 储建国：《柏拉图的经济共和思想》，载《南京审计学院学报》2010 年第 1 期，第 60 页。

③ 张凤阳：《共和传统的历史叙事》，载《中国社会科学》2008 年第 4 期，第 92 页。

中的民主是受到节制的民主。正如麦迪逊一再告诫的那样，“一个选举的专制政体并不是我们争取的政府”，① 如果不对民主加以设防，人们就不得不吞食一枚毒树之果——暴政。“君主当权、贵族当权可能会谋私，难道平民当权就不会谋私吗?”这一古典共和主义的千古追问至今仍然是振聋发聩。

二是共和国应以公益为本。从词源学上讲，“共和”的意思相当于公共财富或公共利益（commonwealth or common weal）。② 按照西塞罗的经典定义，一个政治体系若在“公法”和“公益”的基础上聚合民众，并将国家当做一项“人民之事业”来治理，便可称为共和国。③ 因此，建立共和国的目的就是维护公共福祉，追求“全体公民的最大幸福”。亚里士多德认为管理国家与管理家庭的区别在于其所依据的正义是“以公共利益为依归”，他还按照当权者的施政取向，把政体分为“正宗”和“变态”两种。“凡照顾到公共利益的各种政体就都是正当或正宗的政体，凡那些只照顾统治者们的利益的政体就是错误的政体或正宗政体的变态”。④ 我国革命先行者陈独秀在《爱国心与自觉心》一文也阐述道：“国家者，保障人民之权利、谋取人民之幸福者也。不此之务，其国也存之无所荣，亡之则无所惜。”⑤ 因此，“公共利益”本位应贯彻于共和国所建构的每一项制度，参与国家治理的公民应当将公共利益摆在优先地位，绝不能假借公权来满足私欲、争夺私利、中饱私囊。⑥ 当然，共和国对公共利益的强调，并非要刻意抹杀和牺牲个人利益，因为公民的基本权利与自由是共和国最重要的公共利益。保障公民权利与自由有利于人们幸福生活的改善、善良道德风尚的维持、民族素质的提高、国家的长治久安、社会经济文化的繁荣。如果一个国家不尊重与保障人权，那么它就严重偏离了公共利益所设定的正常轨道。

---

① ［美］汉密尔顿等：《联邦党人文集》，程逢如等译，商务印书馆1980年版，第254页。

② ［美］路易斯·亨金：《宪政·民主·对外事务》，邓正来译，生活·读书·新知三联书店1996年版，第12页。

③ ［古罗马］西塞罗：《论共和国 论法律》，王焕生译，中国政法大学出版社1997年版，第39页。

④ ［古希腊］亚里士多德：《政治学》，吴寿彭译，商务印书馆1965年版，第135页。

⑤ 雷颐：《启蒙与儒学：从维新到五四》，载《读书》2010年11期，第20页。

⑥ 陈晨、王军：《民主、共和与宪政：含义及其实现方式的变迁》，载《宁夏大学学报》2008年第6期，第56页。

三是共和国必须公私分明。相对于“私人事务”（res privata），共和国（republic）一词来自于“公共事务”（res publica），其本意是指不同于公民在家庭生活等私人生活领域之外的公共事务领域。这表明，在共和国，国家的权力仅仅局限于公法领域，国家不能突破应有的界限，干涉本属于公民私人领域的事项。因此，共和国有两个泾渭分明的法律领域——公法领域与私法领域。私法领域属于公民自治的范围，一切应贯彻意思自治原则，让公民凭借自身的努力谋求自身幸福，实现自己的人生价值。因此，在私法领域，公民是“法不禁止即自由”；在公法领域，国家应贯彻公共利益优先原则，为每个公民的日常生活与自由发展提供一个良好的政治、经济、社会秩序以及一个公平的竞争秩序，并及时纠正公民滥用权利的行为。当然，国家还应建立一套完善的社会保障制度，确保每个公民能过上符合人格尊严的基本生活。但共和国对公权力不抱一丝不切实际的幻想，而是清楚认识到在为人民服务的同时，政府也是侵害公民权利的最大威胁者，因此要想方设法拴住政府的手脚，通过完备的法律为其划定一条不可逾越的红线，只有在得到法律的明确授权时，政府才能“有所为、有所不为”，因此，在公法领域，国家机关是“法无明确规定者皆禁止”。

2. 公平正义

天下为公，意味着共和国必须是中立的，对所有人都要一视同仁，不能厚此薄彼，更不能歧视“弱势群体”，因此，公平、正义应是共和国最重要的价值追求。正义分为普遍正义与个别正义，但在共和主义眼中，制度是基础性的，因此普遍正义是第一位的。公元前325年，亚里士多德考察了希腊158个城邦的政治法律制度，完成了鸿篇巨著——《政治学》，在他看来，最大的制度正义就是创立一个良好的城邦，确保国家的和谐稳定，让每一个公民过上幸福、有尊严的生活。亚里士多德认为存在着一条适用于一切政体的公理，即在所有政治体系中都必定是两种重要因素之间的平衡。他把这两种因素描述成质量（quality）和数量（quantity）。质量包括由显赫的财富、出身、地位和教育等所产生的各种政治影响，而数量则纯粹是指由人数所产生的影响。① 因此，一个好的政体应该是融合“君主制、贵族制、平民制”于一体的混合政体，如果一个政体只是考虑一部分人的利益，就必须会陷入

① ［古希腊］亚里士多德：《政治学》，吴寿彭译，商务印书馆1997年版，第210页。

历史循环的周期中，正如西塞罗所言："国家统治权就像一只球，僭主们从国王手中攫去，贵族或人民从僭主们手中抢走，寡头集团或暴君又从他们手中夺回，结果没有一种政府形式长盛不衰。"① 波利亚认为罗马等共和国之所以能政治稳定，长盛不衰，奥秘在于他们创立了兼容执政官、元老院和平民大会诸因素的"混合均衡政体"。其中的执政官体现了君主的因素，贯彻了权威原则；元老院体现了贵族的因素，贯彻了智慧原则；平民大会体现了民主因素，贯彻了参与原则。现代共和国也无不是一种新型的混合政体。例如，在英国这个议会之母的故乡，通过光荣革命建立的议会制君主立宪政体，同样是一个典型的混合政体，即由英王、上议院和下议院彼此牵制和影响形成一个政治的共同体；在议会制外，政党和内阁融和了议会的权力形成了一个合力的制度模式。② 这种能较好平衡各方面利益的混合政体确保了英国的长治久安与繁荣富强。

Republic 除指"共和国"、"共和政体"外，还指"任何其成员享有平等权利的团体"，因此，平等也是共和国最基本的价值追求。亚里士多德宣称：公民是平等者，每个公民都有权参与公民大会，都享有投票和担任公职等方面的平等权利。③ 卢梭指出："社会契约在公民之间建立一种平等，公民受同样条件的约束，并且享受同样的权利。因此从契约的性质来看，要求主权约定，即一切真正的普遍意志约定都平等地约束或惠及所有公民。"④ 孟德斯鸠认为："在民主政治下，爱共和国就是爱民主政治；爱民主政治就是爱平等。"⑤ 但在古典共和国中，平等是和公民身份联系在一起的，但在当时"公民身份是一种令人觊觎的地位，一种倍加珍惜的特权"，⑥ 因此，只是一部分社会精英拥有公民身份，而妇女、非自由人、未成年人、外族人

---

① 转引自胡筱秀：《国体与政体之间的关系研究——兼论人民政协制度的定位》，载《政治与法律》2010 年第 9 期，第 77 页。

② 转引自胡筱秀：《国体与政体之间的关系研究——兼论人民政协制度的定位》，载《政治与法律》2010 年第 9 期，第 79 页。

③ ［古希腊］亚里士多德：《政治学》，吴寿彭译，商务印书馆 1997 年版，第 46 页。

④ ［法］卢梭：《社会契约论》，何兆武译，商务印书馆 2003 年版，第 4 页。

⑤ ［法］孟德斯鸠：《论法的精神》（上卷），张雁深译，商务印书馆 1987 年版，第 41 页。

⑥ 转引自张昌林：《共和主义公民身份问题及其出路》，载《南京社会科学》2010 年第 3 期，第 66 页。

不属于公民的范畴，丧失了享有平等权的资格。在现代共和国中，公民的范围不断扩大，普通民众都获得了公民的资格，都有权参与对国家政治、经济、社会事务的管理。我国非常重视平等问题，现行宪法明确规定：中华人民共和国公民在法律面前一律平等，任何公民享有宪法和法律规定的权利，同时必须履行宪法和法律规定的义务，并且在性别平等、民族平等等方面取得了举世瞩目的成就。

当然，共和国倡导的平等是以承认合理差异为前提的。共和主义不是平均主义，并不要求每一个人都应享有同样的幸福、同样的利益、同样的快乐和同样的希望。有些人富裕些，有些人贫穷些；有些人职务高些，有些人职务低些，这是共和国所乐意见到的社会常态。就像没有高原山峰，就没有河流一样，消灭差异，就会窒息自由，整个社会就会变成“一潭死水”，失去前进的动力。因此，共和理念下的平等与自由是形影相随的，具有特定含义：一是强调形式平等、机会平等，所有人应当在政治地位、法律权利方面一视同仁；二是政府可以基于实质平等的理念，在权利配置上对弱势群体进行倾斜，但不能超越必要的限度，腐蚀自由社会的基石。

3. 公开透明

在传统的君主制国家中，为了维护自己的专制统治，统治者无不推行愚民政策，国家事务总是被披上一层神秘的面纱，普通民众无权、也无法窥视国家事务，否则就是“窃取国家机密”、“妄议国事”。但在共和国，人民的事业是国家的最高目标与行为准则，普通民众是国家的主人，国家机关只是人民的办事机构，国家工作人员只是为人民服务的公仆。“仆人是不能向主人保密的”，因此，在共和国中，国家事务的公开透明乃应然之义。政务活动的公开化，或者称作政治活动的透明度，是共和国的一个重要特征。因此，“共和”所展示的政治舞台，本质上是一个“任何东西都可为人所见所闻”的透明空间。① 对于共和国必须践行“公开透明”原则，列宁曾精辟地指出：“这个政权对大家都是公开的，它办理一切事情都不回避群众，群众很容易接近它。”“新政权是大多数人的专政，它完全是靠广大群众的信任，完全是依靠不加限制、最广泛、有力地吸引全体群众参加政权来维持的。丝毫没有什么隐私和秘密。”人民共和国是人民的政权，它大公无私，

① ［美］阿伦特：《人的条件》，竺乾威译，上海人民出版社1999年版，第38－39页。

光明磊落，没有任何东西向人民群众隐瞒，因此应该在最大限度范围内实行国务活动的公开性和透明度。①

在我国，所有的国家机关都是服务机关，所有的政府岗位都是服务岗位、所有的公务员都是服务员，因此，为人民服务、向人民负责是任何国家机关及其工作人员的法定义务，相对应的，公民就享有知情权。“阳光是最好的防腐剂，手电筒是最好的警察”，我国必须采取强有力的措施，切实推行党务公开、政务公开、村务公开。

（二）经济共和——共

在当前学者和大众的一般理解中，共和只具有政治的含义，其实这是一种误解，既是对马克思主义的误解，也是对西方共和传统的误解。经济与政治密不可分，政治安排必须包含经济安排。除在政治上主张“共有”、“共治”外，共和还推崇一种非排斥的经济，一种大家能够共有、共治和共享的经济，其目的是让每一个社会成员能够充分享有尊严的生活。② 经济共和包括经济资源的拥有、经济过程的治理和经济成果的分享三个层面的含义。

1. 共同拥有

经典共和主义认为，国家乃公器，为人民所共有，它能够保障人民的安全和幸福，同时也应拥有一些看得见的公共财产。即便是私人财产，从根本上来说，仍然是共同所有的。也就是说，法律上的私有并不能排除政治上的共有，为了公共目的，私有财产是需要受到限制的。③ 共和主义者之所以青睐公有制，是因为私有制容易加剧私欲和纷争，而公有制则容易培养好的品德，让公民产生同甘共苦的感觉，这是国家长治久安的条件；但公有制也有缺陷，亚里士多德认为：“凡是属于最多数人的公共事物常常是最少受人照顾的事物，人们关怀着自己的所有，而忽视公共的事物；对于公共的一切，他至多只留心到其中对他个人多少有些相关的事物。人们要是认为某一事物已有别人在管，他就不再去注意了。”④ 因此，共和国并不主张一种纯粹的

① 《列宁全集》第12卷，人民出版社1987年版，第287页。

② 储建国、贺东航：《经济共和主义视角下的地权改革——以林权改革为例》，载《开放时代》2009年第6期，第91页。

③ 储建国：《古希腊罗马的经济共和思想》，载《甘肃行政学院学报》2010年第1期，第48页。

④ ［古希腊］亚里士多德《政治学》，吴寿彭译，商务印书馆1997年版，第48页。

公有制，就是公有制最为积极的提倡者——柏拉图在《理想国》中也允许市场、商人的存在，公民还可以拥有私人财产。虽然共和主义者都允许私有财产的存在，但他们都是从共和主义的角度来看待私有财产的，认为私有财产必须有利于城邦整体利益，有利于全体公民的和谐共处，如果私有财产侵害了城邦的幸福，就得对之进行干预。① 例如柏拉图就不允许公民占有过多的私有财产，他主张通过各种方式将过多的财产征收上来，以充公共之需，或补偿穷人。② 由此可见，共和经济应该是一种“以公有制为主体，以私有制为辅助”的混合经济，在经济治理方面，主张计划与市场相结合的混合方式。

马克思、恩格斯继承了传统经济共和思想，认为有必要对经济进行公有化的改造，但必须在社会化大生产的基础上，并且还需要人性方面的条件。新中国建立之后，由于没有深入理解马克思主义所继承的共和传统，激进的社会主义改革使得我国经济建设一度陷入了亚里士多德所批评的公有化困境。③ 为了化解公有化困境，回归理性共和，我国进行了经济体制改革。首先，在所有制结构上，明确了“国家在社会主义初级阶段，坚持公有制为主体、多种所有制经济共同发展的基本经济制度”。其次，在经济运行方式上，规定了“国家实行社会主义市场经济。国家加强经济立法，完善宏观调控。国家依法禁止任何组织或者个人扰乱社会经济秩序”。再次，在私有财产保障上，规定了“公民的合法的私有财产不受侵犯。但为了公共利益的需要，国家可以依照法律规定对公民的私有财产实行征收或者征用并给予补偿”。

2. 共同管理

共和国的目标是让所有人过上幸福、有尊严的生活，而幸福、有尊严的

---

① 虽然在资本主义初期，财产权被提升到神圣不可侵犯的地位，但20世纪以来，财产权的行使应当符合公共利益逐渐成为世界各国宪法的一项基本原则。例如德国魏玛宪法第153条规定：“所有权受宪法保障，其内容及限制，以法律规定之；所有权为义务，其使用亦同时为社会福利之役务。”《日本国宪法》第29条规定：“财产权的内容应适合于公共福利，由法律规定之。”

② 储建国：《古希腊罗马的经济共和思想》，载《甘肃行政学院学报》2010年第1期，第42页。

③ 储建国、贺东航：《经济共和主义视角下的地权改革——以林权改革为例》，载《开放时代》2009年第6期，第92页。

生活，必须要有基本的物质满足与精神追求，单靠自身努力是无法实现的，因此每个人都应积极参与经济活动，为共和国贡献力量。古典共和国是一个身份社会，就是让各个阶层的人们各守本分，做好自己擅长的事情。农夫种好耕地，瓦匠修好房子，织女织好布匹，花匠培育好花草，大家各司其职、各尽所能。在这种模式中，只有社会精英才有资格参与经济事务的管理活动，普通民众无权问津。在资本主义社会的初期，普通民众作为无产者，虽然在流通领域对自己的劳动力拥有不可辩驳的所有权，但一旦进入生产领域，他就从一个自由人变成奴隶，从商品所有者物化为商品，无权参与对企业的管理，从而出现了马克思所批判的劳动异化的现象。针对上述弊端，劳动力产权论——一种新的经济学理论应运而生。按照此一理论，劳动力属于生产要素，企业是劳动力资本与金融资本的联合体。普通民众虽然不是生产资料的所有者，但是劳动力资本的所有者，其有权参与对企业的民主管理和民主监督，并能通过一定的组织形式参与企业的生产经营、分配决策等活动。① 我国是社会主义国家，普通民众参与经济管理是我国宪法规定的一项基本制度。我国宪法第 2 条规定："人民依照法律规定，通过各种途径和形式，管理国家事务，管理经济和文化事业，管理社会事务。"第 16 条规定："国有企业依照法律规定，通过职工代表大会和其他形式，实行民主管理。"第 17 条规定："集体经济组织实行民主管理，依照法律规定选举和罢免管理人员，决定经营管理的重大问题。"

3. 共同享有

按照分享人群的多寡，可将经济分为一人独享的僭主经济、少数人垄断的寡头经济和大家共享的共和经济。经济共和的精髓就在于共同享有，其包括如下几个方面的含义：一是发展经济的目的是满足每一个人的需求，而非一部分人的需求。苏格拉底特意强调："除了满足每个人的需要之外，你们还能想到什么别的建立城邦的理由吗?"② 因此，共和经济必须是一种分享型经济，而非一种独占性经济。我国是一个社会主义国家，"发展为了人民、发展依靠人民、发展成果由人民共享"乃应有之义，如果经济发展了，

① 姚先国、郭继强：《再论劳动力产权——用"劳动力产权"概念超越"劳动力商品"概念》，载《学术月刊》2001 年第 3 期，第 57 页。

② ［古希腊］柏拉图：《理想国》，郭斌和、张竹明译，商务印书馆 1995 年版，第 58 页。

人们的生活水平却没有相应地提升，那么这样的发展道路就应当予以修正。二是共同富裕，反对两极分化。正如我国古代思想家管仲所言："贫富无度则失。"如果贫富过分悬殊，穷人就有可能受到富人的欺压，就会造成社会秩序的混乱。为了防止贫富差距过大，柏拉图认为任何公民在增益他财产的初期是不必加以制止的，等到他的增益已达最低业户产额的五倍左右时，就必须予以限制。除此以外，他还主张对奢侈品或豪华品征收特别的税收，保证没有谁拥有的财富能够腐蚀公共官员和欺压其他公民。① 现代经济学采用基尼系数来衡量一个国家与地区的贫富差距。如果基尼系数超过0.4，表明收入差距超越了合理的界限，分配制度需要进行修正；超过0.5，表明贫富差距悬殊，分配制度不公正，需要进行根本性改变。三是兼顾公平与效率。为了实现经济共和的理想，亚里士多德主张在效率与平等之间求得平衡。一方面，他反对纯粹公有的制度，反对均分财产的制度，认为这会增加那些有财产者的不满，最后大家只能共享贫穷。另一方面，他又反对贫富悬殊，反对经济垄断，认为这样会带来少数人的放纵，增加平民的怨愤，让城邦陷于分裂和冲突。他审慎考虑的结果是，通过扩大普通民众的政治权利的方式，确保城邦财富的分配呈正态分布，中间阶级能够占有城邦的大多数财富，而且两头的差距不能太大。②

在改革开放之初，鉴于当时物质相当贫乏的现实，我国提出了"效率优先，兼顾公平"的经济改革思路，这在特定的历史条件下无疑是合理的。但在经济发展到一定程度，贫富差距急剧扩大的当今，我们应更加重视经济公平的问题，确保普通民众共享改革开放的成果。长期以来，我们对企业经济效益的增长片面地理解为货币资本的投入，而忽视了劳动力资本的重要作用，亟需正本清源。党的十六大报告中明确提出"劳动、资本、技术和管理等生产要素按贡献参与分配"，为践履经济共和理念，实现共同富裕探索出新路径。将劳动力纳入生产资本的范畴，极大地提升了劳动者的经济地位，是现行分配体制的一次革命性转变。作为劳动力所有者与劳动力资本所有者，普通民众享有双重权利：一是作为劳动力的所有者，其享有劳动性收

---

① ［澳］佩迪特：《共和主义：一种关于自由与政府的理论》，应奇译，江苏人民出版社2006年版，第213页。

② 储建国：《古希腊罗马的经济共和思想》，载《甘肃行政学院学报》2010年第1期，第50页。

入，有权取得维持劳动力生产和再生产的基本费用，亦即工资；二是作为劳动力资本的所有者，其能分享企业利润，有权参与企业剩余价值的分配，亦即分红。①

（三）社会共和——和

政治共和、经济共和的目的就是达成社会的共和，社会共和包括和谐社会、和平主义、和而不同三层含义。

1. 和谐社会

和谐社会是人类孜孜以求的一种美好社会，也是中国人民不懈追求的一种理想蓝图。和谐社会是一个系统，它至少包括四个方面的内容：一是人与自然之和。人与自然的和谐是和谐社会的基础，一方面，人类的生存发展依赖于自然，同时人类所从事的一切活动又深刻改变着自然；另一方面，自然反过来通过自然灾害、环境污染、生态退化、资源耗竭对人类产生负面影响，制约人类的发展。正如恩格斯所言："不要过分陶醉于我们对自然界的胜利，对于每一次这样的胜利，自然界都报复了我们。"② 因此，基于长远利益的考量，我们应当尊重自然，改变片面追求经济增长的传统发展模式，更加注重人口、资源、环境、生态的平衡，实现人类社会的可持续发展。二是人际之和。"天时不如地利，地利不如人和"，人际之和是人们安居乐业、社会和谐的重要基础。这种和谐关系包括家庭中的"和睦"，邻里之间的"和顺"，上下级的"和敬"，商业的"和气生财"。因此，提升社会诚信体系，特别是重建政府威信、法律权威刻不容缓。在贫富差距扩大的现代社会，国家应特别关注弱势群体，使每一个人都能享有人格尊严，都能感受到社会大家庭的温暖。三是人与社会之和。各得其所、各尽所能、和谐相处是和谐社会所追求的目标，也是共和国建设所面临的重大课题。各得其所、各尽所能就是公民都能找到适合自己的工作，充分发挥自己的聪明才智，并能按照自己劳动的数量与质量得到合理的报酬，获得有尊严的生活保障。和谐共处包括社会阶层之间的和谐相处、民族之间的和谐相处，尤其是社会阶层之间的协调、合作、共赢。四是文化之和。和谐社会包括物质与精神两个层面，其中，和谐文化是和谐社会的凝聚力、向心力和感召力的源泉。对个体

---

① 姚先国、方浩江：《劳动力产权：分析角度、现状与趋势——劳动力产权问题研究评述》，载《江苏社会科学》2010 年第 2 期，第 66 – 72 页。

② 恩格斯：《自然辩证法》，北京：人民出版社 1971 年版，第 58 页。

而言，和谐文化潜移默化地影响着人们的思想和行为准则；对全社会而言，和谐文化体现着人们共同的价值观念，有着明确的价值导向作用。因此，和谐文化是构建和谐社会的不可或缺的软实力。在中国，儒家文化所提倡的“仁爱”、“中庸”、“和为贵”等理念蕴含着相当丰富的和谐思想，不仅可以极大地丰富社会主义和谐文化的内涵，而且可成为社会主义和谐文化的重要组成部分。因此，在社会主义和谐文化构建过程中，我们应充分认识到儒家文化的地位和作用，去芜存菁，将其融入社会主义和谐文化之中。①

2. 和平主义

在一个利益分殊的社会里，矛盾与冲突是不可避免的，也是很正常的。共和国高举和平主义的旗帜，要求各个阶级、阶层和利益群体放弃暴力、武器和强权，虔诚皈依于法律的统治，依照正义的程序与正当的秩序，采取磋商、谈判和妥协的方式来解决彼此的利益和信仰冲突。② 因此，共和国必须遵循公共性原则，设法寻找并确立和平解决争端的长效利益机制。西塞罗主张通过混合政体将平民声音纳入政治过程，并通过保民官来否定执政官侵犯平民利益的政令。亚里士多德则强调矫正的公正，企图通过个案解决的方式来消弭社会矛盾，维护社会稳定。在我国，随着改革开放的不断深入和利益格局的深刻调整，各种矛盾纠纷频繁发生，并且日益复杂化。对此，我国应首先畅通政治表达渠道，特别是畅通农民工等弱势群体的表达渠道，借助畅通的民意推动相关制度的完善，从根源上铲除不公正的土壤。现阶段，我国应重点完善选举制度、重大决策的民众参与机制。其次健全违宪审查制度、规范性文件的备案审查制度，通过制度化的程序废除不合理的法律与规范性文件。再次，采取行之有效的措施，建立包括诉讼、仲裁、调解在内的多元纠纷解决机制，及时有效地化解社会矛盾。

在国际事务中，共和理念更是推崇和平主义，反对战争或暴力的一切形式，主张通过非暴力的方式化解国际间的矛盾与冲突。早在春秋时代，我国思想家就提出了“协和万邦”的主张，认为“克明俊德，以亲九族。九族既睦，平章百姓。百姓昭明，协和万邦。”该主张描绘出实现国际关系和平

---

① 刘雅文：《儒家文化与和谐文化构建》，载《东北师大学报》2011年第4期，第238页。

② 戴激涛：《共和精神与宪政中国》，载《法制与社会发展》2005年第5期，第39页。

的路线图：首先将自己的民族事务处理好，继而将自己的国家治理好，进而使各国和谐相处。在新的历史条件下，和平、发展是当今世界的两大主题，所有国家更应和平共处，齐心协力，共同建设一个持久和平、共同繁荣的和谐世界。

3. 和而不同

“和实生物，同则不继”作为一种过程，“和”就是不同事物之间的协调，作为一种结果，“和”就是以差异为条件的地位不平等的事物所达到的一种状态；而“同”是“以同裨同”，其结果只能是单一事物的无限反复。正如同一音调不成音乐，单一的调料调不出美味一样，“同”只能导致事物的衰亡，“和”才是万物产生的本源和动力。① 因此，“和谐”的要义在于“和而不同”。从宪法的角度而言，“和而不同”就是尊重少数，提倡言论自由。

服从多数是现代民主社会的一项基本准则，但多数人的意志也不能压倒一切，依据共和理念，不管公民成员是少数还是多数，一旦背离公共目标，他们的利益要求归根到底是一种“私”。因此，坚守公共取向的“共和”治理之道，不仅要防范少数权贵仗势欺人，也要防范当家作主的多数民众飞扬跋扈，随意侵犯少数人的利益。② 对此，共和国必须建立一套防范机制，对民主的多数进行限制。最常见的防范装置主要有：一是将少数人的合理诉求上升为权利，并通过公正的司法进行保障；二是将特定少数人群列为重点保护对象，对侵犯其权利的立法进行严格审查。

言论自由是和而不同的必要条件。没有言论自由，公民的正当诉求不能表达，虽然暂时维持了社会稳定的假象，但当一切和平的发泄管道被堵塞时，它必然会强行爆发，并引发破坏性的社会地震。在日常生活中，人们总会有各种各样的不满、情绪、愤恨，如果公民享有言论自由，就可以在合法的前提下，将上述各种情绪宣泄出来，即使公民的意见得不到满足，也会感到很大的心理安慰，因此，言论自由是社会稳定的安全阀，能将社会冲突从

① 韩美群、万汉峰：《儒家贵和思想的哲学解读》，载《长沙理工大学学报》2010年第5期，第38页。

② 张凤阳：《在“民主”与“共和”之间——关于西方政制模式的一项逻辑分析》，载《南京大学学报》，2006年第6期，第39页。

暴力的水平提升到讨论的水平，[①] 能大大降低将不满情绪转化为非法、暴力事件的可能性。因此，在思想市场上推行计划经济模式，企图通过压制言论自由的方式实现思想统一，既是对共和理念的背叛，也是饮鸩止渴的短视行为。

二、人民

“公”、“共”、“和”体现了共和国所应当追求的普世价值，但是我国具有自己的国情与历史传统，六十多年前中国人民所缔造的共和国独具特色——人民性。共和国的人民性主要表现为三个方面：一是人民民主专政；二是人民代表大会；三是人民权利与自由。

（一）国体——人民民主专政

早在《新民主主义论》一文中，毛泽东就精辟地指出：“这个国体问题，从前清末年起，闹了几十年还没有闹清楚。其实，它只是指的一个问题，就是社会各阶级在国家中的地位。”[②] 我国的国体是人民民主专政，它包括两个方面：一是对人民实行民主；二是对敌人实行专政。对此，毛泽东在《论人民民主专政》一文中指出：“剥夺反动派的发言权，只让人民有发言权”，“对于人民内部，则实行民主制度，人民有言论集会结社等项自由权。选举权，只给人民，不给反动派。这两方面，对人民内部的民主方面和反动派的专政方面，互相结合起来，就是人民民主专政。”[③]

国外宪法学似乎有意无意地回避国体问题，但通过现象看本质，古今中外所有国家都存在“对谁民主，对谁专政”的理论与实践问题，只是表现形式不同或内容的侧重点有所区别而已。在西方政治思想史里，国体所蕴含的权力归属问题一直是以“人民统治”的话语存在其中。当然，在不同的国度、在不同的历史时期，“人民”概念内涵和外延都是不同的，但总的而言，人民的范围是在不断地扩张。例如，在古罗马，“人民”指的是奴隶主和自由民，不包括占人口多数的奴隶。在近代英国，“人民”也仅仅指有产阶级，因为当时英国是以财产的多寡来确定选举权，大多数人被排除于人民

---

① 欧爱民：《权利与原则：撩开说话的法律面纱》，载《河北法学》2006 年第 3 期，第 54 页。

② 《毛泽东选集》（第 2 卷），人民出版社 1991 年版，第 677 页。

③ 《毛泽东著作选读》（下），人民出版社 1986 年版，第 681 – 682 页。

的范围。直到1969年《人民代表法》通过后，英国才将选举权扩展到所有成年公民。在美国，黑人被长期排斥于“人民”的范畴，直到1963年《民权法案》出台后，黑人才和白人一样拥有选举权。①

同样，中国人民所创立的人民民主专政也不是一成不变的。在抗日战争时期，一切抗日的阶级、阶层和社会集团都属于人民的范围，日本帝国主义、汉奸、亲日派都是人民的敌人。在解放战争时期，帝国主义、官僚资产阶级、地主阶级、国民党反动派都是人民的敌人，一切反对这些敌人的阶级、阶层和社会集团，都属于人民的范围。在社会主义革命和建设时期，一切赞成、拥护和参加社会主义建设事业的阶级、阶层和社会集团，都属于人民的范围，一切反抗社会主义革命和敌视、破坏社会主义建设的势力和社会集团，都是人民的敌人。在改革开放的当今，各种新的社会力量不断成长，新社会阶层迅速崛起。共和国的政权基础和社会结构发生了深刻的变化，人民的范围也就更加广泛，包括全体社会主义劳动者、拥护社会主义的爱国者和拥护祖国统一的爱国者。② 尽管人民的范围在不断地调整与变化，但国家权力的抽象和终极归属——为人民所有始终没有变化，这正是我国国体——人民民主专政始终保持活力的奥妙所在。当然，随着社会主义民主的不断发展，人民范围的不断扩张，人民民主专政中“民主”的比重不断加大，“专政”的比重在不断降低，我国国体愈来愈显示出由“人民民主专政”向“人民民主”过渡的特征和趋势。③ 因此，我们应审时度势，及时将人民民主专政提升为“人民民主宪政”。

（二）政体——人民代表大会制度

早在两千多年前，亚里士多德曾精辟指出：国体的抽象归属是靠政体的具体形式来表达的。④ 当“人民统治”已经成为一项不证自明的政治公理以后，那么决定“人民怎样统治或人民以怎样的形式实现统治”自然成为一

① 胡筱秀：《国体与政体之间的关系研究——兼论人民政协制度的定位》，载《政治与法律》2010年第9期，第77-79页。

② 胡筱秀：《国体与政体之间的关系研究——兼论人民政协制度的定位》，载《政治与法律》2010年第9期，第77-79页。

③ ［古希腊］亚里士多德：《政治学》，吴寿彭译，商务印书馆1981年版，第173页。

④ ［古希腊］亚里士多德：《政治学》，吴寿彭译，商务印书馆1981年版，第173页。

项更为重要的选择。① 在我国，人民民主专政的社会主义国家建立以后，同样面临一个政权建设问题。毛泽东在《新民主主义论》中指出："没有适当形式的政权机关，就不能代表国家。"②

我国的政体是人民代表大会制度。人民代表大会制度就是通过民主选举，产生全国人民代表大会和地方各级人民代表大会，再以人民代表大会为基础，组成整个国家机构，实现人民当家作主、行使国家权力机关的政权组织形式。与西方国家的代议制度相比较，我国人民代表大会制度具有两大鲜明的特点：一是坚持中国共产党的领导。在西方，不管是总统制的国家，抑或议会制的国家，无不在议会实行政党政治，占多数席位的政党或政党联盟主导议题，反对党进行杯葛，相互攻防。新一届议会组成后，各政党可能会角色互换，但"你方唱罢我登场"的对抗性问政方式是不会改变的。我国的政党制度是中国共产党领导的多党合作，中国共产党是领导党、执政党，各民主党派是参政党，而非反对党，西方议会的政党政治模式并不适合中国。因此，在人民代表大会制度中，坚持中国共产党的领导是逻辑的必然。当然，党的领导只是政治领导、组织领导、思想领导，而非越俎代庖、包办代替。二是贯彻民主集中制，反对分权制衡。毛泽东在《论联合政府》中明确阐述道："新民主主义的政权组织，应该采取民主集中制，由各级人民代表大会决定大政方针，选举政府。它是民主的，又是集中的，就是说，在民主基础上的集中，在集中指导下的民主。只有这个制度，才既能表现广泛的民主，使各级人民代表大会有高度的权力；又能集中处理国事，使各级政府能集中地处理被各级人民代表大会所委托的一切事务，并保障人民的一切必要的民主活动。"③ 新中国第一部宪法——五四宪法第 2 条就明确规定："全国人民代表大会、地方各级人民代表大会和其他国家机关，一律实行民主集中制。"现行宪法——八二年宪法第 3 条规定："中华人民共和国的国家机构实行民主集中制的原则。"由此可见，人民代表大会制度是我国的基本政治制度，民主集中制是人民代表大会组织活动的基本原则。

政体是表达国体的外在形式，如果国体的内涵发生变化，政体就应及时

---

① 胡筱秀：《国体与政体之间的关系研究——兼论人民政协制度的定位》，载《政治与法律》2010 年第 9 期，第 78 页。

② 《毛泽东选集》（第 2 卷），人民出版社 1991 年版，第 677 页。

③ 《毛泽东选集》（第 3 卷），人民出版社 1966 年版，第 1005 - 1006 页。

做出回应。改革开放以来，虽然人民民主专政的阶级结构发生了很大的变化，但我国政体形式并没有随之进行相应的调适，存在一定程度的滞后性。当前，中国的改革进入了深水区，人民的利益需求日趋多元，各种利益博弈也越发激烈。人民代表大会的制度设计侧重于表达共和国中的“平民”因素，在“一人一票”的选举规则中，新兴社会力量、新型社会阶层、知识分子等精英阶层就可能存在“代表不足”的问题，因此，在新的历史条件下，有必要通过政体的自我完善为精英阶层发挥特长、参与国是提供更为广阔的平台，而我国现行政治协商制度正好堪当此任。在坚持中国共产党领导的前提下，各政党、各人民团体、各少数民族和社会各界的代表参政议政，就国家的大政方针进行民主协商，从而使各行各业的利益诉求得到了较好的表达。但长期以来，人民政协仅仅被定位为统一战线组织，严重制约了其功能的发挥。人大与政协各有优势，完全能相得益彰。人大代表由选民选举产生，彰显了选举民主，人大选举主要采用地域代表制，地方的利益能得到较好的表达；而各级政协委员由党派、社会团体等推荐产生，彰显了协商民主，各级政协主要采用界别制，各个阶层的利益都能得到表达。人大所依归的是多数人的诉求，而政协所反映的是行业、党派的主张，两者相互补充，共同编织成一个较为完整的民意表达网络。因此，将人民政协纳入政体的范畴，创立一个以“人民代表大会”为主体，以“政治协商”为补充的新型政体模式，是较好体现我国国体最新需求的有效可行、经济便捷的政体改革方案。通过代议民主、协商民主等形式，不同的利益主张都能在政体中获得适当的话语权，因此，“人民代表大会+政治协商”无疑为彰显共和国所追求的制度正义探寻出一条具有中国特色的全新道路。

（三）基本目标——人民权利保障

“人不是手段，而是目的”，“以人为本”应当成为所有政府的施政理念，保障人民权利与自由应是所有国家始终不渝的追求目标与正当性基础。马克思在《资本论》中明确提出，代替资本主义社会的未来社会是一个“以每个人的全面而自由的发展为基本原则的社会形式”。① 因此，作为一个社会主义国家，我国必须以促进“人的全面而自由发展”为第一要务，竭力满足人民的权利需求。人民权利是人民意志、愿望和利益的具体化、法律化。无论是革命时期还是执政时期，中国共产党都是为人民谋利益的党，都

① 马克思：《资本论》（第1卷），人民出版社1975年版，第649页。

是为中国人民享有充分人权而奋斗的党。因此，保障人民的权利与自由始终是中国共产党领导人民的不懈追求，并体现在共产党领导人民制定的各部宪法性文件中。1931 年 11 月，第一次全国苏维埃代表大会通过的《中华苏维埃共和国宪法大纲》明确规定：苏维埃共和国的公民依法享有管理国家的权利、选举权和被选举权、言论出版集会结社权、监督权和罢免权、宗教信仰自由权、民族平等权、武装自卫权等政治权利；工人的劳动权、农民的土地分配权等经济权利；受教育的权利。1941 年陕甘宁边区第二届参议会通过的《陕甘宁边区施政纲领》明确规定“保证一切抗日人民的人权、政权、财权及言论、出版、集会、结社信仰、居住、迁徙之自由权”。新中国建立后，五四宪法以“公民基本权利和义务”专章规定了公民有言论、出版、集会、结社、游行、示威、宗教信仰等项权利和自由。八二宪法更是详尽列举了包括平等权、选举权和被选举权、言论出版结社集会游行示威自由权、批评申诉控告检举权等政治权利；私有财产权与私有财产继承权；人身自由和信仰自由权等 20 多项公民自由与权利。① 2004 年 3 月，十届全国人大二次会议通过宪法修正案，把“国家尊重和保障人权”确立为宪法的基本原则，以国家根本大法的形式郑重表明“中国共产党领导人民进行革命、建设和改革，就是要实现全中国人民广泛的自由、民主和人权”。②

当然，与西方相比较，我国的人权保障具有自己的特点：一是理念不同。西方发达国家奉行的“天赋人权”理念，认为“人人生而平等，造物者赋予他们若干不可剥夺的权利，其中包括生命权、自由权和追求幸福的权利”。我国是以马列主义为指导思想，奉行辩证唯物主义，不承认有超越现实的先验世界存在，因此，人权不可能是天赋的，它永远无法超出社会的经济结构，在不同的国家及一个国家不同的时期，人权制度的变化呈现出各自不同的特点。二是角度不同。西方侧重于从个人的角度、自由的面向来解读权利，认为权利的主要功能是防御，就是抵御政府的非法侵犯，“风能进、雨能进，国王不能进”就是这种理念的生动阐释。但作为一个社会主义国家，我国侧重于从社会的角度，从制度的面向来解读权利。首先，我国宪法

---

① 廖萍蓉、许静：《中国共产党与人权入宪》，载《党史文苑》2008 年 24 期，第 30 页。

② 参见江泽民 1999 年 9 月 27 日在《“99〈财富〉全球论坛·上海”开幕晚宴上的讲话》。

特别强调权利的制度依赖性，认为没有合理的制度设计与财政支持，公民权利只会是“空中楼阁”；其次，强调权利义务的一致性，宪法第33条规定：“任何公民享有宪法和法律规定的权利，同时必须履行宪法和法律规定的义务”，并且宪法在规定教育、劳动等基本权利的同时，还将之设定为公民的基本义务；[①] 再次，强调权利的相对性，宪法第51条规定：“中华人民共和国公民在行使自由和权利的时候，不得损害国家的、社会的、集体的利益和其他公民的合法的自由和权利。”因此，在我国，像私有财产神圣不可侵犯原则的宪法原则是不可想象的。相反，2004年宪法修正案将“公民的合法的私有财产不受侵犯”的条款规定在总纲中，不但用词上体现了中国特色，而且还将之视为经济制度的一部分，充分表明私有财产权的相对性与可限制性。

三、中华

“中华”是“中国”与“华夏”的合称。《辞海》：“中者，言居四方之中；华者言具有文化之民族，服章之华美也。”[②] 因此，中华一词既代表着先进的文化和地区，又代表着创造这一先进文明的民族，具有地域中华、民族中华、文化中华三层含义。

(一) 中华大地

1. 传统中华大地——天下观下的“中国”

长期以来，中国士大夫以“天下观”看待世界秩序。历代封建王朝自视为世界文明的中心，并依照“开化”程度的不同，将天下分为“内”、“外”两个层级。北宋石介阐述道：“天处乎上，地处乎下，居天地之中者曰中国，居天地之偏者曰四夷，四夷外也，中国内也，天地为之乎内外，所以限也。”[③] 在这种“天下观”里，没有具体的领土界限，一切视“文明开化”程度而定，正如韩愈所言：“中国而夷狄也，则夷狄之；夷狄而中国也，则中国之。”因此，在传统的天下观下，“中国”仅指那些被教化的文明之地，而那些没有被开化的“夷”、“蛮”之地则没有资格纳入中国的范

---

① 在我国，一些学者基于西方的话语体系，认为我国宪法不应规定公民义务，参见张千帆：《宪法不应该规定什么》，载《华东政法学学报》2005年第3期，第27页。

② 参见《辞海》，上海辞书出版社1999年版，第343页。

③ 杨建新：《“中国”一词和中国疆域形成再探讨》，载《中国边疆史地研究》2006年第2期，第3页。

围，不属于中华大地的范畴。但自古以来，“夷”、“蛮”之地并非一成不变，其可以通过教化取得加入中国的资格。随着各少数民族文明程度的不断提升，中华大地的范围也在不断扩张。起初，人们将华夏民族居住，具有较高文化水平的中原地区称为“中国”。到了秦、汉、唐时期，人们将封建王朝直接控制的地区称为“中国”。到了宋元明时期，一些少数民族在内地，甚至在中原建立政权，人们将少数民族所建立的政权也称为中国。到了清朝，满族入主中原，此时“中国”完全突破了“华夷之防”的藩篱，正如雍正皇帝在其著作《大义觉迷录》中所宣称：“自古中国一统之世，幅员不能广远，其中有不向化者，则斥之为夷狄。如三代以上之有苗、荆楚、犹，即今湖南、湖北、山西之地也。在今日而目为夷狄可乎？至于汉、唐、宋全盛之时，北狄、西戎世为边患，从未能臣服而有其地，是以有此疆彼界之分。自我朝入主中土，君临天下，并蒙古极边诸部落，俱归版图，是中国之疆土开拓广远，乃中国臣民之大幸，何得尚有华夷中外之分论哉！”①

2、现代中华大地——主权观下的“中国”

传统的天下观将尚未教化之地排除于中国的范畴，在和西方列强交涉中，这种话语体系遭遇了前所未有的挑战，并造成严重的后果。例如，在两次鸦片战争中，清政府战败被迫割让了香港、九龙尖沙咀两地，共 90 多平方公里。因为香港、九龙属于“化内之地”，是传统意义上“中国”的一部分，清廷将之视为奇耻大辱。而在近代，俄国不费一兵一卒，就从中国骗取了 150 多万平方公里土地。因为其属于化外之地，不属于传统意义上“中国”的一部分，对此，清廷竟无丝毫耻辱之感。② 1683 年清廷收复台湾，基于传统的“天下观”，清廷按照受教化程度的高低，将台湾民众分为民、番两级，从而将台湾东部“番地”描述成“未归王化”、“生番化外”。③ 在

① 转引自崔明德：《中国民族思想的概念及发展脉络》，载《中国边疆史地研究》2006 年第 6 期，第 30 页。

② 黑龙江将军奕山基于传统的天下观，对领土主权毫无概念，竟向咸丰皇帝奏报，称《瑷珲条约》割给俄国的土地“本系空旷地面，现无居人”，咸丰也毫无领土主权概念，脑子里幻现出的全然是“天下观”理念下的抚夷手段：“该夷酋所请黑龙江左岸旧居屯所之外，所余空旷地方，给与该夷安静存居……”。

③ 1867 年 2 月，美国商船“Rover 号”在台湾东海岸洋面失事，登岸人员为当地“生番”所杀。清廷地方官员福禁为了推托责任，即提出了当地土番“非归王化”的说法，还自鸣得意地认为：“特以人非华民，地非化内，克日图功，万难应手，准理度情，洋人亦当见谅。”

对外交涉中，竟然认为“生番蛮类，未晓人性，不入王化，非我朝百姓；与中土何碍焉！”为了捍卫国家利益，清政府放弃了传统的天下观，逐渐接受了近代的主权国家的观点。

辛亥革命推翻了封建帝制，建立了共和国，首次将“中华”纳入国号之中。自此，从地域而言，“中国”是指中华民国主权所管辖的疆域。1912年《中华民国临时约法》第3条明确规定：“中华民国领土为二十二行省、内外蒙古、西藏、青海。”该宪法彻底抛弃了以文化来界定“中国”范围的传统观念，建立起以“主权管辖”来界定“中国”范围的现代范式。1946年《中华民国宪法》第4条规定：“中华民国领土依其固有之疆域，非经国民大会之决议，不得变更之。”首次以根本法的形式保障国家的领土完整。中华人民共和国成立以后，由于内战的原因，国家统一事业尚未完成，新中国所制定的四部宪法均宣示“台湾是中华人民共和国的神圣领土的一部分。完成统一祖国的大业是包括台湾同胞在内的全中国人民的神圣职责”。我国刑法第103条规定了分裂国家罪和煽动分裂国家罪，对破坏国家统一的犯罪行为进行严厉打击。为了应对日益复杂的台海形势，2005年十届全国人民代表大会第三次会议通过了《反分裂国家法》，以法律的形式确定了中国人民决心维护国家领土主权完整的重大战略举措。

（二）中华民族

民族是一个近代词汇，长期以来，我们侧重于从族群的角度进行解读，认为民族就是指具有共同语言、共同地域、共同经济生活以及表现于共同文化上的共同心理素质的人的共同体，例如汉族、满族、藏族等。其实，该种意义的民族与英文 ethnic group 同义，应称之为族群。真正意义上的民族应当从“民”、“族”两个层面进行解读。放眼当今世界，民族国家莫不具有两个面向，亦即民之国家和族之国家，开启现代民族国家之端绪的美利坚合众国、法兰西共和国，都是民之国家（合众国、共和国）与族之国家（美利坚、法兰西）的结合。正因为如此，当今共和国莫不既是民的共和，同时也是族的共和。族的共和通过民的共和来实现，民的共和在某种程度上需要族的共和来补充。① 当然，中华人民共和国也是民之国家与族之国家的结合，因此，中华民族既是有所有族群（ethnic group）所构成的“国”族，

① 翟志勇：《中华民族与中国认同——论宪法爱国主义》，载《政法论坛》2010年第2期，第15页。

也是以个体为单位构成的“民”族。下面分别从“民”、“族”两个层面对中华民族进行阐述。

1. 中华之族——“国”族

在传统的天下观下，我国自古以来不存在现代意义上的民族意识，只有族群（ethnic group）意识，亦即所谓的“华夷之辨”。传统的“华夷之辨”并非以种族血统为标准，而是以文化礼仪作量度。所谓的族群意识就是华夏文明优越感的流露，其目的在于通过文化软实力对其他族群进行融合。“夷狄用诸夏礼则诸夏之”，如果蛮夷之民接受了华夏文化，就可以融入到中华民族当中。只是到了近代，由于西方列强的入侵，中国面临几千年未曾有过的变局，在这个生死存亡之秋，政治精英和知识精英将“中华”与“民族”两词融合，企图借用“中华民族”的号召力来激发国人同仇敌忾的对外情绪。从“华夷之辨”到中华民族，革命者们不断借助西方民族主义思想，对各族群进行社会动员，培育共同的民族意识和情感，通过重新阐释历史和文化，努力构造具有一体性的中华民族。因此，中华民族的建构不是建立在单一族群基础上的，而是建立在多元文化与族群之上的，其采取的路径不是族群主义的形式，而是国族主义的形式。正是基于如此认知，革命先行者孙中山改变了“革命排满族”的族群主义，提出了“五族共和”学说，以期通过国族主义的形式，在多元文化与族群关系上建构统一的民族，集中力量抵御外患挽救危亡。在1923年的国民党一中全会上，孙中山提出：“至今清廷虽覆，而我竟陷于列强殖民地之地位唉。故吾党所持之民族主义，消极的为除去民族间之不平等，积极的为团结国内各民族，完成一大中华民族。”①

中华民族是一个国族，其核心含义是“一个国家、一个民族”，但这并不意味着要抹杀包含其中的各个族群的多元性与差异性。在同一国族的前提下，各个族群是自由、平等的。为了确保自由、平等的族群关系，保障各个族群的多元性，在单一制的国家结构形式下，我国宪法规定在少数民族聚居的地方实行民族区域自治制度，赋予实行区域自治的少数民族诸多自治权利——自治条例、单行条例的制定权，国家法律、法令、政策的变通执行权，使用本民族语言的权利，财政、经济、教育、文化等行政管理权等。

2. 中华之民——公民

中华民族不仅是一个由各个族群构成的国族，也是由全体公民构成的

① 《国民党一中全会宣言》，载《孙中山全集》第7卷，第1-3页。

"民"族。因此，仅从族群的角度进行解读的传统观念，是对中华民族的一种误读。作为一个国族，中华民族体现的是超越族群意识的"民族认同意识"。在国家危亡之际，面对日本帝国主义的全面入侵，以及其煽动、扶持一些边疆分裂分子以"自治、自决"之名进行分土裂国的阴谋，"共休戚、共存亡、共荣辱、共命运的感情"催生了中华民族意识的觉醒，对现代民族国家的建构，起到了至关重要的作用。但在和平时期，面对多元文化与族群主义带来的国家认同危机，民族认同意识的基础应转变为统一的国家与公民身份。因此，除运用社会经济政策来弥合族群之间的差距，增进族群之间的沟通和理解外，还应赋予每个个体以平等的公民身份，使得中华民族的一体性在公民身份的同质性中得到体现，虽然我们可能属于不同的族群，但我们却同是中国人，我们具有共同的公民身份，享有共同的公民权利，履行共同的公民义务，践行共同的公民伦理。① 正是公民身份的一体性造就了中华民族的一体性，在这个意义上，中国公民与中华民族具有同样的内涵。

公民身份的第一要义就是对国家的忠诚，亦即爱国。但国家是抽象的，唯有具体表现为一种社会共识，才能凝聚公民的情感。在当今法治社会中，社会共识只能通过正当程序来达成，并由宪法来承载。因此，我们要通过制度安排，在全体公民中培养一种以宪法为核心的国家认同意识，即宪法爱国主义。宪法爱国主义的目的就是在多元文化与族群主义之上达成一种"理性的集体认同"，这种集体认同应体现为以宪法为核心的法权关系，具体表现为政治参与权、基本权利的保护、作为国家关爱方式的福利制度、特殊公民群体（如残疾人）的保护、公民的法律义务，等等。在上述种种制度安排中，需要特别强调的是要将公民的社会权利、文化权利逐渐规定为宪法权利。② 当然，弘扬以爱国主义为核心的民族精神不但需要良好的制度作为支撑，还更需要每个公民的身体力行，因此，宪法爱国主义呼唤公民美德，将"美德"当做"最光辉灿烂的事物"加以颂扬，要求公民走出自由主义所强调的私人性，投身于公共之善中，追求和维护公共自由和公共福祉，尊重与捍卫体现公共自由和公共福祉的法律。

---

① ①翟志勇：《中华民族与中国认同——论宪法爱国主义》，载《政法论坛》2010年第2期，第14页。

② 参见翟志勇：《中华民族与中国认同——论宪法爱国主义》，载《政法论坛》2010年第2期，第15－19页。

(三) 中华文明

中华文明是中华民族的血脉,是中国人民的精神家园。在新的历史时期,我们更应在马列主义的指导下,继承和发扬中华优秀文化传统,学习借鉴外来文化的优秀成果,建设中华民族的共有精神家园。

1. 马列主义——指导思想

中华人民共和国是工人阶级领导的、以工农联盟为基础的人民民主专政的社会主义国家,其指导思想是马列主义。在新的历史时期,中华文明要发展、要体现时代性,就是应坚持马列主义的立场、观点和方法,具体而言,就是要坚持"双百"、"二为"方针。

"双百"方针就是在文化建设中坚持百花齐放、百家争鸣的方针。"双百"方针的主要内容就是在文化建设中,允许不同风格、不同流派、不同题材、不同手法的作品同时存在,自由发展;在学术理论上,提倡不同学派、不同观点互相争鸣,自由讨论。我国宪法第47条规定:"中华人民共和国公民有进行科学研究、文学艺术创作和其他文化活动的自由。""双百"方针的基本精神就是保障公民创作自由和学术自由等宪法权利,促进中华文明的大发展、大繁荣。

"二为"方针就是坚持文化建设为人民服务,为社会主义服务的方针。我国宪法第22条明确规定:"国家发展为人民服务、为社会主义服务的文学艺术事业、新闻广播电视事业、出版发行事业、图书馆博物馆文化馆和其他文化事业,开展群众性的文化活动。"为人民服务就是要重塑中华文明的人民性,坚持以人民大众为主体,以服务大众为价值取向,以贴近大众为表现形式,以大众需求为重要参照。[①] 为社会主义服务就是要在重塑中华文明中应始终以社会主义核心价值体系为圭臬,具体而言,就是要体现和弘扬马克思主义指导思想、中国特色社会主义共同理想、以爱国主义为核心的民族精神和以改革创新为核心的时代精神等,坚持以人为本,将社会效益放在首位。

2. 传统文化——本土资源

中华文明亦称华夏文明,"华"有美丽的含义,"夏"有盛大的意义,中国有礼仪之大,故称夏;有服章之美,谓之华。中华文明博大精深,灿若

---

① 邓亦林、郭文亮:《价值重构与文化转型:毛泽东大众文化观探析》,载《湘潭大学学报》2011年第6期,第1-2页。

星辰。“中国者，聪明睿知之所居也。万物财用之所聚也，贤圣之所教也，仁义之所施也，诗书礼乐之所用也”。“亲被王教，自属中国，衣冠威仪，习俗孝悌，居身礼义，故谓之中华”。① 长期以来，中华文明作为一种先进文化，对周边国家的政治生活和公民生活产生了深远的影响。虽然中华文明在近代历史上沉静了一段时间，但当西方文明遭遇现代化瓶颈时，其又散发出迷人的光芒。东亚的崛起、海外华人创造的奇迹让全世界人民体验到中华文明的风采，也让全世界人民感受到中华文明的活力。中华文明完全可以为中国的现代化建设提供取之不尽用之不竭的本土资源。中华文明是一个庞大的思想体系，下面仅仅从宪法学的角度，摘取其中片段进行阐述。

首先，传统中华文明包含了可贵的宪政基因。现代宪政无非就是运用一套价值理念限制国家权力，防止国家权力的滥用。在传统中华文明中，儒家学说是中华民族共同承认的价值来源，它塑造了华夏政制的价值理想，正如民国学者李澄源所言：“吾国既有经学以后，经学遂为吾国人之大宪章，经学可以规定私人与天下国家之理想。圣君贤相经营天下，以经学为模范，私人生活，以经学为楷式，故评论政治得失，衡量人物优劣，皆以经学为权衡。无论国家与私人之设施，皆须于经学上有其根据。”② 正是儒家学说的至高地位，帝王将相的施政莫不有所顾忌，更不能恣意妄为，否则，便要承担千古骂名与严重的政治后果。③

其次，传统中华文明闪烁着深刻的法治思想。一是主张良法之治。我国历代思想家无不重视法制，认为“释法术而任心治，尧舜不能正一国；去规矩而妄意度，奚仲不能成一轮；废尺寸而差短长，王尔不能半中。使中主守法术，拙匠执规矩尺寸，则万不失矣”。在此基础上，还认为法律也有良法与恶法之分，并提出判断良法的标准，亦即立法应循变协时，与客观形势的发展相对应；立法为公，一断于法；法布于众，使民知之。二是主张依法

---

① 参见陈赟：《“混沌之死”与中国中心主义天下观之解构》，载《社会科学》2010年第6期，第112页。

② 纪宝成：《重新认识华夏文明主体——在两岸四地经学学术研讨会上的致辞》，载《中华读书报》2010-07-28，第15版。

③ 万历年间，大学士张居正的父亲去世，其应该回原籍守制，以符合“四书”中所说的父母三年之丧这一原则。但在皇帝的请求下，张居正决定“夺情”而不丁忧守制。这一决定立即引发了一场轰动朝野的政治风波。大臣们抨击张居正“贪位忘亲”，置“万古纲常”于不顾，并埋下了其死后被论罪抄家的祸根。

治吏。法有良法、恶法之分，吏也有良吏、恶吏之别。良法虽好，但还得靠官吏掌握、执行，否则便成一纸具文。“明法律令”为“良吏”，“不明法律令”为“恶吏”，官吏如有违法失职，必须依法制裁。三是主张执法公允，亦即中庸之道。中庸的“中”就是不偏不倚，反对“过与不及”。① 中庸思想蕴含深刻的法治思想，与现代法治所提倡的比例原则有异曲同工之妙。作为一项法治原则，比例原则是指法律所采取的限制措施必须要适当、适度，不能超越应有的界限。在中国法学界，许多学者认为比例原则发轫于古希腊、古罗马，这种观点值得商榷。虽然早在雅典时期，伟大的立法者梭伦提出了“限度与过度”的观点，但比中庸思想要晚几百年。我国先秦诸子百家早就指出：“刑罚不中，则民无所措手足”；“罪至重而刑至轻，庸人不知恶矣，乱莫大焉。”②

再次，传统中华文明重视以人为本。早在春秋时期，我国思想家就提出“民惟邦本，本固邦宁”、“天地之间，莫贵于人”等“以人为本”的民本思想。民本思想的内容丰富多彩，主要有以下几层意思：一是贵民。认为“民为贵，社稷次之，君为轻”。二是爱民。强调爱民如子，关心人民疾苦，做到先天下之忧而忧，后天下之乐而乐。三是恤民。提倡施仁政，爱惜民力，轻徭薄赋，使人民富足。四是护民。在普通百姓受到恶势力侵害时，要敢于为民做主，伸张正义。五是富民。认为“治国之道，必先富民”，只有丰衣足食，才能要求民众遵守政策法令和伦理道德规范，“仓廪实而知礼节，衣食足而知荣辱”。③ 由此可见，传统民本思想以民为本位，承认普通民众是历史的创造者，将民众的利益置于君主利益之上，主张“听于民”。④ 虽然，中国传统民本思想只是“仁政”范畴内的开明统治策略，但在现代

---

① 张晋藩：《论治法与治人——中国古代的治国方略》，载《法律科学》2011 年第 4 期，第 182－185 页。

② 庄哲维：《相当性原则在宪法解释上之运用——法学方法论观点的考察》，台湾大学 2004 年硕士论文，第 19 页。

③ 刘艳丽：《传统民本思想与现代民主政治——与王思睿〈儒家思想与现代民主制度〉一文商榷》，载《重庆科技学院学（社会科学版）》2010 年第 10 期，第 20 页。

④ 但其并未论及如何“听于民”，如何让民众在现实政治生活中得到民主权利，参与国家政治事务。因此，传统民本思想的实质就是“无参政权的民本主义”，正如梁启超所批判：“夫徒言民为邦本，政在养民，而政之所以出，其权力乃在人民以外。此种无参政权的民本，为效几何？”参见梁启超：《先秦政治思想史》，东方出版社 1996 年版，第 5 页。

民主语境中，将民本思想中的"替人民做主"转变为"由人民作主"，这样就完成了"民本思想"的现代化转型，亦即从民本到民主。

3. 西方先进思想——他山之石

中华文明的演进过程，是多种文明因素的整合。"山不厌高，海不厌深"，唯有包容才能百川汇海，唯有开放才能不断壮大。因此，在建设中华文明时，应当借鉴西方先进的思想文化，做到"洋为中用"。发轫于古希腊、古罗马的西方文明，经过上千年的锤炼，已经演进为一种很成熟的文化体系，其核心思想包括自由、平等、民主、法治、宪政等。下面仅以民主、法治为例探讨借鉴西方先进思想的问题。

民主是西方文明贡献给人类的重大财富。人类的最伟大发明不是那些令人眼花缭乱的科技，而是不起眼的但能决定统治者去留的投票箱。民主是个好东西，它能避免独裁者的暴虐统治，使公民享有广泛的权利和自由，为个人发展提供广阔空间，更好地维护社会成员的切身利益，造就政治平等和经济繁荣，等等。① 民主不仅是"人民的统治"的最佳实现形式，而且成功地破解了"政权和平更迭"的千古难题。1945年7月，在那个著名的"延安窑洞对"中，民主人士黄炎培先生提出了历史周期律的命题，他指出：中国历朝各代"其兴也勃焉"，"其亡也忽焉"，没有能跳出这个周期律。对此，毛泽东回答道：我们已经找到了新路，我们能跳出这个"周期律"。这条新路就是民主。在当代中国，民主是最为强势的话语，也是一个没有得到认真对待的概念。为了利用民主的修饰力量，中国学界与实务界不断向民主概念中添加新的内容，从而出现了所谓的民主膨胀现象。除选举民主、协商民主外，参与制民主、方法民主也备受推崇。如此众多的民主类型无疑稀释了民主的原本内涵，使得人们忘记了民主的真正意蕴，极不利于中国的民主建设进程。因此，当务之急是需要给民主"减负"，重点建设选举民主，夯

① ［美］达尔：《论民主》，李柏光等译，商务印书馆1999年版，第52－68页。

实中国共产党执政的合法性基础。[①]

法治也是西方文明对人类所作出的一项伟大贡献。在人类千万年的历史长河中，虽然取得的成就灿若星辰，但弥足珍贵的是探讨到法治之路，法治成功驯服了统治者，实现了把他们关在笼子里的梦想。权力好似一匹野马，而法治就似一根缰绳，它让国家权力在为人民服务的同时，还不会对公民权利造成损害。法治在不同国家，不同历史时代，有其独特的内涵，但最低程度的法治至少具备如下三大要义：一是法律必须得到严格的遵守。在人治国家，国王就是法律，在法治国家，法律就是国王。因此，在法治国家中，“任何人都不能摆脱法律的光荣的支配，这是一种有益而温柔的枷锁，最骄傲的头颅也柔顺地戴着这种枷锁”。[②] 因此，检验法治的试金石就是当法律与掌权者的个人意志发生冲突时，如果是法律最终控制、支配了个人意志，那就是法治，如果是个人意志凌驾于法律之上，那么就是人治。因此，法治国的一个重要标志就是国家权力能否得到有效控制，官员的行为能否与法律保持一致。二是法律要有正当性。如果说一次违法犯罪行为只是污染了水流的话，那么一部不公正的法律则把水源污染了，其危害远远超过千百次违法犯罪行为。因此，法律是法治的源头，法治必须是良法之治，良法能从源头确保法治的公平正义。现在，具有中国特色的社会主义法律体系基本形成，但也出现了“公共利益部门化，部门利益法律化”的立法腐败现象。为此，我们要借鉴域外成功的经验，健全违宪审查机制，激活中国的宪法实施机制，通过制度化的程序，废除不正当的法律、法规、规章，实现良法善治。三是司法要有权威。作为公平正义的最后一道防线，司法是否具有权威性对建设法治国家至关重要，而司法权威性来自于司法的中立性。马克思曾精辟地指出：“法官是法律世界的国王，除了法律就没有别的上司。”因此，司

---

① 湘潭大学李佑新教授认为政权的正当性资源包括三个方面：一是法律层面上的正当性，亦即政府是通过民主选举产生的，获得了选民的同意；二是经济增长层面上的正当性，政府能有效地促进经济增长，能不断改善人民的生活水平；三是管理绩效层面上的正当性，政府能为百姓提供一个安定的社会秩序，能有效驾驭复杂的国内外局势。现在，中国共产党执政的正当性资源主要来自于后面两者，但经济增长不可能是永恒的，社会秩序不可能是一成不变的，因此强化第一个层面的正当性资源已变得刻不容缓。

② ［法］卢梭：《论人类的不平等的起源》，高修娟译，三联书店1957年版，第2页。

法绝不能受制于他人，否则，司法就会异化为强者的奴仆，其化解纠纷的功能就会萎缩，甚至消亡。这也是当今中国普通民众“信访不信法”的主要原因。因此，完善司法体制，落实法院的宪法地位，让“人民法院依照法律规定独立行使审判权，不受行政机关、社会团体和个人的干涉”是中国当今法治建设的重大而急迫的课题。

四、结论——文化自觉、自信的新路径

中华民族的和平崛起，依靠的绝不是坚船利炮，而是令人心悦诚服的文化软实力，因此繁荣文化事业，提升中华文化竞争力就显得至关重要。文化软实力的彰显不但有赖于中华文化自身的魅力，更需要在国民中培植高度的文化自信心。鸦片战争以来，中华民族面临“千年未有之变局”，我们对自身文化的自信心在一点点流失，甚至达到了“妄自菲薄”的程度，从“打倒孔家店”到“照搬苏联模式”再到“外国的月亮都圆些”，无不折射出国人的文化自卑心理。但对外来文化马首是瞻，主张“全盘西化”的观点也绝非治病良方。“橘生淮南则为橘，生于淮北则为枳”，缺乏根本的“文化移植”模式，到头来无不惨淡收场。“全盘西化”式的民族文化虚无主义断不可行，但打着“后现代主义”的时髦旗帜，对启蒙运动的一系列观念进行“解构”的做法也并不可取。近现代以来，面对西方文化的挑战，一些知识分子主张重释中华传统文化，通过托古改制等途径重新树立中华文化的自信心。虽然传统中华文化蕴含着宝贵矿藏，闪烁着近现代文明的若干光芒，但其毕竟属于封建文化的范畴，具有无法根除的先天性病灶。传统中国文化所依附的是一个金字塔型的等级社会，在这种社会结构中，任何个人都不是一个独立的存在，而是镶嵌于社会机器中的一颗螺丝钉，儒家主张礼治，其用意在于将每个人固定于三纲五常的框架中，不得动弹。当前中国是一个现代化的工业国家，自由平等早已成为时代的最强音，至少从法律的层面，每个公民都是一个独立、平等的个体。正如英国法学家梅因所言：“迄今为止，所有社会进步的运动，都是一个从身份到契约的运动。”因此，摒弃身份特权，倡导契约精神无疑是现代中华文化的核心内涵，在如此文化背景下，欲以中国传统文化重振国人的文化自信心，就显得多么不合时宜。

如此可见，在文化建设进程中，民族虚无主义与民族自恋情结都是“剑走偏锋”的两种极端，并非我们所要选择的道路。那么现代中华文化的发展道路在何方，其实答案很简单，路就在脚下，就在当前中国人民的文化

建设实践中。中华文化建设千条万绪，但关键的第一步就是文化自觉，要对自身文化有一个清楚的认识。梳理现代中华文化的发展史，可以发现其存在三个渊源：一是中国的传统文化，其核心内容为儒家学说；二是西方的先进文化，亦即发源于古希腊、古罗马的现代西方文明，它的核心内容是自由、平等、民主、法治、宪政等；三是中国人近现代所探索出的文化，亦即1840年鸦片战争以来，中国人在中西文明碰撞交融条件下所逐渐探索出的特色文化，其既有别于西方文明，也有别于中国传统文明，是一套独具特色的新型文化体系，其典型代表是中国社会主义的特色理论。因此，现代中华文化就是以中国社会主义的特色理论为主体，继承中国传统文化、借鉴西方先进文化所形成的一种新型文化形态，其集中体现了当今中国社会主义建设的时代精神，也全面彰显了古为今用，洋为中用的文化包容理念。

一个好的产品，需要一个合适的商标，驰名商标能使一个产品声名远播。同样，一个优秀的文化也需要打造自身的品牌，亦即一个载体、一个象征物。因此，提升现代中华文化的自信心，扩大其世界影响力，就必须为其探寻出一个合适的载体、象征物，而中华人民共和国的名称无疑是不二选择，理由有二：一是国号名称是现代中华文化的最佳表现形式，现代中华文化的三大渊源都能在其中找到合适的位置，得到恰如其分的表达。在“共和国”中，民主是前提，自由、平等是目的，法治、宪政是手段，全面表达了人类的普世价值；“人民”则对应了全体中国人在中国共产党领导下所创造的制度文明，充分体现了我国国体、政体建设与经济、文化建设的中国特色，亦即人民性；国号中的“中华”所蕴含的“儒家学说”等则代表了几千年的中国传统文化，是建设现代中华文化的本土资源。因此，中华人民共和国名称作为现代中华文化的载体、象征物，无疑是实至名归。二是国号内涵博大精深且能与时俱进，能较好地肩负起繁荣现代中华文化的历史使命。中华人民共和国集中体现了社会主义核心价值观，彰显了自由、平等、人权、法治等现代普世价值，蕴含了仁、义、礼、智、信等中国传统思想。同时，国号还蕴藏了政治上的“公”、“共”、“和”精神，提倡经济上的“共同拥有”、“共同管理”、“共同享有”，提出“和谐社会”、“和平主义”、“和而不同”等社会共和的理想追求，它致力于建设自由平等的一种新型社会主义的族群关系，关注公民美德的培养，主张通过宪法爱国主义等途径，提升公民的国家认同。如此可见，国号所蕴含的内涵既具有鲜明的中国特色，也遵循了人类文化发展的一般规律，既满足了当前社会主义初级阶段的文化需求，也不乏前瞻性的理想追求。进一步而言，国号还具有一个能进行自我调适的弹性框架，通过不断的新陈代谢，可永葆中华文化的青春活力与先进性。如此丰富多彩的国号内涵完全可以成为全体中国人共同的价值追求与集体共识，同时也能为中国共产党科学执政、民主执政提供取之不尽的思想宝库，将之发掘好、发展好、保护好，使之成为现代世界文明的一朵奇葩，是促进中华文化大发展大繁荣的有效途径。因此，我们有必要也有责任全面诠释国号的科学内涵，并在不断继承与借鉴的基础上，开拓创新，与时俱进，使之成为全体中国人民的共同精神家园，中国共产党执政的正当性资源。

在文化建设进程中，如此独辟蹊径，虽然有点迂回曲折，但"春风潜入夜，润物细无声"，除却"刻意"与"浮华"，在不知不觉中，探寻出一条能培养高度文化自觉、文化自信的全新发展道路，不正是我们孜孜以求的效果吗？

近代中国罗马法教育的开创：从陈允、应时的《罗马法》说起

程　波*

The Establishment of Roman Law Education in China: Analysis Starting with Chen Yun and Ying Shi's *Roman Law*

Cheng Bo

摘　要：在20世纪20年代，朝阳大学分别出版两种罗马法教材讲义及应时述、林鸿勋疏的《罗马法》（朝阳大学法律科讲义），这些罗马法教科书与黄右昌于1915、1918年出版的《罗马法》一样，对罗马法教育在中国的早期展开有着特别重要的意义。至1931年3月，陈允、应时合著的《罗马法》在上海商务印书馆出版。该书与1933年4月由丘汉平著述的《罗马法》（上海法学编译社出版）、1934年9月王去非的《罗马法要义》（上海法学书局出版）、金兰荪编著的1936年出版的《罗马法》（上册）和陈朝壁于1937年7月，由商务印书馆初版的《罗马法原理》等书一起，构成了黄右昌《罗马法与现代》（1930年版）以来，中国第一个罗马法研究的学术高峰。此后，"战乱频仍，祸患联结，罗马法研究遂成绝响"。由于年代久远，资料搜集有限，有必要通过一些相关的文本资料，为近代中国罗马法教育开创事业，提供一个可以描述的"想象空间"。基于此，根据知见的应时《德诗汉译》一书的自序文字，再以社会关系网络的建

* **作者简介**：程波（1963—），男，湖南华容人，湘潭大学法学院教授、法学博士，研究方向：法理学。本文为国家社科基金项目"中国近代法理学史研究"（13BFX019）的成果。

立为视角，讲述陈允、应时等带有“随机性和偶然性”而“走入法律之途”的学术个案，或许也是解读罗马法在中国的一种可能方式。

关键词：罗马法教育　罗马法教科书　社会关系网络

Abstract: From the 20's of the twentieth century, Chaoyang University published two Roman Law textbook narrated by Ying Shi and commented by Lin Hongxun, together with Huang Youchang's *Roman Law* textbook, contributed to the early stage of Roman Law education in China. As to March of 1931, Chen Yun and Ying shi published *Roman Law* by Shanghai Commerical Press. This book with *Roman Law* by Qiu Hanping in April 1933 (published by Shanghai Legal editing and translating Press), *Essence of Roman Law* by Wang Qufei in September 1934 (published by Shanghai Legal Press), *Roman Law* by Jin Lansun in 1936, and *The Principles of Roman Law* by Chen Chaobi in July 1937 (published by Shanghai Commerican Press) formed the summit of Roman Law research in China since the publication of Huang Youchang's *Roman Law* textbook. After that, Roman Law research declined because of the wars. Because of the years clasped and limited resources, it is necessary to collect materials and make a summarization to describe an imagination for Roman Law education. Thus it could be feasible and helpful to conduct case study on Ying Shi's Preface of *Chinese Translation of German Poems* and the social network of Chen Yun and Yingshi and their "accidental entry of legal research" for us to interpret Roman Law in China.

Keywords: Roman Law Education　Textbook of Roman Law　Social Network

一

朝阳大学《罗马法》讲义，自1920—1927年间，先后有三种版本，依时间计，1920年朝阳大学出版的《罗马法》（朝阳大学法律科讲义）系第一种，但该书并未有编纂者信息，版本为16开本，内容所占的篇幅并不大，共156页，除“弁言概述罗马法史及其沿革外，分总论、人之法，财产法、诉讼法4编”。① 朝阳大学出版的第二种《罗马法》讲义，系民国14年即1925年出版的《朝阳大学法律科讲义：监狱学·罗马法》（合订本），其

① 北京图书馆编：《全国图书总书目（法律）》，书目文献出版社1990年版，第29页。

中，《罗马法》讲义的著述者为朱深①，并有学生李良为之疏注。笔者知见的这个版本信息如下：该书为16开本，共219页，内容包括：弁言为罗马法沿革及研究之概略，分二节讲述罗马法沿革之概略和罗马法研究之略史（中古以后）；第一编为总论，分四节讲述法律、法律之分类、法律之解释和权利；第二、三、四编分别以“人之法”、“财产法”、“诉讼法”为纲要。如此看来，上述信息基本上与1920年版的《罗马法》相同。可能是增加了注疏的原因，页数有所增加。据此，笔者推断上述两本《罗马法》（朝阳大学法律科讲义）的作者均为朱深。朱深曾入日本帝国大学法科大学法律科学习，是清末管学大臣张百熙于1903年12月21日奏派从京师大学堂（速成科）选得赴日本留学的31人之一。②

至1927年10月，朝阳大学还曾出版过应时述、林鸿勋疏的《罗马法》（朝阳大学法律科讲义）。这本由应时著述的罗马法教科书，学术成就相对于前二种罗马法讲义要高明得多。这是因为，第一，应时这本《罗马法》，内容较1920、1925年的《罗马法》要多一倍，共462页，且两本罗马法讲义的编纂体例也不一样。1920、1925年版的《罗马法》，“分总论、人之法，财产法、诉讼法4编”，而应时这本《罗马法》分总论和本论。总论概述罗马法的定义、渊源、研究方法及对各国法律的影响；本论分人法、物权法、债权法、亲属法、继承法、诉讼法6编。第二，应时于1916年“得补浙省官费，携眷赴德京习律。旋因中德宣战，改入瑞士罗山（洛桑）大学续习三年，后复赴巴黎大学研究二年，得博士学位。适浙江法政专门学校周校长

---

① 朱深（1879—1943年），字博渊。民国政要，汉奸。河北霸县人。早年留学日本。民国成立后，历任大理院总检察长、内阁司法总长、京师警察总监等职。后退出政界。1937年后，任伪华北临时政府议政委员会常务委员、法制部部长，汪伪国民政府华北政务委员会委员长等。1943年7月逝世。

② 在此31人中，至少有15人留学法政，即余棨昌（日本帝国大学法科大学法律科）、曾仪进（曾彝进，日本京都官立法科大学）、黄德国（日本帝国大学法科）、屠振鹏（日本帝国大学法科）、朱献文（日本帝国大学法科）、范熙壬（日本帝国大学法科）、张耀曾（日本帝国大学法科大学政治科）、陈发檀（日本帝国大学法科大学政治科）、钟赓言（日本帝国大学法科大学政治科）、席聘臣（日本帝国大学法科大学政治科）、刘成志（日本帝国大学法科大学政治科）、刘冕执（日本法政科）、顾德邻（日本法政大学，另说是日本帝国大学）、朱深（日本帝国大学法科大学法律科）、陈治安（日本帝国大学法科大学政治科）。参见程燎原：《清末法政人的世界》，法律出版社2003年版，第40页。

伯雄（子豪）电招嘱任是校教务长，遂即返国服务。如是走入法律之途”。①

在朝阳大学三种罗马法教科书问世之前，起步于湖南早期法政教育的环境，得益于北京大学对罗马法教育的坚守和比较法学研究的展开，黄右昌先生早在民国四年（1915 年）和民国七年（1918 年），已经出版了由他本人撰写的研究罗马法的学术成果《罗马法》一书，并成为“斯学之明星”（王宠惠语）。② 与黄右昌在湖南私立法政学校从事罗马法教学并撰述《罗马法》一书的同时，浙江私立法政专门学校的罗马法教员陈允亦编辑出版了一本《罗马法》（私立浙江法政专门学校讲义）。陈允这本《罗马法》在杭州出版，24 开本，共460 页，是当时教育部认可的该校讲义。“除总论概述罗马法的渊源、对各国法律的影响、中世纪以后罗马法研究的沿革以及法律和权利外，分人法、物法、诉讼法 3 编”。③

1930 年，黄右昌在其《罗马法与现代》一书印行之际，发现“某校讲义，将拙著改头换面，直称为某人编纂，中间引用拉丁名辞，错误不可名状”。④ 因为这一缘故，“不得已重理旧稿，删订损益，并将重要之点，列诸眉批，以供学子自修之用，是为此次改订三版之缘起。……虽旧著重印，然订正增补之处极多。并仿 Sherman，Roman Law in the Modern World 的体例，从罗马法以观察现代，故名曰：《罗马法与现代》”。⑤ 此处提及的“某校讲义”，是否就是上述三种朝阳大学出版的《罗马法》（朝阳大学法律科讲义）还是另有所指？目前我们不得而知。据周枏先生回忆：“陈允、应时，留日出身，曾在上海、杭州的大学教书，为了教学的需要编讲义，其内容大多沿

---

① 应时：“自序二”，载应时：《德诗汉译》，商务书馆、世界书局寄售，中华民国二十八年元月初版，第 50 页。

② 王宠惠：再版原序，载黄右昌：《罗马法与现代》，何佳馨点校，中国方正出版社 2006 年版，第 1 页。关于黄右昌对中国罗马法教育的开创贡献，参见程波：《近代中国罗马法教育的开创：从黄右昌的〈罗马法与现代〉说起》，载王翰主编：《法学教育研究》（第九卷），法律出版社 2013 年 6 月版，第 83 - 102 页。

③ 北京图书馆编：《全国图书总书目（法律）》，书目文献出版社 1990 年版，第 30 页。

④ 黄右昌：引言，载黄右昌：《罗马法与现代》，何佳馨点校，中国方正出版社 2006 年版，第 1 页。

⑤ 黄右昌：引言，载黄右昌：《罗马法与现代》，何佳馨点校，中国方正出版社 2006 年版，第 1 - 2 页。

袭黄右昌先生的著作。”① 这段文字，除应时为留日出身明显有误外，周枏先生推断“大多沿袭黄右昌先生的著作”，明确指出是陈允、应时在上海、杭州的大学教书时所编写的《罗马法》教科书。然而，以笔者今天的眼观来看，究竟是哪个学校的哪种罗马法讲义与黄右昌的《罗马法》一书雷同，已不重要。从中国罗马法教育事业开创的视角来看，上述罗马法教材的作者包括黄右昌、朱深、陈允等皆有相同的留学日本习法政的知识背景，这一信息可能更加重要。由此可以证明的是，中国早期罗马法教育与从沈家本开始的中国法制变革一样，法政知识传播的日本因素是一个必须予以正视的事实。

此外，如果笔者推断朱深系朝阳大学1920、1925年两个版本的罗马法著述者无误的话，那么可以这样认为，对中国罗马法教育事业有开创之功的黄右昌，在其《罗马法》（1915年初版，1918年再版）之后，整个20世纪20年代，占据罗马法教育市场的罗马法讲义或教科书却是北京朝阳大学出版的朱深的两种《罗马法》（朝阳大学法律科讲义）及应时述、林鸿勋疏的《罗马法》（朝阳大学法律科讲义）。其中，应时的罗马法讲义的影响可能更大。例如，曾在北京大学担任过罗马法教员的费青先生，系东吴大学法学院毕业，后留学德国。在1929年《法学季刊》第4卷第2期发表的《法律不容不知之原则》论文中，费青就曾引述应时的朝阳大学法律科讲义。② 笔者认为，基于朝阳大学在20世纪20年代，分别出版的朱深的两种罗马法教材讲义及应时著述的《罗马法》（朝阳大学法律科讲义），这些罗马法教科书应该与黄右昌的《罗马法》一样，可以认定为对罗马法在中国的传播和发展，以及中国罗马法教育的早期展开有着特别重要的意义。我们甚至可以说，黄右昌、朱深、应时先后在北京各大学职掌罗马法教席并出版其研究罗马法教科书的经历，说明地处北方政治、经济中心的大都市北京，在1930年前一度成了当时中国罗马法教育的研究中心，个中原因亦值得探究。

表面上看，1917—1930年任职于北京大学法科期间的黄右昌先生亦曾兼职于朝阳大学，这对朝阳大学的罗马法教育的开展，功莫大焉。朱深入职

---

① 周枏先生1995年6月6日给徐国栋的信。参见：徐国栋：《中国罗马法教育》，载 http：//www. law－xmu. net/romanlaw/sub2－54. htm.

② 参见何勤华、李秀清主编：《民国法学论文精萃》（第一卷），法律出版社2003年版，第210页。

朝阳大学的背景与朝阳大学的早期教师钟赓言、张孝移一样，他们皆是由京师大学堂（速成科）派出并在日本留学研习法政的同学，毕业后先后在沈家本主持的京师法律学堂，并与后来担任朝阳大学首任校长的汪有龄一起担任法律教习。必须提及的是，朝阳大学成为20世纪20年代中国罗马法教育的重镇，还得益于朱深和应时，他们先后出版显示其罗马法教学成果的朝阳大学法律科讲义。但是，执教于浙江私立法政专门学校并出版过《罗马法》的教员陈允，以及1922年归国任浙江法政专门学校教务长而“走入法律之途”的应时，他们俩究竟是何时开始合作并于1931年署名出版《罗马法》一书的，笔者暂时无材料以资佐证。但深究起来，恐怕与1912年成立之时，首任校长汪有龄①是浙江人氏有莫大的关系。事实上，作为朝阳大学的校长，汪有龄需要通过一定的人际关系网络实现其治校的运行和伸展。在这个关系网络中，基于地缘关系的汪有龄充分发动同乡、同事，利用各种人脉关系，积极调动各种社会资源，为朝阳大学师资队伍建设特别是罗马法师资队伍的建设做了重要的贡献。

例如，浙江官立法政学堂在阮性存等留日归国学生主倡下由浙江巡抚张曾敭于1907年创办。初创时，学堂只招讲习班，一年半毕业。1909年开始招别科，1910年设正科，均3年毕业。其课程设置几乎完全仿效日本法政大学为中国留学生开设的课程，设有法学通论、民法、刑法、商法、法院编制法、国际公法、国际私法、民事诉讼法、刑事诉讼法、比较行政法等，并设有日文。教员也多聘用留日归国学生。学堂设法律、经济、政治正科和别科各一班，正科4年，别科3年，课程按官立法政学堂章程规定设置，任课教师也多由留日归国学生担任。曾在浙江官立法政学堂和浙江私立法政学校任过教，又先后在浙江人氏汪有龄为校长的朝阳大学法学院担任教员的，仅

---

① 汪有龄（1879—1947年），字子健，浙江杭县人。清附生，1897年以浙江蚕学馆官派生身份赴日学习新技术，后奉浙抚廖中丞改派东京学习法律，毕业于日本法政大学。清末历任湖北农务局译员、《商务官报》主编、法律馆纂修、京师大学堂教习等职。入民国后，1912年任南京临时政府法制局参事，8月任北京政府司法部次长，法律编查会副会长，1913年被选为参议员，1914年任参政院参政，1818年8月任安福国会参议员，大理院推事，1920年任《公言报》社长，1913年朝阳大学首任校长，1921年至1931年任北京朝阳大学校长，1931年后到上海以律师为业。

有据可考的浙江人氏就有：许壬①（民法总则，浙江瑞安人）、凌士钧②（民法总则、民事诉讼法，浙江石门人）、胡以鲁③（民法、德文，浙江宁波人）、余绍宋④（刑法，浙江龙游人）、陈大齐⑤（德文，浙江海盐人）以及1922年归国任浙江法政专门学校教务长的应时。

上述浙江人氏的教员中，来自浙江私立法政专门学校的胡以鲁先生还担

① 许壬（1882—?），字养颐，浙江瑞安人。东京法政大学毕业，在日本时曾任浙江省留学生会会长。归国后任浙江公立法政专门学校教师，后与阮性存、余绍宋一起参与设立私立法政学堂，任教务主任。著有《民法讲义》，刻本，存浙江图书馆；《民法总则》，民国18年杭州法专铅印，存北京图书馆；《民法债权总则》，民国18年杭州法专铅印，存浙江图书馆；《民法债权各论》，民国18年杭州法专铅印，存浙江图书馆；《债权总则讲义》，自印本，存浙江图书馆。

② 凌士钧（1883—1954年），字砺深，号狷，蜕庐。东京法政大学毕业，回国后曾授内阁中书。辛亥革命后任浙江公立法政专校教授、浙江省法院庭长、第一地方法院院长。1914年任湖南高等检察厅厅长。1918年任司法部民事司司长、河南高等审判厅厅长。1920年任直隶高等审判厅厅长。1923年任湖北高等审判厅厅长。1924年任浙江省公立法政专门学校校长。1927年后执律师业，并任杭县律师公会会长。1932年任司法行政部视察司专员。1933年任河南高等法院院长。著有《刑法泛论》、《中国法系考》、《蜕庐杂俎》等。40岁后学画山水，与徐瑞征、余绍宋、汤涤相切磋，晚年精进。民法总则（浙江法政专门学校讲义）由凌士钧编述，338页，25开，当时教育部认可该校民法讲义，分私权之性质及分类、私权之主客体、私权之得丧变更等。

③ 胡以鲁（1888—1917年），字仰曾，浙江宁波人。清末留学日本，初习法政，获法学士学位；后入东京帝国大学学习语言学，获文学士学位。归国后潜心研究语言学，历任北京大学教授、朝阳大学教务长等职。著有《国语学草创》，论文有《论译名》等。

④ 余绍宋（1882—1949年），号越园，别署寒柯，浙江龙游人。1903年留学日本，入东京法政大学法律科。1909年归国，后任北京政府司法部次长兼国立政法学校、朝阳大学、北京大学教授。1926年司法储材馆成立，任学长。1937年一度任中山大学教授，后进居家乡龙游。余绍宋在日本留学期间和同学凌士钧合作翻译的《刑法泛论》，是泉二新熊的讲述稿，当时由上海彪蒙书屋出版发行。

⑤ 陈大齐（1886—1983年），字百年，浙江海盐人。1903年留学日本，入读日本东京帝国大学文科哲学门，专攻心理学，获文学士学位，于1912年毕业。回国后，1912年（民国元年）任浙江高等学校校长，兼浙江私立法政专门学校教授。1913年春任北京政法专门学校预科教授，1914年起任北京大学心理学教授，兼北京朝阳大学教授。

任过朝阳大学的教务长，一些非浙江省籍人氏，如姚华①、林志钧②等，因为与许壬、余绍宋、凌士钧、郁华③等浙江人氏有同学关系，他们或合作出版清末法政学堂教科书，或先后来到朝阳大学任教，或出版过朝阳大学法律科讲义，或多与朝阳大学教员有密切联系。可以说，基于这种地缘关系、同乡关系、同学关系或留日背景等社会网络，浙江新昌人氏、浙江私立法政专门学校的罗马法教员陈允与浙江吴兴人氏、曾任浙江法政专门学校教务长、后任朝阳大学罗马法教员，再南下上海任推事，执教于东吴法学院的应时，于1931年联名出版《罗马法》一书，就有踪迹可寻，文章可做。

二

1931年3月，陈允、应时这两位曾分别执教于浙江私立法政专门学校和朝阳大学的罗马法教员，在各自著述的《罗马法》（私立浙江法政专门学校讲义、朝阳大学法律科讲义）的基础上，在上海合作出版了《罗马法》一书，由上海商务印书馆出版。该书初版为24开本，共501页。至1933年9月国难后改版，仍为24开本，但只有384页。改版后的《罗马法》，还有1939年的长沙商务印书馆的版本，25开，仍是384页。

---

① 姚华（1876—1930年），字一鄂，号重光，一号茫父，别号莲花庵主。贵州贵筑（今贵阳）人，光绪二十三年（1897年）举人，三十年（1904年）进士，授工部虞衡司主事。戊戌变法时东渡日本，就读于法政大学。归国后改任邮传部船政司主事兼邮政司科长。入民国后，任贵州省参议院议员，后任北京女子师范学校校长。著有：《民法财产（绪论、物权）》姚华编，1907年出版，1913年4版，390页，23开，法政讲义，第1集，第22册，据日本梅谦次郎口授编写；《民法财产编》，姚华、许壬编，上海群益书社，1913年4版，853页，25开，精装，法政讲义；《民法物权及担保》（姚华编），《债权》（许壬编）合订本，据梅谦次郎讲授讲义编成。

② 林志钧著有：《民事诉讼法》（第7-8编），林志钧编译，天津：丙午社，1913年4月再版，241页，25开，法政讲义，第1集第16册；《债权总论》（朝阳大学法律科讲义），林志钧述，陶惟能疏，北京朝阳大学1927年10月版，130页，23开。内容与该校编印的《债权通则》基本相同。

③ 郁华（1884—1939年），原名庆云，字曼陀。浙江富阳人。1906年赴日，先后在早稻田大学和法政大学学习。1910年回国，曾任京师高等审判厅推事、大理院推事，兼任朝阳大学、东吴大学等校教授。1929年任最高法院东北分院推事、庭长，九一八事变后回到北平。1932年到上海任江苏高等法院第二分院刑庭庭长，曾尽力帮助被捕的革命人士。1939年11月23日在上海被日伪特务暗杀。著作有《曼陀诗钞》、《静远诗集》、《静远画集》、《窃电集》、《刑法总则》、《判例》等。

陈允、应时在上海出版的这本罗马法教科书，与1933年4月由丘汉平著述的《罗马法》（上海法学编译社出版）、1934年9月王去非的《罗马法要义》（上海法学书局出版）、金兰荪编著的1936年出版的《罗马法》（上册）和陈朝壁于1937年7月，由商务印书馆出版的《罗马法原理》等书一起，构成了黄右昌《罗马法与现代》（1930年版）以来，中国罗马法教育史上第一个罗马法研究的学术高峰。此后，“战乱频仍，祸患联结，罗马法研究遂成绝响”。①

从地理空间来看，中国罗马法教育史上第一个罗马法研究的学术高峰的形成地域，不是在大都市的北京而是在南京，特别是在上海这一近代沿海的中心城市。这主要是因为，在整个20世纪30年代，前述在中国罗马法教育和学术研究卓有建树的学者中，此时已经全部云集在南京、上海。例如，王去非曾在北京朝阳大学分设在南京的南京法政讲习所教票据法，② 而黄右昌则先在王世杰主持的法制局主修亲属法草案，后在胡汉民出任立法院院长时，进南京政府的立法院（任立法委员）参与民刑法修订工作。应时、丘汉平则先后在上海从事过律师职业、并担任东吴大学罗马法课程的教学；③ 笔者在东吴大学学程纲要中还发现，陈允、应时的《罗马法》一书，是当时东吴大学二年级必修课罗马法使用的教科书首选，罗马法教员是丘汉平。“书用应推事（即应时，笔者注）所著罗马法及毛莱氏所著罗马法大纲（Morey：Outline of Roman Law，笔者注），讲述罗马法之沿革渊源及人法、物法、诉讼法等项与现行法加以比较之研究”。④ 金兰荪亦曾任教于上海的东吴大学和复旦大学，而获得比利时鲁文大学法学研究院法学博士学位（1932年）的陈朝壁先生，1933年回国，先是在上海当“开业律师”，后又兼任上海私立持志大学等校教授。

关于陈允、应时合著的《罗马法》一书，殷啸虎先生在其主编的《红

---

① 梁子：《两本罗马法教材》，载《读书》1990年第6期，第94页。

② 袁辟璋：《南京法政讲习所》，载薛君度、熊先觉、徐葵主编：《法学摇篮：朝阳大学》，增订版，东方出版社2001年，第89页。

③ 参见：《私立东吴大学法学院一览》，第61、7页。

④ 参见：《私立东吴大学法学院一览》，第47页。

楼书影》中，有一个总体概述，他认为该书“是对罗马法系统研究的专著”。① 这一评述，笔者认为不如1936年由郑競毅、彭时编著的《法律大辞书》有关“罗马法”条目的编写来得直接：“本条参应时陈允合著之罗马法。”② 鉴于目前尚未有陈允、应时的《罗马法》的重印本，故依据商务印书2012年重印的《法律大辞典》之“罗马法”条目，笔者在此全文照录，希冀从一个侧面证明该书对中国罗马法教育的影响。

【罗（羅）马法】【通】Roman Law 所谓罗马法乃指自罗马建国（纪元前七百五十三年）时起至优司悌尼央（Justinianus）帝告崩时止，所有关于罗马国一切之法律制度而言，即罗马人当时所通用而施行于本国及其领土内

① 殷啸虎主编：《红楼书影》，第30页。另：笔者根据该书晒在网上的图片，大致可以罗列出这本《罗马法》的目录结构：全书分总论和本论两部分。总论包括十章，分别是罗马法之定义、罗马法之研究方法、罗马法之分期、罗马法之渊源、中古时代及中古以后罗马法研究之沿革、罗马法及于各国法律之影响、法律及法律学之定义、法律之分类、法律之解释、权利。本论分六编，第一编“人法”共三章，其中第一章包括人之意义、人格、行为能力、住址；第二章法人；第三章人之分类包括奴隶与自由人、市民与外国人、自权人与他权人；第二编物权法共五章：第一章物包括物之意义、物之分类；第二章物权包括物权之意义、物权与债权之区别；第三章所有权包括所有权之意义、所有权之起源、所有权之分类、所有权之取得、所有权之保护、所有权之消灭；第四章占有包括总论、占有与握有之区别、占有与握有之实例、占有之取得、占有之丧失、占有之代理、占有之效果、占有之保护、准占；第五章他物权包括役权、地上权、永借权；第三编债权法共四章：第一章法律行为包括法律行为之意义种类及要件、意思表示、原因、强迫、诈欺、错误、条件、期限及期间、代理、负担、法律行为之无效及撤销；第二章债权包括债权之意义、债权之标的、债权之种类、债权之发生（契约、准契约、私犯、准私犯）、债务之担保、债务不履行之原因、债务之消灭、债权之让与；第三章全部债务及连带债务、第四章附带债务；第四编亲属法共四章：第一章亲属关系；第二章婚姻包括婚姻之定义及其变迁、定婚及结婚、婚姻之要件、婚姻之效果、婚姻之解除、独身者及无子者、妾婚；第三章家父权包括家父权之内容、家父权之发生、家父权之消灭；第四章监护及保佐包括设置监护及保佐之目的、监护与保佐旨趣之沿革、监护与保佐之区别、监护人、保佐人；第五编承继法共七章：第一章总论包括承继之定义、承继人之种类；第二章法定承继；第三章遗嘱承继包括遗嘱之方式、遗嘱制度之发生、遗嘱能力、遗嘱承继人之设定、遗嘱之限制；第四章遗赠包括遗赠之意义、遗赠之方式、遗赠之标的物、遗赠之限制、受遗人之权利义务、遗赠之效力；第五章信托包括遗产信托、特定物信托、信托与遗赠之统一；第六章死因赠与；第七章结论；第六编诉讼法包括司法制度、诉讼法之沿革、召唤程序、争讼时期、诉讼之种类、抗辩及反抗辩、令状、诉讼代理、诉权之移转、上诉共十章。

② 郑競毅、彭时编著：《法律大辞书》，商务印书馆2012年版，第1923页。

之法律，其历史上之沿革，荀克氏（Cuq）分之为三期，乃以罗马法律制度之变更为分野，学者对之多加采用，此三时期如下：（一）古代法律时期——自罗马建国时起，至罗马第七世纪为止，此时法律之性质以条文论，严酷守旧崇尚形式，以应用论专用于市民，外国人不得援用，以渊源论大都属于习惯，以十二铜标法为唯一之法典。（二）法律进步时期——依广义之计算方法，此时始自罗马第七世纪中之第一法学大家赛摩觉氏（Quintus Mucus）而终于康斯旦丁（Constantinus）帝即位之年，即纪元后三百二十五年也，此时期之罗马法为最昌明，亦最臻完善，其性质以条文论，减前严酷守旧崇尚形式之程度，以应用论范围较广，外国人与罗马市民均适用之，因此期于专用于罗马市民之市民法外，尚有一种万民法之崛起，且以渊源论，此时期除习惯法外，有民议决之法律，平民会通过之法律，元老院议决之法律，皇帝之敕令，裁判官之告示，及法学家之解答。（三）法律退化时期——自康斯旦丁帝始（纪元后三百二十五年），至优帝终（纪元后五百六十五年），以条文论绝对尊重法律精神，古时尚形式之习惯，此时已为衡平思想所溶化，以应用论市民法与万民法已无分界，凡属国民均受同等法律之保护，且以皇帝之敕令为罗马法唯一之渊源。至于罗马法之渊源，则有下列四种：（一）成文法与不成文法，前者乃曾经立法机关所制定之法律，如（1）民会议决之法律。（2）平民会通过之法律。（3）元老院之议决。（4）皇帝之敕令。后者乃习惯法为一般人民所公认之惯例。在罗马之习惯法有原始习惯与后期习惯之分：原始习惯乃在制定十二铜标法以前之法律，后期习惯乃根据成文法而产生之常规，如法学家之解答，及高级官吏之告示是。（二）市民法与大官法，市民法之渊源，最要者为十二铜标法：（1）第一标提传。（2）第二标审问。（3）第三标责偿。（4）第四标家长权。（5）第五标承继及监护。（6）第六标所有权及占有。（7）第七标家屋及土地。（8）第八标犯罪法。（9）第九标公法。（10）第十标宗教法。（11）第十一标为前五标之追补。（12）第十二标则为后五标之追补，至于大官法之渊源即为高级官吏之告示所集成，其中以优帝国法大全（Corpus Juris Civilis）最居重要，为下列四种所编纂而成：（1）优帝法典（Codex Justinianus）。（2）优帝学说汇纂（Digesta Justiniani）。（3）优帝法学阶梯（Institutiones Justinian）。（4）优帝新律（Novellae Constitutiones Justiniani）。关于罗马法之分类，可大别为下述五种：（一）公法与私法，罗马以规定政府之事者为公法，规定私人之事者为私法。（二）成文法与不成文法，前者其发生之时即成文者也。后者其发生之时为不成文者也。故谓之习惯法（习惯所以有法律之效力者，以有一般人民之同意与经立法者之手或为法院所采用而成为法律者）。（三）市民法万民法与自然法，乌而比央氏（Ulpianus）分罗马法律为市民法、万民法、自然法三者，嘎尤士（Gaius）视自然法与万民法同为一体，而分法律为市民法与万民法二种，后者为二分说，前者为三分说，按市民法乃罗马固有之法律。古时罗马市民独受此法律之支配，故名曰市民法，外国人不能受其保护，厥后罗马版图拓大，外国人移居罗马者，实繁有徒，一切买卖及其他法律行为均不能依市民法，颇觉不便，于是不得已始为外国人置外事裁判官司罗马人与外国人间之诉讼，及外国人与外国人间之诉讼，依自然之正义及公众之利益，与夫通行于一般人民之法律逐渐成为另一系统之法律，是曰万民法。（四）市民法与大官法（或裁判官法），市民法即民会所议决之法律，已如上述，大官法乃司国家政务且握裁判权之官吏所制作之法律。（五）人法物法与诉讼法，嘎尤士之法学阶梯，与优帝法学阶梯均分为三段，（1）人法。（2）物法。（3）诉讼法，人法乃关于人格人事之法律，物法即关于财产契约之法律，而诉讼法则为后世法律上所称之助法（罗马法典编纂之顺序，以主法为先，而助法后之）。关于罗马法之编制，依最适当之编法分为六编。（一）人法。（二）物权法。（三）债权法。（四）亲属法。（五）承继法。（六）诉讼法。兹依次分述其内容要点于下：（一）人法——各国法律上所谓人，或指权利主体而言，相对而言，权利主体者即享受权利之人也。然罗马所谓人者，有“霍漠（Homo）”与“泼尔宋那（persona）”二语，“霍谟”者以物理而观人之语，即世俗所谓人者是也，包括自由人与奴隶，然奴隶不特不为权利之主体，且为自由人之所有物，“泼尔宋那”者，以法理而观人之语，有身分之意，要之罗马法所谓人之一语，有人类与身分之两种意义，乃指有权利之主体者及包含有身分之人而言，此为与现在各国法律之意义不同之处也。至中古时代奴隶制度次第废止，所谓人者通常指权利主体而言，遂至人与权利主体有同一之意义。（二）物权法——罗马时代物之观念与近世异，近世法律所谓物者，指有体物而言，在罗马法则不然，凡有用便有益于人者，皆谓之“物 res”不仅以有体者为限，是较近世法律之所谓物者意义较广，其物分为：（1）有体物与无体物。（2）要式移转物与略式移转物。（3）可有物与不可有物。（4）动产与不动产。（5）消费物与不消费物。（6）主物与从物。（7）可分物与不可分物。（8）天然孳息与法定孳息。（9）事实上之集合物及法律上之集合物等是，罗马法称物权者即权利人于其物上得直接支配之绝对权，不独对于特定义务人可以主张，即对于一般人亦可以为消极之禁止，此物权之所有对世权之称也，其种类大别有五：(所有权)(2)役权(3)地上权(4)永借权(5)质权等是(三)债权法——(1)法律行为——所谓法律行为乃指关于权利发生变更及消灭以惹起法律上之效果为目的之行为而言。无概括之意义，惟就各种法律行为中之各种行为各用其名称而已。例如买卖使用贷借消费贷借口约书等皆是。(2)债权——债权二字罗马法上无相当文字，惟有 Obligatio 一语，但此语有时指债权有时指债务，学者译为法锁(优帝所载债权定义曰：债权云者依国法使他人负担给付义务之法锁也)。至债权之标的依罗马法之规定限于以下各项：(a)事实上及法律上可能之事项。(b)合法行为及正当行为。(c)有财产上价值之物。(d)债务人自身之行为，债权发生之原因均有下列四种：契约。准契约。私犯。准私犯等，债务不履行之原因，亦有四种：故意。过失。迟延。偶然事故。(四)亲属法——罗马法上关于亲属关系之亲亲约如下述：(1)直系亲及旁系亲，与世界各国法律所谓直系亲旁系亲之规定相同。(2)两面亲及一面亲，罗马法分旁系亲为两面亲与一面亲二种，同父母者谓之两面亲，父母之一方不同者，谓之一面亲。(3)亲等计算法始于出生，即一出生一亲等是也。而旁系亲之亲等，以自一人溯至共同始祖，复自共同始祖降至其他一人之出生数定之。故亲子为一等亲，兄弟姊妹为二等亲，叔侄为三等亲，其余类推。(4)姻族及亲属会议，姻族与我国民律草案所称之妻亲相似，又罗马古代有亲属会议之制度，若家父滥用其家父权，亲属会议得干涉之。(五)承继法——罗马法之承继为"概括承继"，即承继所继人财产上之一切权利义务也。承继人有数人时，则按其应继分享有所继人之权利义务，因此承继人须负无限责任，即遇所继人遗产不足清偿债务，承继人亦须以自己之财产清偿之，此种遗产谓之有损遗产，至优帝时，则有遗产目录特典之规定，以限制承继人之责任，而对于专属所继人之权利义务不许孙继，例如所继人有为自己使役他人之权利，有自他人受扶养或定期赠与之权利，或被使役于人之义务，或给付定期赠与之义誓务等皆是，至于遗产确定无人承继时，则为"承继人之旷缺"。其财产归国库，然国库对承继债权人，仍为债务人，此与日本民法规定者不同。(六)诉讼法——罗马之诉讼法可分三时期，一曰"法律诉讼时代"，二口"程式诉讼"时代，三曰"非常程序"时期，第一第二两时代之诉讼事件，必经过两重程序，经过裁判官之法律上审查，并经民选推事之事实上调查及裁判，而后诉讼始归于终结，至非常程序时代以事实并法律之调查，统归裁判官办理，因此以前之两重程序乃合并而归于同一法庭，近世诉讼程序即导源于此，至诉讼之种类则分：（1）善意诉讼，即裁判官以发交民选推事之书状记载“府以善意付与某物或履行某事”等字样之诉讼。（2）严正诉讼，即民事推事应严守法律之规定，从事裁判之诉讼。（3）仲裁诉讼，即依民选推事之意见，以调处之诉讼，关于被告对原告请求之争执有三方法：（1）全然否认原告所主张之事实。（2）承认原告所主张之事实，而否认由此事实所生之权利。（3）被告提出抗辩，至所得提出之抗辩有下列数种：（a）关于诈欺强害及错误之抗辩。（b）金钱未受领之抗辩。（c）无形约束之抗辩。（d）宣誓之抗辩。（e）既判之抗辩。罗马古代不采用代理规则，故诉讼之代理方法亦未发达，惟监护及刑事诉讼上之告诉人得以自己名义代他人起诉耳。降至商业隆盛时代，代理规则稍渐发达，当事人欲使他人代行起诉者，得任意选定代理人，至于上诉，罗马古代夫此制度，即以初审为终审，其后虽有此制之发生，但不完全，凡受刑事上之刑罚，致人格减等者，得上诉于民会，及至帝政时代，凡不服判决者，不论刑事民事均得向皇帝上诉，观上所述，罗马法上法律之理论虽甚发达，然诉讼程序及机关极不完备，惟仍为世界法律系统之一，中世纪德国及法国南部直接受其影响，十八世纪以来普鲁士民法，德国民法之制定，均以罗马法为基础，至于大陆法及海外各国所模仿之拿破仑法典，其内容亦多出于罗马，惟各国对于亲属继承两编，多不采用之，独我国与日本之家族制度与罗马略同，故多仿效之处。我国现行民法，虽多采自德瑞，但间接方面实来自罗马，故国人之治法律，非对罗马法予以深切研究不可。（本条参应时陈允合著之罗马法而作）

关于罗马法在中国的传播，当今中国罗马法学者谢邦宇先生曾有一个说法，他认为罗马法“传入中国既不是出于封建所有制关系的需要，也不是基于市民阶级在罗马法中寻找强大助力的结果，而是跟随德国、瑞士、法国和日本的民法典一起被裹胁而入的，并且是作为西方文明的重要内容被介绍过来的”。[①] 谢邦宇先生的上述观点，与上引“罗马法”条目最后一句话的观察极为接近：“我国现行民法，虽多采自德瑞，但间接方面实来自罗马，故国人之治法律，非对罗马法予以深切研究不可。”[②] 这一方面，说明了罗

① 谢邦宇：《罗马法文稿》，法律出版社2008年版，第363页。

② 郑競毅、彭时编著：《法律大辞书》，商务印书馆2012年版，第1923页。

马法教育与中国法制变革的相互关系，而另一方面，亦道出为什么民国时期的法律学人“非对罗马法予以深切研究不可”的决心。

三

谢邦宇先生曾说，“罗马法传入我国在很大程度上带有随机性和偶然性，但它传入后首先与北京大学结下不解之缘，并毫不犹豫地选择北大‘安家落户’”。① 在这里，笔者借用这种“随机性和偶然性”的说法，暂时不讨论陈允、应时两人合著的《罗马法》一书的学术价值，主要集中讨论一下陈允、应时两人与他们带有“随机性和偶然性”而走上罗马法教育之途的故事。

先说陈允，据民国3年（1914）的《私立浙江法政专门学校同学录》②及《亭亭寒柯——余绍宋传》，提到1935年东皋雅集活动时，有一题名册曾印行于世。可分别得知如下二条有关陈允的信息：（1）陈允，字众孚，38岁，浙江新昌人，职掌民事诉讼法、罗马法、国际私法讲师，住址通讯处为新昌城中；（2）陈允，字众孚，斋名“四友斋”，59岁，籍贯新昌。加上前已述及陈允编辑出版的《罗马法》（私立浙江法政专门学校讲义）。笔者关于陈允的信息整理如下：陈允（1876—?），字众孚，早年留学日本，归国后任教于浙江官立法政专门学校和浙江私立法政专门学校，讲授罗马法。著有《罗马法》（私立浙江法政专门学校讲义）。

从陈允的留学经历及归国后在浙江法政学堂的罗马法教学经历上看，陈允的罗马法知识，应与撰写过《罗马法》的黄右昌是一样的，他们均有在日本留学的经历，归国后，分别在湖南和浙江法政专门学堂从事罗马法的课程教学，并先后都有《罗马法》教科书问世。例如，至1930年以前，流行的罗马法教科书除黄右昌的《罗马法》（1913年初版，1915年再版）及《罗马法与现代》（1930年版）以外，大概就要推陈允的《罗马法》（浙江私立法政专门学校讲义）及1920年《罗马法》（朝阳大学法律科讲义），以及1927年10月应时著述的《罗马法》（朝阳大学法律科讲义）。

然而，必须指出的是，这种来自日本的法政知识，包括罗马法知识在中

① 谢邦宇：《罗马法文稿》，法律出版社2008年版，第363页。

② 该同学录所收浙江法政专业学校曾任和在职教师共115人，收录学生1500余人。虽然是初创的学校，但规模之大也可想见。

国的传入，随着辛亥革命胜利后的时局变化，特别是“五四运动”以后，中国人开始慢慢失去了对从日本转贩法政及罗马法知识的好感。这一现象亦可以从《罗马法》的著述在中国出版的情形得到说明。大约从1927年应时《罗马法》（朝阳大学法律科讲义）至1931年陈允、应时合著的《罗马法》的这一期间开始，留学英美法德的学者渐渐归国，法政知识传入的中国主体不再是日本，而是欧美国家。事实上，这以后中国罗马教育的主要人物不再是黄右昌、陈允等留学日本的法律教员，而是应时、丘汉平、陈朝壁、周枏、路式导等人，他们是中国学者中直接从欧美国家接受罗马法教育的一批人，正是在这种背景下，1922年归国并从事罗马法教育的应时，逐渐开始成为罗马法教育在中国的主流学者。

目前有关应时的介绍文字极少，我翻了不少文史工具书，几乎都无记载，但一些未见经传或刊行的手札、日记中有片言只语的提及，如嘉业堂主人刘承干的《求恕斋日记》，在1911年3月19日中有这样几句：“午后三句钟同醉愚坐马车至斜阳路西园，看文明结婚……主婚者王一亭，新人吾湖应溥泉与鉴湖章肃女士。”① 奇僧苏曼殊也曾在一篇文章中提及，1912年年底他赴安庆出任安徽省高等学堂教员，同事中有应溥泉等。② 在陈玉堂先生编著的《中国近现代人物名号大辞典》中，笔者发现有关应时的介绍：应时（1886—?），浙江吴兴（今湖州）人，字溥泉。留学法国，巴黎大学法学博士。历任浙江公立法政专门学校教务长、修订法律馆副总裁、外交部条约研究委员会顾问，法权讨论委员会顾问，东吴大学法学院、中国公学教授、上海法租界特区地方法院院长、庭长。之后情况不明，著有《罗马

① 应时在其《德诗汉泽》自序二中，亦提及自己的婚礼说：“1910年2月中旬抵沪，3月11日乃与未婚妻章肃女士在上海西园行结婚礼。乡长王一亭先生为之证婚并由戴传贤（季陶）、朱少屏先生作男傧相俗，谓文明结婚。我俩忝开风气之先。”参见应时：“自序二”，载应时：《德诗汉译》，商务书馆、世界书局寄售，中华民国二十八年元月初版，第49页。

② 周越然《六十回忆》一书中亦提及应时曾在安徽高等师范学堂接替陈独秀职掌过教务长职务，同期任教的有苏殊曼等。另据周越然的说法，应时大约于1942、43年间在重庆去世。时间、地点与徐国栋据谢怀栻教授的电话告知的内容相吻合。徐国栋说：“应时还在设在重庆的中央政治学校教过书，是谢怀栻教授的老师。”参见徐国栋：《中国罗马法教育》，载 http：//www. law - xmu. net/romanlaw/sub2 - 54. htm.

法》。①

事实上，除《罗马法》一书外，应时还有《德诗汉译》一书行世。但应时的《德诗汉译》一书，也极为少见，知其详者亦不多有。不过，施蛰存先生在主编《中国近代文学大系·翻译文学集》时，却对应时和他的《德诗汉译》有公允的评价。"应时，字溥泉，是一位攻读政法的留德学生。他很爱好德国名家的诗。回国后，在1914年印行了一本中德文对照的《德诗汉译》，共收歌德、乌郎等人的诗十一首"。② 其后，他在编选该书第三卷时，再次提及此书："诗歌部分，我们在编选过程中发现以英国诗为最多。如果没有一本应时译的《德诗汉译》，那么德国诗的译文可能是最少。"③

以上说明，应时不仅本人几乎不为外界所知，而且从应时热爱文学诗歌到走上法学之路的留学经历来看，应时与罗马法结缘本身就多有"随机性和偶然性"，由此看来，应时将欧陆国家的有关罗马法的知识介绍到中国，自然也存在随机性和偶然性。接下来，笔者将根据知见的应时《德诗汉译》一书中的自序文字，再以社会关系网络的建立为视角，谈谈应时与中国罗马法教育的开创之间的某种"随机性和偶然性"。

应时生于1886年，从小父母双亡，靠奖学金在南洋公学完成学业。1907年末赴英国伯明翰大学选修理科，生活非常刻苦，平时仅以面包冷水充饥解渴。不久染上肺病大口吐血，在同学们的相助下转赴德国疗养，病情稍愈后即在加鲁高等商业学校进修德文，因任教老师恰为一德国诗人，故应时在这段时间阅读了大量德国诗歌，为以后翻译《德诗汉译》打下了基础。1911年春，应时从德国回到上海住在友人田北湖④家，翻译德诗就在这段时间。他是这样自叙的："辛亥三月归国，遇田君北湖于沪渎，谭及德诗之意趣，田君欢欣鼓舞，乐为赞助，爰先选十一章译成汉文。余惟尽諺译之责，

---

① 陈玉堂编著：《中国近现代人物名号大辞典》，浙江古籍出版社2005年版，第538页。

② 《导言》，载《中国近代文学大系·翻译文学集》第一卷，上海书店1990年10月版。

③ 《第三卷编选说明》，载《中国近代文学大系·翻译文学集》第三卷，上海书店1990年版。

④ 田北湖（1877—1918年），名其田，字自芸，或自耘，号北湖。幼即聪颖，号为神童，十三岁被王先谦擢入南菁书院。光绪二十三年拔贡。曾在玄武湖种植莲藕，希望实业救国。参与创立国学保存会，精研汉学，希望保存国粹，著述颇富。民国后，入北京大学教授历史。

笔削润色，惟田君是赖。是岁六月脱稿，藏诸箧笥，有待雠正。”① 后又说：“婚后赁居于白克路昌寿里友人田君北湖之家。田君邃于汉学，早年曾师事之谈及德译之旨趣，怂恿迻译，允为笔削，不三月选译十一首。类皆警世惕俗之什。”② 此书的译稿一放三年，至1914年1月，应时才在朋友们的鼓励下自费出版《德诗汉译》。至1939年应时再版《德诗汉译》时，共有三种版本，一为真皮金边金字精装，售国币五元六角；一为准皮金边金字精装，售国币三元六角；一为准皮金字精装，售国币二元八角。三者中以第一种最为稀见。全书共收入戈德（歌德）、翕雷（席勒）、哈英南（海涅）、好夫（豪夫）、乌郎（乌兰德）、夏迷莎（沙米索）、裴尔格（毕尔格）等十位诗人的十一首诗歌，诗前并附有徐建生《〈德诗汉译〉序》及应时《〈德诗汉译〉自序》、《德诗源流》和《诗人姓字里居表及本诗所选书目》四文。再版本除了增加了一些诗人照片外，最大的不同是有颜惠庆、张元济、褚民谊、杨永清、萧友梅等名人作序，他们在一些循例的应酬场面话之外，也贡献了很好的意见。③ 除此之外，这些序文中亦多有提及应时的法学背景。

颜惠庆说：“吴兴应君溥泉，夙治法学，留德多年”；留学法国的医学博士褚民谊甚至为应时这本《德译汉译》题签；时任东吴大学校长，国际公法及国际关系教授的杨永清则说：“溥泉先生是国内有名的法学者，当他在德国研究法学的时候，于德国的诗歌也特别加以注意……我却认为应先生如此研究学问的确是‘治学有方’！因为法律是社会生活的规范，应先生既是在德国研究法律，当然应当注意到德国的人情风俗，社会状况，而这种人情风俗、社会状况当然以诗歌为主要材料。所以应先生在诗歌中学律，大可以证明他的治学方法，有本有源，广博周密。”萧友梅则提及：“溥泉先生

---

① 应时：“自序一”，载应时：《德诗汉译》，商务书馆、世界书局寄售，中华民国二十八年元月初版，第38页。

② 应时：“自序二”，载应时：《德诗汉译》，商务书馆、世界书局寄售，中华民国二十八年元月初版，第49－50页。

③ 如萧友梅拿应时的译文和王光祈、胡宣明的译文作了比较，他写道：“譬如《鬼王》一诗，王君所译乃用浅近文言；胡君所译完全用白话。均志在适合大众，以能跟随乐谱歌唱为标的。而溥泉先生则纯照古诗体译成，固不失其本意，即使离开乐谱朗诵出来，亦觉得淋漓尽致，声调铿锵，因此更不能不钦佩溥泉先生艺术手段的高妙了。”而张元济则对此略有不同看法，他认为应时的译诗在今天似过于古奥，一般人难以看懂，故他非常坦率地写道：“余窃谨进一解，倘能更以极明浅之义，恒习之学，别译一编，使如白香山诗，老妪都解，则所以激发吾国人者其收效不益广且远乎？”

留学英德法瑞共十余年，不独精研法学，且于英德法拉丁文学无不通晓。”

应时自己在《德诗汉译》再版时也新写了一篇序，他很感慨地回顾了自己的留学生涯。虽然因为文学不能养家自己没有走上从文之路，但他还是坚定地认为：“戏剧、小说及诗歌等为改良社会最有力之急先锋。”① 但值得特别注意的是，应时在自序中先后提及林行规、陈介、周伯雄等几个人物，笔者认为，这些人对应时“走入法律之途”包括入职民国各大法学院校的罗马法教席均有莫大的关联。

先说周伯雄。据应时自序，1916年，他以浙江省官费生的资格携眷赴德国柏林攻读法律，不久因中德宣战而改入瑞士罗山（洛桑）大学续习三年，然后又赴法国入巴黎大学，二年后获法学博士学位。“适浙江法政专门学校校长伯雄（子豪）电招嘱任是校教务长，遂即返国服务。如是走入法律之途”。周伯雄，字子豪，留日学生，曾任官立浙江法政专门学堂社会学教员，后任浙江法政专门学校校长，正是他的缘故，应时归国先是入职浙江法政专门学校。应时步入法律界后，经济状况大有好转，另据《柔石年谱》，曾记录过柔石在应时家任过家教的时间是一九二三年九月至年底。当时应时（溥泉）刚从国外学成归来，应邀在浙江法政专门学校出任教务长一职。两人年龄相近，同样系贫寒家庭出身，又都爱好文学，想象中，相处起来应该不会太难。

林行规（1882—1944年），字斐成，祖籍浙江慈溪，后迁至鄞县，遂为鄞县人。林行规天资聪明，先入京师译学馆，次年即被选赴英国，入伦敦大学学习法律，毕业获博士学位，服务于林肯思皇家律师所。辛亥革命后回国，任南京临时政府总统府法律顾问。政府北迁后，任司法部民事司司长，因不满当政者以权凌法，愤然弃去公职，于京津地区用法律保障民权，为民办案。他不计酬金多少，对无钱打官司的穷人，常常提供无偿法律援助。林行规既仗义又廉洁的美名远扬京津，备受人们敬重，社会各界争相聘请，各大院校也频频请其讲学，成为民国年间著名的大律师。1920年与汪有龄参加第一届国际律师大会，后任北京律师协会会长。应时在其序文中提及自己从上海南洋公学第一次派出留学的经历，特别说到，抵英翌日即承李君绍介

① 应时：“自序二”，载应时：《德诗汉译》，商务书馆、世界书局寄售，中华民国二十八年元月初版，第51页。

林行规先生。“林先生知（应）时力疾求学，劝习法律”。①

除此以外，应时还提及俞大纯（浙江绍兴人，字慎修）、陈介②、李傥③三人1908年初夏携眷同乘一艘海轮赴德留学，皆就读于柏林大学并与他们相识的经历。其中，陈介、李傥先后任教于北京朝阳大学法学院，加上前已提及的林行规亦在朝阳大学担任过教职，他们对先期抵英习法，后期再赴德国习律的应时，多有联系。据此，笔者认为，应时1922年学成归国后，从浙江法政专门学校“走入法律之途”，后又出任北京朝阳大学法学院罗马法教席，恐怕就与陈介、李傥以及林行规等人，大有关联。

现代学者熊月之教授曾在一次学术会议上如是说道：“到了近代社会，情况发生很大的变化。工业化、商业化、城市化，在这‘几化’下出现了新事业、新企业、新学校，这些变化都使人们的生活由静止变为流动，由流动范围小变为流动范围大，由流动频率低变为流动频率高，由熟人社会变成了陌生人的社会。这样，人与人的关系本应由亲缘关系、地缘关系变成一个角色关系，但是我们研究近代社会，可以清楚地看到，这是一个由传统向现代过渡的转型社会，传统有它很顽强的延续性，在很多方面，传统关系延续下来了……。”④

在这里，熊月之教授所说的“传统关系延续下来了”，对于本文通过讲述应时如何“走入法律之途”的种种关联以及带有“随机性偶然性”地走上罗马法道路的学术个案故事，提供了一个什么样的“想象空间”，容笔者以后再说。

---

① 应时：“自序二”，载应时：《德诗汉译》，商务书馆、世界书局寄售，中华民国二十八年元月初版，第46页。

② 陈介（1885—1951年），湖南湘乡人，字蔗青，早年曾留学日本。在德期间攻读法政，通晓拉丁语和英、德、日、法等国语言。1912年归国，曾任工商部商业司长、全国水利局副总裁等职。1935年12月代理外交部常务次长，抗战爆发后，历任驻德国、巴西、墨西哥、阿根廷等国大使，1951年病逝。

③ 李傥（1884—1965年），湖南湘潭人，字文生，号倜君。早年两度留日，赴德后学习法学和哲学。1913年回国，任北大教授。1931年随孔祥熙出国考察实业，后历任国库司司长、财政部常务次长等职。1949年参加程潜领导的和平起义，后任湖北省参事室副主任，1965年谢世。

④ 熊月之在“近代人物研究：社会网络与日常生活国际学术研讨会”上的发言，载廖大伟主编：《近代人物研究：社会网络与日常生活》，上海人民出版社2012年版，第348页。

论文学素养对法律职业伦理养成的促进作用*

董　慧**

The Promotional Effect of Literary Attainment to Legal Ethics Formation

Dong Hui

摘　要：文学素养和法律职业伦理两者之间有着共同的主题，它们都关注着诸如文字表达能力此类的基本功，与社会生活息息相关，关心着人，关注着平等、自由、公平、正义、善恶等人类的永恒主题。此外，它们对未来生活图景有着同样的憧憬。因此，提升法律人的文学素养，有利于法律人的职业伦理的培育。

关键词：文学素养　法律职业伦理　法律涵养

Abstract: Not only the Literary Attainment, but also the law occupation ethics share a common theme. For one thing, they are both concerned with the basic skills, such as writing ability, for another they are closely related to social life, caring about people, and paying attention to the equality, freedom, fairness, justice, good and evil, and the eternal theme of humanity. In addition, they have the same vision of the future life vision. Therefore, the improvement of the legal person′s

* **基金项目**：本文是湖南省教育厅一般课题“文学修养与法律职业素养研究”（项目编号：12C0381）的阶段性成果之一。

** **作者简介**：董慧（1987— ），女，湖南攸县人，湘潭大学法学院2011级法理学硕士研究生，研究方向：法学理论。

Literary Attainment is helpful to their professional ethics cultivation.

Keywords: Literary Attainment the law Occupation Ethics Law of Conservation

文学和法律都是人类社会的上层建筑，是意识形态和价值观的产物，而且它们都反映着作为社会上层建筑的社会关系和阶级关系。透过对文学作品的鉴赏与文学批评，不论其所描述的对象是真实的存在还是虚构的故事，我们都可以发现隐藏在作品背后的作者的终极关怀和其所反映出的社会通常观念或时代精神，这都有助于我们掌握文学背后所隐藏的社会观、法律观和道德观。因此，文学素养与法律职业伦理之间的差异不但不妨碍两者相互交流与借鉴，反而会提升法律人的文学素养，有利于促进法律职业伦理的养成。

具体而言，文学素养对法律职业伦理的养成有哪些方面的促进作用呢?首先，扎实的文字功底，使法律人获得文字的敏感度，提升语言驾驭能力，从而从法言法语、法律概念、逻辑技巧、判词研究、法律解释等各方面促进法律人的法律涵养的提升。其次，文学里的美丑为法律人理解公平、正义提供新的路径，为法律人对法律善恶的理解、公正价值序列的定位提供新的角度。最后，文学素养能够塑造人格，唤醒法律人的良知，加强其对人生图景的感悟力和社会的宏观认识，使其回归人文，继续坚守法律人内心的法律理想图景。

一、以文字表达能力为功底的法律涵养

文学素养和法律涵养两者都涉及叙事、解释、阅读、书写和表达，都是语言、故事、人类经验的交汇之所，最后由作为特定文化世界的语言共同体将两者统一起来。所以，文学素养的提升有利于加强法律人的文字功底，使法律人获得文字的敏感度，提升语言驾驭能力，从而从法言法语、法律概念、逻辑技巧、判词研究、法律解释（文本文义）等各方面促进法律人的法律涵养的提升。

关于文学素养对法律职业伦理的这个功能，目前学界称之为“作为文学的法律（law as literature）”，也就是将法律文本以及司法实践当做文学文本来研究其修辞和叙事，主要涉及制定法解释和司法判决意见的修辞手法，即

运用文学批评与文学理论来帮助阅读和解释法律文本①，这有时也被人称为“法律中的文学”。越来越多的法律人，特别是法官，开始认识到一成不变的法律文书的局限性，开始尝试改革司法判决书的格式，试图从不同的角度推陈出新。有的甚至强调法官应该赋予司法判决书以文学特色，使其成为具备文学素养的法律人。

例如，美国前联邦最高法院卡多佐大法官于1925年发表的《演讲录·法律与文学》一文中便探讨了法律和文学之间的关联，尤其针对判决意见的文学风格及修辞等相关问题进行了分析与讨论。他认为，文学之于法学，最重要的作用在于法律实务中的修辞层面，如何通过文学化的修辞达到最好的法律效果，如何使得诸如修辞、警句这样的文学技巧成为法律人职业能力的组成部分，并且巧妙地利用这种技巧为自己的职业工作服务。正如卡多佐在其著作中所说的：“判决应当具有说服力，或者具有真挚和热情这样感人至深的长处，或者带着头韵和对偶这样有助记忆的力量，或者需要谚语、格言这样凝练独特的风格。忽视使用这些方法，判决将无法达到目的。”②

大法官霍姆斯提出了他最有名的命题：“法律的生命不在于逻辑而在于经验。”他的判决文书的写作风格也独具风格。包括皮洛克（Frederick Pollock）爵士在内的许多人，都盛赞他在写作上的成就，但没有人有弗兰克福特教授（Prof. Frankfurter）认识的那么精准：“语言的影响、清除及新鲜，使得霍姆斯的司法意见为表现其观点获得了一个超级工具。这看上去是那么的轻巧——就像魔术师的袖子里放出百灵鸟——但它只是艰辛努力和超寻艺术后的悠闲假象。”③ 如霍姆斯在反对低能儿妇女生育一案中的判决里说过，“三代的低能已足够！”虽然这句话听起来似乎不近人情，但是其说服力显而易见。

波斯纳先后出版了《法律与文学》、《卡多佐：声望的研究》两本书。在这两部作品中，波斯纳对美国两大极具影响力的法官——霍姆斯和卡多佐二人的法律意见及判决等进行了仔细的研究，发现两位大法官非常注重文学方法这一重要手段，而且还发现这一重要手段的善用，使得判决既有文采，

① 法律文本主要包括宪法、制定法、审判和行政规则、判决意见等。

② ［美］本杰明·卡多佐：《演讲录·法律与文学》，董炯、彭冰译，中国法制出版社2003年版，第113－115页。

③ 吴经熊：《吴经熊法学文选》，中国政法大学出版社2012年版。

又具有表现力和说服力。

中国学者贺卫方教授，早在1990年也敏锐地发现了：古典中国的司法判决，在行文书写的修辞风格上，与司法官员的文学家身份和追求有关，并进一步揭示了其中隐含的法律理念。①

综上所述，文学素养对法律涵养方面的提升作用大致可以从提高法律人的写作能力、语言表达能力和为法律人的法律解释提供新思路这两个方面来说。

一方面，法律人在阅读文学著作时，所积累的阅读经验，在提高法律人对于法律学习和研究兴趣的同时，还可以加强法律人对文字的敏感度，提高他们的语言表达能力和写作能力，加强其对各种句式的灵活应用，从而改善法律职业人在法律文书书写上的技巧和风格。至少可以让起诉书和判决书等文本的可读性更高一些，更具说服力一些。

例如，敦煌《文明判集残卷》中《李庸溺死判》里严密的推理和辩论让人读后拍案叫绝，具有极高的审美属性。在本案中，争论的焦点是当事人郭泰推倒李庸是否是致命的根本原因。② 为此作者对当时的情景进行还原："共被漂沦，同得一桡。俱望济己，且浮且竟，皆为性命之忧。"即在危急关头，二人为争夺桡，郭泰出于一种求生的本能，而推了李泰。李庸到底是因为什么而死？作者说道："庸死原由落水，落水本为覆舟，覆舟自是天灾，溺死岂伊人咎？""推庸苟在取桡，被溺不因推死。俱缘身命，咸是不轻。"这种巧妙的使用文学里的顶真的手法，层层推入，使得其逻辑推理十分严谨，层层剥析，令人折服。③ 又如，在"辛普森杀妻案"中，最终打动陪审团的并不是法律，而是机灵的律师的一句话。审判时，控方提出捡到了凶手作案时用过的手套，法官为验证其真实性，让辛普森当庭戴上手套，没想到手套因为太紧而戴不进去。辛普森的律师机智地喊到："手套太紧，被告无

---

① 徐忠明、温荣：《中国的"法律与文学"研究述评》，载《中山大学学报》2010年第6期。

② 基本案情是：李庸与郭泰同船渡河，不料遭遇风浪船翻落水，两人在浮水的过程中相互争夺一桡以求活命。郭泰身强力大，推开同伴抢得桡从而浮到岸，而李庸失去桡溺水而亡。其妻阿宋告郭泰谋害其夫，郭泰也承认推庸取桡。此案的关键是郭泰的推庸是否致命。

③ 谭淑娟：《法制与文学的完美融合——敦煌〈文明判集残卷〉分析》，载《前沿》2010年第10期。

罪。”或许陪审团最终都未弄清相关法律条文，而正是这种即兴创造出来的警句式短语，在无形中打动了陪审团，使辛普森逃脱了牢狱之灾，赢得最后的胜利。如果该律师在平时没有积累这种能力，那也恐怕是心有余而力不足了。由此可见，通过文学来提高法律人的写作能力和语言表达能力是很有必要的。

另一方面，为法律解释提供了新的路径。法律和文学都需要解释，这使得在解释法律的过程中借鉴文学里的评论眼光、方法成为可能。法官在适用法律时，如果不事先对法律进行解释，而机械地依照相关的法条直接作出判决，那法律就只能变成僵死的教条了。由于文字天生的多义性、模糊性、不确定性，使得看起来简单明了的法律条文很难准确地运用到错综复杂的社会生活当中。

例如，国外有些国家规定，禁止任何人在公园里睡觉。这条法律够清晰明了了吧？然而，倘若有一个在公园散步的老人在公园里打个盹，又或者，一位妈妈抱着睡着的婴儿在公园里散步。作为裁判者，该怎么办呢？这也不是一个机械地适用法律就能解决的问题。无论判老年人和婴儿是否违法，法官都需要进行一番论证。这就不是简单的搬出法条的相关规定就能解决的事了。裁判者都必须有一个推理的过程。而这个过程就是法官解释法律的过程。从近处看，解决了本案当事人的解释法律的问题，从远处来说，为以后类似案例的潜在当事人解释了这条法律。

“作为文学的法律”的学者在法律解释的问题上也主张用文学批评的方法来解释法律文本的含义。例如，列文森在《作为文学的法律》中指出，“如同诗一样，对法律总是存在着许许多多看似正确的理解和对抗性的解释，而法律的社会现实则是，官方的政治权力要求共同体接受法律所要求的解释”。费斯指出：“解释，无论是在法律，还是在文学领域，都既不是完全自由裁量的，也不是完全机械的活动。它是读者与文本之间的互动，意义是互动的产物。”他还指出：“判决就是解释。判决是法官对权威法律文本的意义以及文本所体现的价值逐渐理解和表现的过程。”①

一般而言，在法律解释问题上，我们更多接受的观点是追寻立法意图。“法律的解释是科学地阐明法律规范的内容和含义，确切地理解法律规范中

---

① 张文显、李步云：《法理学论丛》（第三卷），法律出版社2002年版，第17-47页。

所体现的统治阶级的意志，从而保证法律规范的准确使用。”① 这一方法在理论上面临两个问题，一是如何寻找本来的立法意图，二是如何证明找出的那个立法意图就是客观的。

司法实践中，对于同一法律规则的不同解释而出现争论的现象越来越多。例如消费者“知假买假问题”、王海打假案从胜诉到败诉、小三获遗赠财产案的公序良俗和私法意思自治的争论，等等。这主要是因为不同的人对同一法条有着不同的理解和解释。在出现不同的理解和争论时，法律文本的意义已经呈现出了开放性，在这些不同的理解中，官方的权威解释并不一定高于民众意见。然而，这并不说明法律的解释是随意、不确定的。反而，它为我们解释法律提供了一种新的思路，一个新的视角，即：在法律解释中，各种解释意见应当得到足够的重视，并给予它们相互理解和交流的机会，然后再具体问题具体分析，得出实用性最强的解释意见。正如学者刘星说的那样，“人们不应事先假定，只有专家化的法律职业精英的意见，才是法律解释的‘上帝’；只有支持专家化的法律理论，才是真正的法学真理。在审视各类法学见解是否有益的过程中，应该让宽容的姿态和立场持续地保持和伸张”。② 这种根据“语境”得出最具实践意义的解释观点，就是文学里的语境分析的最好运用。

总之，提升法律人的文学素养，可以使法律人通过文学文本深化对法律问题的理解，认识法律的局限性，重视被一般法律文献所忽略的叙事等的重要性以及有关人类生活状态的经验，从而培养他们的语言阅读理解能力、语言表达能力、文书写作水平，增强他们的论辩技巧，丰富他们的想象力，让其职业伦理的培育过程变成一个愉快、有趣的过程，同时还能丰富法律人的知识面，让法律人在知识上成为一个完整的人。

二、文学中的美丑与法律里的善恶

如果说文学素养的文字功底让法律人在知识上成为一个完整的人，那么文学的美丑有助于法律人在人格上成为一个完整的人。

法律是人类文明成果之一。它作为社会调整和控制的技术，是人类对自

---

① 侯学勇：《解释能够保证法律规范的准确适用吗》，载《政治与法律》2011 年第 7 期。

② 刘星：《西方法学中的“解构”运动》，载《中外法学》2001 年第 5 期。

身社会的性质、经济、政治、文化以及其他社会关系及其客观规律的科学认识的结晶。法律传承了一个国家原有的法律传统和价值理念，包涵着自由平等、公平正义、科学理性、公序良俗等超时代、超国家的永恒的人类文明成果。一个具有法律职业伦理的法律人必是对法律精神不懈追求的人。

法律精神指的是法律作为一种文化现象所具有的人对社会的心理需求和理想状态，以及文明的生活方式和价值取向，简言之，就是法律对人的意义，诸如正义、人性、公平、秩序、民主、安全、自由、平等、幸福、文明、进步等。在这些法律的精神价值中，正义处于核心位置。而文学作品是作家为了抒发情感表达思想的艺术形式。文学作品也都包涵了作者诚实善良、自由平等、公平正义、和平友爱的美好思想。由此我们可以看到，法律职业伦理的养成和文学素养的提升，它们的终极目标是相同的。两者都是人们对自由、公平、公正、科学、理性等理想社会价值的追求，都是人们对真、善、美等所有人类美的品质的期望。所以，尽管二者采取的方法和路径有所区别，但其终极价值取向是相同的。

一方面，文学里的美丑为法律人理解公平、正义提供新的路径，为法律人对法律的善恶的理解、公正价值序列的定位提供新的角度。文学素养的这种功能就是学者所说的“文学中的法律（law in literature）”，也就是研究文学作品所反映表现出来的法律，即着重于对小说、戏剧、电影、名人格言等文学作品中的法律问题描写的研究。它把文学名著看做是发现法律价值、意义和修辞的媒介。

例如，莎士比亚的《威尼斯商人》、狄更斯的《荒凉山庄》等这些涉及法律题材的作品通常都是法律人的良好教程。这些文学著作对于增强法律人的法律文学感具有很大的促进作用，卡多佐法学院的威斯伯格教授很早就提倡将名著适用到法学教育中来。他出版的《语词的失败》里，就融会贯通这个方法。他认为，文学名著为法律的各种人文价值提供了最好的伦理描述，通过研究法律在文学名著中的运用，我们可以获得对法律规范以及法学本身所具有的属性的洞见。文学作品详尽地表达了各种人文价值观，这是伦理价值方面最好的描述。通过研究名著里面的各种人文价值，能够使我们洞察法律文本本身具备的伦理。他说：“关于法律的小说，一如我们所提到的，特别是法律程序小说，是通往人类理解的道路。"① 这些法律题材方面的小说、电影、戏剧以及谚语等等，都是以文学形式来表达法律——通过叙事的方式讲述法律的道理，或者以文学样式来描述和解释某一时代的法律精神和法律情感，例如狄更斯小说为我们提供并还原了判例、教科书、论文以外更为生动的司法图景，进而为了解当时及此后的英国司法变革提供了鲜活的背景素材和历史镜像。这也就不难理解丹宁勋爵所说，狄更斯小说对司法改革的贡献，远远超过了吉米·边沁。《秋菊的困惑》也引起的法学家们对中国送法下乡的反思。此外，还有《包公故事》、《威尼斯商人》、《安提戈涅》等等，都有这一方面的追求。这些都有利于增强法律工作者对法律的理解，尤其是对法律伦理的认识，引起他们对弱势群体的关注，促使法律人在实务中将其增强的伦理感付诸行动。丹勒普就说过："在一名律师或者一名法律系学生阅读狄更斯的《荒凉山庄》之后，他就不会再对在桌间穿梭的当事人完全冷漠或客观了。"② 可以说，"文学中的法律"不是单纯的探讨二者之间的关系。事实上，关注得更多的是法律在这些文学作品中与其他社会现象的关系，通过分析这种联系，来探讨法律的具有或应该具有的属性。如果是某些法律本身无法具有的属性，如伦理属性，则期待法律人能够被文学作品所熏陶、感染，成为一个具备法律道德之人，成为社会正义的守护神，如具有道德感的律师，追求人类光明的法官等。

被法律与文学视为学术前史中的极具影响力的人物——威格摩尔，就坚信小说阅读对法律共同体有不可替代的教化与启示作用，也有助于改变对律师的公共印象或偏见。在他看来，对小说的阅读或文学修养的提升，一方面符合法律人，尤其是律师的职业要求，同时也符合将法律人塑造为有教养群体的目标。

努斯鲍姆（Nussbaum）——法律与文学研究的另一位主将，在其著作《诗性正义——文学想象与公共生活》的第四章"诗人作为裁判"中，从文学修辞的角度对史蒂文斯大法官、波斯纳、怀特以及伯格大法官针对具体案

① R. H. Weisberg："Coming of Age Some More"，转引自胡水君、南溪：《法律与文学：文本、权力与语言》。

② 张文显、李步云：《法理学论丛》（第三卷），法律出版社2002年版，第17－47页。

件撰写的法律意见进行了分析。[①] 在这里，努斯鲍姆的分析路径是法官如何通过文学修辞手段达到其最佳的表达目的，并得出了其“诗性裁判”的结论。即“为了达到完全的理性，裁判必须同样有能力进行畅想和同情”。[②] 美国斯蒂芬·布雷耶法官也指出，“能够以小说家的方式去思考人们的生活是法官技能的重要组成部分”，“组成部分当然不是全部，或者最重要的部分——但是一种至关重要的部分”。[③]

另一方面，文学素养为法律人理解正义提供新的视角。当处理案件时，法律人总是会站在法律的视角来处理，思维往往陷入一种机械化和逻辑化的模式中，进而过多地关注了法律条文本身而忽略了隐匿于法律身后的精神，由此产生对法律的认识过于平面化。而在阅读文学作品中的法律问题时，读者可以通过挖掘隐藏在作品背后的精神，读懂作者的写作意图，来理解作者所追求的正义、公平等价值观，从而为法律人理解正义等法律精神提供一条新的路径。文学著作可以通过剧情的发展及结局侧面告诉法律人在制定法律时、适用法律时要考虑实质正义的实现，否则法律将是一纸空文，做的判决也可能执行不了。

例如，在《安提戈涅》中的克瑞翁和《威尼斯商人》中的夏洛克身上表现出过度强调法律本身[④]而忽略了法律背后的人性、公平、正义精神。在克瑞翁看来，执法者应当维护法律的绝对权威，公民必须遵守法律。诚然，从外在看来，法律具有权威性，应当被遵守。但克瑞翁看到的只是这些表象特征，并没有理解法律的内在精神，也没有认识到法律并不是立法者的专断和独行，也不是立法者的一时恣意妄想。立法者立法时，应该抛弃个人情感，站在理性的角度，遵守自然、社会的规则，法律的权威性和遵守需要以人文精神为支撑，要被广大市民所接受。剧中，国王克瑞翁不顾“神谕”，

---

① 信春鹰：《后现代法学：为法治探索未来》，载《中国社会科学》2000年第5期。

② ［美］玛莎·努斯鲍姆：《诗性正义——文学想象与公共生活》，丁晓东译，北京大学出版社2010年版，第143－180页。

③ ［美］玛莎·努斯鲍姆：《诗性正义——文学想象与公共生活》，丁晓东译，北京大学出版社2010年版，第142页。

④ 克瑞翁作为城邦的执政者，他代表了法律，颁布了一条禁葬波吕涅克斯的法令。夏洛克坚持执行所持的从安东尼奥胸口割下一磅白肉的契约。

执意颁布了禁止安葬反叛城邦的波吕尼刻斯的禁令,① 最终被安提戈涅违背，而酿成的一系列悲剧就将这一主题很好地表现出来了；夏洛克也是如此，在他看来，契约就是法律，不能遵守契约就是对法律的违背。这种机械的理解法律，古板地唯契约上的文字是从，是他的悲剧之因。正如维柯所说的，"思想狭隘的人们把有明文规定的条款才看作法律",② 夏洛克的这种平面化的认识法律、理解法律，正是因为没有看到契约自由精神的内在要求——符合人类文明的人道精神。

值得注意的是，这两部作品的作者都巧妙地设计了两位主人翁的最终结局——悲剧，而且他们的结局注定是个悲剧。这不仅仅是因为对法律的狭隘、直板的理解。其实，还有一个深层次原因就是基于文学的价值判断：文学里充满诗性的正义抛弃了他们，否定了他们。这一点通过作品可以反映出来。在《安提戈涅》中，克瑞翁最终成为一个众叛亲离、举目无亲的可怜人。为此作家对故事情节作了一个精心的安排，因为一条违背神法的禁令，让自己未来的儿媳妇安提戈涅、自己的儿子、自己的妻子一个接一个地死去。发人深省的是：这样安排故事的情节，一方面，凝造了一种浓烈的悲剧气氛，另一方面还暗示了包括作者在内的所有人对克瑞翁颁布的这条法令的反抗。此外，这也是文学里的正义价值取向的结果。在《威尼斯商人》中，缺乏人性的夏洛克的结局同样是悲哀的——官司的败诉，女儿的背叛，财产所有权的丧失，甚至还要改变宗教信仰。这同样是文学里的正义价值取向的结果，是文学里的充满诗性正义对夏洛克的"契约精神"的否定。

总之，文学里的美丑为法律人理解公平、正义提供新的路径，为法律人对法律的善恶的理解、公正价值序列的定位提供新的角度，让法律人在人格上成为一个完整的人。

三、人生苑景与法律图景

最后，文学素养能够塑造人格，唤醒法律人的良知，加强其对人生图景的感悟力和社会的宏观认识，使其回归人文，更能坚守法律人内心的法律理想图景。这是文学的另一个作用——作为教化和规训的力量以及手段。亚里

① 按照古希腊神律，一个人死后如不下葬，他的阴魂便不能进入冥土，而露尸不葬，也会触犯神灵，殃及城邦。

② ［意］维柯：《新科学》，朱光潜译，人民文学出版社1987年版，第131页。

士多德曾说过，要实现法治必须具备两个因素：其一，所有的人都服从法律；其二，被服从的法律本身是良好的法律。而此处的“良好的法律”就是法律人实现其法律图景的一种途径。文学素养的人生图景可以将感化了的法律人尽可能地去制定“良好的法律”。我国“法律与文学”的实践活动，就是“文学中的法律”，利用文学来阐释法律。封建社会往往以此作为教化人民的手段，古代文学也不自觉地担当了这一角色，通过运用文学手段来宣传封建统治阶级的法律思想，例如，宋朝以来，使用韵文和歌诀来表达法律，明清时代更是用白话来表达法律，如运用“圣谕”，都可以证明我国法律与文学的实践活动在我国早已有之，并不陌生。①

文学艺术的创造是文学艺术家的精神活动，作者在自由心境中，充分发挥艺术想象，营造虚构的艺术世界，传达自己对于人生和世界的理解和憧憬，寻找可以寄托心灵的精神家园。优秀的文学作品往往能让真正懂文学艺术的读者在阅读的过程中在精神世界引起共鸣，启发读者思考，让真善美的道理潜移默化地灌输给读者，唤醒读者内心深处的良知，使读者更具人文情怀。

前面提到但凡法律人心中都有各自的法律理想图景。如英国李尔本的“任何人不得自证其罪”，柏拉图的“理想国”，马丁·路德·金的“种族平等”，磨坊主的“私有财产神圣不可侵犯”，台湾的法律系学生曾憧憬的“由法律人来治理国家”等等。在大学课堂时，每每听到西方法治恢宏的历史就会心潮澎湃、荡气回肠。精致而思辨的法理，挑战着我们的智识，无数鲜活的案例激发着我们对法律的兴趣，培养了我们对法律的信念。我们曾经想象如苏格拉底一样，在必要时为法律献身；也曾想象如贝卡利亚一样，决心向人类发明的酷刑宣战；甚至想象如德沃金一样，发誓要把法律当做自己一生的主宰。

现实与理想的碰撞，可以开出璀璨之花，也会生出许多的迷茫和困惑，其中充斥了理念、功利、道德和人性的纠结。我们究竟该不该修正我们的理想？法律人最初的法律理想图景慢慢的遗失，越来越追求功利性，有的甚至为了眼前的利益，抛弃职业伦理。“李庄案”、“黄松有案”，为胜诉而伪造证据的律师，玩“潜规则”的法官等等，一串串关于法律人职业伦理的质

① 徐忠明、温荣：《中国的法律与文学研究述评》，载《中山大学学报》2010年第6期。

疑声此起彼伏。现实犹如一把利刃，已经刺穿了他们心中美丽的肥皂泡。法律人，你忘了你的“最初的梦想”了吗?

就在这时，文学著作《大法官》、《威尼斯商人》、《安提戈涅》、《荒凉的村庄》、《法律人，你为什么不争气》、《迷失的律师》等，电影《国家公诉》、《失控的陪审团》、《魔鬼代言人》等，还有类似纪伯伦的“把手指放在善恶交界之处，就可以碰触上帝的袍服”、马英九的“希波克拉底之誓”等这样的名人名言，无一不引起法律人的反思：我还坚守着对法律的信仰吗?其实，跳出法律人的世界从外看，这是一个社会走向法治的必经之路。法治是我们追求的理想，但不可能一蹴而就，特别在社会转型时期，面临的问题更多、更复杂。理论上对法律正当性的论证，永远不能取代实践中对法律可行性的检验。正如霍姆斯大法官曾经告诫过我们的，“法律的生命不在于逻辑，而在于经验”，“书本上的法”只有经过行动，才能知道我们的法律并不能站在云端俯瞰世间。现实是法律人的大课堂，也是法律人的试验场，真实世界需要法律人以敏锐、激情和睿智投身其中，也需要法律人从中汲取更多的经验、教训和营养。我们既不可以用学究式的理论来生搬硬套，也不可以用完全迁就现实的心态随波逐流。理想和现实的距离，其实正好为法律人提供了前进的原动力，现实可以抹平我们的棱角，却磨不去我们内心坚守的信念。正如这首小诗——《我们对司法有一个梦》：“期待有一天……/司法会成为我们共同的许诺/许诺一个公平的审判/一个平等的文化/一个体现正义的社会。”① 法律人，还记得我们迈进“法律之门”时那“最初的梦想”吗?

总之，文学素养可以增添、强化法律精神的人文关怀。法律精神在现实中不同程度上缺少人文关怀。而法律的这种人文精神缺失却正是文学的强项，它可以使法律人真切地关注法律，思考人性、人道等根本性问题。因此，可以看出，文学素养的提升不仅可以加强法律人的法律基本功，更能净化法律人的心灵，使得法律人对人之为人的人性、人情、人道的感受与感悟得到深化，为其法律职业伦理的形成提供坚实的信念。

① 吴丹红：《法律的侧面》，对外经济贸易大学出版社2009年版，第220－240页。

我国大陆与台湾地区刑事管辖权冲突及其处理原则

——兼论我国大陆刑法的空间效力

万志鹏*

The Conflict of Criminal Jurisdictions between China's Mainland and Taiwan and Its Solution

——On the Spatial Effect in the Criminal Law of China's Mainland

Wan Zhipeng

摘　要：在目前我国大陆与台湾地区分属于不同法域的情况下，两岸刑法应定位为一国之内区际刑法的关系。海峡两岸的刑事管辖权冲突反映在属地管辖、属人管辖、保护管辖这几个方面。从我国大陆刑法关于空间效力的规定来看，台湾地区并不属于“法律有特别规定的”情况。对于两岸刑事管辖权冲突的解决办法，只能是在坚持国家主权原则的前提下，奉行尊重现实、保障人权以及有利于惩治跨区跨境犯罪等原则。

关键词：大陆　台湾地区　刑事管辖权冲突　刑法的空间效力

Abstract: The mainland and the region of Taiwan in China are different territorial legal units now, so the relationship between the criminal laws of the two legal units is inter－district criminal law, which belong to one country. The conflict of criminal jurisdictions between China'

---

*　**作者简介**：万志鹏（1976—），男，湖北黄陂人，法学博士，湘潭大学法学院副教授、湘潭大学战争与武装冲突法研究中心、湘潭大学通程刑事法研究中心研究人员，主要从事刑法学研究。

s mainland and Taiwan is reflected in the field including territorial jurisdiction, personal jurisdiction and protective jurisdiction. Judging from the provisions of the spatial effect in China's mainland criminal law, the situation "unless the law directs otherwise" does not include Taiwan. The only way resolving the conflict is that subject to the principle of sovereignty, the two parts should recoqnise the principles of respecting the reality, protecting the human rights and punishing the cross – boundary crimes.

Keywords: the Mainland　the Region of Taiwan　the Conflict of Criminal Jurisdictions　the Spatial Effect in the Criminal Law

我国"一国两制多法域"的现实决定了区际刑事法律之间的冲突不可避免。在区际刑事法律关系中，核心问题是要解决刑事管辖权冲突的问题。但是，迄今为止我国学术界关注的重点主要集中在我国内陆与港澳特别行政区之间的区际刑法冲突，对于祖国大陆与台湾地区的刑事管辖权冲突问题却鲜见深入研究。在两岸交流日益频繁和深入的今日，跨区跨境犯罪的现象也逐渐增多。而且，在国际上也屡屡发生了包括台湾居民在内的中国公民在外国犯罪或受害的案件。因此，如何妥善地处理大陆与台湾地区在刑事管辖权上的冲突，是关系到海峡两岸人民共同福祉、关系到如何维护祖国的主权统一以及应对"台独"分裂活动的重大问题。

一、我国大陆与台湾地区刑事管辖权的冲突表现

由于台湾地区目前施行的"刑法"是国民党在大陆统治期间制定的以《中华民国刑法》名义颁布的旧刑法（后经不断修订），而我国大陆适用的刑法是在推翻了国民党"六法"后由新中国的立法机关制定的《中华人民共和国刑法》（下文简称《刑法》），使得海峡两岸在刑事管辖权方面不可避免地出现了冲突。这主要表现在如下几个方面。

（一）属地管辖权的冲突

属地管辖权是基于属地管辖原则而产生的。其基本含义是指凡发生在本国领域内的刑事案件均为本国司法机关所管辖，均应适用本国刑事法律。我国《刑法》第6条规定："凡在中华人民共和国领域内犯罪的，除法律有特别规定的以外，都适用本法。""凡在中华人民共和国船舶或者航空器内犯罪的，也适用本法。""犯罪的行为或者结果有一项发生在中华人民共和国领域内的，就认为是在中华人民共和国领域内犯罪。"由于目前我国宪法和

法律没有就台湾地区法律效力作出任何特别规定，并且结合宪法关于台湾是我国领土一部分的声明（参见《宪法》序言），完全可以得出结论认为台湾地区并不属于《刑法》第6条所指的“法律有特别规定的”情况。也就是说，《刑法》在空间上的适用效力不仅及于中国大陆，也及于中国台湾地区。或者说，即使在台湾地区发生的刑事案件，大陆司法机关在法理上也拥有刑事管辖权。正因为属地管辖是“国家主权”的重要象征，台湾地区“刑法”第3条也宣称：“本法于在中华民国领域内犯罪者，适用之。在中华民国领域外之中华民国船舰或航空器内犯罪者，以在中华民国领域内犯罪论。”其第4条称：“犯罪行为或结果，有一在中华民国领域内者，为在中华民国领域内犯罪。”结合台湾地区关于疆域之规定，① 自然也可得出凡在大陆及台湾地区犯罪者，台湾当局在法理上都有刑事管辖权的结论。另外，台湾当局于1992年7月还公布了“台湾地区与大陆地区人民关系条例”，其第1条宣称：“国家统一前，为确保台湾地区安全与民众福祉，规范台湾地区与大陆人民之往来，并处理衍生之法律事件，特制定本条例。”紧接着第2条规定：“一、台湾地区，指台湾、澎湖、金门、马祖及政府统治权所及之其他地区。二、大陆地区，指台湾地区以外之中华民国领土……”由此可见，按照台湾当局的理解，大陆地区不过为“中华民国”尚未“行使统治权”之领土。但是，大陆地区毕竟不在台湾当局实际控制范围内，面对在大陆地区犯罪且受过大陆刑法惩处的人，台湾当局采取原则上不承认大陆刑法效力的做法。上述“条例”第75条规定：“在大陆地区或在大陆船舰、航空器内犯罪，虽在大陆地区曾受处罚，仍得依法处断。但得免其刑之全部或一部之执行。”可见，正是两岸对属地管辖原则的分别坚持和各自表述，使两岸刑事管辖权面临直接的冲突。另外，由于双方在属地管辖方面都坚持行为地与结果地择一原则，有些跨区案件的管辖权冲突便不可避免。如20世纪90年代发生了多起大陆居民劫持大陆民航客机飞往台湾的案件，大陆方面一直主张根据属地管辖原则行使刑事管辖权，而台湾方面则始终置之不理。由此可见，由双方奉行的属地管辖原则产生的刑事管辖权冲突十分对

---

① 台湾地区目前施行的“中华民国宪法”并未明确领土之范围，但该“宪法”之前身 1935年《中华民国宪法草案》（即“五五宪草”）则明确列举了民国各省份，不过当时并未包括台湾，这是由于当时台湾仍处于日本殖民统治时期。在抗战胜利后1946年国民政府颁布的《中华民国行政区域简册》中，再次确认“台湾原为我国行省之一，甲午之役，沦于日本，直至胜利后，始复归祖国，仍建台湾省，辖……”。

立和尖锐。

（二）属人管辖权的冲突

属人管辖原则的基本含义是指凡拥有一国国籍的公民，即使身在国外都受本国刑法的约束。我国《刑法》第7条规定："中华人民共和国公民在中华人民共和国领域外犯本法规定之罪的，适用本法，但是按本法规定的最高刑为三年以下有期徒刑的，可以不予追究。"根据我国宪法，台湾同胞属于中国公民，因而没有理由认为台湾居民不受《刑法》第7条的约束，即只有台湾居民在其他国家或者地区犯罪，原则上都可以依照大陆《刑法》追究刑事责任。相比之下，台湾地区"刑法"对属人管辖采取了更为谨慎的态度。根据其"刑法"第6条、第7条规定，"中华民国人民"在海外犯罪，仅有部分罪行受"刑法"约束，且该罪行最低刑应为3年以上有期徒刑，并且"依犯罪地之法律不罚者，不在此限"。不过，"中华民国公务员"在域外犯某些类型的罪行（如渎职、脱逃、侵占等）没有法定最低刑与双重处罚的限制。这样一来，大陆与台湾地区在属人管辖权上的争执也不可避免。如果一名在台湾具备公职的台湾居民在海外犯有行贿、受贿等职务罪行，按照大陆与台湾的法律都会得出可以适用的结论。如果我们以此来请求他国将该犯引渡到我国大陆进行审判，则必然会与台湾当局产生刑事管辖权的冲突。事实上，虽然目前绝大多数国家依据"一个中国"的原则将台湾居民登记为中国国籍，但对持台湾护照者仍然给予了不同于持大陆护照者的区别对待。对于台湾居民在海外犯罪的刑事案件，大陆司法机关发出引渡请求是面临困难的。1999年在毛里求斯发生的"金庆号"事件中，"台湾籍"船长在"台湾籍"渔船上枪杀数名大陆船员，中国外交部发言人随即指出该案犯罪嫌疑人和受害人都是中国公民，中国司法机关对此案拥有管辖权，而台湾当局同样也声明对此案的管辖权。即使不涉及外国，如果海峡两岸的居民有一方在对方区域内犯罪后逃到本方区域，也会产生一方主张属人管辖与另一方主张属地管辖而产生的冲突。

（三）保护管辖权的冲突

保护管辖原则的基本含义是指对于发生在一国领域之外的针对该国国家或国民权益的侵犯，无论犯罪行为由谁实施，该国都有刑事管辖权。我国《刑法》第8条明确规定了这一原则，但附加了罪行必须达到"最低刑为三年以上有期徒刑"和"按照犯罪地的法律不受处罚的除外"两项条件。由于台湾居民同属中国公民，则在海外发生的针对台湾居民攻击的刑事案件，有可能也应当适用大陆《刑法》。而台湾地区“刑法”第5条则采用了列举罪名的方式确认了保护管辖的原则。按照其规定，涉及内乱、外患、伪造文书、毒品、海盗等严重犯罪的刑事管辖权，台湾当局并不放弃。这无疑也给两岸刑事管辖权的冲突带来了可能。如，在亚丁湾公海上，索马里海盗针对由大陆船员驾驶的在台湾注册的货船进行的抢劫、绑架人质、勒索赎金等犯罪行为，究竟该由大陆还是台湾方面的司法机关行使管辖权？又如，台湾居民在海外进行刺探中国国家机密的犯罪活动，按大陆刑法应属危害国家安全的犯罪，按台湾地区“刑法”却不构成犯罪，应如何处理？

二、对我国大陆刑法空间效力的理解

如果要找到我国大陆与台湾地区刑事管辖权冲突的解决之径，则首先必须正确理解刑事管辖权与刑法空间效力的关系，以及我国大陆刑法中属地管辖的例外究竟包含哪些情况。我国传统理论认为：“刑法的空间效力，就是指刑法对地和对人的效力，也就是解决刑事管辖权的范围问题。”① 但理论界越来越多的人倾向于区分刑事管辖权与刑法的空间效力这两个概念的内涵，然而关于这两个概念的关系大致有三种不同观点。有学者认为，刑事管辖权一词通常在两种含义上使用：“第一，是指根据主权原则国家所享有的对其主权权力范围内所发生的一切刑事犯罪进行起诉、审判和处罚的权力，这是从动态角度对该词所作的概括；第二，是指国家刑事实体法律适用的地域和主体的法定范围，这是从静态的角度对刑事管辖权所作的概括。”② 并且，“在后一种意义上使用刑事管辖权，与刑法的空间效力的概念，无论在内涵或者外延上都是相同的，只是表述的角度有所不同。”③ 也有学者认为，一国是否享有刑事管辖权不是仅凭国内法就可以决定的，还要根据国际法所允许的限度，因而刑事管辖权主要应从国际法角度探讨；而刑法的空间效力主要是国内刑法学的问题，仅仅根据国内刑法的规定就能确定其范围。④ 还有一种观点认为，刑事管辖权是国家主权的重要组成部分，它是指“一国在本国主权范围内独立自主地制定刑事法律，决定刑事法律的适用范围，并

① 高铭暄、马克昌主编：《刑法学》，北京大学出版社2011年版，第32页。

② 高铭喧主编：《刑法学原理》（第一卷），中国人民大学出版社2005年版，第276页。

③ 同上注。

④ 杨彩霞：《刑法空间效力研究》，中国社会科学出版社2007年版，第17页。

根据刑事法律追究犯罪人刑事责任的权力”。[①] 进而可以认为，一国的刑事管辖权是一个没有地域限制的概念，而作为刑法效力的内容之一的刑法的空间效力，是以国家的刑事管辖权为根据的，其中又包括对地域的效力和对人的效力两方面内容。[②]

从上述几种观点可以看出，我国学者对于刑事管辖权与刑法的空间效力之间的关系有共识的一面，但也存在分歧。其共识之处主要是都同意不应将刑事管辖权与刑法的空间效力混为一谈，但在刑事管辖权的来源、刑法空间效力的依据以及二者的范围等方面都有不同的解读。几种观点之间不一定存在实质的冲突，而是从不同的方面阐释刑事管辖权与刑法的空间效力之间的关系。第一种观点强调国家主权原则，注意到了管辖与管辖权的区别；第二种观点兼顾了国际法，注意到了刑事管辖权与刑法空间效力在国际法与国内法上的侧重点不同；第三种观点表明了刑法的空间效力来源于刑事管辖权，但将刑法的空间效力作为刑法的地域效力的上位概念有失妥当。刑法的地域效力仍然讲的是刑法在什么地方、对什么人具有效力，在实质上与刑法的空间效力没有什么差别。只不过用“空间”效力一词能更好地与“时间”效力相对应。笔者认为，刑事管辖权与刑法的空间效力虽然是可以区分的两个概念，但只是从不同侧面对同一事态的描述，事实上不可能出现某国宣布对某刑事案件拥有刑事管辖权而该国刑法却对此无空间效力的情况。如果说二者的确有区分的必要，那就是区分刑事管辖权本身与刑事管辖权的范围问题。刑事管辖权是一国根据主权原则所享有的、通过本国刑法的规定所宣示的在一定空间范围内适用该国刑事法律的权力。也可以说，它是在全球存在众多主权国家以及无主领域的背景下，一个主权国家可以在多大的空间范围对一定行为按照本国刑法关于犯罪、刑罚及相关规定予以追究。[③] 值得说明的是，从绝大多数国家的刑法规定来看，一国的刑事管辖权或者说刑法的空间效力的范围除了覆盖本国领域外，往往还延伸至别国领域或者无国界领

---

① 高铭暄、马克昌主编：《中国刑法解释》（上卷），中国社会科学出版社 2005 年版，第 84 页。

② 高铭暄、马克昌主编：《中国刑法解释》（上卷），中国社会科学出版社 2005 年版，第 84 – 85 页。

③ 这里需要指出的是，像台湾这样国际社会普遍不予以承认为主权国家的地区，其辖区内的刑事管辖权却在事实上得到承认。从某种意义上说，台湾当局的刑事管辖权也是以中国国家主权为法理依据的，可以看作类似中国中央政府“托管”的性质。

域，这便是各国普遍奉行的以属地管辖为主，兼顾属人管辖、保护管辖和普遍管辖的刑事管辖权原则。由此引申到本文所讨论的话题，我国大陆与台湾地区在刑法空间效力上都奉行上述混合管辖原则，难免会发生刑事管辖权的冲突。尤其是我国《刑法》在属地管辖原则中规定了“法律有特别规定的”作为不“适用本法”的例外情况，引起了理论上很大的争议。

“法律有特别规定的”究竟包括哪些情况？我国权威教科书的解释是：这些特别规定主要包括：(1)《刑法》第11条关于“享有外交特权和豁免权的外国人的刑事责任，通过外交途径解决”的规定；(2)《刑法》第90条关于“民族自治地方不能全部适用本法规定的，可以由自治区或者省的人民代表大会根据当地民族的政治、经济、文化的特点和本法规定的基本原则，制定变通或者补充的规定，报请全国人民代表大会常务委员会批准施行”的规定；(3)修订的《刑法》施行后国家立法机关所制定的特别刑法的特别规定；(4)我国香港特别行政区和澳门特别行政区基本法的特别刑法的特别规定。① 另一种观点认为，这里的特别规定应该仅指《刑法》第11条关于享有外交特权和豁免权的外国人的刑事责任和港、澳、台地区不适用中国刑法的情况。② 还有一种观点认为，这里的特殊规定可分为根据国内法规定对我国公民不进行刑事法律追究和根据国际法我国对外国人不行使管辖权两种情况。具体而言就是指根据我国各级人大代表组织法规定的人大代表在人大各种会议上的发言“不受法律追究”和享有外交特权和豁免权的外国人的刑事责任以及其他我国参加的国际条约和应遵守的国际惯例所规定的情况。除此之外，所谓特别行政区、民族自治地区以及特别刑法的规定都不是刑法属地管辖上的特殊情况。③ 笔者认为，要弄清我国刑法属地管辖原则所指的例外情况，关键因素有两个：一是正确理解该条中使用的“本法”的含义；二是以法律（包括我国国内法和我国签署的国际条约）有特别规定为准绳。如果认为该条中“本法”仅是指1997年由全国人大修订的《中华人民共和国刑法》即中国大陆的狭义刑法典，当然可以得出第一种结

---

① 高铭暄主编：《刑法学原理》（第一卷），中国人民大学出版社2005年版，第33页。

② 高铭暄、马克昌主编：《中国刑法解释》（上卷），中国社会科学出版社2005年版，第68页。

③ 参见陈忠林：《关于我国刑法属地原则的理解、适用及立法完善》，载《现代法学》1998年第5期，第15－16页。

论，即特别刑法、特别行政区刑法、民族自治地区关于刑法的变通或补充规定、享有外交特权和豁免权的外国人的刑事责任问题都是适用97刑法典的例外。并且，在此回避了台湾地区的刑法适用问题也是实属无奈——台湾地区的刑法适用问题迄今为止没有任何法律有特别规定；如果将“本法”理解为包括刑法典和特别刑法在内的广义中国大陆刑法，则会得出第二种结论，即在中国领域内不适用“本法”的是一国两制下的港、澳、台地区和根据国际条约规定的享有外交特权和豁免权的外国人。显然，民族自治地区的变通或补充规定、97刑法典生效后的特别刑法都属于广义的中国大陆刑法范畴，因而不属于刑法属地管辖的例外；如果像有些学者所说的“本法”的用语本身就不妥当，而应用“中华人民共和国刑法”来代替的话，① 就会得出类似于第三种观点的结论。持这种论点的人认为无论是全国人大制定的刑法典还是包括单行刑法、附属刑法在内的1997年后新制定或继续生效的特别刑法，无论是中国大陆立法机关制定的刑法还是港、澳、台地区立法机关制定的刑法，都是广义的“中华人民共和国刑法”。② 然而，这种观点难以成立。我国人大代表在各级人大会议上的发言不受法律追究的规定，同样是我国法律针对狭义刑法典的特别规定，从性质上讲，与单行刑法、附属刑法及民族自治地区的变通或者补充规定一样属于广义上的中华人民共和国刑法。论者一方面主张“本法”应在广义“中华人民共和国刑法”的视野里看待，另一方面却认为各级人大代表的会议发言属于“本法”不予管辖的例外情况，实在是自相矛盾。如果将这种观点贯彻到底，只会得出除非我国参加并签署的国际条约和公约有特别规定在我国领域内的犯罪不适用我国刑法，③ 任何在我国领域内的犯罪都没有特殊情况不适用我国刑法④的结论。

笔者认为，刑法典第6条中的“本法”只能按照狭义刑法典——即1997年修订的《中华人民共和国刑法》的方式来理解。对刑法用语的解释

---

① 参见齐文远、刘代华：《完善我国刑法空间效力立法的思考》，载《法商研究》2005年第1期，第111页。

② 高铭暄、马克昌主编：《中国刑法解释》（上卷），中国社会科学出版社2005年版，第92页。

③ 从目前我国参加并签署的国际条约和公约来看，涉及约束我国刑法属地管辖权的仅有《维也纳外交公约》和《联合国海洋法公约》等极少数条约和公约。

④ 这里所说的“我国刑法”是指广义的“中华人民共和国刑法”而非中国大陆刑法或者刑法典。

可能有多种角度和方法，但“当不同的解释方法得出多种结论或者不能得出妥当结论时，就要以目的论解释为最高准则”。[①] 从立法者创设本条的目的来看，显然是在规定我国刑法的属地管辖权范围。世界各国都以属地管辖为原则，希望在自己国界以内享有绝对的、不受任何外来干涉的刑事管辖权，这是主权原则的象征，我国当然也不例外。除了遵从国际条约的特别限制外，我国还有历史因素造成的“一国两制”和领土未统一的特殊情况。也就是说，在实际存在“一国两制四法域”的情况下，虽然代表全中国的唯一合法政权——中华人民共和国在法理上享有在全中国领域内的刑事管辖权，但事实上对外代表中国刑法的、由中国全国人大制定的刑事法律仅仅能够在中国大陆地区适用。[②] 但基于“一国”的政治立场，又绝不能否认在中国其他几个法域适用生效的刑法也是“中华人民共和国刑法”。正因如此，《刑法》第6条才刻意使用了“本法”一词而不是“中华人民共和国刑法”。相反，如果按照上述第三种看法将“本法”理解甚至置换成“中华人民共和国刑法”，则将造成难以自圆其说的矛盾。以香港特别行政区为例，如果采用“凡在中华人民共和国领域内犯罪的，除法律有特别规定的以外，都适用中华人民共和国刑法”的规定，则会非常经不起推敲：香港特区毫无疑问属于中华人民共和国领域，而香港刑法当然也属于广义上的中华人民共和国刑法。那么这样一来，岂不成了“凡在香港领域内犯罪的，除法律有特别规定的以外，都适用香港刑法”？这样的结论，不仅会使人无所适从，恐怕也与“一国两制”的基本精神和特区《基本法》的规定背道而驰。从区际刑法的角度，香港刑法与大陆刑法都是一国之内地位平等的刑法，两法域的司法机关也不存在谁管辖谁的问题。这种刑事管辖权在性质上是属于一国主权范围内不同法域之间的平等刑事管辖权关系。也就是说，在特别行政

---

① 张明楷:《刑法格言的展开》，法律出版社2003年版，第11页。

② 有人认为，作为全国统一刑法代表的大陆刑法在香港特区原则上是适用的，不适用是有条件的，理由是香港《基本法》第18条。这恰恰是把情况说反了。香港《基本法》第18条第2款明确规定：“全国性法律除列于本法附件三者外，不在香港特别行政区实施。”第4款规定：“全国人民代表大会常务委员会决定宣布战争状态或因香港特别行政区内发生香港特别行政区政府不能控制的危及国家统一或安全的动乱而决定香港特别行政区进入紧急状态，中央人民政府可发布命令将有关全国性法律在香港特别行政区实施。”这就是说，作为特别行政区的“特别”之处，绝大部分全国性法律包括《刑法》在香港特区不适用是常态，而适用的仅仅是“紧急状态”下，这才是原则与例外的关系。否则便违背了国家设立特别行政区的目的。

区内的犯罪与刑罚问题，只能由特别行政区自行立法解决，① 而不属于全国性刑法在刑事管辖权中解决的问题。这进一步说明了作为大陆刑法属地管辖条款中的“本法”，是不能包括特别行政区刑法的。而特别行政区内不适用“本法”，正是有法律明文规定的。那么，我国民族自治地方的特别规定和97刑法修订后立法机关制定的特别刑法是否也在“本法”之内？答案依然是否定的。无论是民族自治地方制定的对全国性刑法的变通或补充规定，还是1997年刑法生效后全国人大常委会颁布的单行刑法、刑法修正案或刑事立法解释，在性质上都属于“法律有特别规定的”刑法，与1997年刑法典都是一种特别法与普通法的关系。并且，同属于广义中国大陆刑法的上述特别刑法，其本身并没有刑事管辖权的规定，如果依照第二种理解方式同样将出现逻辑上自相矛盾的尴尬情况。

综上所述，我国《刑法》第6条规定的是我国大陆刑法空间效力中的属地管辖权，这一管辖权的范围是以我国主权覆盖面积为基本依据的。但是由于存在“一国两制”、民族区域自治以及国际条约的约束等原因，在我国主权领域内的，由中央立法机关制定的全国性刑法典并不适用于特定的人、特定的事或特定的区域。正因如此，本条中规定的“本法”只能是全国人大1997年颁布的《中华人民共和国刑法》。不“适用本法”的基本内涵，就是指司法机关不能依据1997年《中华人民共和国刑法》对某种行为予以裁判。具体情况包括：我国加入并签署的国际条约或公约中有关限制我国在主权范围内行使刑事管辖权的规定；香港、澳门特别行政区基本法中关于全国性法律在港、澳地区不予适用的规定；我国民族自治地区依法对全国性刑法作出的变通或者补充规定；1997年刑法典生效后全国人大及其常委会颁布的特别刑法。很显然，正如前文所分析，台湾地区不属于《刑法》第6条所称属地管辖原则的例外情况，这也正是两岸间产生刑事管辖权冲突的重要原因。

三、处理大陆与台湾区际刑法冲突的原则

我们面临的不可回避的问题是：如何处理台湾地区的刑法适用问题或者

① 具有特别规定的是关于危害国家安全的立法，《基本法》要求特区政府应自行立法禁止。但到目前为止，港、澳特区政府也没有颁布相关法律禁止危害国家安全的犯罪行为。在此情况下，如何处理在港、澳特区进行的危害国家安全的犯罪，确实是一个值得研究的问题。

说大陆与台湾地区之间刑事管辖权的冲突？迄今为止，我国没有任何法律对台湾地区如何适用法律作出任何特别规定。然而，目前在台湾地区实际遵循的仍然是国民党在撤离大陆之前制定的“中华民国”法律体系，而“伪宪法、伪法统”早在1949年2月便由中共中央在《关于废除国民党六法全书与确定解放区司法原则的指示》中宣布废止。这就造成了目前的困境：作为我国主权领域范围内的台湾地区，现在适用的法律是被我国中央机关曾经明令“废除”的。以今日的现状来说，是否应当把台湾地区作为在我国主权领域内中央司法机关行使刑事管辖权的例外，从而与港、澳地区一样不予适用全国性刑法？如果认可这一点，又如何处理两岸之间的刑事管辖权冲突？

笔者认为，无论从历史还是从现实情况出发，都应该承认台湾地区现有“刑法”的有效性。从历史上看，台湾在1945年抗战胜利后回归祖国至今，适用的都是“中华民国”法律体系。这套法律制度对于台湾人民摆脱日本殖民统治的文化阴影，树立中华民族的认同感发挥了巨大的作用。从现实来看，台湾地区的人民长期以来遵从的都是这套法律制度，且包括刑法在内的各法都在长期的实践中逐步完善和修订，在适合台湾地区特殊情况方面已经做到了相当成熟，而台湾居民长期以来也一直以这套法制作为日常的行为规范，不可能以大陆的法律法规作为自己的行动指南，现在仍坚持台湾地区的法统是“伪法统”显然不合时宜。况且我国政府早就提出以“一国两制”的方针解决祖国统一问题，在香港、澳门地区也成功将这一设想变成现实。台湾地区更具有不同于港澳地区的特殊性，没有理由一定要全盘否定其现行法律。台湾与大陆、香港、澳门之间的法律关系都是一国之内的区际法律关系。理论界有一种观点认为，我国是在1997年香港回归祖国后才成为多法领域国家，从而产生区际刑法冲突的。① 笔者并不同意这种说法。因为台湾问题不同于香港问题，在1997年之前，我国政府已多次宣布台湾是中国不可分割的一部分，我国在法理上享有对台湾地区的主权，这在国际上也是得到普遍承认的。因此，台湾地区与祖国大陆的区际刑事法律关系由来已久。在如何界定我国区际刑事管辖权的问题上，理论界也是众说纷纭。有的学者提出界定中国区际刑事管辖权的原则是以“属地原则为主，有限的属人原

① 参见陈正云：《中国刑事法律冲突论》，中国法制出版社1997年版，第118页。

则为补充，协商原则具有终局决定权”。[①] 但正如我国著名刑法学家赵秉志教授指出的那样：“具有严格国际法意义的体现主权国家及其相互关系的属地原则、属人原则、保护原则和普遍管辖原则这些刑事管辖原则，是不应当适用于中国国内区际刑事管辖权冲突的合理划分的确认的。”[②] 这一论述虽然是针对港、澳地区而言，但对于台湾地区同样应该适用。还有学者虽然同意不能以国际法意义上主权管辖原则作为国内区际刑法冲突的解决原则，却又提出了所谓居住地原则和犯罪地原则。[③] 实际上不过是属人原则和属地原则的变通说法。在此基础上，有学者另辟蹊径，认为处理我国区际刑事管辖冲突的原则应分为一般原则与具体原则两个层面，前者包括“一国两制”原则，平等、自愿、协商、尊重原则，合法、合理原则；后者包括最初受理原则与一部受理全部受理原则。[④] 与此类似，有学者提出以政治原则与法律原则两个层面处理我国区际刑事管辖权的冲突。[⑤] 笔者认为，上述原则总的来说是以我国内地与港澳特别行政区之间刑事管辖权冲突为基本出发点的，有些内容不宜适用于海峡两岸这种特殊的情况。况且港澳地区有中央机关制定的《基本法》作为宪法性依据，而台湾地区与大陆之间却不存在任何共同的“母法”。笔者认为，在处理两岸区际刑法冲突时，应当遵从下列原则：

第一，国家主权原则。

这一原则的含义是，在处理大陆与台湾地区刑事管辖权关系上，首先要坚持两个地区都是中国领土范围内的地域，两岸刑法在维护祖国统一和领土完整方面具有共同的职责和任务。虽然台湾地区认同的政治国家概念与大陆

---

① 参见成良文：《中国区际刑事司法协助中刑事管辖权的界定》，载《现代法学》2002年第4期，第47页。

② 赵秉志：《中国内地与港澳特别行政区刑事管辖权的合理划分》，载赵秉志主编：《当代刑法理论探索（第四卷）：国际区际刑法问题探索》，法律出版社2002年版，第486页。

③ 参见高铭暄、王秀梅：《试论我国区际刑事管辖冲突的内涵及其解决原则》，载高铭暄、赵秉志主编：《中国区际刑法与刑事司法协助研究》，法律出版社2000年版，第9-14页。

④ 参见杨凯：《当代中国区际刑事管辖冲突解决原则检讨》，载《湘潭大学学报（哲学社会科学版）》2004年第3期，第107页。

⑤ 参见时延安：《中国区际刑事管辖权冲突及其解决研究》，中国人民公安大学出版社2005年版，第129-170页。

不同，但至少在法统上仍未脱离中国主权框架。立足于“一国”的这项原则，决定了两岸刑事管辖权冲突的根本性质只能是我国主权范围内不同司法区域之间的区际冲突，其解决原则不可照搬国际刑事管辖权冲突处理原则。因此，国际上通行的刑事管辖及协助惯例如死刑犯、政治犯不引渡、本国公民不引渡、双重犯罪原则等均不适合作为处理大陆与台湾地区刑事管辖冲突的原则。这一原则也决定了无论是中国大陆居民还是台湾居民，无论在中国大陆还是在台湾地区或者海外，只要是侵犯了作为整体中国的国家利益从而构成犯罪的行为，都应该以大陆刑法的相关规定予以处罚，大陆司法机关享有当然的刑事管辖权。也就是说，台湾居民身为中国公民，同样负有维护中国主权和统一的义务，如果其在台湾地区乃至外国犯有危害中国国家安全的罪行，同样要受全国性刑法的惩罚。强调这一点，对于维护祖国统一，威慑“台独”分裂分子具有极大的现实意义。同时我们也应注意到，台湾现行“刑法”中对于侵犯国家法益的规定与大陆刑法有所不同，其根源在于台湾地区对于“国家”的定位不同，这就造成了在判断是否危害国家安全的问题上会出现根本分歧。处理这样因为政治原因而产生的刑事冲突，的确考验两岸政治家的政治智慧，但只要以“一中”共识为基础，以维护中华民族整体利益为共同原则，就有解决的途径。在不动摇基本共识的前提下，对于侵犯台湾地区安全与利益的犯罪行为，应该尊重台湾“刑法”的相关规定，承认台湾当局对此类犯罪行为的刑事管辖权。

第二，尊重现实、保障人权原则。

该原则的内涵在于，对于海峡两岸分治的现状，应在追求统一的过程中尊重因历史原因造成的双方各自行使刑事管辖权的现实，以保障两岸人民基本人权作为处理刑事管辖冲突的基本出发点。这一原则要求两岸司法机关应尽量尊重对方在各自法域内的刑事裁判，不得因刑事管辖权的争执而使各自居民的基本权益受到侵犯。因此，大陆司法机关在面对管辖权冲突时，应尽量采用灵活的方针，在不损害国家主权的前提下与对岸司法机关进行积极协商来解决刑事案件的管辖问题。例如，台湾当局开放大陆居民赴台旅游后，对于大陆居民在台湾地区进行的普通刑事犯罪，应承认并尊重台湾司法机关根据台湾“刑法”对案件的管辖权和最终裁判结局，犯罪人回到大陆地区后不得因同一事由受到大陆司法机关的再次追究；相应的是，台湾居民在大陆地区实施的普通刑事犯罪，台湾司法机关也必须尊重大陆司法机关依据大陆刑法作出的判决。对于在外国主权领域内发生的大陆居民侵犯台湾居民利益的或者台湾居民侵犯大陆居民利益的刑事案件，双方司法机关都应该尊重案件发生地国家的刑事管辖权，对于各自因属人管辖或保护管辖原则产生的刑事管辖权冲突，应该建立积极协商的渠道来处理犯罪人的引渡问题。至于关系到国家根本利益的危害国家安全方面的犯罪行为，则应当服从国家主权原则，以在国际上代表中国刑法的大陆刑法来进行惩处。

第三，利于惩治跨区跨境刑事犯罪原则。

这一原则的内容在于，两岸间刑事管辖权冲突的解决应以最大程度上有利于惩治跨越国内不同区域以及跨越国内与国外领域的刑事犯罪为宗旨，以维护法益，保障两岸人民群众的生命财产安全。在这方面，《海峡两岸共同打击犯罪及司法互助协议》走出了重要的一步。《协议》实施以来，两岸在打击走私、贩毒、贩卖人口、强迫卖淫、制造假币、洗钱以及跨境发展黑社会组织等犯罪方面有诸多成功的合作，产生了良好的效果。值得注意的是，不能让犯罪分子利用两岸刑法在认定犯罪以及量刑上的差异逃避惩罚，避重就轻。例如，大陆刑法没有乱伦罪的规定，而台湾“刑法”规定了相当于禁止乱伦的“血亲性交罪”，此种犯罪的法定刑是五年以下有期徒刑，按照台湾“刑法”关于空间效力的规定是可以在国外适用的。因此，对于发生在国外的这类行为，如果行为人是台湾居民而当地法律同样处罚这种乱伦行为，就应该承认台湾“刑法”的管辖效力，而不应以行为人是中国公民为由适用对此不作为犯罪的大陆刑法。即使行为人在国外受到处罚后回到祖国大陆，大陆司法机关也应该及时将其遣送到台湾地区，由台湾司法机关对其行为进行裁决。当然，由于双方刑法在属地管辖上都采取犯罪行为或犯罪结果择一说，必然会导致在认定犯罪地上的冲突。解决的途径，应当以何地司法机关管辖最为有利实现打击跨区犯罪为原则。这些都有赖于两岸将来在不断深化司法合作过程中签署更为深层、全面的协议来实现。

论航天员及其法律属性

蔡高强　郑敏芝*

On the Astronauts and Their Legal Property

Cai Gaoqiang　Zheng Minzhi

摘　要：航天员，又称宇航员，最初是指在星际间航行的人。载人航天初期，航天员均是战斗机飞行员，承担驾驶和操纵航天器的职能。随着航天事业的深入发展，工程师、科学家等被选拔为航天员，以任务专家身份上天执行任务。于是，航天员概念发生了扩张，突破了原始的控制航行的驾驶员范畴。然而，航天员概念不论如何发展，都离不开它作为职业名称的本质属性。近年来出现的以付费方式换取太空飞行体验的游客因不符合这一特征而不能称作航天员。对航天员科学的界定应该是以太空飞行为职业或经选派进入太空执行任务的人。航天员作为人类派往外层空间的使者，具有国际法地位的独特性、航天员职业的特殊性和航天员权利的特殊性。

关键词：航天员　人类使者　法律地位

Abstract: Astronaut, also known as an Cosmonaut, originally referred to people in interstellar voyage, driving and maneuvering spacecraft functions. With the development of the aerospace industry, engineers and scientists, they were selected as astronauts, mission specialist status in heaven tasks. Thus, the concept

---

* **作者简介：**蔡高强（1967—），男，法学博士，湘潭大学法学院教授，博士研究生导师，主要从事国际法、国际经济法的教学与研究；郑敏芝（1987—），女，湖南武冈人，湘潭大学硕士学位。

of astronaut expansion took place, breaking the original pilot areas to control navigation. However, no matter how concept development, astronauts are inseparable as the essential attribute of occupational names. The visitors to pay in return for space flight experience in recent years, because they do not comply with this feature can not be called astronauts. Astronaut should be space flight as a career or send into space through the implementation of the task . Astronaut in outer space as a messenger, has a unique status in international law, a special particularity career and special particularity rights.

Keywords: Astronauts　Human Messengers　Legal Status

1961 年 4 月 12 日，加加林驾驶飞船进行了首次太空飞行，航天员从此引人注目。在之后半个多世纪的发展历程中，航天员的内涵和外延出现了一些新的变化。航天员太空飞行的成功，标志着人类活动延伸至外层空间这一传统上国家主权未曾到达的全新区域。由于外层空间环境的特殊性，联合国一开始就十分关注这一特殊领域的法制建设问题。1963 年及之后通过的一系列相关宣言和公约，对外层空间及航天员的法律地位问题作了界定。随着人类探索外空的不断发展，航天员的内涵与属性也不断丰富。中国载人航天的成功发展和探月工程的实现，也使我国的航天员备受关注。

一、航天员的概念与内涵

航天员本来是个简单概念，但随着航天技术的发展，航天活动呈现出了多样性，随之而来航天员一词的使用范围有所扩大，概念逐渐发生了变化，有关航天员的内涵和外延也引起了学界广泛的争议。本文将从航天员的历史渊源开始梳理，对这一问题进行系统地探讨。概括来说，航天员的内涵不是一成不变的，而是随着时代发展而不断丰富的，因而其外延也是不断扩展的。

第一，航天员一词的来源。

航天员这一称谓不是从来就有的，而是在人类认识和探索自然的进程中，基于社会自身的文化进步产生的“定名空缺”而命名的新名词。航天员一词，在汉语中究竟始于何时已很难考究，但可以肯定的是，该词应该是翻译词，因为中国的航天活动起步晚于西方国家，不具备衍生该词的社会和历史背景。

航天员，对应的英文词是 astronaut 和 cosmonaut，前者于 1929 年被创作于科幻小说中，来自词根 astro -（星或天体；外空）和 nautes（水手；船员），1961 年起因美国的太空计划而逐渐流行。① 其字面意思是外空的船员、星际间的水手。航天员在俄文中被称为“космонавт”，其斯拉夫词根派生自希腊语“kosmos”（宇宙）和“nautēs”（水手）。直译就是“宇宙航行者”。② 前苏联及现在的俄罗斯联邦使用该词称呼自己的航天员。在前苏联冷战背景下，美苏各处不同阵营，因而对苏联航天员，美国特别采用其英文对应词 cosmonaut 来称呼，以示区别。③ 可见，从构词上看，航天员的初始涵义即指宇宙航行员，暂且称之为对航天员狭义的解释。

在我国，宇航员与航天员一直是并用的，一些百科辞典也将两者并为同义词，并未作区分。事实上，宇航员一词更为普通人所熟悉，而航天员的称呼主要是在我国航天界使用。2005 年，全国科学技术名词审定委员会公布了最新版《航天科学技术名词》，书中将 astronaut 和 cosmonaut 统一译为“航天员”，作为科研、教育、生产、经营以及新闻出版等部门应遵照使用的航天科技规范名词。那“航天”一词又是怎么来的呢？据《钱学森传》作者叶永烈先生说，“航天”一词是钱学森首创。钱学森遵循原有“航空”、“航海”的习惯用法，把人类在地球大气层之外的飞行活动称为“航天”。“航天”的“天”则是受到毛泽东主席的诗句“巡天遥看一千河”的启示。相应地，钱学森还提出了“航宇”一词，即“星际航行”。他认为由于人类的宇宙探索活动还将长期处于太阳系内，所以称之为航天比较实际。由此可以看出，航天一词更清楚地表现了人类宇航事业的阶段性特征，可以说是现阶段更为准确的用词。但笔者认为，宇航或航天都无关大雅，毕竟两个词都没有错误。然而如今，“航天”一词已经被确定为官方的正式名词，中国政府的相关部门叫国家航天局。不久以后，“航天员”一词的使用会更加普遍。

第二，航天员概念的变化发展。

---

① “Astronaut”，http://www.etymonline.com/index.php?allowed_in_frame=0&search=astronaut&searchmode=none. 访问时间：2013 年 3 月 23 日。

② “航天员、宇航员和太空人的区别”，见 http://songshuhui.net/archives/1830. 访问时间：2013 年 3 月 23 日。

③ 靳召君：《参与空间科学与应用操作的航天员职责》，载《载人航天》2012 年第 5 期，第 25 页。

在载人航天的初期，太空飞行的任务相对简单，主要是测试人体对外空环境的适应情况，来自空军的飞行员就能满足需求。而随着太空探索地深入，航天飞行任务的增加和航天器设计的复杂化，空军飞行员已满足不了时代的发展要求。1964 年，美国航天局不再将飞行经验作为航天员选拔的必然条件，而且增加了深层次航天理论背景的要求。① 1965 年，美国选拔出了首批用于执行太空任务的 6 名科学家（任务专家），希望利用他们的专业理论知识解决航天器运行中的许多棘手问题。1977 年，美国开始为航天飞机任务选拔航天员，进一步放宽了对航天员的年龄和身高限制。

与航天员的选拔相适应的是，航天员的概念在逐渐变化发展。最初，人们对航天员这一概念的理解是狭义的，他们把驾驶飞船翱翔宇宙空间的人称为航天员。犹如飞行员一般，驾驶是航天员的基本功能和本质特征。二十世纪五六十年代，人类的航天活动还处于起步阶段，航天器的舱内空间小，通常只能容纳一到两个人，如第一位进入太空的航天员加加林乘坐的就是单座舱飞船，航天员的功能主要表现为驾驶和操纵飞船，这个时候的航天员是符合大众定义的。之后，航天器不断发展，尤其在美国的航天飞机产生之后，舱内空间的增大以及实验任务的复杂化带来了航天员构成的变化。于是，美国宇航局开始从科学家、工程师等职业中选拔航天员，这时，航天员一般由以下人员组成：驾驶员、任务专家、荷载专家等。如美国航天飞机一般包括 7 名航天员：一位驾驶员，负责驾驶和操控航天飞机；一位机械师，负责航天飞机内机械设备的日常维护；其余的是随行科学家，负责在太空中进行科学实验。他们都是航天员，只不过分工不同而已。此时的航天员的概念发展为——经选拔和训练，乘坐航天器进入太空执行任务的人。人员构成之所以发生这样的变化，不仅仅因为航天活动的难度，更因为拥有独特资源的太空是一个需要努力探索的广阔天地。

如今在航天飞机的飞行乘组中，不仅有狭义上的航天员负责传统的驾驶操纵任务，还有科学家、工程师、教师等随同上天执行某些任务。笔者认为，与航空活动相比，航天活动的更大意义在于探索太空独特的资源，任务专家的作用并不亚于驾驶员。因此，航天员的称呼不应局限于承担驾驶职能的人员。实践中，常看到把航天员区分为职业航天员和非职业航天员的做

---

① 黄伟芬：《中国航天员选拔训练回顾与展望》，载《航天医学与医学工程》2008 年第 3 期，第 176 页。

法。笔者认为，非职业航天员的概念十分贴切，很好地解决了科学家、荷载专家等乘组人员的身份尴尬问题。与职业航天员不同，非职业航天员的任务主要是在空间进行科学实验，或是为太空教育计划而给学生们上课，一般不需要长期驻守，所以对他们的选拔条件较之职业航天员会适当放宽，只要能适应太空的生存环境，具有一定的身体素质和心理素质就可以进行太空飞行。

第三，太空游客给航天员“概念”带来挑战。

2001 年 4 月 28 日，美国商人丹尼斯·蒂托乘坐俄“联盟 TM－32”载人飞船前往国际空间站，成为第一位太空游客。① 此后，又有 6 位太空游客先后进入太空飞行。从此，太空不再只是航天员的太空，也是普通人的太空。对于太空游客这一新新人类，到底我们该如何看待他们，是值得讨论的。百度百科对航天员的定义是：以太空飞行为职业或进行过太空飞行的人。② 照此观点，进行过太空飞行的太空游客自然应该属于航天员范畴。然而，随着航天技术的不断成熟以及太空商业化和私人化趋势，可以想象，未来会有众多民众以游客身份进入太空，甚至太空旅游成为人们旅游的常态，届时，是不是他们都被认为是航天员呢？很难想象，满大街的人都是航天员。笔者对此不敢认同。因为每个概念都有它的本质特征，而航天员的本质特征是它的职业性，航天员本身就是个职业名称，犹如我们的飞行员、工程师一样。太空游客作为单纯的乘客，进行太空飞行是以娱乐休闲和体验经历为目的的一种消费方式，如同汽车、客轮、飞机的乘客一样，是工作以外的活动。而航天飞机的任务专家不论是作为载荷专家、飞行工程师、实验人员，还是随船工程师，都是经航天部门选拔和训练，去往太空执行任务的人员，太空活动是他们的工作，是具备职业性特征要求的。有观点认为，太空游客是指身份并非航天员、但乘坐载人飞船进入太空体验太空飞行的人。③ 笔者认为该定义比较合适。

第四，航天员的科学界定。

---

① 士元：《首位太空游客登天反响强烈》，载《国际太空》2001 年第 7 期，第 2 页。

② 朱文明：《航天员空间活动接受辐射剂量限值的研究》，载《航天器工程》2008 年第 1 期，第 33 页。

③ 于敬：《首位女太空游客的太空生活》，载《今日科技》2006 年第 10 期，第 43 页。

关于航天员的定义，《牛津高阶词典》[①] 的释义是：“a person whose job involves travelling and working in a spacecraft”，翻译过来就是“以在航天器中旅行和工作为职业的人”。现有的外层空间法仅规定了航天员的法律地位，而没有对“航天员”这一术语进行明确定义。

在此，我们可以尝试对航天员内涵作一般性探讨。单从语义角度讲，航天员一词的涵义是显而易见的，描述的是一种类似飞行员、船员等的职业称谓，具体来讲就是指，以太空飞行为职业的人，他们接受训练的目的就是担负起太空飞行任务，为太空飞行而接受身体、心理和知识上的训练是其职业内容。发展后的航天员还包括与执行太空任务相关的其他人员。网络上对航天员的定义大致可以分为两种：一是高度概括性的定义，如驾驶载人航天器和从事与太空飞行任务直接有关的各项工作的人员。二是描述性的定义，如“在外层空间中驾驶、管理、维修航天器，或从事科学实验、生产加工和军事活动的人员”。第二个定义直观表达了航天员承担的职能——驾驶、管理、维修、科研，而这些职能的共性是与太空飞行任务直接相关。笔者认为，前一种定义既简洁又精确，而且反映了概念的实质内容，是比较科学的定义。

二、航天员的国际法律地位

法律地位，或称法律上的人格，用以指法律主体在法律关系中所处的位置。法律地位常被用来表示法律主体权利和义务的相应程度。因此，明确法律地位是对法律主体进行权利义务配置的前提条件。外层空间法对航天员的国际法律地位问题早有明确设定。

联合国外空委员会[②]是联合国负责外空事务的专门机构。其宗旨是制定外空领域的原则和规章，研究外空活动中可能产生的法律问题。外空委自成立以来，拟订且提交联合国通过了数项宣言、原则和公约。其中，1963 年 12 月 13 日通过的《外空宣言》[③] 确立了有关外空活动的九项原则。其第九

---

① [英] 霍恩比，《牛津高阶英汉双解词典》石孝殊等译，第 6 版，商务印书馆 2004 年，第 258 页。

② 全称是“联合国和平利用外层空间委员会”，1959 年根据联大第 1472 号决议成立。

③ 全称是《各国探索和利用外层空间活动的法律原则宣言》，联合国第 1962（XVIII）号决议通过。

项原则提出，“航天员是人类派往外层空间的使者”。这是国际上最早关于航天员法律地位的表述。其后，1966 年 12 月 19 日联合国大会通过了《外空条约》[①]，以条约形式正式确立了航天员为人类在外层空间的使者这一法律地位。

《外空条约》第 5 条规定，“本条约各缔约国应把航天员视为人类派往外层空间的使者”。“人类派往外层空间的使者”，简单一句话却清楚表达了航天员在国际法上的地位。对航天员的这一法律地位，笔者作如下解读。

第一，“外层空间”。外层空间，亦称外太空、宇宙空间，简称空间、外空或太空，指的是地球大气层及其他天体之外的虚空区域。[②] 外层空间几乎没有空气，并且几乎不受地球重力影响。与此相对应，大气层则被称为空气空间。从物理特性上看，外层空间与空气空间的界限并不分明，而是有一个过渡地带。因此对于二者的界限问题一直有争议，主要存在“空间论”、“功能论”等主张。近年来比较通行的观点是以人造卫星离地面的最低高度 100 千米作为外层空间的最低界限。[③]

外层空间具有真空、缺氧、失重等特点，利用这种独特的环境，科学家可以研究植物在太空环境中的生长情况，培育独特的太空植物，如太空辣椒、太空西红柿等。同时，外层空间的失重和微重力环境还会对气体和液体产生不可思议的影响，如造成其对流现象消失、浮力消失等现象。这种对物质的物理特性产生的特殊影响为许多科学实验的进行提供了条件，从而使在太空中研制地球上难以生产的特殊材料、昂贵药品和工业产品等成为可能。另外，在外层空间中存在的环绕地球轨道特别是地球静止轨道也是非常宝贵的资源，人们可以将人造卫星置于轨道上长期监测地球，从而获得环境、气候信息，并能提供通信、导航等服务，是现代人类生活改善和进步中最重要的资源。因而，外层空间对人类来说具有极其重要的价值。

---

① 全称是《关于各国探索和利用外层空间包括月球与其他天体活动所应遵守原则的条约》，联合国第 2222（XXI）号决议通过。

② 王孔祥：《太空军备竞赛对外层空间法的挑战》，载《武汉大学学报（哲学社会科学版）》2005 年第 3 期，第 45 页。

③ 李寿平：《外层空间的商业化利用及中国的对策》，载《北京理工大学学报（社会科学版）》2013 年第 1 期，第 56 页。

第二，“使者”。汉语词典的释义是“奉使命办事的人”①，条约的英文版本用词为“envoy”，其英英释义为“someone sent on a mission to represent the interests of someone else”，意思是“受派遣代表某人利益执行任务的人”。也就是说，航天员犹如人类外交官，受派遣进入外层空间，是人类在外层空间的代表者。严格来讲，“使者”并不是法律意义上的词，它的使用可能出于人们对航天员之壮举以及对宇宙开拓者的崇敬和膜拜心理。当今，使者多指外交人员。

外交人员在国际法上具有特殊的法律地位，1961 年《维也纳外交关系公约》规定了外交人员广泛的特权和豁免权。其第 29 条规定：“外交代表人身不得侵犯。外交代表不受任何方式之逮捕或拘禁。接受国对外交代表应特示尊重，并应采取一切适当步骤以防止其人身、自由或尊严受有任何侵犯。”② 该条赋予外交代表以绝对的人身安全权——不受任何方式之逮捕或拘禁，并为接受国设定了尊重和保护此项权利的义务。该条约还规定有外交人员的刑事管辖豁免权和除特定事项外的民事、行政管辖豁免权，私人寓所、文书及信件不受侵犯权，以及境内行动及旅行之自由。该公约确立了大多情况下一国使者免受所在国管辖的制度和惯例，尤其对于生命、人身自由等重要权利享有豁免权，并且所在国负有保护和防止侵害的义务。

第三，“人类”。该词意味着航天员背后代表的是整个人类世界，而不仅仅是某个国家或者民族。对此，可结合外层空间的国际法地位来理解。《外空条约》第 1－2 条规定了三个原则：第一，为全人类谋福利和利益原则。外空是关乎人类生存与发展的新天地，探索和利用外空是全人类的事情，外空活动的成果应惠及于全人类。第二，外空自由原则和不得据为己有原则。各国均可在平等基础上自由进入外空，不得有任何歧视。同时，任何国家都不得对外空提出任何形式的主权要求，这便避免了人类利益与国家利益的冲突，是人类作为外空探索共同体的现实基础。外空无主权存在，航天员才可能被接纳为整个人类的代表，否则，充其量只是某国人民的代表而已。试想，如果国家主权可以延伸至外空，那么此时的外空（至少是近地

① 戴雪梅：《我们是否还需要宇航员?》，载《世界科学》2003 年第 3 期，第 11 页。

② 《维也纳外交关系公约》，见 http：//baike. baidu. com/view/89810. htm. 访问时间：2013 年 4 月 15 日。

空间）早已被瓜分完毕，成为航天大国的私有领地了，那么他们所发射升天的航天员在别国眼里只可能是发射国的使节，代表的只能是狭隘的民族利益、国家利益，更不会产生“人类使节”这一光芒万丈的称号了。外空自由这一国际法制度使得航天员获得这一法律地位具有现实可能性。这意味着外空具有类似于月球的“全人类共同继承财富”地位。第4条规定了外空非军事化原则。对外空的探索和利用必须基于和平目的，不得使外空成为国与国之间军备竞赛的场所甚至未来新开辟的战场。以上四个原则共同构成航天员作为人类使者的法律基础。

另外，从一般意义上来讲，外空活动是人类居住环境——地球以外的区域，是一个陌生的未知的宇宙空间，有可能存在人类之外的生物与文明。陌生与好奇心，长久以来驱使着人类冲出地球，去探究那深不可测的宇宙空间。然而，航天活动的难度之大、耗费之巨，不是每个国家都具备开展航天活动的实力，甚至强国单靠自己的力量也难以为继，将来国际合作是必然；而外层空间作为人类探索的新领域，是人类活动未曾到达的地方，认识或者征服外层空间是整个人类面临的挑战。因此，无论哪个国家取得了进展和成功都代表着人类在探索宇宙事业上更进一步。这不仅体现了人类的智慧，更关乎人类的尊严。从这个角度来看，航天员也是可以作为超国家的人类代表的。

鉴于外空的资源和环境的独特性，探索外空是人类共同的事业和使命，或许条约起草者和制订者在赋予航天员崇高的法律地位时，也有鼓舞人类向外层空间进发的用意。然而，对于“人类派往外层空间的使者”这一表述，笔者认为这只是一个象征性的说法，仅具有象征意义，或者如某些专家所言是一个具有浪漫主义色彩的称号。因为人类的航天活动主要是以各主权国家为主体，在国家主导下进行的。从外空条约及营救协定条文内容及表述可以推定出，制定者赋予航天员超国家的法律地位的初衷主要是为实现对航天员的国际营救。“人类使者”一词表达了航天员和平的象征意义，由此各国对其施救是理所当然的，不存在障碍。

与和平利用外空密切相关的是外空的军事利用问题。尽管国际社会就外空的非军事化达成了一些有约束力的条约或协议，但是各国进行的外空活动仍或多或少地带有军事考虑。国际空间法各条约和宣言都在其序言和条文中申明探索和利用外层空间必须“为和平目的”。就目前来看，各航天国家对外空的探索活动基本限于科学上的探索利用。但在国际上对外空没有形成有效管理制度的情况下，各主权国家主导下的外空活动很难监管。事实上，由于各国的航天技术发展水平参差不齐，空间能力强的国家已在外空探索和利用中占据先机。这些国家通常都有在外空发展军事存在的野心，而要辨别其活动的“军用”或“民用”却很困难，如现在出现的很多“军民两用卫星”，基本上很难作出具体的区分。①

现实中，已经有国家发射军事卫星从事侦察活动。若有那么一天，外空非军事原则遭到挑战，外空成为军备竞赛的角逐场，或者沦为新的战场，作为外空军事任务执行者的航天员还能被作为“人类使节”看待吗？笔者持否定态度。因为“为和平目的利用”是航天员被视为人类使者的大前提，离开了这个前提，一切问题都要重新考虑。本文所谈的航天员权利保护是在各国和平探索与利用外空的语境下展开的，是以外空和平为背景和前提的。

三、航天员法律地位的特殊性

第一，航天员国际法地位的独特性。如前所述，国际空间法明确赋予了航天员人类使者的国际法地位。航天员被认为是“人类派往外层空间的使者”，这种地位在国际上是史无前例且独一无二的。“人类使者”不仅是崇高的荣誉，也是现实的写照。航天员作为人类开展宇宙探险的先锋，肩负探索宇宙的伟大使命，是名副其实的人类的使者。

航天员从事的宇宙探索事业关乎人类的生存、发展与未来。自20纪人类涉足太空时起，人类便进入了太空探险时代。人类社会要再向前发展很大程度上依赖于航天领域的进步，因此也可以说，航天员的进步就是人类的进步。而通过太空探索活动，不仅可以认识地球所处的宇宙环境，而且可以探寻和接触可能存在的地外文明，并能为人类未来的星球移民打下基础。所以，太空探索对人类来说意义重大，它关系着人类的共同利益，是人类共同的事业。人类的未来在太空，给予人类使者以特殊的保护是全世界人民的共识，国际上因此建立了航天员国际营救制度，要求各缔约国全力营救落难的航天员，以实现对航天员生命和健康的保护。② 航天员特殊的人类使者身份

---

① 赵云：《外层空间法中的热点问题评议》，载《北京航空航天大学学报（社会科学版）》2010年第1期，第53页。

② Stephen Gorove. Legal Problems of the Rescue and Return of Astronauts. [2013－03－15]. http://heinonline.org/HOL/Page? handle = hein.journals/intlyr3&div = 70&g_ sent = 1&collection = journals.

要求我们给予航天员特殊的保护。

第二，航天员职业的特殊性。航天员是21世纪最受人瞩目的职业，却又是最危险的职业，因为航天员是人类迄今为止难度最大、风险最高的载人航天活动的承担者和执行者。载人航天是人类太空探索的重要部分，如果说太空探索是一项探险活动，那么航天员就是探险家。航天员是一项特殊的充满危险的职业，其职业内容是经过训练之后执行太空飞行任务。作为人类在外空的先行者、开拓者，航天员们犹如人类的先遣部队，他们率先进入太空探索未知的宇宙空间，承担了巨大的风险。尤其在载人航天的初期，航天员更是“以身犯险”——以一己之躯去测试陌生的太空环境对人体的影响。对航天员来说，每一次执行任务都是在穿越生死。加之太空环境又十分复杂和恶劣，具有与地球环境迥异的环境因素，如失重、辐射等，这对航天员的生命和健康都构成很大的威胁。可以说，航天员职业本身带有极大的冒险和献身的特征，它要求航天员具有崇高的为太空探索事业献身的精神和随时为之付出生命的心理准备。①

太空探索不仅是对人类技术的挑战，而且是对人类身体和心理的挑战。因此日常训练也是航天员职业的重要内容。运动员也要进行训练，但与他们不同，航天员训练的目的是适应发射和太空飞行，因此要挑战甚至跨越人体极限，其训练强度和危险性很不一样。航天员需要进行的训练种类繁多，如航天环境适应性训练，包括失重训练、超重耐受力训练、前庭功能训练等；② 心理训练，包括狭小环境中的隔离训练、针对错觉的心理训练等；③另外还有体质训练、专业技术训练等内容。这些高强度的训练是对航天员身体和心理上的极大考验，很可能会带来身体机能的损耗和精神的巨大压力。总而言之，航天员属于探险的职业，具有高度危险性。这便要求我们对航天员的权利保护给予特别的关注。

第三，航天员权利的特殊性。这里主要指的是航天员的生命权和健康权。生命权和健康权是人类最重要的两项权利，而对航天员来说，这两项权

---

① Nicolas Peter. Overview of Global Space Activities in 2007/2008. Acta Astronautica. 2009, (65): 301.

② 姚均迪:《宇航员应急溅落海面的医疗救护工作的准备与展开》，载《东南国防医药》2006年第4期。

③ 岳茂兴:《神舟五号和六号航天员医疗保障的特点及其救护对策研究》，载《中国危重病急救医学》2005年第12期，第82页。

利却显现出极大的脆弱性。航天员工作内容的特殊性，致使航天员的生命权和健康权受到的威胁与普通人极为不同。

载人航天任务中，飞船的发射和返回阶段风险最高，航天员生命所受威胁最大。但由于载人航天工程极其复杂，而人类太空探索活动的历史尚短，技术还不够稳定和成熟，因此从技术层面难以完全排除故障发生的可能性。历史上已有多名航天员在发射或返回大气层的过程中因发生故障而死亡。载人航天的高难度和高风险决定了一旦出现故障，则可能会造成船毁人亡的悲剧，航天员几乎没有生还可能。这是航天员职业的高风险所在，也体现了其生命权的脆弱。①

航天员进入太空后，复杂的太空环境则会给航天员的健康带来风险，而这是普通的地球人不可能遭遇的健康风险。太空对人体的挑战主要有失重和辐射，这两者皆会导致身体全方位受损。如失重会影响到肌肉、骨骼、内脏功能、免疫系统，由此带来肌肉萎缩、骨质疏松等问题。2010 年，美国科学家以 9 名美俄航天员为研究对象，发现上过太空的 40 岁航天员的身体状况和 80 岁老人差不多。辐射则可能带来隐性但深远的影响。德国的基因研究认为，太空辐射或许会增加航天员患癌症的几率，超常的辐射甚至可能带来基因突变导致后代畸形。这些无疑是对航天员健康的严重损害。除此之外，还可能存在着未被人类发现的其他的不利影响，这些都给航天员健康权的保护带来特殊性。由上可知，航天员的健康权面临着与普通人截然不同的风险，且人类对这种风险还处于摸索和认识阶段，因此其威胁性更大。航天员权利的脆弱性要求对其权利予以特殊的保护。

综上所述，训练和飞行是航天员的本职工作，但对其生命和健康的威胁却贯穿始终。因此，关注航天员的权利保护问题十分必要，国际社会和各航天国家应不断提高对航天员权利的保护能力和保护水平。

---

① Kazuto Suzuki. Basic Law for Space Activities: A New Space Policy for Japan for the 21st Century. Yearbook on Space Policy 2006/2007, 2008: 233 - 237.

英国受控外国公司税收新规及对我国的立法启示

王　霞　许允鹏*

New CFC rules of United Kingdom & Enlightenments to Chinese legislation

Wang Xia　Xu Yunpeng

摘　要：为应对国际金融危机所带来的消极后果，英国下议院于2012年通过了新的受控外国公司规则，规定了一系列新的征税条款以及豁免条款，体现了长远的税收战略眼光。随着经济的发展和跨国公司的增加，我国急需完善受控外国公司税收规则，英国新规在这方面而为我国提供了有益的启示。在受控外国公司税制立法理念上，应适度控制税收管辖权，以保证税基的长期稳定增加；在立法内容上，应当完善征税条款和豁免条款。

关键词：受控外国公司　英国新规　征税条款　豁免条款

Abstract: For dealing with the bad effect from world - wide financial crisis, a new CFC rules has been enacted by the British House of Commons in 2012 with a long - term strategic vision, providing a series of new tax provisions and exemptions. With the development of economy and multinational companies, it is neces-

---

* **作者简介**：王霞（1977—），女，湖南岳阳人，湘潭大学法学院副教授、法学博士，主要从事财税法、劳动法的教学与科研工作；许允鹏（1990—），男，河南省固始县人，湘潭大学法学院经济法专业硕士研究生。

sary for China to improve its CFC rules . The new regulation of UK provides a useful inspiration for China. On the concept of the CFC legislation, tax jurisdiction should be properly controlled to ensure the steady growth of the tax base. On the legislative content, charge provisions and exemptions all should be improved .

Keywords: CFC New Rules of UK Charge Provisions Exemptions

伴随着世界经济的快速发展，全球经济一体化趋势越来越明显，跨国公司在这一过程中扮演着相当重要的角色，而各国针对跨国公司税收问题所制定的法律规范也随着经济环境的变化以及立法理念的更新而悄然发生变化。英国作为一个海外投资较多的国家，受控外国公司的税收问题是其不得不面临的一个重要问题。为了防止英国居民公司将其利润转移到该公司直接或者间接控制的外国公司，从而逃避英国税收，从20世纪80年代起，英国就引入了“受控外国公司规则”（CFC）作为反避税的重要手段。其基本内容为：如果不能满足某些检验标准，国内税务局就可以对英国居民公司按受控外国公司的一部分利润课以公司税。自2008年金融危机爆发以来，英国经济出现持续衰退，2010年英国又遭遇主权债务危机的强烈冲击。在这一现实背景下，卡梅伦政府发布了财政紧缩预算案，力图通过缩减开支和增加税收的方式实现英国经济的快速复苏。在一系列税收政策中，2012年7月正式实施的CFC新规十分引人注目，新规的出现为投资者提供了恶劣环境下的好消息。本文通过对该受控外国公司新规内容的介绍和评析，试图为我国受控外国公司规则的完善提供有意义的借鉴。

一、英国受控外国公司新规的内容

(一) 新规的目标及主要变化

按照新规的规定，当一个英国非居民企业被英国自然人控制并且公司利润主要来源于其在英国之外的业务时，英国将不再自动向拥有该公司25%以上普通股的法人股东计算当年应来自该公司的所得。由此可见，虽然英国应对主债危机的整体税收规划是以增税为目的的调整方案，但是在CFC规则上，却是以压缩英国的税收管辖权的方式来激励投资，确保规则的竞争性，以长期稳定地保证英国税基。具体而言，该规定包含以下几个方面最重要的变化：首先，英国压缩了受控外国公司的法人股东的当期纳税义务。也就是说，如果某英国非居民企业的控股股东是自然人，则持股额为25%以下的法人股东不再需要就其当年未分配利润向英国纳税。这极大地放松了CFC的适用范围，意味着在受控外国公司当期将利润不作分配时，符合条件的英国公司不必提前承担纳税义务。这从某种意义上降低了受控外国公司的国内股东的纳税义务。其次，新规还说明税收管辖权责任从以前的属人管辖向属地管辖的方向改革。这一立法理念贯穿在受控外国公司新规的所有条款。除此之外，受控外国公司新规还规定了豁免规则的适用。例如，分支豁免规则。这些主体内容都体现出英国在CFC税收管辖权问题上的退让姿态。

当然，在尽量刺激经济活力的同时，该规则仍然注意保留税收管辖权的底线，例如，新规仍然保留了原有规则中最基本的防转移规则①，以防止公司利用分支豁免规则将来自英国的收入转移到该分支机构②。从这一点我们可以看出，英国税务机关还是希望确保分支机构不会从任何利润转移的行为中获取利益。

（二）征税条款

1. 征税范围的确定。2012年财政法案的第三章是一个介绍性章节，主要对第四章至第七章中的计税条款如何适用作出了原则性的规定。在这一章中，英国税务机关构建了连续性的测试来确定纳税人从非英国公司取得的利润是否会被分配回英国③，从而决定这些利润是否需要纳税。在大多数情况下，这些定性测试会对英国公司的海外分支机构所获取的利润是否属于规则规定的范围进行评估。如果评估的结果是肯定的话，公司接下来就需要接受关键人物测试（Significant People Functions），该测试的目的是确定哪些利润需要纳税，哪些可以得到豁免。

2. 具体的征税范围。（1）一般应纳税利润的征税条款。按照英国税务和海关总署的观点，受控外国公司总利润中来自于其在英国开展的涉及资产和风险的业务的利润，英国有权对其征税。并且，当受控外国公司满足以下条件时，将无法享受交易利润豁免，这些条件分别是：受控外国公司在其所在国家或地区拥有营业场所；受控外国公司直接或者间接从与英国居民或者非英国居民的英国私募股权基金之间的交易过程中获得的利润占到交易利润

① 防转移规则规定在CTA2009第18G章，指的是“防止受控外国公司利用分支豁免条款，将本应在英国纳税的利润转移到享受豁免权的非英国居民公民的规则”。

② See. Section 18H , CTA 2009, UK.

③ See Peter A. Wilson: United Kingdom: new controlled foreign corporation rules: a summary , including potential impact on UK companies with BRIC' S, P. 1.

的20%；在英国从事管理活动的支出总额不超过受控外国公司的相关管理支出费用总额的20%，英国股东向受控外国公司授予知识产权的使用权，在受控外国公司的交易利润中，从进口自英国的货物贸易中取得的不超过20%。[①]（2）非交易性利润的征税条款。非交易性利润指的是包含在受控外国公司预计利润总额之中，且按照规定属于应纳税的借贷关系所产生的利润。不包括那些本质上属于利息的、由公司的房产业务产生的利润，符合分摊条款所规定条件的公司分摊利润、产生于相关的融资租赁关系且不代表交易利润的数额等。在以下四种情形中，此种利润需要向英国缴税：第一，该非交易利润是源自在英国开展的业务；第二，该非交易利润的产生利用了相关英国资金或其他资产（当然，在计算非交易利润时，有必要对利润作必要的扣除[②]）；第三，如果受控外国公司同英国公司或者非英国公司的英国私募股权基金签订了替代资本流动协议，并且该流动本应是受控外国公司向其英国股东支付的股息，同时替代的主要目的是减少任何人按照其所在区域的法律应负的纳税义务；第四，如果受控外国公司的非交易利润来自融资租赁协议，并且该协议是由受控外国公司同英国相关公司或者非英国公司的英国私募股权基金签订的，且有理由假设融资租赁对其他公司而言是购买资产外的替代性选择或者参与融资租赁的各方的主要目的，或者主要目的之一是减少任何人按照其居住地法律应负的潜在纳税义务的话，该财务利润就要缴纳税费。（3）交易性利润的征税条款。交易性财务利润指包含在受控外国公司预计利润总额之中，且按照相关规定属于应纳税的非借贷交易关系所产生的利润。交易性利润的征税情形与非交易性第一、二种情形大体相同，在此不赘述。（4）专属保险利润的征税条款。专属保险利润是指受控外国公司基于其与经营保险业务的英国公司所签订的保险合同而产生的利润。如果受控外国公司的保险业务或者保险合同是同与受控外国公司相关的英国企业或者是同英国居民签订的，或者是针对那些在订立保险合同时不存在明显避税理由的被保险人签订的，此类保险利润应向英国缴税。但是这里存在着一项豁免，即如果保险费是由一个英国人的非英国私募股权基金缴纳的，用以

---

① See. Section 371DG，Section 371DH，Section 371DI，Section 371DJ，Finance Act 2012，UK.

② 如果非相关人已经索取了相关费用的话，这部分数额等于管理相关英国资本产生的支出的数额同受控外国公司管理这些资本的管理费的差额。

对抗非英国被保险人的风险，并且被保险人声明分支机构的利润会享受到外国分支机构豁免，那么受控外国公司收到的保险费就可以不再按照该规定缴税。

（三）豁免条款

一直以来，成熟完备的豁免条款是英国 CFC 规则中最亮点的一部分。新规则在原有规则的基础上，进一步对豁免规则进行了细化。除了传统的可接受分配政策的豁免、免税活动的豁免、动机豁免、公开上市的豁免和低利润豁免之外，新规还新增了一些特殊的豁免规则。（1）单独合并的豁免。单独合并的豁免主要涉及受证监会监管的金融公司所受到的豁免。（2）相关方融资收益的豁免。对于一个在世界范围内寻求降低其应纳税税率的英国集团而言，集团融资中涉及的受控外国公司豁免可能是最相关的内容，也最可能激起国际重组的想法。简单来说，这项豁免可以表述为受控外国公司向非英国相关方的借款会从向相关人所为的英国分摊中享受全额或者部分扣除。然而，该豁免需满足以下两个条件方可成立：第一，豁免所涉及的借贷关系必须合法；第二，贷款人具有符合法定要求的营业场所。（3）对于新的被收购公司的豁免。该项指的是该受控外国公司是刚被英国公司收购时，其利润可得到豁免。[①] 该项豁免的适用需要满足以下三个条件：第一，受控外国公司的会计期间须被包含在某个免税期之内；第二，受控外国公司在免税期结束后不少于一年的时间内仍须是受控外国公司，同时该受控外国公司在免税期结束后的第一个会计期间内不能出现应纳税事项；第三，英国公司在免税期开始时应当需要缴税或者同某个需要缴税的公司存在联系。（4）被排除的区域性豁免。当受控外国公司属于英国税务和海关总署列出的区域清单中某个国家或者地区（这些区域的税率通常不低于英国税率的 75%）的纳税居民，并且其获得的利润未超过纳税起征点，就可以享受到相应的利润豁免。[②]（5）另外，低利润豁免的内容也得到了进一步细化。受控外国公司在一个会计期间内的假定应纳税利润或者财务利润，如果满足以下条件之一，相应的利润就会被豁免纳税：财务利润不超过 5 万英镑；预计应纳税利润总额不超过 5 万英镑；财务利润不超过 50 万英镑，且其中的非交易利润不超过 5 万英镑；预计应纳税利润总额不超过 50 万英镑，且其中的非交易

① See. Section 371JA, Finance Act 2012, UK.

② See. Section 371KA and 371KB, Finance Act 2012, UK.

利润不超过5万英镑。[①] 此外，这项豁免也包含防止豁免适用的有针对性的反避税规则（TAAR[②]），假如存在一个低利润豁免协议，该协议签订的目的是确保低利润豁免的适用，或者受控外国公司的业务完全或者主要是英国中介服务，则该豁免不能得以适用。（6）低利润率豁免。如果可归属英国股东的收入低于受控外国公司收入的10%，也可享受豁免。[③]（7）地方税收豁免。如果受控外国公司的地方税数额至少占到了相应的联邦税的75%，该税款可得到相应扣除。在研究该基础规则是否适用时，首先需要确定受控外国公司的居所地；其次需计算出受控外国公司就其地方性应纳税利润所需要缴纳的地方税额；最后，还需计算出该会计期间内相应的应纳税额。

（四）小结

受控外国公司税收制度本身就是一个异常复杂的问题，英国的新规在一定程度上改变了原有的税收制度和模式，能够有效促进投资增长，确保税基稳定。我国正处在经济的上升时期，受控外国公司税制的制定是一个不可回避的问题，即便我国同英国的国情以及企业的发展轨迹上存在着很大差异，该新规中的一些立法理念以及法律制度仍值得我们借鉴。

二、我国受控外国公司的立法现状

伴随着改革开放进程的进一步加快，我国企业也在不断提高自身在国际市场上的竞争实力。越来越多的企业和机构选择在海外设立分支机构和办事处来扩大自己的经营范围和销售范围。在这一过程中，不可避免会出现企业利用设立在海外并受自己控制的企业来转移境内资产、逃避税收的现象。这就需要我们制定相应的法律规则来对这种行为进行规制，以维护国家的税收管辖权。

2008年以前，我国税收法律体系中没有“受控外国公司”相关的法律规则，随着国际反避税与税收国际合作意识的加强，我国在2008年实施的《中华人民共和国企业所得税法》（以下简称《企业所得税法》）中专门设置了第六章“特别纳税调整”部分，该部分借鉴国际先进立法经验，对我国税收实践中存在的避税行为进行了相应地规制，其中第45条是关于“受

---

① See. Section 371LB, Finance Act 2012, UK.

② TAAR: targeted anti avoidance rules.

③ See. Section 371MB (1), Finance Act 2012, UK.

控外国公司”的具体规则，该条规定：“由居民企业，或者由居民企业和中国居民控制的设在实际税负明显低于本法第四条第一款规定税率水平的国家（地区）的企业，并非由于合理的经营需要而对利润不作分配或者减少分配的，上述利润中应归属于该居民企业的部分，应当计入该居民企业当期的收入。”这条规定对于我国税收执法机构监管受控外国公司而言是一个准据性的条款，为执法行为提供了法律依据。同时实施的《企业所得税法实施条例》（以下简称《条例》）第116－118条分别就《企业所得税法》中的“居民”、“控制”、“明显低于”等模糊概念进行了界定。为了规范特别纳税调整，根据以上立法精神，财政部、税务总局同期又制定了《特别纳税调整实施办法》（以下简称《办法》），在《办法》中，最突出的亮点是明确提出了“受控外国公司”这一概念，对“股份控制”的标准进行了限定；明确了缴税的程序和计算方法；列举了豁免条款。

虽然目前我国的受控外国公司规定已经形成了相应的体系，但是仍存在明显的问题。首先，立法的位阶较低。事实上，对受控外国公司的具体规定主要体现在《办法》中，在高位阶立法中规定得非常模糊，不具有可操作性，影响了适用的效力。其次，即使在低位阶的立法中，对受控外国公司的具体内容的规定仍然不够细致，如适用范围、豁免条款都只有抽象的规定。第三，在法律中并未明确适用的基本原则，导致法律适用过程中，税务机关无法平衡短期财政利益与长期国家发展利益、纳税人权利与征税权力之间的矛盾，从长远来看，不利于税基的稳定增长。与英国如此细致的受控外国公司新规相比，我国相关立法有很大的完善空间。

三、英国新规对我国立法的启示

（一）立法理念的启示

在经济上面临严重萧条以及主债权危机、国家政策总体目标趋向于增加税收的大背景下，英国的CFC规则能够采取以退为进的方案，放宽对受控外国公司的税收管辖权，加大税收豁免的范围，是一种具有长期战略勇气的保证英国稳定的国际税基的重要策略，避免了杀鸡取卵式的短期效应。这一立法理念值得我国在完善立法过程中重视和借鉴。

（二）征税条款的启示

1. 对“控制”的界定

受控外国公司概念中最核心的要素是“控制”的含义，《办法》对“控制”从“控股额”和“实质控制”两个方面作了规定，虽然第117条第1项规定了控制额，但第2项“实质控制”的规定却使“控制”的标准扑朔迷离。而《办法》虽进一步解释了“股份控制”，却未就“股份、资金、经营、购销等方面的实质控制”作出明确规定。在英国受控外国公司新规中，关于纳税需要满足的条件项下，该新规就对于“控制”的概念给予了重新的界定，其着重从外国公司所需要承担的业务以及母公司设立外国公司的会计目的来判断一个外国公司是否属于受控外国公司，这突破了传统的对于受控外国公司的定义，使之足以涵盖受控外国公司应有的范围，从而更好地解决此类公司的避税行为。我国在制定受控外国公司相关法律法规时，应当从外国公司在企业结构中的具体作用以及其在整个会计体系中所扮演的角色来对其进行相应的定位，这样才能制定出一部符合实际情况，执行起来更加有效的受控外国公司法规。

2. 对“避税地”的界定

关于受控外国公司法规适用的地域范围，各个国家的制度存在着差异。有的国家将其受控外国公司税制适用于全球范围的受控外国公司，而大多数国家则仅将其受控外国公司税制适用于特定区域（主要是避税港或实行某类低税政策的国家或地区）①。我国《实施条例》将“避税地”规定为“实际税负低于25%的国家和地区”。从英国受控外国公司新规中我们可以看出，其采用的是另外一种模式：假如受控外国公司获得了相关利润，并且这些利润是同在英国开展的业务或活动相关的话，这些利润就需要在英国缴纳税款。因而，其适用的地域标准是在具体的考察之后才确定的，而不是事先划定一定的区域范围，这种方式比适用全球范围的受控外国公司税制更具有针对性，而且比适用于特定范围的税制更具有灵活性，也更加符合现实的情况。在我国制定受控外国公司税制时，可以借鉴这一灵活而有效的模式。

3. 征税范围

纵观世界各国的受控外国公司税制，其征税大都是以所得额为基础的。这其中还有“实体法”和“交易法”的区别②。但是不管是“实体法”还是“交易法”都是将符合条件的所得额作为计税的依据。并且实体法采取的是一种全有或者全无的方式，这就会导致某些合理交易不得不适用受控外

① 朱炎生：《完善我国受控外国公司税制》，载《国际税收》2008年第3期。
② 王亮华：《国际税收中的受控外国公司税制》，吉林大学2008年硕士学位论文。

国公司法规，而一些明显属于逃避税收的行为却无法受到法律的规制。交易法采取的是一种对每笔交易进行审查的方式，这会大大降低税务机关的工作效率。而英国受控外国公司新规中转变了这一传统的计税依据，将对所得征税的条款改为对特定利润征税，更符合 CFC 规则的本质目的。在征税条款中对具体利润的列举，使法律适用更清晰，防止征税主体滥用其征税权。这是一种有益的尝试。但是我国目前仍是基于“所得”的征税范围设计模式。征税范围主要由以下几个部分组成：股息、利息、租金所得、特许权使用费所得；投资于我国财产的利润；保险业务所得。在确认的过程中难以分清收益，若能仿照英国做法，则能更大程度上避免重复征税的发生。

4. 豁免条款

如上所述，英国受控外国公司新规中对于豁免条款的规定十分全面，同时也列出了具体的适用规则，我们在制定我国的受控外国公司法规时可以参照其规定，对豁免条款作更具体的规定也可以将低利润豁免和低利润率豁免两种情形区别对待。

综上所述，英国受控外国公司新规从立法理念到具体制度都符合国际形势的基本要求，随着我国国际合作的进一步加强，海外投资增加，我国宜在借鉴他国先进税制的基础上，结合本国实际情况，制定和完善本国的受控外国公司具体规则。

苏俄民法对新中国民法之影响研究

刘友华*

Influence of The Russian Civil Code on Chinese Civil law

Liu Youhua

摘　要：苏俄民法建立于公有经济基础之上，强调国家的干预与公私法的划分。新中国成立以来的历次民事立法，由于受到经济基础、政治结构及国际环境等诸多因素影响，苏俄民法在立法模式、具体制度与观念等方面对中国民事立法有深远影响。研究表明，植根于经济基础与政治结构之上的法律文化的融合是法律移植的生命所在。

关键词：法律移植　苏俄民法　民事立法

Abstract: The Russian Civil Code was enacted on the basis of public ownership which emphasized on the state intervention and the division of public and private laws. Since the establishment of the People' s Republic of China, due to the impact of various factors such as economic foundation, political structure and international environment, our civil legislation has been strongly influenced by the Russian Civil Code in terms of its legislation model, the specific institution as well as the legal concepts. All this manifests that the essence of legal transplantation lies in the integration of legal cultures rooted in economic foundation and political structure.

---

* **作者简介**：刘友华（1977—），男，湖南祁阳人，湘潭大学法学院副教授，硕士生导师。

Keywords: Legal Transplantation　the Russian Civil Code　Civil Legislation

一、苏联民事立法及其观念

（一）苏俄以来的民事立法

苏联民事立法主要分为三个阶段：俄罗斯苏维埃时期的民事立法、联盟初期的民事立法和苏联经济稳定和发展时期的民事立法。与之对应，产生了三个重要的法律文件：1922 年《苏俄民法典》、1961 年《苏联和各加盟共和国民事立法纲要》以及 1964 年《苏维埃民法典》。

就其立法模式而言，1922 年《苏俄民法典》采用潘德克顿式民事立法模式①，将民法典分为四个部分，其编排顺序为总则、物权、债权、继承权。1961 年《苏联和各加盟共和国民事立法纲要》由序言、总则、所有权、债权、著作权、发明权、发现权、继承、涉外规范九个部分组成。从中可以发现，苏联的民事立法模式试图摆脱所谓资产阶级立法的影响，出现了“所有权”概念，将其置于民法规范的重要位置上，并将劳动关系和婚姻家庭关系排除在民法之外。

之后，在《苏联和各加盟共和国民事立法纲要》（以下简称《立法纲要》）的指导下，各加盟共和国有了各自独立的民法典，其中俄罗斯加盟共和国于 1964 年制定的《苏维埃民法典》对于苏联和其他社会主义国家影响最为深远。这一法典与《立法纲要》具有结构上的共同性，就其立法模式而言具有社会主义民法的特点，但在其内容上承袭了 1922 年《苏俄民法典》的原则和规范。

（二）建立于社会主义计划经济基础之上的苏俄民法观念

1. 统治阶级意志论：国家对私人自由的干预与限制

《苏联民法典》的观念，是以统治阶级意志为中心，把民法（和其他法律部门）看成是贯彻统治阶级意志的工具。基于这种观念，统治阶级意志或者国家意志便成为民事法律秩序的轴心。由此建立的民法制度，实际反映

---

① 民法的立法模式即编纂体例有两种。一种是罗马式，又称为法学阶梯式，罗马式是仿效罗马法学家盖尤士的法学教科书《法学阶梯》的体例，分为三编，第一编为人法，第二编为物法，第三编为诉讼法。《法国民法典》即采此体例，唯将诉讼法排除在外。另一种是潘德克顿式，是德国法学者于著述中所用体例，为《德国民法典》所沿用。共分为五编，第一编总则，第二编债权，第三编物权，第四编亲属，第五编继承。

的是一套由国家意志和行政权力支配、干预和限制当事人自由和权利的高度集权的经济体制。①

《苏俄民法典》不再使用传统民法自然人概念，而改用“公民”这一政治概念，同时，法律对于民事主体资格及保护采取区别对待的原则，并以所有制形式区分所有权，对不同所有制形式下的所有权区别保护。在其物权编所有权一章规定了国家所有权、团体所有权与私人所有权三种形式。国家所有权无限制，表现为国家财产客体广泛，而其第54条对私人所有权之范围作了较窄的限定。这些均体现统治阶级与国家意志，并非从平等主体的私法观念予以阐释。

另外，在公民的权利能力与行为效力方面，亦体现了国家意志的干预。如《苏俄民法典》第5条对公民限制权利能力范围的规定，公民只能选择法律所不禁止的业务或职业，在法律规定的范围内转让财产、进行交易并承担义务，在工商活动规律与劳动法规下，有组织工商企业的权利。即为保护国家财产和经济秩序之需要限制公民的行为范围，体现了基于统治阶级意志与需要干预个人的自由。《苏俄民法典》第30条规定，因违反法律的目的或规避法律而进行的行为，与故意损害国家利益为目的的法律行为均无效；第28条、第29条规定，缔结契约应以法定方式进行，五百卢布以上的契约均须以书面方式进行，否则无效。这些都体现了以苏俄民法将统治阶级意志上升为法律形式干预、限制私人自由，以维护其经济秩序。

2. 强调国家对经济生活的任意干预：否认公私法的划分

公法和私法的划分始于罗马法，罗马法把全体法律划分为政治国家的法和市民社会的法。前者称之为“公法”，其内容体现为政治、公共秩序以及国家利益。后者称之为“私法”，它以权利为核心，以私人平等和自治为基本理念，其内容体现为私人利益。

列宁曾说：“我们不承认任何‘私人’性质的东西。在我们看来，经济领域中的一切都属于公法范围，而不是私人性质的东西……因此必须：对‘私人’关系更广泛地运用国家干预，扩大国家废除‘私人契约’的权利。”②

---

① 王卫国：《关于市场经济条件下民法学的观念转变》，载《现代法学》1993年第4期。

② 《列宁全集》（第42卷），人民出版社1987年版，第173页。

这表明，苏联否认私法的存在，认为社会主义民法非私法，并且民商不分。这段话长期以来被作为否认社会主义国家存在公法与私法划分的依据。

也有观点认为，联系当时的实际情况看则该段话并不能证明苏联否认公私的划分。前苏联从1921年春实施新经济政策允许自由贸易，而列宁这段话是在1922年制定《苏俄民法典》时所说的，民法典的制定本身已经在事实上表明承认公法与私法的区分。其强调国家对经济的干预和控制，主要是为了应付当时国内外的严峻形势，而并非不承认公法与私法的区分。但不可否认的是，前苏联此后并没有因为国内外形势的好转而恢复和提高私法的地位，这也为不少人歧视乃至否认私法提供了口实。由此可见，前苏联虽承认公法与私法的划分，但却将私法排挤到一个国家权力可以任意干预的角落。①

笔者以为，并无充分的资料证明，列宁当时上述表达的具体情境。因此，我们无法肯定苏俄民法究竟是否存在公私法的划分。事实上，《苏俄民法典》本身法条并未明确其公法或私法之定位。尽管否认公私法的划分无法证成，但其对私人领域的经济生活的任意、强行干预却客观存在，并且这一观念深刻影响着新中国成立以来的历次民法草案特别是民法通则的编纂，也植根于中国80～90年代的民法学界。

二、新中国成立以来中国民法立法进程及苏俄民法之影响

清末以来我国三次民法典的编纂，受苏俄影响相对较小。新中国建立以来我国民法典的起草却断断续续经历了四个阶段，至今还未完成，1954年到1956年为民事立法初创阶段，1962年至1964年为第二个阶段，1979年到1982年是第三个阶段，1998年开始了民事立法的第四个阶段。其间，苏联民事立法模式对我国民事立法产生着巨大影响，尤其是建国初期其影响更是直接和深远的。

（一）建国初期中国民商事立法与苏俄民商法之影响

1. 建国初期的中国民商事立法

中国的民法典至今未能获得通过，但政府进行单行民商事立法的工作从未间断。在社会经济生活的哪些领域制定单行法，各种单行民商事法颁行的

---

① 郭明瑞、于宏：《论公法与私法的划分及其对我国的启示》，载《环球法律评论》2006年第4期。

先后顺序如何确定，以及各单行民商事法的原则、结构体系和内容等无一不受到苏联民法典的影响。

历史表明，土地问题是政权建立和巩固的基础。自革命根据地时期以来，中国共产党就充分认识到土地改革对于革命的重要性，因此先后制定了《土地纲领》等文件。建国后，为实现耕者有其田的目标，彻底消灭封建土地所有制，党和政府在总结土地改革经验的基础上，于1950年6月28日公布了《中华人民共和国土地改革法》，旨在“废除地主阶级封建剥削的土地所有制，实行农民的土地所有制，藉以解放农村生产力，发展农业生产，为新中国的工业化开辟道路”。

为破除封建婚姻家庭制度，改变因多年战乱导致人口流动频繁与婚姻关系不稳定的现状，建国后婚姻家庭关系亟亟需调整。中央人民政府于1950年5月1日公布实施了《中华人民共和国婚姻法》，男女婚姻自由、一夫一妻、男女权利平等、保护妇女和子女合法利益等原则和新民主主义婚姻制度得到实施和贯彻。这部婚姻法为以后婚姻法的发展和完善奠定了基础。

在国民经济恢复时期，为彻底清除封建主义和官僚资本主义经济关系，迅速恢复国民经济，颁布了大量的民事法律和法规。为了加强国营企业的经营管理工作，保护国家财产，1951年政务院和有关部门先后通过了《企业中公股公产清理办法》、《关于国营企业清理资产核定资金的决定》及《国营企业资金核定暂行办法》等，确立了国有经济在国民经济中的领导地位。同时，为鼓励私人资本投资生产事业，保障投资人的合法利益，政务院于1950年12月和1951年3月通过了《私营企业暂行条例》、《私营企业暂行条例施行办法》等，把党和国家对私人资本主义利用、限制和改造的政策法律化，肯定了各类私营企业，如独资企业、合伙企业、无限公司、有限公司、两合公司、股份有限公司、股份两合公司的法律地位，明确了各类主体的设立、解散、清算的程序和责任，保护其合法经营活动和利益。①

这些单行民商事法律的制定及颁行过程与俄罗斯苏维埃及苏联建立政权之初民事立法进程十分相似。笔者以为，这种相似性并非主观上简单模仿的原因所造成，关键在于中国与苏联有着相同或相似的国家模式、经济结构与意识形态。

---

① 赵中孚、解志国：《论我国民法的发展历程》，载《法学杂志》2002年第9期。

（二）1956 年以来中国民事立法进程及苏俄民法的影响

1. 1956 年民法草案对苏俄民法的完全模仿：无处不在的苏俄民法

（1）1956 年民法草案的起草与苏俄民法之影响

1954 年下半年，中国民法典起草工作正式开始。当时，民法典起草组织机构强调“我们制定的法律一定要从我们国家的实际出发，为我们国家的事业服务，不能照抄其他国家的东西”。[①] 为此，组织搜集编印资料，进行广泛的社会调查，于 1956 年 12 月完成“民法草案”，共 525 条，分为总则、所有权、债、继承四篇。

尽管强调民法典的制定应本土化，但该法典草案中无处不存在苏联的影响。这一民法典草案，其编制体例和基本制度均参考 1922 年的《苏俄民法典》。例如，这一草案完全采纳《苏俄民法典》编制体例，将亲属法排除在民法之外；不规定“物权”而仅规定“所有权”；不使用“自然人”概念而用“公民”概念代替；仅规定诉讼时效而不规定取得时效；片面强调对社会主义公有财产的特殊保护等。[②] 此外，在民法的调整对象、民事主体和民事客体等基本制度和规则设计上也采取了与该法典基本相同的立场。

也有观点认为，虽然这一草案是以《苏俄民法典》为蓝本，但由于该法典本身是参考德国民法典制定的，因此，这一草案移植的是德国民法典，新中国民法仍未摆脱德国民法之影响。如苏联法学家斯图契卡在参加列宁领导制定的第一部（1922 年）苏维埃民法典的起草工作后说，“我们的法典由于准备时间短，几乎是整个地逐字逐句地抄录了西方比较好的法典”，只是在法典里面“加上了阶级性的特殊原则性条文，为全法典赋予了自己的特色”。[③]

（2）全盘引入苏俄民法的原因：内外困境下的无奈、主观选择

第一，传统与西方割裂：苏联民法成为无奈困境下之唯一路径。

新中国一成立，就明确宣布废除国民党的《六法全书》，建立人民的法

---

① 中国第一部民法典起草小组成员金平教授的发言，参见江平：《新中国民法起草五十年回顾》，载王卫国主编：《中国民法典论坛（2002－2005）》，中国政法大学出版社 2006 年版，第 29 页。

② 梁慧星：《中国对外国民法的继受》，载《山东大学法律评论（第一辑）》，山东大学出版社 2003 年版，第 293 页。

③ 参见《法学译丛》1979 年第 3 期。转引自杨遂全：《比较民商法学》法律出版社 2007 年版，第 46 页。

制。在新中国成立前夕，1949 年 2 月中共中央专门发出了《废除国民党六法全书的指示》。1949 年 9 月召开中国人民政治协商会议，代替全国人民代表大会行使权利，该会议通过的《共同纲领》也就成为当时的临时宪法。《共同纲领》第 17 条明确规定："废除国民党反动政府一切压迫人民的法律、法令和司法制度，制定保护人民的法律、法令，建立人民司法制度。"① 这一原则在相当长时期内影响了新中国的法制发展方向。

当然，这一原则的出台在当时历史条件下，有其必然性。从内部社会制度而言，新中国要建立保护人民的法律，废除国民党统治时期的旧制度，这必然与过去法律传统（如蒋介石国民政府的《六法全书》等法制体系）割裂，没有借鉴过去法律传统之可能；从外部环境而言，新中国建立时基于意识形态等因素，面临的是西方国家的包围与钳制，当时新中国面对资本主义国家的"封锁"，不得不采取"一边倒"的外交政策，② 除意识形态相同的苏联外，没有其他现成的制度可资借鉴，也没有现成的路径可以依赖。正在这个意义上，笔者认为，由于政治经济体制和意识形态的原因，新中国成立时全盘继受苏联法律制度特别是民商法律制度是迫于无奈的主观选择。以至于有学者认为："新中国在一无传统、二对外关闭的情况下，法制建设只能采取经验主义和照搬苏联的做法。"③

事实上，我国在建立新的民法体系时，在可借鉴的民法资源上，至少有两个可参考的对象：一是国民政府 1929 年的民法；二是苏俄 1922 年的民法。前者代表法律传统且蕴含资本主义特别是大陆法系因素，后者属于社会主义（尽管如前面所分析的亦有德国法痕迹）之规范。因此，在意识形态鲜明的时代，中国主观选择苏俄民法作为模板不难理解。

第二，经济、政治制度与意识形态因素：主观选择全盘引入苏俄民法。

尽管面临"封锁"而不得不采取"一边倒"的外交政策，内外因素的影响使得在立法上无奈选择采用苏俄模式。但这仅是表象，根本原因在于中国移植了苏联以单一公有制为基础的计划经济体制。这种体制并非完全的商

---

① 顾昂然：《新中国的法制路》，载《人民日报》2004 年 9 月 8 日，第 6 版。

② 毛泽东宣布，新中国不是倒向帝国主义一边，只能倒向社会主义一边。参见何勤华、李秀清：《外国法与中国法——20 世纪中国移植外国法反思》，法律出版社 2003 年版，第 21 页。

③ 蔡定剑：《历史与变革：新中国法制建设的历程》，中国政法大学出版社 1999 年版，第 4 页。

品经济，其中贯穿了国家对经济的干预与计划，因此，完全以私权保护、私法自治与意思自治的西方民法必然不存在适用的空间，而借鉴经济体制相似的且经过近20年实践检验的苏俄民法实则为必然之结果。

同时，还应看到，这一时期对苏联民法全盘继受深受政治因素之影响。实际上，对苏联民法的继受仅仅是“全盘学习苏联”（包括政治、经济与法律制度）潮流中的一份子而已。对苏联民法的继受，取决于中苏两国和两党的关系。因此，一旦中苏两党关系恶化，这种立法和理论的继受就立即中断。中国对苏联民法的全盘继受，因1959年中国共产党对苏联共产党修正主义路线的批判而告终结，即是这一时期民法继受深受政治因素影响之明证。此与中国在1949年之前继受大陆法不同，大陆法系是一个超越国界的抽象的规则体系和理论体系，其意识形态的色彩淡薄，不同政治体制的国家均可采用，即使中国与大陆法系的某个国家交恶，也不影响中国对这一体系的继受。①

由于此后发生“整风”、“反右”与“人民公社”运动②，民法起草工作被迫中断，民法典因而宣告流产。表面上看，这次民法典的起草与下文提到的第二次民法起草一样，均因发生政治运动而中断。但深层次原因在于当时中国实行单一的公有制和计划经济体制，缺乏民法存在的土壤与条件；而社会经济生活的整体运行均依赖行政手段与指令性计划，因而缺乏民法存在的必要。因此，很难有继续编纂民法典并推动立法、实施的动力。

---

① 何勤华、李秀清：《外国法与中国法——20世纪中国移植外国法反思》，法律出版社2003年版，第25页。

② 1958年3月，中共中央政治局成都会议通过了《关于把小型的农业合作社适当地合并为大社的意见》。意见指出：“为了适应农业生产和文化革命的需要，在有条件的地方，把小型的农业合作社有计划地适当地合并为大型的合作社是必要的。”会后，各地农村开始了小社并大社的工作，有的地方出现了“共产主义公社”、“人民公社”。1958年8月6日，毛泽东视察河南新乡七里营人民公社时，说人民公社名字好。9日，在与山东领导谈话时说：“还是办人民公社好……”，并指出公社的特点是一大二公。谈话发表后，各地掀起了办人民公社的热潮。8月，中共中央政治局在北戴河召开扩大会议，会议通过了《中共中央关于在农村建立人民公社问题的决议》。《决议》下达后，全国迅速形成了人民公社化运动的热潮。到10月底，全国74万多个农业生产合作社改组成2.6万多个人民公社，参加公社的农户有1.2亿户，占全国总农户的99%以上，全国农村基本上实现了人民公社化。在“人民公社”运动强调公有、反对私有财产的背景下，民法失去了其存在的土壤、基础与必要。因此，民法典的夭折在所难免。

2. 第二次起草的《民法草案（试拟稿）》（1962～1964）：与苏联民法的决裂

（1）第二次民法起草的重启

50年代后期，由于当时对法制建设重要意义的认识不够深刻，党的八大提出的正确方针没能一贯坚持，对法制建设时而重视，时而放松，随着注意力的改变而改变。1957年反右派、1958年大跃进、1959反右倾，十几部法律的起草工作一度停顿下来，人大常委会机关人员被精简，从1956年的360人，减为1958年的59人。1959年6月国务院机构调整时，法制局被撤销。1962年党中央在北京召开扩大的中央工作会议，总结经验教训，纠正“左”的倾向，毛主席又提出不仅刑法要搞，民法也要搞。这时刑法、民法的起草工作又恢复。

1962年，中国在经历严重自然灾害和“大跃进”所造成的严重困难之后，重新强调发展商品生产和商品交换，在此背景之下第二次民法起草开始启动。

（2）第二次起草的《民法草案（试拟稿）》（1962～1964）与苏联民法

经过近两年的努力，1964年7月完成《民法草案（试拟稿）》，该草案起草者设计了一个既不同于德国民法（五编制）也不同于苏俄民法（三编制）的全新编制体例，分三编：第一编总则、第二编财产的所有、第三编财产的流转。一方面将亲属、继承、侵权行为排除在法典之外，另一方面又不适当地将预算、税收等关系纳入法典，且整个法典草案一概不使用“权利”、“义务”、“物权”、“债权”、“所有权”、“自然人”、“法人”等概念。①

第二次民法起草的60年代前期，西方资本主义国家还继续钳制、封锁中国；更重要的是，自1959年开始，中国与苏联发生了严重的意识形态分歧，中国开展了“批苏修”运动，两国正常交往被打破，中国移植苏联民法的路径亦被堵死。于是，苏联的法律和理论与资本主义国家的法律和理论一样，成为革命批判的对象。因此，中国民法草案与苏联民法决裂也就毫不奇怪了。

该草案集中反映当时计划经济体制（如将预算、税收关系纳入法典）的特征和经济思想上的错误倾向（如排斥物权、债权、所有权等概念），并

---

① 梁慧星：《中国民法：从何处来，向何处去》，载《中国改革》2006年第7期。

深受国际国内政治斗争的影响，企图既摆脱苏联民法模式又与资本主义国家民法彻底划清界限。这导致1964年的《民法草案（试拟稿）》拒绝继受一切外国法律。

与第一次民法草案一样，第二次民法典尽管因频繁的政治运动无疾而终，但其形成的“只要是经济领域的就都属于民法范围，不管是横向的还是纵向的”的民法观念对中国影响至深。

3. 1982年民法典草案与民法通则的编纂：对1964年苏俄民法典之模仿

1979年民法典的制定再次被提上日程，至1982年5月，先后草拟了民法草案一至四稿。其中，民法草案第四稿，共465条，包括8编：第一编民法的任务和基本原则；第二编民事主体；第三编财产所有权；第四编合同；第五编智力成果权；第六编财产继承权；第七编民事责任；第八编其他规定。这一编制体例模仿了苏俄1964年民法典和匈牙利民法典。①

考虑到经济体制改革刚刚开始，社会生活处在急剧变动之中，短期内制定完善的民法典的条件并不具备，立法机关进而改变立法策略，决定改采先分别制定民事单行法，待条件、时机成熟时再制定民法典。因此，1982年民法典草案未成为正式法律，其后先后颁布了经济合同法、民法通则、继承法等，这些单行法均以该草案相应编章为基础。

以1982民法典草案第四稿主要内容为基础的民法通则在计划经济与财产保护等方面深受1964年《苏俄民法典》的影响。如《民法通则》第58条规定，“违背国家指令计划的合同无效”，仍可看到国家对社会经济生活的干预；另外强调合同的无效（倾向于将更多合同宣布无效）② 而未规定可变更、可撤销的合同。此外，《民法通则》《一》强调国家财产神圣不可侵犯而并未对国家、集体所有权与个人所有权进行一体化保护等。

此外，在市场经济体系基本形成、经济体制改革全面深入的今天，民法典的编纂又被提上日程。自1998年以来，民法典起草工作的第四个阶段至今还在进行中。因我国市场经济体系已基本形成，建立在社会主义计划经济条件下的苏联民法对中国的影响逐渐减弱；民事法律编纂中的法律移植更多

① 梁慧星：《中国民法典编纂的几个问题（一）》，载《山西大学学报》2003年第5期。

② 此点在1999年《合同法》中有所改变，其将民法通则中的因胁迫、欺诈等违背真实意思表示的合同规定为可撤销、可变更合同，赋予合同相对人的撤销权与变更申请权，由相对人考量后决定合同效力，不再一概宣告无效。

考虑市场条件下的共性规范。因此，市场经济发达的国家和地区的民法成为关注的重点，其典型代表就是1999年《合同法》。

三、苏俄民法具体制度、观念对中国民法的影响

(一) 苏俄民法具体制度对中国民法之影响

由1922年《苏俄民法典》、1961年《苏联和各加盟共和国民事立法纲要》以及1964年《苏维埃民法典》三个重要民事法律中所构建的苏联民事法律制度，对中国民事法律制度的确立产生了巨大的影响。

1. 民事主体制度

民事主体是参与民事法律关系，享有权利、承担义务的人。民事主体制度是民法的根本制度，如何确定民事主体的范围和种类不仅取决于民法调整对象的界定，同时还具有意识形态的象征。在大陆法系国家的民法中，民事主体之"人"指的是"自然人"和"法人"，在这一语境下通常设有"自然人"与"法人"的民事主体制度。

1922年《苏俄民法典》在总则的"权利主体（人）"一章中，将政治概念"公民"替代传统民法中的"自然人"，从此确定了"公民"作为民事主体的制度。"公民"通常是指拥有一国国籍的自然人，实际上为政治概念，其外延大大小于自然人。问题的关键不在于概念使用的替换，而在于其与意识形态有着十分重要的关系。在苏联法律观念中，人享有的权利主体资格不是天赋和与生俱来的，而是法律赋予的，可以限制也可以剥夺。而且，社会主义公有制条件下，"我们不承认任何'私法'，在我们看来，经济领域中的一切都属于公法范围，而不属于私法范围"。列宁这一颇受争议的观念的形成无不源于具有公法特征的公民这一概念。

苏联这一特殊民事主体制度为我国前三次起草的民法典所效仿，1956年民法典草案在"民事权利主体"一章分设两节规定了公民、法人的具体制度，1964年民法草案保留这一模式，1986年颁布生效的民法通则第二章还采用了"公民（自然人）"这一表达。可见，苏联民事主体制度对于我国民事立法的影响表现在民事主体制度在整个民法体系中的地位、民事主体的种类以及对于民事主体的概念表达等多方面。

苏联民法按所有制性质划分民事主体的观念，对我国民法的影响很大。具体表现就是根据不同的所有制主体分别地制定法规，造成不同所有制主体在法律地位上的不平等和行为规范上的不统一，违反了市场经济关于主体平

等和交易规则统一的要求。①

2. 民事客体制度

所谓民事客体是指民事法律关系中权利和义务所指向的对象，它可以表现为物、行为、智力成果和人身利益等。就民事客体而言，苏联民法学界认为，民事关系的客体包括物、人身财富、人类智力创作的成果，但是，其中的物，对于主要是财产法权关系的民事法权关系来说，是具有特别重要的意义的。②

根据苏联民法第54条规定，可看出苏联民法规定的民事客体有以下几个特点：民事客体的多样性；根据使用用途将财产分为生产资料和生活资料，对于生产资料的流转作一定限制；根据权属性质将财产分为国家财产和私人财产，国家财产具有不可转让性。③ 这些深刻地影响了我国民法学界，如1956年的民法草案用了四个条文规定了有关民事客体的主要内容，如第22条规定："一切财产，包括生产资料、生活资料和具有物质利益的权利，除法律另有规定外，都可以作为民事权利客体"。第23条规定："军用武器、弹药、器材、爆炸物、剧烈的毒品，放射性物质，受管制的无线器材以及法律禁止个人所有的其他物，都不许在公民间流转"。第24条规定："金银的块锭和原料，银元、外国货币和证券以及其他属于国家限制流转的物，只有在法律规定的范围内，才可以作为民事流转的客体"。从这些规定中可明显看到《苏俄民法典》第54条的痕迹。

1986年《民法通则》还能窥见其影响的存在，虽然《民法通则》中没有民事客体之概念表述，但在第五章"民事权利"中，将民事权利分为财产所有权和相关财产权、债权、知识产权、人身权，其权利客体分别对应为物、给付行为、智力成果和人身利益，就其权利客体设计的模式与苏联民法相近，同时，民法通则也将财产所有权分为国家所有、集体所有和个人所有三种形式，并且确定了"国家财产神圣不可侵犯"、"集体和公民所有财产不可侵犯"的区别保护原则。

---

① 王卫国：《关于市场经济条件下民法学的观念转变》，载《现代法学》1993年第4期。

② ［苏］布拉都西：《苏维埃民法》，中国人民大学民法教研室译，中国人民大学出版社1955年版。

③ 吴学义：《苏俄民法之特色》，载何勤华、李秀清主编：《民国法学论文精粹（民商法律篇）》，法律出版社2004年版，第568页。

3. 民事诉讼时效制度

所谓时效是指一定事实状态经过法定期间，从而产生于该事实状态相适应的法律效力的法律制度。如果占有他人财产持续达到法定期限即可依法取得该项财产权的时效为取得时效。如果因不行使权利的事实状态持续经过法定期间即依法发生权利不受法律保护的时效为诉讼时效。传统民法一般都同时规定了取得时效和诉讼时效制度。而苏联民法的时效制度却独具特色：(1) 民法只规定诉讼时效而无取得时效制度；(2) 诉讼时效制度使用范围受到严格限制。因人身非财产权利遭受侵犯而产生的请求，但法律规定的情况除外；国家组织关于返还被集体农庄、其他合作社、社会团体或公民非法占有的国家财产的请求；存款人关于支取在国家劳动储蓄所和苏联国家银行中存款的请求不适用诉讼时效制度；(3) 国家财产不适用诉讼时效制度。① 1964 年的《苏俄民法典》第 90 条规定“国家组织关于返还被集体农庄、其他合作社、社会团体或公民非法占有的国家财产的请求”不适用诉讼时效。

具有上述特点的苏联民事诉讼时效制度对中国民事立法也产生了影响，其表现为：中国民法只设计了诉讼时效制度而没有取得时效制度；诉讼时效的客体为“诉讼请求权”，即“诉权”，应包括各种民事权利；国家财产被他人非法占有时，国家行使返还请求权不受时效的限制。②

(二) 苏俄民商法观念对中国民法之影响

新中国成立后，决然摧毁旧法统，同时需要建立新的法制模式，而苏联与中国在经济基础、上层建筑和意识形态等领域有着非常大的相似性，苏俄民法观念自然影响中国。具体体现在：

第一，新中国成立以来由于受苏联民法的强烈影响，民事主体政治化倾向明显，将“自然人”代之以“公民”，使市民法变成公民法。这在 1956 年第一次民法典草案与第四次民法典草案中均系如此规定；而在 1986 年的民法通则中从立法层面上明确了这一观念。这在一定程度上也延缓了我国市民社会与市场法观念的形成。

第二，继受民法是公法的观念，否定商品交易与商品经济。从新中国废

---

① 何勤华、李秀清：《外国法与中国法——20 世纪中国移植外国法反思》，法律出版社 2003 年版，第 305 页。

② 1988 年最高法院在《关于贯彻执行〈民法通则〉若干问题的意见（试行）》第 170 条规定：“未授权给公民、法人经营、管理的国家财产受到侵害的，不受诉讼时效的限制。”

除了国民党的六法全书一直到1986年《民法通则》的颁布，我国不存在调整商品经济关系的基本法律。通过社会主义公有化改造和人民公社的建立，我国在很长时间内不允许私人之间的商品交易。私人交易被作为“资本主义尾巴”割掉，商品经济与市民社会便不存在了，而适用于商品经济与市民社会的民法也就没有了用武之地。公法对私法的挤压和吞噬在我国的这段时间内达到了登峰造极的程度。当然，这一方面是我国社会经济发展进程所决定的，但另一方面离不开公法倾向明显的苏联民法对中国立法的影响因素。

第三，立法中强化国家对经济生活的干预。苏联民法恪守社会主义民法是公法的观念。这种观念为国家不受限制地限制民事权利、干涉民事活动自由，提供了理论依据。

正如学者所说：“关于公法、私法的划分，其本意还在于确定国家干预的限度，保障民事活动中的主体自由。1922年列宁关于社会主义民法是公法的论断，其基本精神是不受限制地扩大民事流转领域中的国家干预。”①

1956年第一次民法草案几乎全盘模仿苏联民法典，在公私法划分与国家对私人领域的干预亦不例外；而1986年民法通则也沿袭了国家对私人经济形式的干预，明显的如其第58条关于合同无效与经济合同违反国家指令性计划的无效。此外，关于国家、集体与个人财产的区别保护，倾向扩大宣告合同的范围等。这些无不体现了国家对经济生活的干预，在相当长时期内都影响着中国民法的实施与民法学的发展。

在当今时代，尽管民法社会化与私法公法化日益凸显，公法与私法的融合亦日趋增强，但私法自治与意思自治是民法的灵魂。诚如苏永钦先生所言：“私法自治始终还是支撑现代民法的基础，它的经济意义可以上溯亚当斯的国富论，伦理内涵则又源于康德理性哲学的自由意志。”②这一观念应是我国未来民法典制定中的核心与灵魂。

---

① 王卫国：《关于市场经济条件下民法学的观念转变》，载《现代法学》1993年第4期。

② 苏永钦：《私法自治中的国家强制》，载《民法总则论文选萃》，中国法制出版社2004年版，第195页。

四、启示：植根于经济基础与政治结构之上的法律文化融合是移植之生命

自清末开始大规模移植西方法律制度与文化，迄今已逾百年，其历程留下无尽地思虑。诚然，我国在这一进程中，肯定、批判与非议在内忧外患的夹缝中激烈交锋，原本“无奈”之举的“修律”与法律移植，呈现给我们的图景却是：真切的法律与传统的断裂；而后缘于五四时代激烈的反传统思潮看似为这股法律文化的接受铺平了道路。然而，如民国《民法草案》与《中华民国民法》所展示的，外来法律文化并未很好地与传统文化相融合。正如学者贺卫方所言：“它们（外来法律文化与传统文化）仍是‘眼中之金屑，非水中之盐味’。”①

自清末修律中《大清民律草案》修订以来，其间，日本民法以其得天独厚之优势，德国民法以其严谨与理性，在清廷的无奈却有所企图（力图以修律解困、维持其统治）的修律前，急剧跃入中国民法之视野，遗憾的是并未融入民众之观念；国民政府的《民国民法草案》与《中华民国民法》之中欧陆民法与英美民法文化交相辉映，然则技术理性与学术视野使之成为“为‘现代社会’制定的法律”。至《中华民国民法》的出台，经过法律家的20余年的努力，就法律层面而言，中国民法近代化得以完成。②

然因中国社会传统中私法观念的缺失、身份的注重与契约理念的阙如，民法的移植与继受远离民众与现实生活，事实上陷于法律与生活脱离的困境。表面上看，它们（经由移植完成近代化的《大清民律草案》与民国《民法草案》）或因时势剧变而未能颁行，或因激烈非议而被搁置；实质上，则是民法典（草案）对西法与传统的整合雏拙，传统在社会层面抵抗着西法及其观念。因为经济与社会观念特别是私法文化并未与“法”俱进。正如学者李贵连在总结中国近代法律改革时所言：“法律上传统已经断裂，社会上传统我行我素，这就是近代的社会和法律。”一个民族的法律文化是斩不断的。“因为一个社会与过去的纽带关系永远不可能完全断裂，它是社会

---

① 贺卫方：《比较法律文化的方法论问题》，载江平主编：《比较法在中国（第一卷）》，法律出版社2001年版，第157－158页。

② 有关中国民法近代化及大陆民商法对中国民法的影响，可参见刘友华：《大陆法系民商法文化对近代中国民法之影响研究》，载《湘江法律评论》（第7卷），湘潭大学出版社2009年版。

本性所固有的，不能由政府法令或旨在专门立法的公民运动所创设。如果不在某种最小的程度上存在这种纽带，一个社会就不成其为社会了。”①

亦如阿兰·沃森所言：“一次成功的法律移植——正如人体器官的移植——应该在新的机体内成长，并成为这新的机体的有机组成部分，如同那些在其母体内继续发展的规范与制度一样。移植法律在新的环境中不应由于原由文化的抗拒而萎缩。”②可见，经法律移植的民法近代化关键在于外来规范、文化与传统的融合，为公众所接受并深入现实生活，才会具有生命力。

现代版的民法移植“经典”则是由著名的比较法学家勒内·达维德起草的埃塞俄比亚的民法典，就其内容而言，不可谓不先进，但适用效果不好，被评价为“比较法学家的快事，非洲人的恶梦”。③可见，规范之先进性与施行的高效性之间相距甚远毋庸置疑。

新中国成立以来的民法移植呈现的是另一番图景：在内割裂传统与外面临封锁的双重压力下，由于经济结构、政治制度与意识形态诸因素影响，选择全盘引入建构于社会主义计划经济基础之上的苏俄民法成为必然。后因中苏关系的恶化，这种民法移植“表面”看似被中断，实则因经济制度与结构的近似，这种并非弘扬私法自治而主张国家干预的民法文化在相当长时期内铭刻于中国民法文化之中，1982 年民法典草案第四稿即是明证。苏俄民法文化的生命力在于，苏联与当时中国在主张公有、反对私有与排斥商品交易上相当契合。

在这个意义上，尽管新中国移植苏联民法并非成功，但就法律文化影响而言，较之日本民法、欧陆民法与英美民法则可谓更深远、更直接、更长久且更具有活力。因此，移植之法律文化与传统法律文化的契合是我国今后民法典编纂与民法现代化进程中的法律移植与继受需要关注的关键所在。

① ［美］爱德华·希尔斯：《论传统》，上海人民出版社 1991 年版，第 437 页。

② ［美］阿兰·沃森：《法律移植论》，贺卫方译，载《比较法研究》1989 年第 1 期。

③ 徐国栋：《埃塞俄比亚民法典：两股改革热情碰撞的结晶》，载《法律科学》2002 年第 2 期。

我国诉前证据保全制度的再完善*

王国征**

Re - Perfection of Rules of Pre - filing Evidence Preservation

Wang Guozheng

摘　要：《民事诉讼法》增加规定了诉前证据保全制度，在一定程度上完善了该制度；但我国诉前证据保全制度需要进一步法典化和系统化。诉前证据保全应由证据所在地的人民法院或者对案件实体问题有管辖权的人民法院管辖。采取查封、扣押证据保全方法时，应将申请人提供担保作为诉前证据保全成立的要件；采取其他证据保全方法时，申请人是否提供担保，应由法院自由裁量。在国内的一般民事纠纷中，不应承认采取诉前证据保全措施的人民法院因采取诉前证据保全措施而取得对案件实体问题的管辖权；但在海事纠纷和涉外民事纠纷中，应当承认采取查封、扣押诉前证据保全措施的人民法院享有案件实体问题的管辖权。

关键词：诉前　证据保全　再完善

Abstract: Civil Procedure Laws made progress by adding the Rules of Pre - filing Evidence Preservation. However, issues are still left for further codification

---

* **基金项目：**本文是湘潭大学科研项目“民事证据法理论与实务”（12QDFX06）阶段性成果。

** **作者简介：**王国征（1965—），男，河南原阳人，教授，诉讼法学博士、法理学博士后，中国民事诉讼法学研究会常务理事，研究方向：民事诉讼法学。

and systematization. The court sits in where the evidence is located or the court has jurisdiction over substantive questions shall review the application for Pre - filing Evidence Preservation. When seals or seizes the evidence, the court shall require the applicant provide bond; and in other situations, the court shall has discretion on whether bond must be provided. The court does not have jurisdiction over substantive questions simply because it is the court preserved the evidence; however, in maritime and foreign - related cases, the court which preserves the evidence shall entertain jurisdiction over substantive questions thereafter.

Keywords: Pre - filing Evidence Preservation Re - Perfection

2012 年 8 月修改后的《中华人民共和国民事诉讼法》（以下简称《民事诉讼法》），在吸收《中华人民共和国海事诉讼特别程序法》（以下简称《海事诉讼特别程序法》）及有关司法解释的相关规定、总结有关司法实践经验的基础上，增加规定了诉前证据保全制度，这在一定程度上完善了该制度。诉前证据保全制度作为民事证据制度的重要内容，对实现民事司法公正具有重要意义。但修改后的《民事诉讼法》，不仅没有完全解决我国诉前证据保全制度的原有问题，而且又出现了一些新的问题。本文拟在梳理我国诉前证据保全制度发展历史的基础上，对现行制度加以评析，并就进一步完善我国诉前证据保全制度提出自己的看法。

一、我国诉前民事证据保全制度发展历史

本文所说的证据保全，是指民事诉讼过程中或诉前人民法院采取的证据保全，不包括公证机关采取的证据保全与仲裁过程中人民法院采取的证据保全。根据证据保全适用的阶段不同，可以将证据保全分为诉前证据保全与诉中证据保全。证据保全制度，一直是我国民事诉讼法的重要制度之一。1982 年《民事诉讼法（试行）》第 65 条规定："在证据可能灭失或者以后难以取得的情况下，诉讼参加人可以申请证据保全，人民法院也可以主动采取保全措施。"1991 年《民事诉讼法》第 74 条规定："在证据可能灭失或者以后难以取得的情况下，诉讼参加人可以向人民法院申请保全证据，人民法院也可以主动采取保全措施。"显然，1991 年《民事诉讼法》第 74 条与 1982 年《民事诉讼法（试行）》第 65 条并无本质不同，二者均未规定诉前证据保全制度。

1999 年《海事诉讼特别程序法》第五章对“海事证据保全”作了专章规定，尤其是规定了诉前证据保全制度。

2001 年 6 月通过的《最高人民法院关于对诉前停止侵犯专利权行为适用法律问题的若干规定》第 16 条第 1 款，是在知识产权纠纷方面最早的诉前证据保全规定。2001 年 10 月通过的《全国人民代表大会常务委员会关于修改〈中华人民共和国商标法〉的决定》增加 1 条，作为第 58 条，即“为制止侵权行为，在证据可能灭失或者以后难以取得的情况下，商标注册人或者利害关系人可以在起诉前向人民法院申请保全证据。人民法院接受申请后，必须在 48 小时内作出裁定；裁定采取保全措施的，应当立即开始执行。人民法院可以责令申请人提供担保，申请人不提供担保的，驳回申请。申请人在人民法院采取保全措施后 15 日内不起诉的，人民法院应当解除保全措施。”同日通过的《全国人民代表大会常务委员会关于修改〈中华人民共和国著作权法〉的决定》增加 1 条，作为第 50 条，亦作了类似规定。这是在知识产权纠纷方面首次以基本法律的形式规定的诉前证据保全。此后的有关司法解释、行政法规以及 2008 年 12 月 27 日修改后的《专利法》，均规定了知识产权纠纷中的诉前证据保全。

2001 年 12 月《最高人民法院关于民事诉讼证据的若干规定》（以下简称《民事证据规定》）第 23 条第 3 款规定：“法律、司法解释规定诉前保全证据的，依照其规定办理。”与 1991 年《民事诉讼法》第 74 条相比，《民事证据规定》第 23 条第 3 款有限地承认诉前证据保全。

2007 年修改《民事诉讼法》时没有涉及诉前证据保全问题。2012 年《民事诉讼法》增加第 81 条第 2 款：“因情况紧急，在证据可能灭失或者以后难以取得的情况下，利害关系人可以在提起诉讼或者申请仲裁前向证据所在地、被申请人住所地或者对案件有管辖权的人民法院申请保全证据。”即以民事程序基本法律的形式规定了诉前证据保全制度。

二、我国诉前证据保全制度需要进一步法典化和体系化

我国目前有关诉前证据保全的规范性文件比较分散、零碎。这些规范性文件中，既有属于基本法律的《民事诉讼法》、《海事诉讼程序特别法》、《商标法》、《著作权法》和《专利法》，也有属于行政法规的《计算机软件保护条例》，还有大量的司法解释。不仅这些规范性文件的层次、效力不尽相同；而且各个规范性文件涉及诉前证据保全的内容也不尽相同，即使对相

同的事项规定也不同。诉前证据保全规定在多个规范性文件中，其弊端有：

一是存在大量的重复性规定。例如《商标法》（2013 年修正）第 66 条规定："为制止侵权行为，在证据可能灭失或者以后难以取得的情况下，商标注册人或者利害关系人可以依法在起诉前向人民法院申请保全证据。"《著作权法》（2010 年修正）第 51 条第 1 款规定："为制止侵权行为，在证据可能灭失或者以后难以取得的情况下，著作权人或者与著作权有关的权利人可以在起诉前向人民法院申请保全证据。"《专利法》（2008 年修正）第 67 条第 1 款规定："为了制止专利侵权行为，在证据可能灭失或者以后难以取得的情况下，专利权人或者利害关系人可以在起诉前向人民法院申请保全证据。"这三个法律条文以及《著作权法》（2010 年修正）第 51 条与《专利法》（2008 年修正）第 67 条其他条款，几乎完全相同，相关内容重复规定，造成立法资源的浪费。

二是法律规定的内容相互矛盾。如关于在人民法院采取诉前证据保全措施后申请人向法院起诉或者申请仲裁的期限，《专利法》（2008 年修正）第 67 条第 4 款规定，对于诉前证据保全，"申请人自人民法院采取保全措施之日起 15 日内不起诉的，人民法院应当解除该措施"。《著作权法》（2010 年修正）第 51 条第 4 款也有相同的规定。2002《最高人民法院关于诉前停止侵犯注册商标专用权行为和保全证据适用法律问题的解释》第 12 条规定："商标注册人或者利害关系人在人民法院采取停止有关行为或者保全证据的措施后 15 日内不起诉的，人民法院应当解除裁定采取的措施。"《海事诉讼特别程序法》对这一问题没有规定。而依照《民事诉讼法》第 81 条第 3 款和第 101 条第 3 款，申请人在人民法院采取诉前证据保全措施后 30 日内，不依法提起诉讼或者申请仲裁的，人民法院应当解除证据保全。可见，在人民法院采取诉前证据保全措施后申请人提起诉讼或者申请仲裁的期限，知识产权纠纷中是 15 日，而一般的民事纠纷中是 30 日。

三是各个规范性文件涉及的内容不尽一致。如关于申请诉前证据保全错误时赔偿的程序问题，仅见于《最高人民法院关于诉前停止侵犯注册商标专用权行为和保全证据适用法律问题的解释》与《最高人民法院关于适用〈海事诉讼特别程序法〉若干问题的解释》两个司法解释，且二者的规定也不尽一致。前者第 13 条规定："申请人不起诉或者申请错误造成被申请人损失的，被申请人可以向有管辖权的人民法院起诉请求申请人赔偿，也可以在商标注册人或者利害关系人提起的侵犯注册商标专用权的诉讼中提出损害赔偿请求，人民法院可以一并处理。”后者第51条规定：“被请求人依据海事诉讼特别程序法第71条的规定要求海事请求人赔偿损失的，由采取海事证据保全的海事法院受理。”不同的规范性文件规定不同的诉前证据保全制度内容，造成诉前证据保全制度的明显不完整。

因此，笔者建议，在时机成熟时，将诉前证据保全的内容统一纳入《民事诉讼法》，以实现诉前证据保全制度的进一步法典化和体系化，避免重复性、矛盾性和不完整性。

三、诉前证据保全管辖制度的再完善

诉前证据保全管辖制度解决的是利害关系人应当向哪个人民法院申请诉前证据保全的问题。

关于诉前证据保全的管辖法院，我国有关规范性文件的规定不完全一致。《海事诉讼特别程序法》第63条规定：“当事人在起诉前申请海事证据保全，应当向被保全的证据所在地海事法院提出。”即海事纠纷中诉前证据保全管辖法院是被保全的证据所在地法院。《最高人民法院关于对诉前停止侵犯专利权行为适用法律问题的若干规定》第2条规定：“诉前责令停止侵犯专利权行为的申请，应当向有专利侵权案件管辖权的人民法院提出。”第16条第1款规定：“人民法院执行诉前停止侵犯专利权行为的措施时，可以根据当事人的申请，参照民事诉讼法第74条的规定，同时进行证据保全。”据此，专利侵权纠纷中诉前证据保全管辖法院是有专利侵权案件管辖权的法院。《最高人民法院关于诉前停止侵犯注册商标专用权行为和保全证据适用法律问题的解释》第2条规定：“诉前责令停止侵犯注册商标专用权行为或者保全证据的申请，应当向侵权行为地或者被申请人住所地对商标案件有管辖权的人民法院提出。”据此，商标侵权纠纷中诉前证据保全管辖法院是侵权行为地或者被申请人住所地法院。而《民事诉讼法》第81条第2款规定的诉前证据保全管辖法院是证据所在地、被申请人住所地或者对案件有管辖权的法院。显然，不仅相同的内容表述不一（如有专利侵权案件管辖权的法院与侵权行为地或者被申请住所地法院），而且相同事项的规定也不一致。

本文认为，应统一规定，诉前证据保全由应保全的证据所在地的人民法院或者对案件实体问题有管辖权的人民法院管辖。至于证据所在地的含义，因言词证据和实物证据不同而不同。对于言词证据而言，证据所在地是指陈述人的住所地、居所地；对于实物证据而言，证据所在地是指该实物的所在地。需要指出的是，笔者不赞同《民事诉讼法》第 81 条第 2 款将“被申请人住所地”作为诉前证据保全的管辖根据，其理由为：何谓被申请人并不明确。一种解释为《民事诉讼法》第 81 条第 2 款中的“对案件有管辖权的人民法院”是指“对申请人与被申请人之间民事纠纷有管辖权的人民法院”。[①] 显然，按照这一解释，作为诉前证据保全管辖根据的“被申请人住所地”也就是被告住所地，而被告住所地本来就是一般地域管辖的管辖根据。另一种是我国司法实践中有的将持有证据的人作为诉前证据保全的被申请人。[②] 照此理解，作为诉前证据保全管辖根据的“被申请人住所地”实际上就是证据所在地。因此，无论按照哪种理解，证据所在地的人民法院或者对案件有管辖权的人民法院都已经包含了“被申请人住所地”人民法院，不宜再将“被申请人住所地”单独作为诉前证据保全的管辖根据。

值得注意的是，以证据所在地作为诉前证据保全的管辖根据，是否存在级别管辖问题？对此，我国尚未有任何法律规定。笔者认为，诉前证据保全属于临时性措施，并不处理案件实质问题；因此，以证据所在地作为诉前证据保全的管辖根据时，应是指证据所在地的基层人民法院。

关于诉前证据保全管辖法院，还涉及其与管辖协议或者仲裁协议之间的关系。对于该问题，仅《海事诉讼特别程序法》作了规定，即第 64 条：“诉前证据保全不受当事人之间关于该海事请求的诉讼管辖协议或者仲裁协议的约束。”笔者认为，一项有效的仲裁协议排除了法院的管辖权，一项有效的管辖协议排除了其他法院的管辖权；但是仲裁协议或管辖协议确定的是案件实质问题的管辖权，并不包括临时性救济措施的证据保全措施，即仲裁协议或管辖协议并没有排除其他法院对保全证据的管辖权。[③] 因此，应将《海事诉讼特别程序法》第 64 条的规定一般化，即规定“诉前证据保全不受当事人之间关于该民事纠纷的诉讼管辖协议或者仲裁协议的约束”。

---

① 奚晓明主编：《〈中华人民共和国民事诉讼法〉修改条文理解与适用》，人民法院出版社 2012 年版，第 205 页。

② 梁书文主编：《〈关于民事诉讼证据的若干规定〉新释解》，人民法院出版社 2011 年版，第 269 页。

③ 王国征：《我国涉外民事诉讼程序中协议管辖若干问题探讨》，载《中国人民大学学报》1997 年第 5 期，第 69 页。

四、诉前证据保全中申请人提供担保制度的再完善

(一) 我国有关诉前证据保全中申请人提供担保问题的规定

《海事诉讼特别程序法》第66条规定:“海事法院受理海事证据保全申请,可以责令海事请求人提供担保。海事请求人不提供的,驳回其申请。”也就是说,在海事纠纷中,对于证据保全(包括诉前证据保全)申请人是否提供担保,属于法院自由裁量问题;即申请人提供担保不是诉前证据保全成立的要件。《专利法》(2008年修正)第67条第2款规定,人民法院采取诉前证据保全措施的,“可以责令申请人提供担保;申请人不提供担保的,驳回申请。”《著作权法》(2010年修正)第51条也有类似规定。依据这些规定,申请人提供担保并非诉前证据保全成立的要件,申请人是否提供担保属于法院的自由裁量问题。可见,在是否将申请人提供担保作为诉前证据保全成立的要件问题上,《海事诉讼特别程序法》、《专利法》和《著作权法》均持否定的立场。

《民事诉讼法》第81条第3款规定:“证据保全的其他程序,参照适用本法第九章保全的有关规定。”而《民事诉讼法》第九章“保全和先予执行”中第101条第1款规定,对于诉前保全,“申请人应当提供担保,不提供担保的,裁定驳回申请”。据此,对于诉前证据保全,申请人提供担保是诉前证据保全成立的要件,不存在人民法院的自由裁量问题。

显然,在诉前证据保全中是否要求申请人必须提供担保问题上,《民事诉讼法》与《海事诉讼特别程序法》、《专利法》、《著作权法》的规定是不一致的。

需要指出的是,1993年《与贸易有关的知识产权协议》(中国是缔约方)第50条规定,为“保护关于被断言的侵权行为的有关证据”,“司法当局应有权决定及时、有效的临时措施”,“同时司法当局应要求申诉人提供足以保护被告和防止滥用的保证金或同等担保”。也就是说,根据《与贸易有关的知识产权协议》,申请人提供担保是诉前证据保全成立的要件。

(二) 关于是否将申请人提供担保作为诉前证据保全要件的不同观点

第一种观点认为,对于诉前证据保全,人民法院应当要求申请人提供担保。其理由为:诉前证据保全申请是利害关系人在起诉前提出的,与诉中证据保全相比,法院对是否存在保全的必要性和会不会因保全不当给他人造成损失更加难以把握;尤其是申请诉前保全的证据涉及国家秘密、商业秘密或

个人隐私的，更应慎重。因此，在诉前证据保全中，人民法院应当要求当事人提供担保；如果当事人不提供担保，法院应当驳回其保全申请。①

第二种观点认为，在证据保全中要求当事人提供担保不甚合理，理由有：其一，“证据保全究其本质乃法官预先为证据调查，在方式及功能上与法庭上之证据调查并无二致。虽然有时其可能会给被保全人带来一些不利益，但是证据保全之适用概括起来无非为对人之询问、对物之勘验以及文书证据的保全，与财产保全需要法院采查封、扣押等强制措施不同，证据保全行为真正给被申人造成直接损失的可能性极小”。其二，“诉前证据保全具有急迫性，但如果适用不当也可能造成滥用。要求申请者提供担保可能会导致保全行为难以及时进行，如果不进行一些限定又可能导致适用不当”。在这两点之间进行平衡，“要求申请者提供担保过于苛刻，很多情况下可能会延误证据保全的最佳时机。为防止诉前证据保全适用的随意性，关键的问题应该是从立法上明确保全行为的形式、实质要件，申请者申请保全时满足这些要件即可”。② 该观点不仅反对在诉前证据保全中要求申请人提供担保，而且反对在诉中证据保全中要求申请人提供担保。

第三种观点认为，对于紧急型证据保全，无需要求当事人提供担保。“紧急型证据保全之必备条件是证据可能灭失或以后难以取得。作为一种程序，其基本特点就是紧急性、临时性、迅速性，如果在实施证据保全之前首先要求申请人提供担保，很有可能导致证据灭失或难以取得，从而丧失证据保全的有利时机，这实际上已经背离了证据保全的基本性能。同时，以证据可能灭失和以后难以取得为必备条件之证据保全的主要目的是保全证据，而不是收集、开示证据，更不可能证据‘摸索’。从这一意义上说，保全证据、保障法院认定事实真实不仅是申请人的义务，也应当是被申请人的义务；不仅是双方当事人的义务，也应当是法院的职责所在。所以，紧急型证据保全，法院无需要求申请人提供担保。若证据保全确实给被申请人造成了损失，可通过提出赔偿主张或单独提出赔偿之诉获得补偿”。③ 由于我国目

① 毕玉谦主编：《〈最高人民法院关于民事诉讼证据的若干问题〉释解与适用》，中国法制出版社2002年版，第212页。

② 占善刚、朱建敏：《证据保全若干问题探析》，载《电子科技大学学报（社科版）》2009年第4期，第40页。

③ 许少波：《民事证据保全制度研究：以法院为中心的分析》，法律出版社2013年版，第243－244页。

前的证据保全属于紧急型证据保全，因此，这一观点对诉前证据保全中是否要求申请人必须提供担保问题也持否定的立场。

(三) 应当按照不同的证据保全方法确定申请人提供担保是否作为诉前证据保全的要件

证据保全方法，是指人民法院为保全证据不致灭失而采取的措施和手段。① 一般认为，对不同的证据，其保全方法也不尽相同。关于证据保全方法，《民事诉讼法》没有明确规定；不过，根据《民事诉讼法》第81条第3款和第103条第1款，证据保全方法有查封、扣押等法律规定的其他方法。此外，《民事证据规定》第24条第1款规定："人民法院进行证据保全，可以根据具体情况，采取查封、扣押、拍照、录音、录像、复制、鉴定、勘验、制作笔录等方法。"《海事诉讼特别程序法》第70条规定："海事法院进行海事证据保全。根据具体情况，可以对证据予以封存，也可以提取复制件、副本，或者进行拍照、录像，制作节录本、调查笔录等。确有必要，也可以提取证据原件。"

笔者认为，在诉前证据保全中，采取查封、扣押证据保全方法时，应将申请人提供担保作为诉前证据保全成立的要件；采取其他证据保全方法时，申请人是否提供担保，由法院自由裁量。其理由如下：

首先，所有的证据保全方法均会造成损失，只是不同的证据保全方法所造成的损失大小不同而已。这种损失既可能表现为直接的经济利益的减少，也可能表现为权利行使受到限制，如付出额外的时间，耗费额外的精力等。相比较而言，查封、扣押证据保全方法所造成的损失要大一些。作为证据保全方法的查封、扣押，是指人民法院依法封存、提取或暂时扣留与案件有关的物品或者文书的方法。② 查封是指人民法院对需要保全的证据，用适当的方法就地加以封存，不准他人转移和处理的一种限制性措施。扣押是指人民法院对需要保全的证据转移到另外的场所加以扣留，避免其所有人或者管理人占有、使用和处分的一种限制性措施。③ 查封一般适用于无法或者不易移

---

① 梁书文主编：《〈关于民事诉讼证据的若干规定〉新释解》，人民法院出版社2011年版，第274页。

② 李国光主编：《最高人民法院〈关于民事诉讼证据的若干规定〉的理解与适用》，中国法制出版社2002年版，第224页。

③ 梁书文主编：《〈关于民事诉讼证据的若干规定〉新释解》，人民法院出版社2011年版，第275页。

动的物品，如房屋等建筑物；扣押一般适用于可以移动的物品，如对当事人单位的财务账簿采取扣押措施。① 查封、扣押的对象不论作为物证的物品，还是作为书证的财物账簿或航海日志等，其给证据持有人造成损失可能是巨大的；相比之下，拍照、录音、录像、复制、制作笔录等证据保全方法所造成的损失可能要小得多。因此，上述关于是否将申请人提供担保作为诉前证据要件问题的第二种观点基于“证据保全行为真正给被申人造成直接损失的可能性极小”进而主张“在证据保全中要求当事人提供担保不甚合理”的看法，是不全面的，其理由自然也是不充分的。

其次，上述第二种观点与第三种观点基于诉前证据保全的紧急性，认为若以申请人提供担保作为诉前证据保全成立的要件，可能丧失证据保全的时机。笔者认为，这里存在一个利益衡量问题。诉前证据保全是立法提供给利害关系人的一个特别的、非正常的法律救济程序，因为正常的法律救济是利害关系人通过向法院起诉或申请仲裁的方式行使其享有的诉权。法律基于防止诉前证据保全的滥用和保护证据持有人的利益，在作出诉前证据保全措施的同时，责令申请人提供担保，是兼顾了诉前证据保全申请人与证据持有人的利益。此外，由于诉前证据保全是在法院尚未受理案件的情况下进行的，法院尚不负有查明案件事实的职责，被申请人也不负有保障法院认定事实真实的义务。因此，第三种观点以被申请人负有保障法院认定事实真实的义务为由，否认诉前证据保全中申请人必须提供担保，其理由是不充分的。

最后，查封、扣押既可以作为证据保全方法，也是财产保全措施和执行措施，其作为诉前财产保全措施时，是要求申请人提供担保的。

五、诉前证据保全措施对实体问题管辖权影响的再完善

诉前证据保全程序与案件的实体审判程序并不完全相同，诉前证据保全程序并不涉及案件事实的是非曲直和责任划分；但是诉前证据保全措施的效力涉及纠纷的实体问题和管辖权问题。《海事诉讼特别程序法》第 72 条规定：“海事证据保全后，有关海事纠纷未进入诉讼或者仲裁程序的，当事人就该海事请求，可以向采取证据保全的海事法院或者其他有管辖权的海事法院提起诉讼，但当事人之间订有诉讼管辖协议或者仲裁协议的除外。”显然

---

① 最高人民法院民事审判第一庭：《民事诉讼证据司法解释的理解与适用》，中国法制出版社 2002 年版，第 145 页。

在海事纠纷中，采取诉前证据保全措施的人民法院可以因采取诉前证据保全措施而取得对案件实体问题的管辖权。此为我国《海事诉讼特别程序法》的独创性规定，① 有学者称海事证据保全成为创设管辖权的法律依据。②

就一般民事纠纷而言，《民事诉讼法》第 81 条第 3 款规定："证据保全的其他程序，参照适用本法第九章保全的有关规定。"《民事诉讼法》第九章即"保全和先予执行"，其中"保全"包括财产保全和行为保全。1992 年《最高人民法院关于适用〈民事诉讼法〉若干问题的意见》第 31 条第 1 款规定："诉前财产保全，由当事人向财产所在地的人民法院申请。"第 2 款规定："在人民法院采取诉前财产保全后，申请人起诉的，可以向采取诉前财产保全的人民法院或者其他有管辖权的人民法院提起。"根据这一规定，采取诉前财产保全措施的人民法院仅仅因为采取了诉前财产保全措施而取得了对案件的审判管辖权；③ 诉前证据保全措施的效力参照适用诉前财产保全措施的效力，即采取诉前证据保全措施的人民法院取得案件的实体问题管辖权，这与《海事诉讼特别程序法》第 72 条的规定是一致的。不过，1998 年《最高人民法院关于如何理解〈关于适用《民事诉讼法》若干问题的意见〉第 31 条第 2 款的批复》（法释［1998］5 号）规定："最高人民法院《关于适用〈民事诉讼法〉若干问题的意见》第 31 条第 2 款的规定是指：在人民法院采取诉前财产保全后，申请人起诉的，应当向有管辖权的人民法院提起。采取诉前财产保全的人民法院对该案有管辖权的，应当依法受理；没有管辖权的，应当及时将采取诉前财产保全的全部材料移送有管辖权的受诉人民法院。"该司法解释似乎又否定了采取诉前财产保全措施的人民法院仅仅因为采取了诉前财产保全措施而取得了对案件的审判管辖权。

笔者认为，在国内的一般民事纠纷中，不应承认采取诉前证据保全措施的人民法院因采取诉前证据保全措施而取得对案件实体问题的管辖权；否则，就会导致对一个案件多个人民法院均有管辖权，甚至为了让某地人民法院取得管辖权而虚构证据所在地。

而在海事纠纷和涉外民事纠纷中，应当承认采取查封、扣押诉前证据保

① 贺万忠：《国际海事诉讼法》，世界知识出版社 2008 年版，第 268 页。

② 杨树明主编：《民事诉讼法 · 海事诉讼特别程序篇》，厦门大学出版社 2008 年版，第 130 页。

③ 梁书文主编：《民事诉讼法适用意见新释》，中国法制出版社 2001 年，第 56 页。

全措施的人民法院享有案件实体问题的管辖权。在海事纠纷中，采取查封、扣押证据保全措施，可能实际上等于扣押或者变相扣押船舶或其他财产。在英美法系国家的海事纠纷中，扣押财产具有行使海事案件实质争议管辖权根据的功能；此外，大陆法系的德国、荷兰以及1952年《船舶碰撞中民事管辖权方面某些规定的公约》、1978年《汉堡规则》、1999年《国际扣船公约》均承认扣押地法院管辖原则。[①] 可见，在海事纠纷中，承认采取查封、扣押诉前证据保全措施的人民法院享有案件实体问题的管辖权，符合许多国家和一些国际条约的做法。在涉外民事诉讼中的审判管辖权问题，具有头等重要的意义，它不仅直接关系到案件审理结果、当事人的切身利益，而且关系到国家主权，因而国际上围绕民事案件审判管辖权的斗争是十分激烈的。为维护我国国家、法人、其他组织和自然人的合法权益不受侵害，我国也应尽力扩大我国法院对涉外民事案件的审判管辖权，其中承认扣押地法院管辖原则即为其方法之一。

以上，笔者针对2012年《民事诉讼法》修改后如何进一步完善我国诉前证据保全制度谈了一些自己不甚成熟的看法，不当之处，敬请批评指正！

① 贺万忠：《国际海事诉讼法》，世界知识出版社2008年版，第259－266页。

诉讼费用制度对民事调解影响的实证研究报告

邓志伟　肖　芳*

Empirical Study of the Impacts of the Litigation Fee Regnlation to Civil Mediation

Deng Zhiwei　Xiao Fang

摘　要： 实证研究表明，调解案件减半交纳案件受理费并未如预期一般对民事调解发挥良好的促进作用，法院确定诉讼费用负担时做法不一，影响司法权威。为此，法院应引导当事人合理评估诉讼预期与诉讼成本，促进当事人对诉讼费用的负担协商一致。如果当事人不能协商一致，法院应当根据确认之诉、变更之诉、给付之诉的不同特点，合理确定诉讼费用的负担。对鉴定、公告、勘验、翻译等费用的负担应参考案件受理费的决定方案予以分配，并适当考虑引起评估、鉴定、勘验的原因；对于诉讼费用在共同诉讼人之间的分配，还应考虑共同诉讼的原因；在案外人参加调解达成调解协议时，案外人承担责任的，也可决定由案外人承担全部或者部分诉讼费用；调解案件中，无独立请求权的第三人承担责任的，可以决定由其承担诉讼费用。

关键词： 诉讼费用　民事调解　实证研究

Abstract： To study the working situation of litigation cost system in civil mediation, we found that half pay in mediation cases is not able to work as expected. And the courts confirm the litigation costs without a specific and consistent basis ,

---

* **作者简介：** 邓志伟（1969—），男，湖南省高级人民法院研究室副主任，研究方向：诉讼法、司法制度；肖芳（1982—），女，湖南省高级人民法院法官，研究方向：民商法。

and this result in a destroy on the rule of law and the judicial authority since there are too many kinds of standards in litigation costs. Therefore, parties need to be guided to evaluate the costs of trials in a reasonable way so that they can easily reach an agreement. If they cannot agree with each other, the court should take the charge of assuring the costs according to the different features of declaratory judgment, alteration litigation and delivery litigation. It should refer to the fees for accepting the cases when considering the costs on authentication, announcement, inquisition, translation and so on. And the reasons lead to evaluation, authentication and inquisition also need to be considered. In terms of the distribution of litigation costs among the joint litigants, the reason for joint action should be completely considered. If an outsider ought to be responsible for the case after mediation is concluded, the outsider can be also responsible for the litigation costs in whole or in part. If a without - right third party is responsible for a mediation case, he or she also may pay the costs.

Keywords: Litigation Costs Civil Mediation the Empirical Research

受“以和为贵”的儒家文化的影响，调解自古以来是中华民族处理纠纷的优良传统，并逐渐成为享誉世界的“东方经验”。新中国成立之后，尽管在不同时期对民事调解的重视程度有所不同，理论界对这一做法亦褒贬不一，但不可否认的是，调解作为结案的一种方式，在诉讼领域始终占有十分重要的地位。本报告主要就诉讼费用制度对民事调解运行的影响这一为理论界和实务界所忽视的问题进行实证研究，在此基础上探讨民事诉讼费用制度在促进调解及确保调解效果上的不足之处，并试图提出相应的对策建议。

一、民事调解中的诉讼费用制度

民事调解制度是指，人民法院在审理案件的过程中，由审判人员主持，本着自愿、合法的原则，对当事人的权益争议进行调解，促成他们平等协商、达成协议、解决纠纷的法律制度。① 诉讼费用制度则是指诉讼成本如何在法院、当事人之间进行分配的制度。看似两者没有关系，但实际上，由于我国法律针对调解结案的案件和裁判结案的案件，规定了不同的诉讼费用交

① 陈亚军：《我国诉讼调解制度完善研究》，载《法学杂志》2008 年第 1 期。

纳与分配方案，因此，诉讼费用制度不可避免地会影响法院、当事人对结案方式的选择，且极有可能影响调解所带来的法律效果与社会效果。

（一）诉讼费用的范围

关于诉讼费用的范围，不同国家有不同的定义。在我国，诉讼费用是指民事诉讼当事人向法院交纳的为进行诉讼所必需的法定的费用，具体包括：案件受理费，申请费，证人、鉴定人、翻译人员、理算人员在人民法院指定日期出庭发生的交通费，住宿费，生活费和误工补贴。日本学者棚濑孝雄将诉讼费用称为“生产正义的成本”，并将之分为两部分：国家承担的“审理成本”和当事人负担的“诉讼成本”。① 在德国，诉讼费用是指当事人为实施具体的诉讼而负担的直接的支出，通常包括法院费用、律师费用（代理人、辅佐人费用）、当事人费用（当事人为准备程序或参加期日以及实践上的损失等）和法院执行员费用。② 在日本，诉讼费用包括“审判费用”和“当事人费用”两部分，“审判费用”是指当事人必须向法院交纳的费用，“当事人费用”则是指当事人起诉后，除向法院交纳以外支付的费用。③ 在法国，诉讼费用主要包括：税金和手续费款、由审前准备程序所引起的费用、有一定标准的垫付款、法院助理人员与公务助理人员的酬劳、律师的法定报酬及辩护税费。④ 在英国，诉讼费用包括诉讼费、法院收费支出、开支、报酬、补偿费用，以及特定情况下的代理费等。⑤ 从上述规定可见，我国对诉讼费用的界定最为狭窄，仅包括当事人向法院交纳的各项费用。事实上，当事人进行诉讼的成本可以分为三部分：第一部分为直接诉讼成本，即当事人进行诉讼应当向人民法院交纳的费用；第二部分为间接成本，包括律师费及差旅费，以及因诉讼而花费的时间、精力等；第三部分为其他成本，包括隐性成本、诉讼带来的负面影响、其他机会成本等。尽管以上诉讼成本

---

① ［日］棚濑孝雄：《纠纷的解决与审判制度》，王亚新译，中国政法大学版社1994年版，第283－296页。

② 廖永安：《诉讼费用研究——以当事人诉权保护为分析视角》，中国政法大学出版社2006年版，第259页。

③ 廖永安、赵晓薇：《中日民事诉讼费用制度比较研究》，载《北京科技大学学报（社会科学版）》2004年第6期。

④ 王玉梅：《民事诉讼费用的比较研究》，载《科教文化》2006年第8期。

⑤ 徐昕：《英国民事诉讼中的诉讼费用制度》，载《司法改革论评》2002年第2期。

均对调解过程及调解效果产生一定的影响，但是，鉴于本文主要研究现行诉讼费用制度在民事调解中的运行情况及对调解的促进作用，故本文研究的诉讼费用仅限于直接诉讼成本，即国务院《诉讼费用交纳办法》（以下简称《办法》）涉及的诉讼费用。

（二）调解案件中诉讼费用的交纳与分配

为了尽可能全面地分析诉讼费用制度对民事调解的影响，笔者对民事调解中诉讼费用交纳与分配的主要依据进行了梳理。（见表1）

表1　民事调解中的诉讼费用制度

条款	适用情形	内容
《办法》第10条第1项	向人民法院申请执行人民法院发生法律效力的调解书	当事人依法向人民法院申请下列事项，应当交纳申请费：（一）申请执行人民法院发生法律效力的判决、裁定、调解书，仲裁机构依法作出的裁决和调解书，公证机构依法赋予强制执行效力的债权文书。
《办法》第14条第1款第1、2项	向人民法院申请执行人民法院发生法律效力的调解书	申请费分别按照下列标准交纳：1. 没有执行金额或者价额的，每件交纳50元至500元。2. 执行金额或者价额不超过1万元的，每件交纳50元；超过1万元至50万元的部分，按照1.5%交纳；超过50万元至500万元的部分，按照1%交纳；超过500万元至1000万元的部分，按照0.5%交纳；超过1000万元的部分，按照0.1%交纳。
《办法》第15条	调解结案案件受理费的收取	以调解方式结案或者当事人申请撤诉的，减半交纳案件受理费。
《办法》第31条	调解案件诉讼费用的负担	经人民法院调解达成协议的案件，诉讼费用的负担由双方当事人协商解决；协商不成的，由人民法院决定。

以上是我国现行法律中直接涉及民事调解诉讼费用问题的相关规定，主要包括以下三方面：1. 当事人向人民法院交纳诉讼费用的情况，包括申请执行调解书时应交纳的申请费，以及调解结案时减半交纳案件受理费；2. 调解结案的，由当事人自行协商解决诉讼费用的负担；3. 如果协商不成，

由法院决定诉讼费用的负担。以上规定均可能在不同程度上影响调解协议是否达成，以及当事人对调解协议的认可程度，进而影响调解书的执行情况，甚至可能影响调解带来的法律效果与社会效果。

二、案件受理费的交纳与民事调解

无论是执行判决书，还是调解书，均应交纳申请费，且两者的数额并无不同，所以本文对于执行申请费的交纳不予讨论，仅分析案件受理费的交纳与民事调解的关系。

（一）案件受理费对法官调解意愿的影响

法院作为民事调解的重要组织者、指挥者，法官作为民事调解的具体实施者，其态度对调解过程及调解效果的影响极大。一般而言，在目前“调解优先”的政策背景下，法院应当极力促成调解，但事实可能并非如此。这源自调解减半交纳案件受理费可能给法院经费保障带来的不利影响。

根据《办法》规定，人民法院收取的诉讼费用与其开支实施“收支两条线”管理，按此规定，案件受理费应当与法院利益无关。但事实上，据学者的调查，“收支两条线”只是一种形式性的“两条线”，法院多收，财政多返；法院少收，财政少返，法院的“收”与“支”仍然变相挂钩。① 在此情况下，调解减半收取案件受理费势必影响法院的经费，乃至法官本人的福利。一方面，在最高人民法院对调解率的重视下，人民法院必须加强调解工作，尽量促使当事人达成调解协议；另一方面，调解导致的案件受理费减少，又直接影响到法院的经费保障，进而影响法官的福利问题。如此两难境地，法院、法官又将如何抉择？笔者在调查过程中发现，有的法院对调解案件全额收取案件受理费。通常的做法是，法院并不将减半交纳案件受理费作为促成调解的理由与当事人进行沟通，而是通过其他方法促成调解，只要当事人没有提出减半收取案件收理费，则不主动退还多收的案件受理费。很明显，《办法》关于调解结案减半收取案件受理费的规定被法院“巧妙”地回避了！以上做法当然不值得提倡。但事实上，如果调解涉及法院本身的利益，法院在是否尽力促成调解的道路上必将进退维谷。如果倾向于强调调解率，旨在取得工作考核上的好名次，则法官必将着力调解；如果倾向于强调

① 廖永安、李胜刚：《我国民事诉讼费用制度之运行现状（下）——以一个贫困地区基层法院为分析个案》，载《中外法学》2005年第3期。

经费保障，旨在多争取经费，则法官将不再尽力调解，而对调解采取无所谓的态度。而法官的态度、工作方法，又在很大程度上影响着调解协议是否可以达成，以及当事人对调解协议的态度。

（二）案件受理费对当事人调解意愿的影响

从立法目的看，《办法》规定以调解方式结案可减半交纳案件受理费，一方面是考虑调解节约了诉讼资源，因此减少案件受理费；另一方面是鼓励当事人调解结案。一般而言，减半收取案件受理费，直接导致当事人诉讼成本的减少，应当对当事人选择调解结案具有直接的激励作用，而事实并非如此。笔者对H省X市J区法院2011年全部民事调解案件的当事人（共涉及案件数219件，当事人508人）进行了电话回访，询问其选择调解结案方式的原因，结果如下图所示：

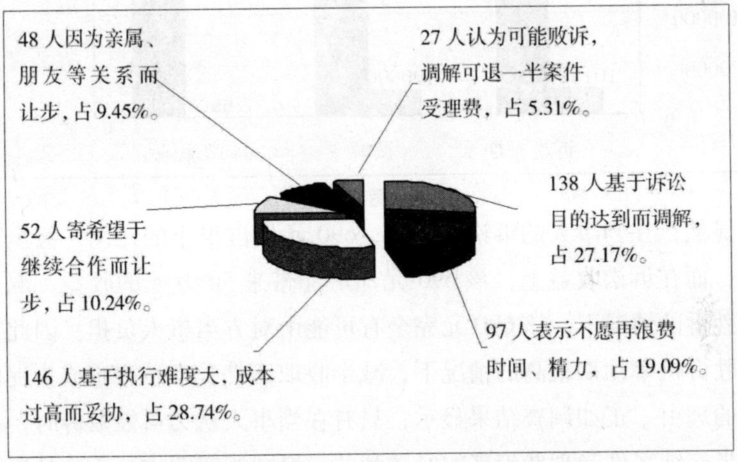

图1

调查发现，并无一例当事人仅因为可以减半收取案件受理费而愿意进行调解，何以如此？是因为当事人对减半的案件受理费这一实实在在摆在眼前的经济利益无动于衷吗？事实恰恰相反，正是因为当事人对经济利益的权衡，导致当事人对这一规定视而不见。理由很简单：以标的额为100万元的案件为例，案件受理费为1380元，此外，当事人为诉讼还需花费其他成本10万元，[①] 其目标很明确，即获得100万元的诉讼收入。即使对方当事人同

① 当事人为案件标的额为100万的诉讼花费的成本包括案件受理费、律师费、差旅费以及隐性支出，在实际中可能远远不止10万元，本文保守估计，以10万元为例进行分析。

意按100万元的方案调解，该方当事人也未必愿意调解，因为在其诉讼请求完全得到支持的情况下，案件受理费应由对方负担，是否减半收取与己方根本没有关系。况且，通常情况下，对方当事人很难完全按照一方当事人要求进行调解。假设对方提出的调解方案为50万元，如果接受这一调解方案，其付出的成本为100690元，诉讼收入为50万元，而如果不接受方案，不过增加690元的成本，却有可能增加50万元的收入。

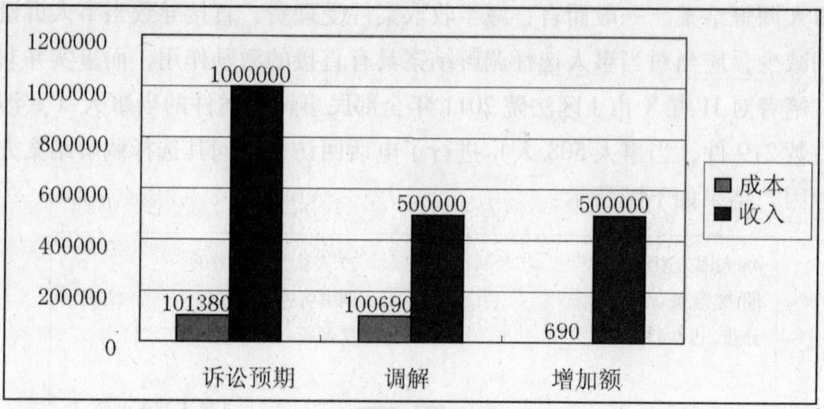

图2

很显然，在当事人的诉讼成本中，690元只占很小的比例，甚至可以忽略不计，而在诉讼收益上，该690元却可能带来50万元的收益，况且，在其最终胜诉的情况下，该690元完全有可能由对方当事人负担。因此，在当事人对胜诉机率预期很高的情况下，减半收取案件受理费很难成为促使当事人调解的理由。正如调查结果显示，只有在当事人认为可能败诉时，才会考虑到减半交纳案件受理费带来的经济利益。而司法实践中，不论是出于对法律理解上的偏差，还是由于律师在承揽业务时对当事人所作的不切实际的承诺，都有可能导致当事人对诉讼结果盲目乐观，从而导致案件受理费减半收取的制度安排在民事调解中很难发挥作用。

（三）减半收取案件受理费对民事调解促进作用的实现

如前所述，《办法》规定调解结案减半交纳案件受理费，本应有利于促进当事人达成调解，但是由于该规定对法院和法官利益的潜在影响，导致法院对待调解时态度模棱两可。同时，由于当事人对诉讼结果的盲目乐观，导致当事人不愿意放弃预期中的收入，使得减半交纳案件受理费这一规定形同虚设。针对这一情况，应从两方面加强工作：第一，落实人民法院的经费保障，确保“收支两条线”不变相交叉，消除人民法院对案件受理费的依赖，避免法院、法官在调解工作中产生“个人利益”，促使法官依法加强调解工作，争取调解结案。第二，法官应当真正从当事人的利益出发，耐心细致地辨法析理，有必要时，还应争取当事人诉讼代理人的支持，帮助当事人了解诉讼风险，合理地评估诉讼成本与诉讼收益，争取实现各方当事人的“共赢”。

三、当事人协调确定案件受理费的负担与民事调解

《办法》规定，经人民法院调解达成协议的案件，诉讼费用的负担由双方当事人协商解决，这体现了当事人自愿协商的原则和处分原则，有利于当事人服判息诉。然而理论上也存在当事人对纠纷处理能够协商一致，但是对诉讼费用的负担不能协商解决，甚至进而导致当事人不能达成调解协议的情形。为了了解司法实践中是否确实存在这一情形及该情形的严重程度、具体原因，笔者通过调查问卷的方式进行了调查。调查问卷发放的对象为 X 市法院从事民事审判工作的法官，共发放问卷 100 张，收回 76 张。涉及的问题包括：2011 年是否遇到过当事人对纠纷处理方案达成一致，但不能对诉讼费用的负担协商一致的情形？是否遇到过因为当事人对诉讼费用的负担不能达成一致而未达成调解协议的情形？具体每一案件的诉讼标的额如何？当事人就诉讼费用不能达成一致的原因是什么？当事人不能达成一致时，是否同意由人民法院决定诉讼费用的负担？

（一）当事人在调解中对诉讼费用负担协商的情况

调查发现，司法实践中确实存在当事人对诉讼费用的负担不能协商一致的情形，甚至部分案件还因为当事人对诉讼费用的负担不能协商一致而导致案件未能调解结案。

表 2　当事人对诉讼费用负担的协商情况

调查情形	人数	可占比例	案件数
所承办的案件中存在当事人对处理结果达成一致，但不能就诉讼费用的负担协商一致的情形	43	56.58%	51
所承办的案件中存在当事人因为对诉讼费用的负担不能协商一致而未能达成调解协议的情形	23	30.26%	25

在调查的 76 名法官中有 43 人遇到过当事人不能就诉讼费用的负担协商一致的情形，占调查对象的 56.58%，涉及案件 51 件。其中，更有 23 人所

承办的25件案件因为当事人对诉讼费用的负担不能协商一致而未能达成调解协议。可见，当事人不能就诉讼费用的负担达成一致，将有可能导致不能达成调解协议，案件不能调解结案。

（二）当事人不能就诉讼费用的负担协商一致的原因

当事人主要是因为以下几方面的原因不能就诉讼费用的负担达成协议：

表3　事人不能就诉讼费用的负担协商一致的原因

原因	案件数	所占比例
纠纷处理方案上已“吃亏”，诉讼费用不愿再“让步”	17	33.33%
认为负担诉讼费用意味着理亏与败诉，没“面子”	24	47.06%
诉讼费用负担可由法院决定，无需自行协商	4	7.84%
当事人未表明原因，也不反对法院决定诉讼费用的负担	1	1.96%
当事人未表明原因，并明确因此表示不签订调解协议	5	9.8%

可以看出，当事人主要是基于不愿意负担诉讼费用的“金钱”问题，或是基于负担诉讼费用带来的“面子”问题而无法就诉讼费用的负担协商一致。

（三）当事人不能就诉讼费用的负担协商一致的原因与诉讼标的额的关系

通过调查，我们还发现当事人究竟是因为不愿意负担诉讼费用本身，还是因为负担诉讼费用所带来的“面子”问题而不能就诉讼费用的负担协商一致，与诉讼标额的大小相关联。

表4　当事人不能就诉讼费用协商一致的原因与诉讼标的额的关系

诉讼标的额	因为“金钱问题”不愿意承担诉讼费用	因为“面子问题”不愿意承担诉讼费用
5万元以下	2件	12件
5万元到10万元	5件	5件
10万元到20万元	13件	4件
20万元以上	0件	0件

事实证明，越是诉讼标的额小的案件，当事人因为“面子问题”而不能达成调解协议的案件越多，随着诉讼标的额的增大，因“面子问题”不愿意承担诉讼费用的当事人逐渐减少，因金钱问题而不愿意负担诉讼费用的当事人则逐渐增加，而到20万元上的案件，则没有因为诉讼费用不能协商

一致的情形了。

5万元以下的案件，当事人更容易因“面子问题”不愿意承担诉讼费用的原因可能有以下几点：第一，5万元以下的案件，案件受理费本来就少，当事人争议的金钱并不多。第二，标的额小的案件，当事人多为一般的民事主体，而非商事主体，不能纯粹从“理性人”的角度思考问题。第三，标的额小的案件，当事人可能没有请律师，对诉讼费用负担的意义产生误解，认为负担诉讼费用意味着承认败诉。第四，觉得别人看到诉讼费用由其负担，会认为其“理亏”。而随着案件标的额的增大，律师参与的程度提高，更有利于帮助当事人理性地理解诉讼费用的法律意义，故因为“面子问题”不愿承担诉讼费用的情形减少，但案件受理费不断增多，因为“金钱问题”而不愿意承担诉讼费用的情形也增多。至于20万元以上的案件，诉讼费用相对于整体诉讼成本和案件标的额来说，几乎可以忽略不计，当事人此时愿意就纠纷的处理达成一致意见，显然是深思熟虑之后作出的结论，不会再纠结于诉讼费用而不调解。

（四）促使当事人对诉讼费用的负担协商一致的途径

根据《办法》规定，调解案件由当事人协商解决诉讼费用的负担，这对于当事人全面自主地解决纠纷，并主动履行调解协议本应有良好的促进作用。但是，司法实践中存在因为当事人对诉讼费用的负担不能达成一致的情形，使本来可能“皆大欢喜”的结果蒙上阴影，甚至导致当事人反复斟酌达成的纠纷处理方案最终无法成行，法官费尽心力的调解工作也功亏一篑。

为了促使当事人对诉讼费用的负担协商一致，法院在调解时，应从以下方面加强工作：第一，针对案件的具体情况，耐心听取当事人的意见，尽可能地了解当事人为何不能就诉讼费用达成一致，在当事人不愿意就此沟通时，可考虑案件的标的额，尝试寻求原因。第二，针对不同原因进行辨法析理。如果是“金钱”问题，应结合当事人的诉讼成本、诉讼风险、诉讼预期等方面加强说理工作，必要时，可通过当事人的委托代理人做工作，因为相对于法院而言，当事人更愿意相信自己聘请的委托代理人；如果是“面子”问题，则应向当事人说明，诉讼费用的负担是当事人协商的结果，并不体现当事人胜诉或败诉，更不意味着自愿负担诉讼费用就是承认自己理亏。第三，如果当事人仍不能就诉讼费用协商一致，则应向其说明，法院将根据案件的具体情形公平地决定诉讼费用的负担，尽可能消除当事人的心理负担，避免当事人因为诉讼费用的负担问题而作出不同意调解的决定。

四、法院决定诉讼费用的负担与民事调解

当事人对纠纷处理方案协商一致，但不能就诉讼费用的负担达成调解时，人民法院有权决定诉讼费用的负担。但是如果人民法院对诉讼费用的负担决定不当，很可能引发新的矛盾，并导致当事人对调解结案的不满，从而降低当事人对调解书的自动履行率。

(一) 调解案件中人民法院决定诉讼费用负担的司法现状

笔者从 H 省法律文书系统中随机抽取了 200 例调解案件进行调查，发现当事人自行就诉讼费用协商一致的案例有 138 件，由人民法院决定诉讼费用负担的有 62 件，其中涉及鉴定、勘验、评估等费用的 44 件。笔者随后对由人民法院决定诉讼费用负担的 62 件案件的承办人进行了访问，了解诉讼费用负担的具体理由。调查结果如下表所示：

表 5　调解案件中人民法院决定诉讼费用负担的方案及理由

<table>
<tr><th>诉讼费用</th><th>分配方案</th><th>案件数</th><th>决定理由</th></tr>
<tr><td rowspan="4">案件受理费</td><td>平均分摊</td><td>34</td><td>调解不能确定胜诉或败诉，既然是各方当事人共同参与，互相协商确定的解决纠纷的方案，因此为解决纠纷而支出的费用，应当由各方当事人平均分摊。</td></tr>
<tr><td>根据调解结果分配</td><td>18</td><td>调解在查清事实、分清是非的基础上进行，事实上也有胜、败之分，一方提出请求得到调解协议认可的部分就为该方当事人胜诉的部分，该部分诉讼费用应由对方当事人负担。</td></tr>
<tr><td>结合具体案情，综合考虑</td><td>6</td><td>调解是各方当事人权衡利弊，分析诉讼风险、诉讼收益、诉讼成本之后博弈所得，有可能体现了案件本身的是非曲直，也有可能仅仅是当事人为了某些与本案无关的原因妥协所致，所以，诉讼费用负担应由法官行使自由裁量权，结合具体案情来分配。</td></tr>
<tr><td>随意决定</td><td>4</td><td>当事人已经达成调解协议，再纠结诉讼费用的负担已无意义。</td></tr>
<tr><td rowspan="2">鉴定、勘验、评估、公告等费用</td><td>由申请人负担</td><td>24</td><td>根据《办法》第 12 条第 1 款的负担，应当由“谁主张，谁负担”，而不论调解结果。</td></tr>
<tr><td>与案件受理费的负担方案一致</td><td>20</td><td>鉴定、勘验、公告等费用属于其他诉讼费用，应按照诉讼费用负担的一般规定处理。</td></tr>
</table>

从上表可见，当事人对诉讼费用的负担不能协商一致时，人民法院对诉讼费用的决定并不规范，各地法院、法官看法不一，做法也不相同。事实上，尽管当事人已经达成调解协议，只要人民法院对诉讼费用的负担不公平、不合理、不规范，则仍有可能引起当事人对调解结果的不满，从而不愿意主动履行调解书，甚至对调解书申请再审。长此以往，必将影响当事人调解的积极性，消减调解带来的良好社会效果，同时破坏司法统一性，危害司法权威。

（二）人民法院决定诉讼费用的必然途径

达成调解协议，是当事人自愿协商、互谅互让的结果。尽管从整体上看，调解结果不会背离案件事实，但是就个案而言，从法律角度来看——而不是从社会公平和友爱的角度来看，调解结果可能同案件事实之间有较大的差距。① 因此，调解结果并不能完全反映案件本身的是非曲直，对于诉讼费用的负担也不能完全按照调解结果决定。平均分摊诉讼费用能够增加决定的可预期性和规范性，较容易为当事人所接受，但在某些情况下并不公平合理。如果完全由法官自由决定，又随意性过大，容易受到法官个人情绪、心理偏好的影响而有失公平。究竟应当如何决定调解案件中诉讼费用的负担?鉴于成文法的局限性无法避免，法官又不能因为成文法的局限性而拒绝对案件做出裁判，或机械适用法律对案件做出不符合公平正义目标的裁判。② 因而，赋予法官一定的自由裁量权，是决定调解案件中诉讼费用负担的必然选择。但是，该自由裁量权的行使，必须受到以下约束：

第一，诉讼费用的决定必须受到立法精神和法律原则的约束。自由裁量权的正确行使和运用取决于法官对法律基本原则和立法精神的正确把握，如果法官对立法精神和民法基本原则的理解和把握不正确，就会将法官引向滥用自由裁量权的深渊。③ 诉讼费用的负担必须符合民法、民事诉讼法的基本精神与基本原则，确保当事人的权利义务平等，即类似的情况应当作出大致相似的决定，并确保依法行事的人以最小的诉讼成本实现权利。

第二，诉讼费用的决定必须受到法律、法规的约束。法律规则通常授予

① 江伟：《民事诉讼法》，中国人民大学出版社 2000 年版，第 172 页。

② 赵泽君：《论民事自由裁量权》，载《法律适用》2003 年第 4 期。

③ 周辉斌：《浅析法官自由裁量权的获得与运用——我国首例“第三者”继承遗产案判决之我见》，载《法学杂志》2002 年第 4 期。

法官在某些情况下行使自由裁量权的权力和责任，法官行使自由裁量权有时需要满足某些条件，有时则仅能在法律规定的限度内进行。① 从调解案件中诉讼费用的决定理由可见，人民法院对诉讼费用负担的结果不同主要源自对决定依据的不同理解。有的法院认为，调解时诉讼费用的负担依据应当独立于判决案件；有的法院认为，法律关于诉讼费用负担的规定应当统一适用于判决结案的案件与调解结案的案件。笔者认为，从《办法》来看，败诉方负担诉讼费用是诉讼费用负担的基本原则，调解结果虽然不必然反映案件的是非曲直，因此难以认定究竟是哪方胜诉、哪方败诉，但调解应在查清事实、分清是非的基础上进行，故法院对诉讼费用负担的决定应当基本反映当事人应当承担的责任。当然，此处所指的责任并不能完全按照调解结果来看，而应从案件的性质、纠纷发生的原因，诉讼费用的支出是否合理等各方面来看。

第三，诉讼费用的决定必须受到决定程序的约束。首先，承办人提出案件处理意见供合议庭研究时，应说明诉讼费用负担的方案及理由。其次，合议庭对诉讼费用的评议不能走过场，不能以“诉讼费用的负担同意承办人的意见”为意见，而应对其理由与结果进行实质性的评议。领导审批案件时也应对诉讼费用决定的理由与结果进行审核。最后，应当在调解书中说明诉讼费用决定的理由。

总之，“立法者的预见有限，而自然是无限的”。“对正义的实现而言，操作法律的人的质量比其操作法律的内容更为重要”。② 法官在决定诉讼费用时，必须认真贯彻法律的精神，严格遵循法律的原则与规则，综合全案的具体情况，公正、独立地作出判断，并通过规范、合法的程序，将诉讼费用的负担决定及理由予以公开。

（三）调解案件中诉讼费用负担的基本方案

为了规范自由裁量权的行使，可根据案件的不同性质，对确认之诉、给付之诉、变更之诉分别实行不同的诉讼费用负担方案。

---

① ［英］戴维·M·沃克：《牛津法律大辞典》，法律出版社2003年版，第329页。

② Evan Haynes, The Selection and Tenure of Judge , Newark NJ, National Conference of Judicial Councils, 1944, P. 5.

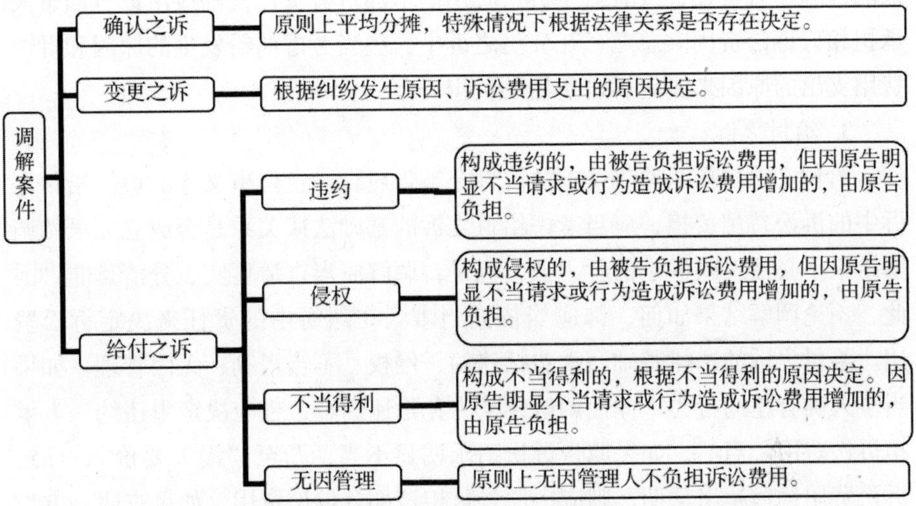

图 3

1. 确认之诉

确认之诉是指，原告请求人民法院确认其与被告之间是否存在某种民事法律关系的诉。在确认之诉中，判决的结果要么是认定法律关系存在，支持原告的诉讼请求，要么是认定法律关系不存在，驳回原告的诉讼请求，而调解则有其他方案，如协商确认存在法律关系，或者解除法律关系，但由一方给予另一方补偿。在起诉之前，各方对法律关系是否存在有争议，通过民事调解确定后对于各方当事人均有利，因此，应当由各方当事人平均分摊诉讼费用。但是，被告系恶意以不存在某种法律关系为由拒不履行相应义务，迫使原告通过诉讼方式确认法律关系的，应承担诉讼费用。

2. 变更之诉

变更之诉是指，原告请求人民法院依法变更或消灭某种民事法律关系的诉。不同于判决，调解协议可能是当事人通过协商后达成的妥协方案。如某种民事法律关系依法可以变更或者消灭，但是最终双方协商不予变更或者消灭，而通过其他方式予以补偿。如建设工程施工合同纠纷案件中，一方以情势变更为由请求变更合同，虽经查明符合情势变更的规定，但是被告提出与原告就其他工程签订承包合同弥补损失，原告因此同意按原合同继续履行。此时，调解结果既不反映变更或者消灭民事法律关系的原因，也不反映双方当事人应当承担的法律责任，因此，可由双方平均分摊诉讼费用，而不能按照调解结果分配诉讼费用。司法实践中，如果当事人对于纠纷的发生或者诉讼的提起负有责任，或者对于诉讼费用的增加负有责任，则应由该方当事人承担相应诉讼费用。总之，在变更之诉中，应当考虑纠纷发生的原因和诉讼费用支出的原因来决定诉讼费用的负担。

3. 给付之诉

给付之诉是指，原告请求法院判令被告履行一定民事义务的诉。给付之诉中的诉讼费用负担，应当考虑给付之诉的基础法律关系是否成立。虽然调解结果不必然反映诉讼的胜、败，但是，调解应当查清事实、分清是非，因此，不论调解结果如何，都应当依据当事人在纠纷中的责任来决定诉讼费用。给付之诉的法律基础通常包括违约、侵权、不当得利、无因管理。如果当事人确有违约行为，即使调解结果为免除违约金，也应决定由违约一方承担诉讼费用。当然，如果原告诉讼请求明显不当，乃至“漫天要价”，导致诉讼费用远远超出预期，则应由原告负担该部分诉讼费用。如果查明一方当事人确实构成侵权行为，即使调解免除或者部分免除侵权责任，也应决定由侵权行为人承担诉讼费用，对于案件中由于原告明显不当的行为造成诉讼费用的增加，则可由原告负担该部分诉讼费用。如果查明构成不当得利，则应根据不当得利的原因分配诉讼费用；如果是受益人的原因造成的不当得利，应由受益人负担诉讼费用；如果是基于受害人自身的原因造成不当得利，则由受害人负担诉讼费用。对于无因管理纠纷，鉴于无因管理系无法律依据管理他人事务，无因管理人一般出于善意，原则上不应由无因管理人负担诉讼费用。

（四）特殊情形下诉讼费用的负担

调解案件中，还存在一些特殊情形，由于法律没有明确规定，导致在当事人不能就诉讼费用的负担协商一致时，人民法院对诉讼费用负担的决定缺乏明确依据。

1. 鉴定、勘验、评估等费用的负担

案例：原告因交通事故受伤，向人民法院起诉，要求被告支付医疗费、伤残赔偿金等100300元。为此，原告支付了2306元案件受理费，7600元鉴定费。被告认为鉴定系原告单方面委托作出，不能作为定案依据。一审法院查明，被告对交通事故的发生负全部责任，但未采信鉴定结论，仅支持原告医疗费、误工费等40000元。原告不服上诉，交纳上诉费1307元。二审中，原告申请司法鉴定，交纳鉴定费8400元。本案历经四次开庭。鉴定人员三次出庭花费交通费、住宿费、生活费等1280元。在二审中，双方达成调解协议，由被告一次性支付原告80000元，但双方对诉讼费用无法达成一致意见。原告认为发生交通事故的原因在于对方，况且自己多次联系对方协商赔偿事宜，被告态度恶劣，拒不赔偿，才引起本案诉讼，所以应当由被告承担全部诉讼费用。被告认为其只承担80000元的责任，故只承担80000元范围内的诉讼费用。后人民法院决定：一审案件受理费2306元，二审案件受理费减半收取653.5元，共2959.5元，由原告负担599.5元，被告负担2360元。鉴定费、鉴定人员出庭费用共计17280元由原告负担。

以上案件中，人民法院决定鉴定费用的依据是《办法》第12条的规定，即根据谁主张、谁负担的原则，由当事人支付。以上做法看似合法，但是结果如何呢？原告获赔80000元，但是支付了诉讼费用17879.5元，另据调查，原告支付律师费用16000元，三次出庭共花费交通费、住宿费等约4000元，还有其他复印费等小额费用未予计算。原告实际通过诉讼获得的收益只有40000元左右。本案被告对交通事故负全部责任，且拒不赔偿，原告起诉系迫不得已，请求金额也较为合理，但诉讼成本却大部分由原告承担，有失公平。司法实践中，提出鉴定等申请的一方并不一定是对纠纷的发生、诉讼的提起负有责任的一方，况且，如果由主张方负担鉴定等费用，有可能出现不公正的结果。因此，对于鉴定、公告、勘验、翻译等费用应由主张方预交，然后，参考案件受理费的决定方案予以分配，并适当考虑其他因素，如适当考虑引起评估、鉴定、勘验的原因，以促使当事人保存证据，提交证据，避免不必要的鉴定，提高诉讼效率，减少司法资源的浪费，同时避免一方当事人因为对方当事人的过错而承担相应的诉讼成本。

2. 共同诉讼案件诉讼费用的负担

《办法》第29条第3款规定，共同诉讼当事人败诉的，人民法院根据其对诉讼标的的利害关系，决定当事人各自负担的诉讼费用数额。在共同诉讼的案件中，诉讼费用可先在共同诉讼当事人与对方当事人之间分配，然后再在共同诉讼当事人之间分配。但是，共同诉讼当事人之间如何分配，不论是判决结案，还是调解结案，均是司法实践中的难题。

根据我国民事诉讼法的规定，共同诉讼分为普通共同诉讼与必要共同诉讼。普通共同诉讼是指当事人一方或双方为二人以上，其诉讼标的属于同一种类，人民法院认为可以合并审理，并经当事人同意而共同进行的诉讼。在这种情况下，当事人对诉讼标的的利益各自独立，因此，法院应当分别决定当事人的诉讼费用。而必要共同诉讼是指当事人一方或者双方为二人以上，其诉讼标的是共同的诉讼。在必要共同诉讼中，难以区分各自对诉讼标的的利益关系，因此要求人民法院决定各当事人负担的诉讼费用的数额确有难度。但是，既然现行法律要求法院决定当事人各自负担的金额，则可以根据共同诉讼的原因予以分配：（1）基于当事人之间的共同关系而进行的必要共同诉讼，当事人对诉讼标的按份共有的，依照当事人对诉讼标的享有的份额确定各自负担的诉讼费用数额，当事人对诉讼标的共同共有的，则应当决定由各共同诉讼人平均分摊诉讼费用。（2）基于保证、挂靠、代理等行为产生的共同诉讼，则应由最终承担责任的人直接负担诉讼费用，而承担连带责任的共同诉讼人不负担诉讼费用。

3. 案外人参与调解诉讼费用的负担

根据法律规定，必须参加诉讼的当事人在一审中未参加诉讼的，在二审时可以参加调解。那么，如果一审未参加诉讼的人在二审中参加调解，且达成调解协议，当事人之间对诉讼费用的负担不能协商一致时，人民法院是否可以决定由该一审未参加诉讼，但二审参加调解的人承担诉讼费用？

从《办法》的规定来看，交纳诉讼费用的主体是当事人。如果案外人一审时未参加诉讼，二审时自愿参加调解，并且达成调解协议的，应认定案件的实体处理就体现了他的权利义务，可以被认定为本案的当事人。此外，二审才参加调解的当事人同样利用了司法资源，行使了诉讼权利，理应承担相应的诉讼义务。因此，如果二审参加民事调解的人在案件中应当承担责任，法院决定由其承担诉讼费用应无不妥。

4. 第三人参加诉讼的诉讼费用的负担

《办法》第18条规定：“被告提起反诉、有独立请求权的第三人提出与本案有关的诉讼请求，人民法院决定合并审理的，分别减半交纳案件受理费；”第20条第1款规定：“案件受理费由原告、有独立请求权的第三人、上诉人预交……。”以上是现行法律中关于第三人诉讼形态诉讼费用问题的全部内容。不难发现，以上规定仅解决了第三人对诉讼费用的预交问题，而没有具体解决第三人对诉讼费用的负担问题。下文试图从第三人的诉讼地位入手，分析调解案件中第三人是否应当承担诉讼费用。

第三人可以分为有独立请求权的第三人和无独立请求权的第三人两类。我国民事诉讼理论一般认为，有独立请求权第三人在诉讼中的地位相当于原告，因为实际上他是为了维护自己的民事权益，以独立的实体权利人的地位，向人民法院提起了一个新的诉讼，因此，他享有原告的诉讼权利，承担原告的诉讼义务。① 既然有独立请求权人具备原告的诉讼地位，《办法》对于有独立请求权的第三人预交诉讼费用的规定也与原告、上诉人的规定相对应，那么，在调解案件中根据案件的具体情况决定由有独立请求权的第三人负担诉讼费用是可行，而且是必要的。无独立请求权的第三人诉讼费用的负担问题则相对复杂，但是，鉴于我国《民事诉讼法》第 56 条第 2 款规定，人民法院判决承担民事责任的第三人有当事人的诉讼权利义务，所谓当事人的权利义务应当包括交纳、负担诉讼费用的义务，因此，如果在调解案件中，无独立请求权的第三人应当承担责任，则人民法院也可以决定由其承担诉讼费用。

以上是当事人不能就诉讼费用的负担协商一致时，人民法院如何具体行使自由裁量权决定诉讼费用负担的基本构思。但是，考虑到司法实践中，个案千差万别，调解的情况也各有不同，因此，对于诉讼费用的负担不能一概而论，而应根据案件的具体情况，基于公平公正的原则，合理地确定诉讼费用的负担。

结　语

我国现行法律规定调解案件可减半交纳诉讼费用，并规定诉讼费用的负担由当事人自行协商，同时还规定如果当事人不能就诉讼费用的负担协商一致时由人民法院决定诉讼费用的负担。以上规定构成较为完整的体系，有利于促使当事人通过自愿协商，自行寻求解决纠纷的方案，并为人民法院最终决定诉讼费用的负担提供了基本依据。但是如果司法实践中对调解的诉讼费用制度理解不当、处理不妥，则很可能无法实现诉讼费用制度对调解过程及调解结果应有的积极影响，并可能导致当事人和平解决纠纷的努力付诸东流，甚至可能因为法院对诉讼费用负担不规范、不合理的决定而损害司法权威，破坏法制统一，影响法律尊严。因此，调解中的诉讼费用制度虽是细节问题，却值得重视。本文但求抛砖引玉，引起理论界与实务界对民事调解中的诉讼费用制度更多的关注与探索。

① 江伟：《民事诉讼法》，中国人民大学出版社 2000 年版，第 124 页。

《湘江法律评论》征稿启事

韶峰作笔，湘江为墨。《湘江法律评论》是由湘潭大学法学院主办并公开出版发行的学术刊物。《湘江法律评论》初创于1996年，目前已出版10卷，在海内外学界产生了较大的影响。以法律人的眼光、法律人的思维方式来展开社会的考察、法理的探究和学术的批评，是其一贯的主张与风格。

本刊每年1卷，每卷2辑。刊物以质量取稿，不以人取文。篇幅不限(不过最好不要超过3万字)，但要求形式规范。有关格式请详见“《湘江法律评论》行文体例与注释规范”。诚盼海内外名流硕学关爱并赐稿，热忱欢迎年轻学者的学术加盟，尤其欢迎区域法治建设、纠纷调解、非洲法、体育法方向的论文、译文。

《湘江法律评论》实行双向匿名审稿制，编辑部收到稿件起三个月内向作者通报审录结果，每稿必复。来稿一经采用，即付稿酬。

本刊仅接受电子邮件投稿：lawxtu@126.com

《湘江法律评论》行文体例与注释规范

一、来稿请附中英文标题和摘要（300字之内）、关键词（5个以内）及作者个人简介（包括姓名、单位、职务或职称、地址、联系电话、电子邮箱）。

二、来稿一律采用脚注，编号连排（法律史文章之古文献可采加括号之文内注），样式为①②③等。

三、非直接引用原文者，注释前加“参见”；非引自原始出处的，注释前加“转引自”。

四、数个资料引自同一出处的，注释采用“前引③，某某书，第×页。”或者“前引④，某某文。”两个注释相邻的，可采“上引某某书（文）”。

五、注释举例

（一）著作：

①《马克思恩格斯选集》第3卷，人民出版社1972年版，第6页。

② 胡锦光、韩大元：《中国宪法》，法律出版社2004年版，第8页

（二）论文：①王利明：《中国民法典的体系》，《现代法学》2001年第4期。

（三）文集：①龚祥瑞：《比较宪法学的研究方法》，载《比较宪法研究论文集》（第一集），南京大学出版社1993年版，第55页。

（四）译作：①［英］梅因：《古代法》，沈景一译，商务印书馆1984年版，第69页。

（五）报纸：①姜明安：《多些民主形式，少些形式民主》，载《法制日报》2007年7月8日，第14版。

（六）古籍：①《宋会要辑稿·食货》卷三。

②［清］沈家本：《沈寄簃先生遗书》甲编，第43卷。

（七）辞书：

①《辞海》，上海辞书出版社1979年9月第4版，第943页。

（八）网络资料：①王生长：《中国加入世界贸易组织后的仲裁法》，载http：//www. cietac. org. cn /CD14/CD145. htm.. 访问时间：2013年6月19日。

（九）外文：

①Robert Gilpin，Economy of International Relations，Princeton：Princeton University Press，1986，p. 5.

②See G. Gordon & P. Miller（ed.），The Foucault Effect：Studies in Governmentality，Hemel Hempstead，England：Harvester Wheatsheaf，1991，pp. 32 –35.

③K. J. Leyser，"The Polemics of the Papal Revolution"，in Berly Smally ed.，Trends in Medieval Political Thought. Oxford：Oxford University Press，1965，3rd ed.，p. 53.

④Alessandro Giuliani，"The Influence of Rhetoric of the Law of Evidence and Pleading"，in Judical Review，62（1969），p. 231.

（十）英文以外的外文文种：依照该文种注释习惯。

图书在版编目(CIP)数据

湘江法律评论.第11卷/程波主编.—湘潭:湘潭大学出版社,2014.10

ISBN 978-7-81128-770-7

Ⅰ.①湘… Ⅱ.①程… Ⅲ.①法律—文集 Ⅳ.①D9-53

中国版本图书馆CIP数据核字(2014)第240929号

责任编辑:黄 琼
装帧设计:刘 扬
出版发行:湘潭大学出版社
社 址:湖南省湘潭市 湘潭大学出版大楼
电话(传真):0731-58298966 邮编:411105
网 址:http://xtup.xtu.edu.cn
印 刷:国防科技大学印刷厂
经 销:湖南省新华书店
开 本:787×1092 1/16
印 张:21.75
字 数:372千字
版 次:2014年10月第1版 2014年12月第1次印刷
书 号:ISBN 978-7-81128-770-7
定 价:40.00元